4차산업혁명과 교육

김진수 · 김한별 · 박상영 · 이태욱 지음

공감북스

머리말

2016년 스위스 다보스에서 세계경제포럼의 회장인 클라우스 슈밥(Klaus Schwab)이 4차 산업혁명 시대의 도래를 발표하면서 국내에도 그 물결이 밀려왔다. 18세기 영국의 제임스 와트가 증기기관을 1776년에 발명함으로 인하여 세계적인 산업의 혁명이 시작되었다. 그로부터 한 세기 간격으로 19세기에는 2차 산업혁명, 20세기에는 3차 산업혁명이 발생하였고, 이제 바야흐로 우리 인류는 4차 산업혁명 시대를 맞이하였다.

2016년부터 4차 산업혁명을 소개하는 단행본 등이 국내외에서 많이 발행되고 있다. 아울러 국내에서도 많은 행사가 열리고 있으며 Klaus Schwab은 2016년에 국내에 초청되어 강연을 하기도 하였다. 하지만 대부분의 책들은 4차 산업혁명의 핵심 기술 분야를 소개하고 있으며, 산업혁명으로 인한 우리의 교육혁신에 대한 책은 드문 실정이다. 그래서 유아·초등·중등 교사를 양성하는 종합교원양성대학인 한국교원대학교에서는 2017년 5월에 '4차 산업혁명과 교육혁신'이라는 교육정책 연구보고서를 발표하였다. 이 연구는 서로 다른 여러 전공의 교수들이 융합적인 관점에서 융합 교과목을 개발한 것이다. 이 보고서를 바탕으로 하여 교내의 모든 전공 학생을 대상으로 하는 교양 과목을 개설하여 현재까지도 매 학기 강의를 해 오고 있다. 이 강좌의 수강 희망자가 많아서 한 학기마다 120명만으로 제한하여 강의를 해 오고 있다. 그러던 중 교재 발간의 필요성이 제기되어 연구보고서를 냈던 교수들이 모여서 이번에 도서로 집필하게 되었다.

제1장의 '4차 산업혁명의 이해'는 기술교육과 김진수 교수가, 제2장의 '4차 산업혁명과 교육의 미래'는 교육학과의 김한별 교수가, 제3장의 '4차 산업혁명과 사회'는 일반사회교육과의 박상영 교수가, 제4장의 '4차 산업혁명과 지능정보기술'은 컴퓨터교육과의 이태욱 교수가 집필을 하였다.

지난 수년간 매 학기 교양강의를 하면서 나름대로 원고 준비를 하였지만 미흡한 점은 향후 개정을 할 것이며, 시대의 흐름에 따라 기술이 발달하면 본문 내용도 수정이 필요할 것이다. 본문 내용의 오류 및 부족한 부분은 저자들의 몫이므로 저자들에게 e-mail로 고견을 주시면 반영하고자 한다. 수업에 필요한 POWERPOINT 및 동영상을 요청하면 제공하고자 한다. 4차 산업혁명에 관한 교육(education) 분야의 대학 교양과목 서적으로 출판을 해 주신 공감북스의 모든 분들께 감사드린다.

저자 일동

차 례

제4장 4차 산업혁명과 지능정보기술 245

제 1 장

4차 산업혁명의 이해

1. 제1차 산업혁명
2. 제2차 산업혁명
3. 제3차 산업혁명
4. 제4차 산업혁명
5. 체험활동

- 연습문제

제 1 장

4차 산업혁명의 이해

1. 제1차 산업혁명

1.1 영국의 산업혁명 태동

산업 혁명(The Industrial Revolution)이란 18세기에 100여 년 동안 영국을 중심으로 시작된 기술, 경제, 사회적인 변화를 가리키는 용어이다. 용어는 1884년에 발간된 아놀드 토인비(Toynbee)의 '18세기 영국 산업혁명 강의'(Lectures on the Industrial Revolution of the 18th century in England)에서 확립되었다. 토인비는 산업혁명을 1760~1830년에 근대경제사회로의 급격한 역사적 전환과정이라고 하였다. 오늘날 산업혁명은 일반적으로 공업성장을 기초로 한 경제성장과 그것을 뒷받침한 공업기술의 변혁, 투자의 확대 및 경제구조의 변화라는 '공업화'(Industrialization)라는 의미로 사용되고 있다. 즉 1968년의 국제사회과학 백과사전에서는 산업혁명이란 '경제성장', '공업화', '근대화'와 관련된 용어로 설명하고 있다. 역사적으로 최초의 산업혁명은 영국에서 발생하였다. 영국 산업혁명의 핵심적인 기술 혁신은 면공업을 위한 방적기와 방직기, 철공업에서의 석탄 연료, 그리고 여러 산업분야에서의 동력기인 증기기관의 이용이다. 이로써 제품의 생산 조직은 분산된 가내공업에서 집중된 공장제로 바뀐 것이다.

영국에서 18세기에 일어난 산업혁명은 19세기 초에는 프랑스, 독일, 미국 등의 구미 제국으로 확산되었고, 19세기 말에는 러시아, 일본 등으로 확산되었고, 20세기 후반에는 아시아와 중남미로 확산되었고, 한국도 이 시기에 공업화가 된 것이다(김종현, 2006).

토인비는 영국의 경제학자이자 사회개혁가로서 산업혁명의 본질을 공장제, 자유 경쟁, 부의 증가, 분배의 불평등이라고 말하였다. 그리고 1906년 프랑스의 역사학자인 망뚜(Mantoux)의 '18세기 산업혁명'이라는 책이 출간됨으로써 학술 용어로 사용되기 시작되었다. 그 후 세월이 지나서 여러 명의 학자들에 의하여 '제2차 산업혁명'과 구분하기 위하여 제1차 산업혁명(The First Industrial Revolution)이라고 명명이 되었다. 1차 산업혁명은 영국의 면공업이 주력이었으며, 와트의 증기기관에 의한 기계 혁명이 시작된 것이다. 면공업은 방적(spinning)과 방직(weaving) 기술로 발달하였다. 아울러 교통수단이 발전되어 도로의 건설, 운하의 건설, 철도 건설 등으로 교통 혁명도 발생하게 되었다. 1차 산업혁명은 농업 중심의 경제로부터 공장제도가 생긴 공업 중심의 경제로 바뀌게 된 역사적인 혁명이다. 영국의 국민총생산을 보면 1700년경에 농업은 40%, 공업은 20%를 차지하였고, 1801년에 농림업은 32.5%, 공업은 23.4%이고, 1841년에 농림업은 16%, 공업은 32%로 바뀌게 되었다. 공장제(factory system)는 1770년에 아크라이트의 수력 방적기가 공장에서 사용되면서 시작되었으며, 공장제는 고용주와 노동자의 임금 관계에서 시작된 것이다.

제1차 산업혁명으로 인하여 영국이 공업국으로 발전하면서 세계의 강국이 되기 시작하였으며 국제적인 무역도 증가하게 되었다. [그림 1.1] 과 같이 거시적인 면에서 보면 제1차 산업혁명은 맬더스의 덫(Malthusian trap)에서 벗어나 경제성장을 하게 된 근원이라고 할 수 있다. 제1차 산업혁명으로 인하여 1인당 소득(income per person)이 급격하게 증가하는 경향을 보이고 있다(Galor, 2005).

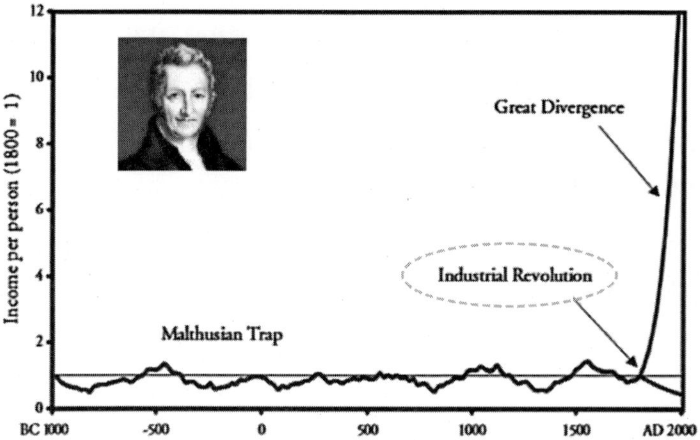

[그림 1.1] 맬더스의 덫을 벗어난 1차 산업혁명에 의한 소득 증가

프랑스 혁명과 미국 혁명이 일어날 무렵에 영국에서는 산업혁명이 일어나고 있었다. 산업혁명으로 인하여 농업사회가 산업사회로 바뀌면서 시민들은 경제적으로 부유해졌고 정서적인 권리도 신장이 되었다. 18세기 영국에서는 목화를 원료로 하는 면직물의 생산이 증가하였다. 이러한 과정에서 새로운 방적기 및 방직기들이 발명되고 증기기관도 개량이 되었다. 따라서 면제품이 공장에서 대량으로 생산되면서 산업혁명이 시작된 것이다. 이러한 면방직 공업을 중심으로 시작된 산업혁명은 석탄, 기계, 제철 산업 등으로 확대되었다. 제1차 산업혁명이 18세기 영국에서 시작된 이유는 아래와 같이 여러 가지가 있다. 첫째, 산업화에 매우 중요한 석탄자원이 영국에는 풍부하였다. 둘째, 영국이 정서적으로 안정된 시기에 유럽대륙은 전쟁과 혁명에 시달리고 있었다. 셋째, 대지주들이 소농민들의 토지를 매입하거나 합병하는 인클로저 운동으로 값싼 노동력이 풍부하였다. 넷째, 외국에서 원료 공급지가 많았고 시장이 넓어서 자본이 많았다.

인클로저(enclosure)는 토지제도의 변화를 위한 방법이다. 이제까지 울타리가 없던 개방경지와 공동지에 울타리를 쳐서 폐쇄된 소유지를 만든다는 의미이다. 분산된 것을 하나로 묶고 공동 경작지를 분할한 다음에 연속된 생울타리(hedges)로 둘러싼 한

덩어리의 소유지로 만드는 것이 인클로저였다(정윤형 외, 1987). 영국의 전통적인 농업제도에 근본적인 변화를 가져온 인클로저는 16세기에 시작되어 18세기말에 완성되었다. 16세기에 인클로저는 물가가 상승하고 실질수입이 감소하면서 토지로부터 수입을 극대화하기 위한 방안으로 시작되었다. 모직물 공업이 성장하면서 양모 수요가 확대되는 배경에서 지주들은 토지를 둘러막아서 목장화하고 양모 생산을 하였다. 이러한 인클로저 운동은 농민과의 합의가 아닌 강압적으로 추진하면서 농민은 토지로부터 추방되었다(김종현, 2006).

2016년 우리나라 과학기술계의 가장 큰 화두는 4차 산업혁명과 인공지능이다. 4월에 열린 이세돌과 알파고의 바둑 대결에서 인간이 참패를 하여 인공지능의 시대가 바짝 다가왔음을 예고했다. 특히 4차 산업혁명이 사회 전반에 걸쳐 논의의 중심이 된 것은 2월에 스위스에서 개최된 다보스 포럼의 발표 보고서 등으로부터이다. 2016년 다보스 포럼은 '4차 산업혁명의 이해'(Mastering the Fourth Industrial Revolution)의 주제로 개최되었다.

인류 역사를 통하여 [그림 1.2] 와 같이 산업혁명은 4차례 이루어졌으며 2015년부터는 제4차 산업혁명 시대로 부르는 것이 일반적이다(Roser, 2015). 제1차 산업혁명은 18세기에 영국에서 증기기관이 발명됨으로써 공장에서 양적인 생산이 가능해졌고 생산과 소비가 분리되기 시작하였으며, 제2차 산업혁명은 19세기에 전기동력이 도입되면서 공장에서 대량생산이 가능해짐으로써 시장 경제가 시작되었으며, 제3차 산업혁명은 20세기에 컴퓨터와 인터넷의 발명으로 사회 연결망이 형성되고 플랫폼 경제가 시작되었으며, 제4차 산업혁명은 2015년에 인공지능 등이 도입되면서 디지털 및 개인화가 시작되면서 초연결지능사회가 되었다(김진수 외, 2017).

[그림 1.2] 산업혁명의 역사

2015년 4월에 개최된 독일의 하노버 산업박람회에서 메르켈 독일 총리가 기조 강연을 통하여 미래 사회를 견인해 갈 키워드로서 4차 산업혁명을 발표한 것이 시발점이 되었다. 이어서 2016년 1월 스위스의 다보스에서 열린 세계경제포럼의 주제가 제4차 산업혁명(The 4th IndustrialRevolution)이 되었으며, 2017년 1월에는 중국의 시진핑 주석이 처음으로 참가 발표하였다. 세계경제포럼(World Economic Forum)은 1971년에 클라우스 슈밥(2016)이 창립하며 스위스 제네바에 본무를 둔 민관협력을 위한 국제기구이며 매년마다 스위스에서 세계 최대의 포럼이 개최되고 있다. 클라우스 슈밥(2016)에 의하면 제4차 산업혁명을 이끄는 메가트랜드로서의 기술 분야 3가지는 물리학(physical) 기술, 디지털(digital) 기술, 생물학(biological) 기술이며, 제4차 산업혁명의 방법론은 체내 삽입형 기기, 디지털 정체성, 새로운 인터페이스로서의 시각, 웨어러블 인터넷, 유비쿼터스 컴퓨팅, 주머니 속 슈퍼컴퓨터, 누구나 사용할 수 있는 저장소, 사물 인터넷, 커넥티드 홈, 스마트 도시, 빅데이터를 활용한 의사결정, 자율주행 자동차, 인공지능과 의사결정, 인공지능과 화이트칼라, 로봇공학과 서비스, 비트코인과 블록체인, 공유경제, 정부와 블록체인, 3D 프린팅 기술과 제조업, 3D 프린팅 기술과 인간의 건강, 3D 프린팅 기술과 소비자 제품, 맞춤형 아기, 신경기술이라고 하였다.

1.2 산업혁명의 확산

산업혁명에 앞선 2세기 동안에 영국의 공업은 두드러지게 발전하였다([그림 1.3] 및 [그림 1.4] 참조). 산업혁명이 영국에서 시작되자 유럽의 국가들은 기술 정보를 가져가기 시작하였다. 벨기에에서는 19세기 초에 섬유, 석탄 산업이 발달하였다. 프랑스에서는 19세기 중엽에 섬유산업이 발달하였다. 독일은 19세기 후반에 정치적인 통일이 되면서 전기, 석탄, 제철 산업이 발달하였다. 19세기 말에는 미국, 러시아, 일본 등에도 산업혁명이 전파되었다. [그림 1.5] 는 19세기에 유럽 여러 국가로 산업혁명이 전파된 것을 나타낸 것이다. 러다이트(Luddite) 운동은 '러드'라는 가공의 인물을 모델로 수직포공이 중심이 되어서 기계를 파괴하였으므로 러다이트 운동이라 하였다.

[그림 1.3] 실을 뽑는 방적기 [그림 1.4] 인클로저의 경작지

[그림 1.5] 산업혁명의 유럽 전파(19세기)

1.3 산업사회로의 변화와 공장제도

매뉴팩처(manufacture)는 기계 장비가 없이 여러 명의 수공업 노동자들이 고용되어 전체적인 감독과 통제 하에서 분업과 협업을 통하여 제품을 생산하는 집중 작업장 형태의 생산 조직을 말한다. 산업혁명으로 인하여 가내 수공업 및 매뉴팩처 등은 공장제 기계 공업으로 발달하게 되었다. 생산과 소비에 따른 이윤이 생기고 자본주의 경제 체제가 생기게 되었다. 즉, 자본가는 공장을 소유하면서 갖는 경제력으로 노동자에게 임금을 주면서 지배계급으로 성장하게 되었다. 산업혁명으로 큰 공장이 생기는 지역은 도시화가 되었고, 이에 따라 환경오염, 교통문제, 주택부족, 범죄발생 등의 문제점도 생기게 되었다. 또한 노동자에 관한 각종 문제가 생겼으며, 어린아이들을 공장 및 탄광 작업에 동원하기도 하였다. 특히, 산업혁명으로 공장에 기계가 설치 보급됨으로써 전통적인 수공업자들과 실직하게 된 노동자들은 공장의 기계를 파괴하는 러다이트 운동을 일으키기도 하였다. 아울러 일부 지식인들은 산업혁명의 이러한 문제점을 해결하기 위해서 사회주의를 제안하기도 하였다. 특히, 마르크스는 노동자들이 자본가를 타도하고 권력을 쟁취하여 사회주의 사회를 건설하자고 주장하였다. 이로 인하여 유럽각국에 사회주의가 확산되었다.

공장제도에서는 기계를 사용하여 제품을 생산한다. 모든 공업의 목적은 자연이 제공하지 않은 소비재의 생산에 있다. 기계의 동력은 자연력, 증기, 전기 등이 된다. 공업도시들이 매우 빠르게 성장하게 되며, 1773년에 영국 맨체스터의 인구는 3만명이었지만 오늘날은 1백만명이다. 잉글랜드의 공장제도 시기는 1760~1800년경이다. 1760년에 시작된 근대적 공장제도에서, 매뉴팩처 자체는 노동과 자본의 분리를 의미한다. 매뉴팩처의 주요 원칙은 분업이다. 그들은 공장을 '기계가 사용되는 작업장'이라고 정의한다. 공장 제도(factory system)는 프랑스에도 사용되었고, 최초의 공장들은 팩토리가 아니라 밀(mill)이라고 불렀다. 그 이유는 당시에 주목을 받았던 것은 제분소(flour mill)의 물방아와 비슷했기 때문이다. 점점 mill은 광범한 의미로서 기계와 동의어가 되었다. 그러므로 factory, mill, 기계(machine)는 같은 것이며 18세기에 거의 같은 의미로 사용되었다. 양모공업은 잉글랜드에서 구공업의 가장 특징적이고 완벽한 모형으로서 모든 지방에

퍼져 있었다(정윤형, 1897).

[그림 1.6] 은 제품 생산 방식의 발달을 나타낸 것이다. 그림 1.6(a)에서 가내수공업은 농업사회에서 일터가 여러 곳에 분산되어 손으로 상품을 생산하는 방식이고, 그림 1.6(b)에서 매뉴팩처라고 하는 공장제 수공업은 노동자들이 한 장소에 모여서 상품을 생산 하는 방식이며, 그림 1.6(c)에서 산업혁명 시대에서 기계의 발명으로 공장제 기계공업이 시작된 것이다.

(a) 가내 수공업 (b) 공장제 수공업 (c) 공장제 기계공업

[그림 1.6] 실을 뽑는 방적기의 생산 방식 발달

① 동력 혁명

이와 같이 제품을 생산하는 기계의 발명으로 인하여 가내 수공업 및 공장제 수공업은 쇠퇴하게 되었고, 공장에서 노동자들이 기계를 사용하여 제품을 대량으로 생산할 수 있게 되었다. 목탄 대신 석탄원료가 사용되면서 제품 생산의 효율성이 높아졌다. 1780년에 제임스 와트가 개량한 증기기관이 새로운 동력원이 되면서 면직물의 대량 생산이 가능해졌다. 원래 동력의 초기에는 수력이 이용되었다. 그러나 수력은 공장입지를 산간 계류 지역으로 한정시키며 계절에 따른 수력 공급이 불규칙적이었다. 이를 해결한 것이 증기 기관이다. 김종현(2006)에 의하면 제임스 와트의 증기 기관이 1781년에 회전운동이 가능해지면서 면공업에서 처음으로 증기기관이 설치된 것은 1785년이다. 이어서 증기 기관의 이용이 확대되어 잉글랜드에서는 1785~1795년에 47대의 증기기관이 면공업에 이용되었고, 스코틀랜드에서는 8대가 설치되었다. 아울러 증기기관은 강력한 송풍력을 제공함으로써 철공업에서의 용광로 규모와 생산량이 급증하였다. 그리고 증기

기관은 피스톤의 상하운동을 회전운동으로 바꾸어서 석탄 광산의 배수 문제도 해결하였다.

② 교통 및 통신 혁명

1825년에 영국의 스티븐슨이 개발한 증기기관차로 인하여 여러 도시에 철도가 부설되었다. 19세기 초에는 미국의 풀턴이 바다를 항해하는 증기선을 개발하였다. 미국의 모스는 유선 전신을 발명하였고, 벨은 전화를 발명하였으며, 이탈리아의 마르코니는 무선 전신을 발명하였다.

(a) 동력혁명(와트의 증기 기관)

(b) 교통혁명(스티븐슨의 증기 기관차)

[그림 1.7] 동력혁명과 교통혁명

산업혁명기에 면공업은 18세기 중엽부터 급성장하였다. 〈표 1.1〉은 영국에서 산업혁명 시기의 면공업, 모직물공업 등의 성장률을 비교한 것이다. 면공업의 연평균 성장률은 1760년대부터 급격하게 높아져 1780년대에는 12.7%까지 상승하고 있으며, 다른 공업에 비하여 연평균 성장률이 매우 높았다(김종현, 2006).

〈표 1.1〉 영국의 산업혁명 시기의 면공업, 모직물공업 등의 성장률 비교

년대	면공업	모직물공업	기타 공업
1700~1760	1.37	0.92	구리 2.62 종이 1.51 마 1.25
1760~1770	4.59	1.30	구리 2.61 견 3.40 마 2.68
1780~1790	12.76	0.54	종이 5.62 구리 4.14 철 3.79
1801~1811	4.49	1.64	철 7.75 종이 3.34 비누 2.63
1821~1831	6.82	2.03	철 6.47 견 6.08 석탄 3.68

[그림 1.8] 은 1870년대의 유럽의 산업화를 나타낸 것이다. 1830년대부터 벨기에는 광업이 발달하였고, 프랑스는 광업 및 금은 세공업 등이 발달하였다. 19세기 후반부터 독일은 미국과 함께 공업국가로 성장하면서 영국의 지위에 도전하였다. 특히 독일은 통일 이후에 급속히 산업화를 이루었으며, 기술자를 우대하고 보호 무역을 실시하였다. 러시아는 19세기 말부터 산업화를 하면서 시베리아 횡단철도를 부설하였다. 일본은 메이지 유신 후 20세기 초에 산업화 덕분에 러일 전쟁에서 승리하였다.

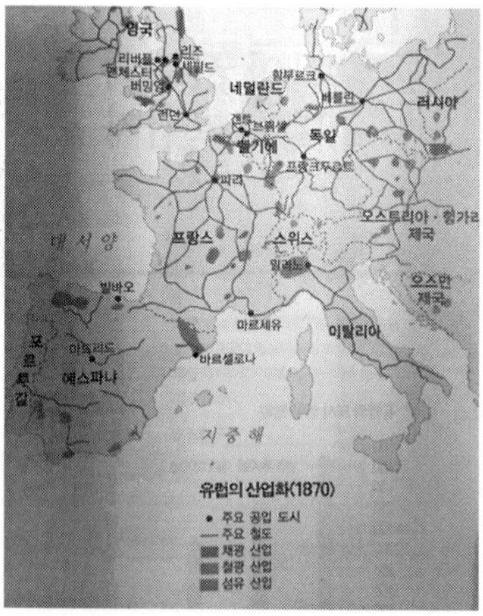

[그림 1.8] 유럽 국가의 산업화

[그림 1.9] 는 1820년에서 1913년까지 연도에 따른 주요국가의 공업 생산 비율을 나타낸 것이다. 1820년에는 대도 영국의 공업생산이 50%로 매우 높았으나 1913년에는 미국의 공업 생산 비율이 36%로 높았다.

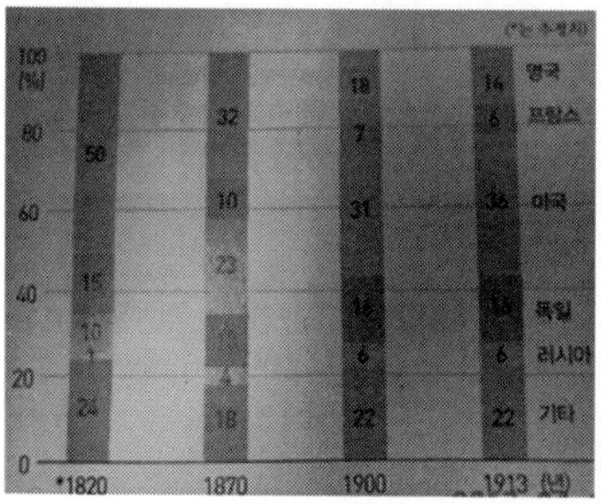

[그림 1.9] 주요 국가의 연도별 공업 생산 비율

[그림 1.10] 은 18세기 전반의 영국의 국제무역망을 나타낸 것이다. 영국의 가장 중요한 수출 상품은 양모 공업 제품으로서 수출의 50%를 차지하였다. 그 외의 주요 수출품으로는 향료, 홍차 등 동양 산품과 설탕, 담배, 원면, 남(indigo), 연료 등 서인도제도 산품의 유럽대륙에의 재수출이었다. 그리고 외국으로부터는 건축과 조선용으로 발트해 지역으로부터 목재, 대마, 피치, 타르 등을 수입하였고, 금속공업용으로 스웨덴 및 러시아로부터 고급 봉철을 수입하였고, 지중해 지역으로부터 견직물, 밀, 포도주 등을 수입하였다. 한편 영국의 아메리카 남부식민지에 공업제품과 아프리카 흑인 노예를 수출하고, 재식농장(plantation) 산품인 담배, 원면, 남, 염료 등을 수입하였다, 아메리카 북부 및 중부 식민지와는 모직물과 기타 공업제품을 수출하고, 보스턴과 뉴욕으로부터 삼각무역을 통해서 제3국의 산품을 수입하였다(김종현, 2006).

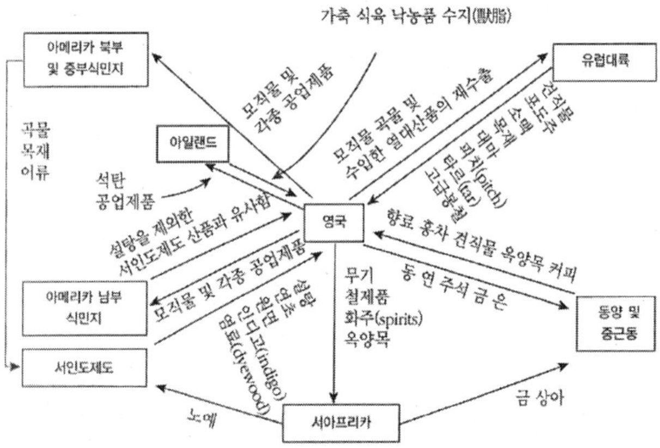

[그림 1.10] 18세기 전반의 영국의 국제무역망

산업혁명의 결과로서 산업조직이 변하게 되었다. 〈표 1.2〉는 1851년에 영국의 직업 집단별 종사자수를 나타낸 것이다(김종현, 2006). 기술 혁신과 산업조직의 대규모화가 진전된 산업에서도 부문에 따라 다수의 전통적인 수공업 노동자가 많이 존재하였다. 가령 면공업은 이미 소멸과정이지만 다수의 수직공들이 있었고, 철공업에서도 다양한 최종 철제품 제조 부문에서는 전통적인 도구를 이용한 직인들이었다. 기술혁신이 안된 의복, 건축, 식료, 재목 부문에서도 수공업적 노동자가 널리 존재하였다.

〈표 1.2〉 영국의 직업집단별 종사자수(1851년) (단위: 천명)

	남성	여성	합계
농업, 원예, 산림, 어업	1,824	230	2,054
가사직무 및 사적복무	193	1,135	1,329
섬유	661	635	1,296
의복(구두제조, 수리 포함)	418	495	909
금속제조, 기계, 기구, 차 등	536	36	572
건물 및 건축	496	1	497
교통(도로, 철도, 운하 등)	433	13	446
식 · 음료, 담배	348	53	401
광산 · 채석장 및 그들 생산물 노동자	383	11	394
재목, 가구 등	152	8	160
벽돌, 시멘트, 도자기 및 유리	75	15	90
제지, 인쇄, 제본 및 문구	62	16	78
피혁 등	55	5	60
화학제품, 기름, 비누 등	42	4	46
상업직	91	–	91
전문직 및 하위직	162	103	265
행정직	64	3	67
군인	63	–	63
기타	445	75	513
합계	6,545	2,832	9,377

1.4 산업혁명으로 인한 사회 변화

산업혁명으로 인하여 도시에 공장이 많이 생기고 도시화가 진행되면서 사회적 변화가 많아졌다. 유럽에서 도시 거주자의 비율이 19세기 이전에는 10%였지만, 20세기 초에는 70%가 되었다. 이처럼 도시화가 되면서 생활이 편리해지고 농업사회는 산업사회로 바뀌게 되었다. 이처럼 산업화로 인하여 도시의 중간 계급들은 생활이 부유해졌으나, 노동자들의 생활은 여전히 빈곤하였다. 그리고 도시화로 인하여 인구가 밀집하게 되면서 계층 간의 갈등, 상하수도 및 위생 편의 시설 부족, 건강 위험 등의 문제가 생기게 되었다.

[그림 1.11] 의 (a)는 마네가 도시 중간 계급의 여가를 그린 '튈르리에서의 음악회' 라는 미술품으로서, 철도 등의 교통 혁명으로 인하여 중간계급은 음악회를 간다든지, 교외에서 야유회를 즐기게 되었다. 반면에 그림 1.11(b)는 급속한 도시화로 인하여 도시 노동자들이 주거할 공간이 부족하여 노동자 수용소에 입소해야 하는 도시 빈민의 모습을 나타낸 것이다. 이와 같이 노동자들의 삶이 힘들어졌으며 작업 환경이 나빠지고 임금도 낮고 아동과 여성들도 공장 노동자로 일하게 되었다. 그래서 노동자들은 기계 탓이라고 해서 공장 기계를 부숴버리는 러다이트 운동을 하면서 노동자들의 참정권 보장을 요구하는 한편, 노동조합을 결성하여 노동 조건과 임금 인상을 요구하기 시작하였다. 미국 노동자들은 1886년 5월 1일에 8시간 노동 쟁취를 위하여 파업을 벌였다. 이때 경찰의 발포로 노동자 6명이 사망하자 다음 날 노동자 30만 명이 경찰의 만행을 규탄하기 위하여 집회를 열었다. 시위 중에 폭탄이 터졌고, 노동운동가 8명이 체포되어 5명은 사형을 선고 받았다. 그래서 세계적으로 5월 1일을 노동절(메이데이)로 정하였고, 우리나라에서는 근로자의 날로 기념하고 있다.

(a) 중간 계급의 여유

(b) 도시 노동자의 빈민 생활

[그림 1.11] 산업 혁명 이후의 계급별 생활 변화

1851년 영국 런던에서 세계 최초로 만국박람회가 개최되었다. 박람회의 목적은 세계 각국의 생산품을 전시하고 생산력을 비교하는 것이다. 영국 빅토리아 왕조 시대에

런던 하이드 파크에서 개최된 만국박람회의 입장객수는 6백만명으로 매우 많았고, 40개 나라가 참여하여 15,000 점의 제품을 전시하였다. [그림 1.12] 는 만국 박람회장인 수정궁(Crystal palace)의 외관으로 매우 화려하며 연철과 판유리로 조립한 누드 건물로서 전통적인 돌이나 벽돌을 사용하지 않았다. 영국은 수정궁을 통하여 해가지지 않은 나라라는 위상을 세계에 보여주었다.

[그림 1.12] 세계 최초의 만국 박람회장인 런던의 수정궁

1.5 산업혁명과 교통혁명

산업혁명 이전의 전통적인 운송수단은 마차였다. 마차를 위한 도로가 확충되면서 이동시간이 단축되기도 하였다. 1769년 프랑스의 퀴뇨가 증기기관을 사용한 자동차를 발명하였으나 실용성이 적었다. 19세기 후반에 내연기관이 발명됨으로써 자동차가 육상 수송의 주요한 수단이 되었다. 1807년에 미국의 풀턴은 증기선을 제작하여 허드슨 강을 운항하였고, 1838년에 최초로 대서양을 운행하는 증기선이 영국의 브리스톨에서 미국의 뉴욕까지 15일 만에 도착하게 되었다. 영국의 스티븐슨은 1825년에 여객용 증기기관차의 개발에 성공하였고, 그 후로 유럽 대륙에는 많은 철도가 개설되었다. 미국에서는 1869년에 대륙횡단철도가 개통되었다.

(a) 최초의 대서양 운행 증기선

(b) 미국의 대륙 횡단 철도

[그림 1.13] 영국과 미국의 교통 혁명

1.6 산업혁명과 경제

1) 산업혁명의 본질

산업혁명은 경제사학자들이 가장 많은 관심을 가지고 연구하는 경제사 분야이다. 산업혁명을 혁명이라고 불러야 하는지의 용어 선택에서부터, 산업혁명의 결과로서 사람의 생활수준의 변화는 어떠했는지도 논란거리이다. 영국의 산업혁명은 공업 생산이 주가 되는 근대 경제 구조를 형성한 것이 역사적 의의이면서, 그 시기는 전쟁의 시기와 겹쳐 있다는 것이 논란거리이다. 산업혁명이라는 용어가 처음 사용된 것은 1820년대 프랑스이다. 그 당시 영국에서는 경제 성장을 통하여 공장이 많이 세워졌고, 이를 견학한 프랑스 인사들이 영국의 경제 발전 상황을 보고나서 "공업이 혁명적으로 발전" 하였음을 기술한 것에서 시작되었다. 이어서 역사학자인 토인비가 1884년에 '산업혁명 강좌'(Lectures on the Industrial Revolution)를 집필함으로써 산업혁명이라는 용어가 널리 사용되게 된 것이다. 그런데 산업혁명이라는 용어에는 찬반이 있었다. 혁명이라는 용어를 사용하는 학자들은(Hartwell, Rostow) 산업혁명이 경제 발전의 과정에서 갖는 단점성이 있기 때문이라는 것이다. 산업혁명을 거쳐 농업 사회에서 공업 사회로 변화하였으므로 그 사이에 단점이 있기 때문에 혁명이라는 것이다. 반면에 휴즈(Hughes)는 경제발전이 급격히 되는 것이 아니고 점진적으로 되는 것이므로 혁명이 아니라고 주장한다. 그러나 산업혁명의 용어가 학술적으로나 대중적으로 이미 굳어진 상황이라는 것이다(노택선, 2005). 산업혁명의 개념은 무엇이고, 어떻게 정의할 것인지에 대하여 산업혁명의 본질을 보는 견해는 다음과 같이 네 가지로 분류한다.

첫째, 사회적 변화를 중요시하는 견해(Social change School)이다. 이 견해는 경제 활동에서 거래 방식이 어떻게 이루어지는지에 초점을 두고 산업혁명의 핵심을 찾고자 하는 것이다.

둘째, 공업 조직의 변화에서 산업혁명의 본질을 찾고자 하는 견해(Industrial organization School)이다. 이 견해를 주장하는 학자들은 공업의 규모나 조직의 변화, 즉 자본주의적 고용 관계나 공장제 도입을 산업혁명의 핵심으로 두는 것이다. 이들은 영국의 산업혁명 이전은 농업 사회이며 가내 수공업이나 선대제(patting out system)의 생산 방식이었지만 산업혁명으로 공장제가 도입된 것이 핵심이다. 공장제가 도입된 것은 동력원으로서 증기 기관이 발명되었기 때문이다.

셋째, 거시경제적인 배수의 변화를 중요시하는 견해(macroeconomic School)이다. 산업혁명에서도 거시 지표인 경제 성장, 자본 축적률, 자본투자비율, 노동의 증가 등으로부터 본질을 파악해야 한다는 것이다.

넷째, 기술 발전과 변화를 중시하는 견해(technological School)이다. 이들은 산업혁명의 중심에는 기술 발전이 있기 때문이라 보는 것이다.

따라서 산업혁명의 본질은 이들을 통합적으로 보아 정의하면 다음과 같다(노택선, 2005). "산업혁명은 기술 혁신에 근거해서 산업생산의 급격한 증대, 국민 총생산에서 차지하는 제조업의 비중의 확대, 공장제의 성립 등을 내용으로 하는 경제의 구조변화가 급격하게 이루어진 것으로 보아야 한다."

2) 산업혁명의 원인

오랜 기간에 걸쳐서 일어났던 경제 변화의 과정 속에서 산업 혁명의 원인을 찾기는 쉽지 않았지만, Mokyr(1999)는 다음과 같이 몇 가지 요인이 있다고 하였다(노택선, 2005).

가) 지리적 요인 (geography)

영국에서는 광물 자원이 풍부한 지리적 요인으로 산업혁명이 발생하였다. 산업혁명에서 중요한 철강업을 위한 철광석과 석탄자원이 풍부하였기 때문이다.

나) 역사 (history)

산업혁명으로 인한 영국 경제 발전이 18세기에 시작된 것은 아니라는 주장이다. 즉 중세 후반부터 영국은 이미 농업을 중심으로 한 시장경제가 발달하였으며 이것이 18세기 산업혁명으로 연결되었다는 점이다.

다) 기술적 창의성 (technological creativity)

Mokyr의 주장에 따르면 영국인들의 기술적 창의성은 미시적 발명을 가능하게 하였다는 것이다. 이는 그 당시 영국에 기술적으로 숙련공들이 외국에 비해서 많았던 것도 중요한 요인이라고 할 수 있다.

라) 정부와 정치 (government and politics)

영국의 산업혁명과 관련하여 크게 공감 얻는 부분은 영국의 정치제도와 정부정책이 산업혁명에 크게 도움이 되었다는 것이다. 특히 영국의 의회 제도는 1688년 명예혁명 이후에 근대 민주주의 발달과 함께 이로 인한 경제 발전이 가능하였다는 것이다. 영국 정부의 자유방임주의는 산업혁명을 가능케 한 정치적 요인이다. 아울러 지방 분권이 발달하여 산업혁명이 가능했다는 것이다. 분권화 때문에 공업화가 진행된 곳에 자본과 두뇌가 머무르게 되었고, 결국 지방에서의 공업발달이 산업혁명의 주요한 요인이 되었다는 것이다.

마) 대외 무역 (foreign trade)

영국 산업 혁명에서 가장 핵심적인 산업인 면직물은 원료를 수입하고, 완제품을 해외시장에 대량 수출하였기 때문이다.

바) 과학과 기술 (science and technology)

기술 발전과정을 설명하는 경제사 이론 중에는 경로 의존성(path-dependency)이 있다. 즉 과학과 기술이 서로 상호작용을 통하여 서로 발전한다는 논리이다. 그러나 모키어는 산업혁명 당시에 영국의 기술 발전은 과학적 지식의 축적 없이 현장 실무자들에 의한 획기적인 기술 발명에 의하여 이루어졌다는 것이다.

3) 산업혁명의 전제조건

산업혁명 이전의 변화로서는 중세 봉건제도가 무너지면서 농업·상업·공업이 발달하게 되고, 급격한 기술 발달로 공업화와 경제 성장이 이루어짐으로써 산업혁명이 발생하였다. 여기서는 다음과 같은 산업혁명의 전제 조건을 살펴보기로 한다.

가) 농업의 발달

중세시대의 농업은 장원제이다. 장원제는 촌락 공동체가 토지를 중심으로 한 영주 및 농민의 지배예속 관계에서 형성된 것으로 중세 유럽의 농촌 기본조직이다. 장원은 2~3개의 촌락으로 구성되며 토지는 직영지, 농민보유지, 공유지로 분류한다.

나) 상업의 발달

16세기 포르투갈이 지리상의 발견을 함으로써 유럽의 원격지 상업에서 변화가 일어났고 이러한 상업혁명은 다음과 같은 변화를 가져왔다. 기존의 지중해 중심에서 대서양 연안국 중심으로 한 상업이 발달하였고, 상업권이 동양 및 아메리카 대륙으로 확대되었고, 거래 상품의 규모와 내용이 다양해졌다.

다) 금융 제도의 발달

은행은 로마 시대에 처음 생겨났고 근대적 의미의 금융제도인 은행은 르네상스 이후 원격지 상업이 발달했던 이탈리아 북부에서 생겨났다.

라) 공업의 발달

중세 시대에는 가내 수공업으로 주문에 의한 소량 생산과 자가 수요에 의한 생산 방식이었다. 도시 인구가 증가하면서 상업이 발달하여 공업은 모직물업, 야금기술, 피혁, 활자 등이 발달하였다.

이러한 공업은 도시에 있는 상인 길드를 중심으로 발달하였다. 상인 길드는 상업 거래시의 모든 권익을 갖기 위해서 모든 통제권을 행사하면서 수공업자도 통제를 하였다. 그러나 공업과 도시가 발달하면서 수공업자들이 분리되어 공장길드가 구성되면서 공업 동업조합이 탄생되었다. 공장 길드는 상인들의 횡포에 대항하기 위해서 같은 업종의 수공업자들이 모여 독자적인 조합을 형성하였다. 공장 길드의 구조는 장인(Master) 아래서 생산을 담당하는 직인(journey man)과 수습공인 도제(apprentice)의 직급으로 구성된다. 장인은 자본가이며 노동자로서 생산 도구와 원료를 갖고 있으며, 생산 및 판매를 담당하였다. 수습공인 도제는 10살 정도의 어린이가 3~8년 동안 수습 기간을 거친 후에, 생산을 담당할 수 있는 직인이 되었다. 중세 공업은 영국의 모직물 공업이 중심이었으며, 이후 1700년경 영국의 모직물은 영국 수출의 절반을 차지하였다.

1.7 제4차 산업혁명을 대비한 교육

2015년 4월 독일의 메르켈 총리가 하노버 산업박람회에서 4차 산업혁명을 언급하면서 세계적으로 급속히 전파되기 시작하였다. 미국 IBM의 2014년 보고서인 '5 in 5'에서는 앞으로 5년 내에 우리 생활을 변화시킬 5가지 혁신 내용을 발표하였는데 이태욱(2014)이 소개한 내용을 요약하면 다음과 같다. 첫째, The classroom will learn you. 교실은 당신을 배울 것이다. 둘째, Buying local will beat online. 지역상거래가 온라인을 이길 것이다. 셋째, Doctors will routinely use your DNA to keep you well. 의사들은 건강 유지를 위해 당신의 DNA를 규칙적으로 사용할 것이다. 넷째, A digital guardian will protect you online. 디지털 지킴이가 당신의 온라인상 모든 것을 지켜줄 것이다. 다섯째, The city will help you live in it. 도시가 당신의 도시에서의 삶을 도와줄 것이다. 그리고 이태욱(2016.9)은 우리나라와 같이 무역 의존도가 높은 나라에서는 4차 산업혁명의 영향이 클 것이므로, 융합교육을 통해서 긍정적이고 포괄적인 아이디어로 유의미한 미래를 건설할 수 있을 것이라 하였다.

제4차 산업혁명의 시대가 시작됨으로서 세계 각국은 이에 맞는 교육을 준비하고 있으며(WEF, 2015), [그림 1.14]는 이러한 21세기의 첨단 기술에 대비하여 평생학습적인 측면에서 학생들에게 필요한 교육의 세 가지로서 기초 문해, 역량, 인성자질을 세계경제 포럼에서 제시한 것이다(김진수 외, 2017 재인용). 첫째, 기초 문해를 위한 교육이란 학생들이 어떻게 일상생활에서 핵심 기술을 적용시키는지를 다루는 교육으로서 문해, 수해, 과학 문해, ICT 문해, 재정 문해, 문화 및 시민 문해이며, 둘째 역량을 위한 교육이란 학생들이 어떻게 복잡한 도전 상황에 대처할 수 있는지를 가르치는 교육으로서 비판적 사고/문제해결, 창의성, 의사소통, 협력이며, 셋째, 인성자질을 위한 교육이란 변화하는 환경에 학생들이 어떻게 대처해야 하는지를 가르치는 교육으로서 창의성, 주도성, 일관성/도전정신, 적응력, 리더십, 과학 및 문화이다. 이용순(2016)은 제4차 산업혁명 시대에는 평생직업 능력개발 및 진로교육 등도 강조되고 있으며 학교 교육도 진로교육법에 따라 평생학습이 이루어져야 한다고 하였다.

한편 산업혁명은 사회전반에 걸쳐 미치는 영향이 크며 정치학 분야에서는 인터넷과 인공지능의 발달에 의하여 인터넷 기반의 새로운 유형의 민주주의가 생겨나고 있으며, Dahlberg(2011)는 디지털 민주주의 재구조화에 대한 연구에서 미래의 정치 프레임이 디지털에 의하여 어떻게 변화하는지를 고민하기 위한 화두를 던지고 있다.

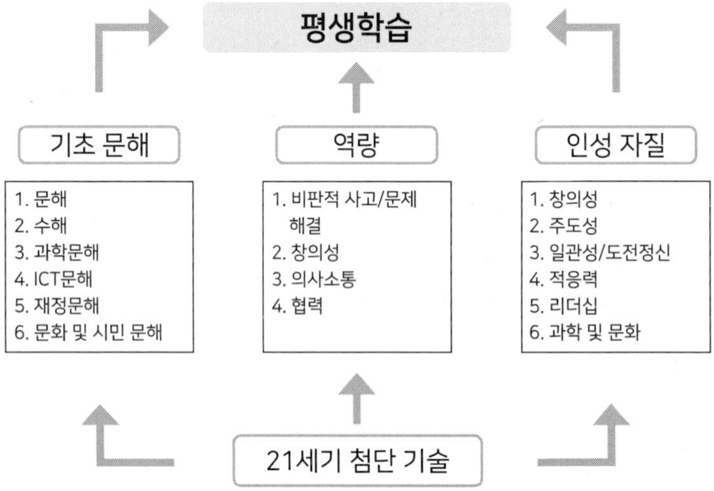

[그림 1.14] 21세기 핵심적 기술과 교육 비전(World Economic Forum, 2015)

김진수(2012)는 초·중등학교에서 체험활동 중심의 STEAM 융합교육을 강조하고 있다. 사실 오늘날과 같이 학교에서 분절화 된 교과 중심의 수업은 산업혁명 시대의 유산이다. 공장 중심의 대량 생산 체제에서는 노동자들의 기능과 역량을 올리기 위해서 전문 분야별로 세분화된 인력을 키우는 교육이 필요했다. 그러나 융합이 필요한 4차 산업혁명 시대에서는 교과 중심의 교육과정 외에 융합적인 교육이 필요해질 것이다. 융합적으로 생각하고 창의적인 아이디어를 발현하기 위해서는 학교 교육에서도 체험 활동 중심의 융합적인 교육이 필요해질 것이다. 교육부가 발표한 2015 개정교육과정에서는 ‘미래 사회가 요구하는 창의 융합형 인재 양성’이 필요하다고 강조하였다. 그러나 학교의 교사나 학부모들은 개별 교과의 평가에 관심이 많으므로, 교과의 통합이 쉽지가 않은 실정이다. STEAM 교육에서처럼 주제를 중심으로 하여 교과를 통합한 교육을 하면서 학생들이 융합적인 인재로 성장할 수 있을 것이다. [그림 1.15] 는 융합교육을 위한 국내 최초의 STEAM 교육론 단행본 저서이다(김진수 저, 2012). 한국 정부의 교육부에서는 초등 및 중등 교육을 위해서 2011년부터 STEAM 융합교육을 공식적인 정책으로 도입하여 지금도 교육 현장에서 적용하고 있다.

[그림 1.15] STEAM 융합교육 저서

1.8 와트의 증기기관

제1차 산업혁명의 핵심적인 기계는 1776년에 제임스 와트(James Watt)가 발명한 증기 기관(steam engine)이다. 증기기관은 와트가 처음 발명한 것으로 우리는 알고 있다. 그러나 그 전에도 증기기관은 있었으며, 와트가 기존의 증기기관 성능을 획기적으로 개선하여 상품화함으로써 산업에 널리 사용되게 되었다. 뉴커먼 증기기관은 증기를 많이 낭비하는 구조인 것을 와트가 발견하였다. 즉 뉴커먼 증기기관은 증기의 동력을 사용한 후에 냉각시키기 위하여 실린더 속에 냉각수를 넣는 방식이었다. 그러면 냉각수가 증기를 냉각시킴과 동시에 실린더도 냉각하므로 실린더를 가열하려면 그만큼 석탄이 많이 사용되었다. 따라서 와트는 이를 해결하기 위하여 분리 응축기(separate condenser)를 사용하였다. 그리하여 이전과 같이 수증기를 실린더 내에서 직접 냉각시키지 않고 실린더 밖의 분리된 응축기에서 냉각시키게 되었다. 그러므로 증기기관의 열효율이 2~4배 정도 향상되었다.

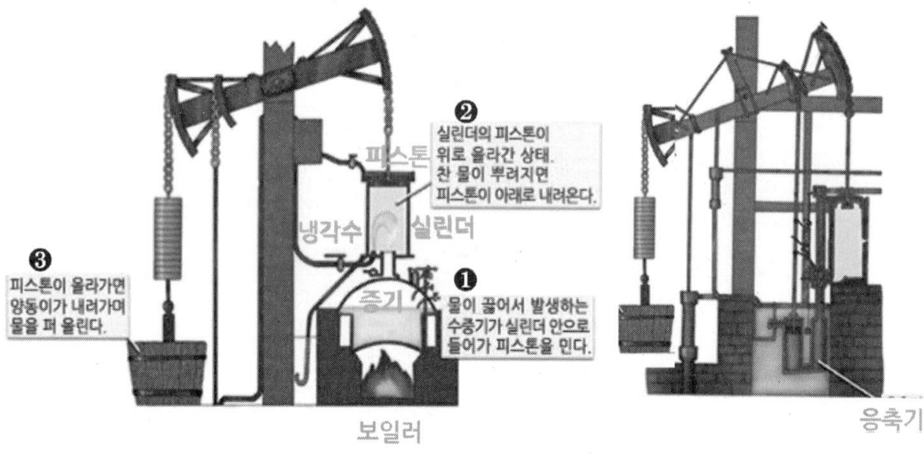

(a) 뉴커먼의 증기기관　　　　(b) 와트의 증기기관

[그림 1.16] 증기기관(steam engine)의 구조 차이

・ ・ ● ● 〈읽을거리〉 제임스 와트(James Watt) ● ● ・ ・

와트는 1736년에 영국 북부의 스코틀랜드 지방의 그리녹(Greenok)에서 태어났다. 아버지와 삼촌이 기술자이었으므로 와트는 어릴때부터 과학기술에 많은 관심을 가지고 자라났다. 17살에는 도구 제작자가 되기 위하여 런던에서 3년간 도제훈련을 받았으며, 19살에 글래스고(Glasgow) 대학에서 근무하기 시작하였다. 그러면서 뉴커먼(Newcomen)이 1712년에 개발한 증기기관을 1776년에 개량하였다.

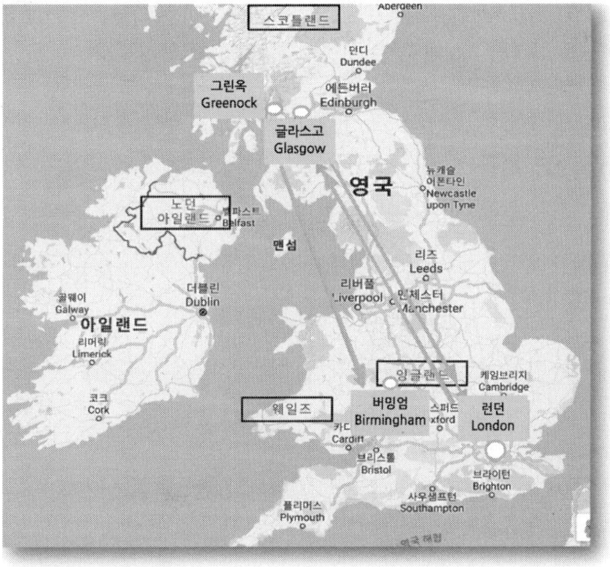

2. 제2차 산업혁명

2.1 제2차 산업혁명의 태동

제2차 산업혁명이라는 용어는 1910년 영국의 생물학자인 게데스(Geddes)가 발간한

'자유의 몸이 된 프로메테우스(The Unbound Prometheus)'에서 학술적인 용어로서의 지위를 차지하게 되었다. 제1차 산업혁명은 영국의 산업화가 주력이었지만, 제2차 산업혁명은 미국과 독일이 주도하였다. 그러므로 제1차 산업혁명은 증기기관의 시대이고, 제2차 산업혁명은 전기의 시대인 것이다. 제2차 산업혁명은 에디슨이 1879년에 백열등을 개발한 것을 시작으로 전기 혁명의 시대가 시작된 것이다. 테슬라(Tesla)는 1888년에 교류 전동기를 발명하였다.

아울러 여러 가지 통신 기술인 1876년에 벨(Bell)의 전화 발명, 1896년에 마르코니(Marconi)의 무선전신 발명, 1918년에 암스트롱(Armstrong)의 라디오 발명 등으로 발전하였다. 그리고 이제는 증기 기관이 아닌 가솔린 기관을 벤츠(Benz)가 발명하고, 디젤 기관을 디젤(Diesel)이 발명하면서 석유에 대한 의존도가 높아져 갔다. 미국의 라이트 형제는 1903년에 유인동력 비행기를 세계 최초로 발명하였다. 테일러(Taylor)는 공장에서 작업의 세분화를 위해서 시간 연구를 통하여 노동자의 작업(task)을 설정하는 등의 과학적인 관리 시스템을 주장하였다. 포드(Ford)는 테일러주의를 발전시켜서 1914년에 공장에 컨베이어벨트를 도입하여 연속적인 조립을 할 수 있도록 하였다. 제2차 산업혁명은 1870년대가 중요한데, 그 이유는 1876년에 전화 발명, 1879년에 백열등이 발명되었기 때문이다. 특히 20세기 전후부터 이러한 기술을 체계화한 공학(engineering)이 출현하여 과학, 기술, 공학이 상호 발달하기 시작하였다.

2.2 제2차 산업혁명과 사회

산업혁명이 시작되면서 공장에서의 기계화 및 자동화로 인하여 대량생산이 가능해짐으로 경제 성장이 많이 되는 반면에, 공장에서 일하는 노동자들은 기계의 가동에 맞추어 일을 해야 했다. 공장의 자동화 설비인 컨베이어 벨트에서 일하고 있는 노동자를 나타낸 1936년에 제작된 찰리 채플린의 영화인 '모던 타임즈'가 있다. 이 영화는 2차 산업혁명으로 인하여 공장에서 일하는 노동자들이 기계의 부속품과 같은 역할을 하게 된다는 자본주의의 문제점과 인간성 상실에 대한 점을 풍자한 것이다.

2차 산업혁명 시대에는 전기 에너지의 발명에 의하여 공장에서 여러 가지 공산품이 생산되었는데 이를 [그림 1.17] 에 나타낸다. 에디슨의 백열전구가 1879년에 발명되었고, 최초의 자동차인 벤츠가 1886년에 발명되었고, 1900년에 파리박람회에서는 에펠탑이 건설되었고, 미국의 라이트형제가 1903년에 비행기를 발명하였고, 미국의 듀퐁에서 1934년에 나일론 발명으로 스타킹을 생산하였다.

1979, 에디슨, 백열전구

1886, 최초의 자동차, 벤츠

파리박람회, 에스컬레이터

1903, 라이트 형제, 최초 비행기

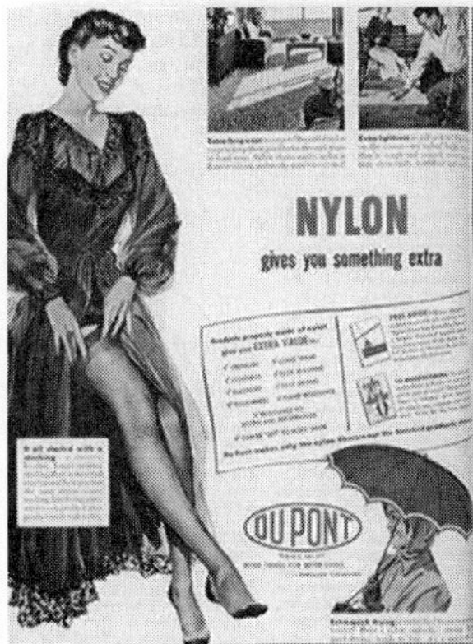

1934, 듀퐁, 나일론 발명

[그림 1.17] 2차 산업혁명에 의한 발명품

3. 제3차 산업혁명

3.1 제3차 산업혁명의 용어

마르크스주의자들은 2차 세계대전 이후에 과학기술혁명(Scientific and Technological Revolution, STR)이 시작되었다고 말한다. 1973년에 미래학자인 다니엘 벨(Bell)은 '탈산업 사회(post-industrial society)'를 주장하였고, 1980년에 미래학자인 엘빈 토플러(Toffler)는 '제3의 물결'을 주장하였는데, 이러한 주장은 여러 해가 지나서 '정보 혁명(information revolution)'이라는 용어로 재해석되었다. 2011년에 경제학자인 제러미 러프킨(Rifkin)은 3차 산업혁명(The Third Revolution)의 책에서 인터넷 기술과 재생에너지 기술을 강조하였다(안진환, 2012).

제3차 산업혁명은 컴퓨터에 의한 인터넷 혁명으로 볼 수 있다. 1947년에 트랜지스터가 발명되고, 1958년에 집적회로(IC)가 발명되었다. 1946년에 ENIAC 컴퓨터가 개발된 후, 1976년에 애플 컴퓨터, 1981년에 IBM 컴퓨터가 개발되면서 개인용 컴퓨터(PC)가 일반화되었다. 인터넷은 1969년에 미국의 아르파넷에서 처음 개발되었고, 1994년에 비로소 대중들이 사용하기 시작하였다. 이와 같이 제3차 산업혁명으로 인하여 과학과 기술이 밀접하게 관련되어 상승작용을 하면서 더욱 발전하게 되었다. 〈표 1.3〉은 산업혁명의 특징을 비교한 것이다(송인수, 2017).

3.2 산업혁명과 일자리 변화

미국에서 지난 160년간 1차 산업혁명, 2차 산업혁명, 3차 산업혁명을 지나면서 각각에 해당하는 1차, 2차, 3차 산업인력의 비중을 연구하였다. 세계적으로 1차 산업혁명이 시작되면서 농업 등의 1차 산업 인력의 비중은 점차 감소하기 시작하였으며, 공업 등의 2차 산업과 서비스업의 3차 산업 인력 비중은 계속 증가하였다. 그러다가 1922년을 기점으로 2차 산업과 3차 산업 인력의 비중이 1차 산업 인력보다 더 많게 되었다.

〈표 1.3〉 산업혁명의 특징 비교

구 분	1차 산업혁명	2차 산업혁명	3차 산업혁명
시기	1760~1830 (1750~1850)	1870~1920 (1850~1930)	1960~? (1945~?)
주요 국가	영국	독일, 미국	미국, 일본
주요 산업	면공업, 철공업, 증기기관, 공작기계	염료산업, 전기산업, 통신, 자동차	컴퓨터, 반도체, 자동화, 인터넷
주요 기술 혹은 사건	• 1709 코크스 제철법 • 1769 수력방적기 • 1769 분리응축기 • 1776 와트의 증기기관 상업화 • 1783 회전식 증기기관 • 1785 역직기 • 1789 방직기와 증기기관 결합 • 1797 나사절삭용 선반 • 1804 증기기관차 • 1830 리버풀-멘체스터 철도	• 1856 전로법 • 1856 인공염료 • 1876 전화 • 1879 백열등 • 1886 가솔린 자동차 • 1888 교류용 전동기 • 1896 무선전신 • 1903 비행기 • 1908 모델 T • 1914 컨베이어 벨트	• 1946 애니악 • 1947 트랜지스터 • 1958 집적회로 • 1962 산업용 로봇 • 1969 PLC 모디콘084 • 1969 아르파넷 • 1973 DNA 재조합 기술 • 1977 애플 Ⅱ • 1981 IBM 호환용 PC • 1994 인터넷 대중화
과학 기술적 변화	• 기술혁신의 상호연관성 강화 • 과학과 기술의 간접적 연결	• 오늘날의 많은 기술시스템의 출현 • 과학의 내용이 기술에 활용되기 시작	• 다양한 기술의 결합 혹은 융합 • 과학과 기술이 밀착되어 '과학기술' 탄생
경제적 구조의 변화	• 공업 중심의 경제로 전환 • 지속적인 경제성장의 국면에 진입	• 대기업이 경제성장을 주도하기 시작 • 후발공업국의 본격적 상업화	• 벤처기업이 중요한 혁신 주체로 등장 • 세계 경제의 서비스화 및 글로벌화
사회 문화적 변화	• 계급사회의 형성과 기계파괴 운동	• 기술에 대한 인류의 의존도 심화	• 첨단기술의 사회적 문제 대두
관련 단어	• 공장제, 공업사회, 자본주의	• 후발산업화, 경영혁명, 포드주의	• 탈산업사회, 제3물결, 정보혁명

3.3 오프라인 혁명과 온라인 혁명

1차, 2차 산업혁명은 off line 혁명이고 3차 및 4차 산업혁명은 on line 혁명이다. [그림 1.18] 은 이를 비교하여 나타낸 것으로서 3차 산업혁명 시대가 되면서 비로소 컴퓨터와 인터넷 등을 사용한 온라인 혁명이 시작된 것이다(이민화, 2016).

[그림 1.19] 는 3차 산업혁명 시대에 발명된 컴퓨터 등의 각종 기기를 미국 TIME 지에 소개한 것이다. 1982년에 개인용 컴퓨터(PC)가 올해의 기계로 소개되었고, 1994년에 internet은 경이의 신세계를 열었다고 하였으며, 2007년에 애플사의 iPhone은 올해의 발명품으로 선정되었다.

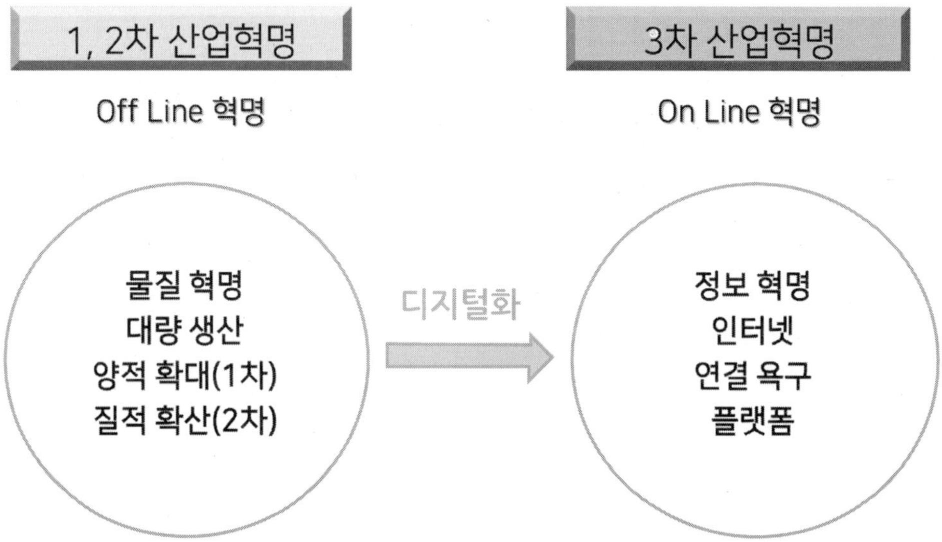

[그림 1.18] 1차, 2차 산업혁명 및 3차 산업혁명의 비교

[그림 1.19] TIME지로 본 3차 산업혁명 시대의 첨단 기술

4. 제4차 산업혁명

4.1 제4차 산업혁명의 태동

2016년 1월 스위스의 다보스에서 개최한 세계경제포럼에는 주요국가의 정상들과 기업가, 학자 등 각계 전문가 2,500여명이 참석하였다. 클라우스 슈밥은 제4차 산업혁명의 입문서로서 2016년에 'The Fourth Industrial Revolution' 을 발표하였고, 국내에는 2016년 4월에 번역서로 소개되었다(성경진, 2016). 클라우스 슈밥은 '제4차 산업혁명'이라는 책을 쓴 세 가지 목표로서 다음을 제시하였다.

"과학기술 혁명의 포괄성과 속도, 다면적 영향에 대한 이해와 인식을 드높이고, 핵심 사안의 개요를 설명하고 그에 따른 대응 방안을 전달해, 과학기술 혁명에 대해 생각할 수 있는 트레일워크를 제시하고, 과학기술 혁명과 관련된 이슈에 대한 민관 협력과 파트너십을 고취하는 플랫폼을 제시한다."

그리고 일부 학자와 전문가 중에는 여전히 3차 산업혁명의 연장선이라고 말하지만,

클라우스 슈밥은 4차 산업혁명이 현재 진행 중이라는 사실을 다음의 세 가지 근거에 의하여 주장하고 있다. 첫째, 속도(velocity)이다. 1차 ~ 3차 산업혁명과는 달리 4차 산업혁명은 선형적이 아니고 기하급수적인 속도로 전개 중이라는 것이다. 둘째, 범위와 깊이(breadth and depth)이다. 4차 산업혁명은 디지털 혁명을 기반으로 다양한 과학기술을 융합하여 새로운 패러다임 전환으로 유도한다. 셋째, 시스템 충격(impact)이다. 4차 산업혁명은 국가 간에, 기업 간에, 산업 간에, 그리고 사회 전체 시스템의 변화를 수반한다.

18세기의 제1차 산업혁명은 영국에서 증기기관과 철도 건설에 의한 공장에서의 기계혁명으로 시작되었다. 19세기의 제2차 산업혁명은 미국에서 전기와 공장 자동화에 의한 대량 생산을 가능하게 하였다. 20세기의 제3차 산업 혁명은 컴퓨터, 반도체, 인터넷 등에 의한 디지털 혁명에 의한 것이다. 21세기의 제4차 산업혁명은 디지털과 인터넷을 기반으로 하여 인공지능, 센서, 빅데이터 등의 지능정보기술에 의한 것이다.

〈읽을거리〉 **클라우스 슈밥** (Klaus Schwab, 1938~)

세계경제포럼(World Economic Forum, WEF)의 창립자이며 회장이다. 그는 1938년 독일에서 태어난 경제학박사다. 스위스에서 공학박사, 미국에서 행정학석사 학위를 받았다. 그는 학자, 기업가, 정치인으로 활동하였다. 1971년에 그가 설립한 세계경제포럼은 스위스의 제네바에 본부를 둔 민간의 국제기구이다. 세계경제포럼은 독립적인 국제기구로서 정치, 비즈니스, 학회, 사회 리더들과 함께 세계적인 상황을 개선시키기 위한 중립적인 기구이다.

www.weforum.org

한편, 독일에서는 2011년 하노버 박람회(Hannover Fair)에서 처음으로 Industry 4.0을 주장하였다. Industry 4.0은 스마트 공장(smart factory)을 도입하여 제조업에서 물리적 시스템과 가상 시스템을 유연하게 결합하고자 하는 것이다. 그렇게 하면 제품의 맞춤 생산(customization)이 가능해진다는 것이다. [그림 1.20] 은 우리나라의 청주에 있는 스마트 공장을 나타낸 것이다. 전자접촉기 생산라인에서 2014년에 스마트 공장을 구축하여서 1일 대비 3.3배의 생산을 하고 60% 이상의 에너지 절감을 하였다(조정철, 2015).

[그림 1.20] 스마트 공장(청주 LS 산전)

슈밥은 제4차 산업혁명을 이끄는 과학기술의 큰 요인으로 물리학 기술(physical), 디지털 기술(digital), 생물학 기술(biological)의 셋으로 분류하였다.(Schwab, 2016).

첫째, 물리학 기술은 무인 운송수단, 3D프린팅, 로봇, 신소재의 네 가지가 있으며, 실재하는 것이기 때문에 쉽게 알 수 있는 것이다. 무인 운송 수단으로는 자율주행 자동차, 드론, 트럭, 항공기, 보트 등이 있다. 3D프린팅 기술은 적층가공(additive manufacturing) 기술로 물체를 만들기 때문에, 기술의 절삭가공(subtractive manufacturing)보다 좋은 점이 많다. 로봇공학기술은 자동차, 농업, 간호 등 다양한 분야에 적용 될 것이다. 신소재로는 그래핀, 형상기억합금, 압전세라믹, 수정, 열경화성 고분자 등에서 개발되고 있다.

둘째, 디지털 기술에는 사물 인터넷, 블록체인, 비트코인 등이 있다. 사물인터넷(Internet of Things, IoT)은 상호 연결된 기술과 다양한 플랫폼을 기반으로 하여 사물과 인간을 관계시키는 것이다. IoT기술은 전자태그(RFID)를 사용하여 모든 사물에 원격 모니터링을 할 수 있다. 블록체인(blockchain)은 보안 프로토콜로서 거래 기록과 승인이 되기 전에 컴퓨터 네트워크 상에서 관계자들 공통의 검증을 받는 기술이다. 블록체인 중에서 비트코인(Bitcoin)이 대표적인 시스템이라 할 수 있으며, 디지털 화폐인 비트 코인은 현재 사용 중에 있다. 스마트폰을 사용한 주문형 경제(on-demand economy, 공유경제)가 사용되고 있으며, 이는 사람과 자원 및 데이터를 모아서 재화와 서비스를 소비하는 방식인데, 우버가 대표적이다. 온 디멘드 경제는 플랫폼 구축의 중요성을 보여주는 것으로 Tom Goodwin(2015)은 다음과 같이 주장하였다(송경진, 2016 재인용). "세계에서 가장 큰 택시 기업인 우버는 소유하고 있는 자동차가 없고, 세계에서 가장 많이 활용되는 미디어인 페이스북(facebook)은 콘텐츠를 생산하지 않는다. 세계에서 가장 가치 있는 소매업체인 알리바바는 물품 목록이 없으며, 세계에서 가장 큰 숙박 제공업체인 에어비앤비는 소유한 부동산이 없다."

셋째, 생물학 기술은 유전학, 합성 생물학 등이다. 유전공학의 발달로 인간의 건강이 좋아지고, 여러 분야의 기술이 융합되어 3D프린팅 기술에 의하여 바이오 프린팅으로 생체조직을 만들게 될 것이다.

〈읽을거리〉 4차 산업혁명 시대의 핵심 기술

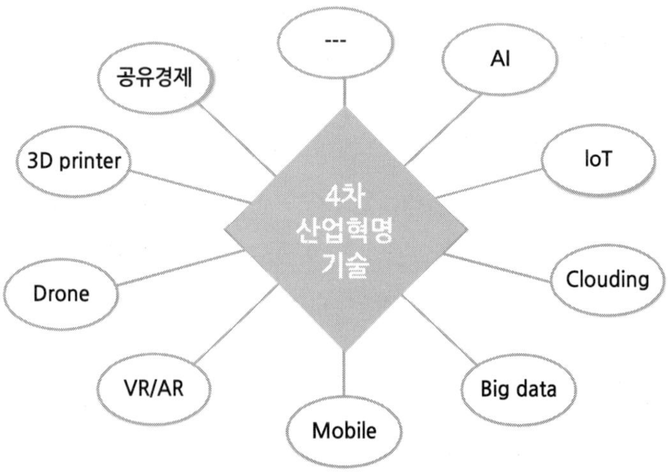

〈표 1.4〉 2025년까지 발생할 티핑 포인트

티핑 포인트	%
인구의 10%가 인터넷에 연결된 의류를 입는다.	91.2
인구의 90%가 (광고로 운영되는) 무한 용량의 무료 저장소를 보유한다.	91.0
1조 개의 센서가 인터넷에 연결된다.	89.2
미국 최초의 로봇 약사가 등장한다.	86.5
10%의 인구가 인터넷이 연결된 안경을 쓴다.	85.5
인구의 80%가 인터넷상 디지털 정체성을 갖게 된다.	84.4
3D 프린터로 제작한 자동차가 최초로 생산된다.	84.1
인구조사의 인구센서스 대신 빅데이터를 활용하는 최초의 정부가 등장한다.	82.9
상업화된 최초의 (인체) 삽입형 모바일폰이 등장한다.	81.7
소비자 제품 가운데 5%는 3D 프린터로 제작된다.	81.1
인구의 90%가 스마트폰을 사용한다.	80.7
인구의 90%가 언제 어디서나 인터넷 접속이 가능하다.	78.8
미국 도로를 달리는 차들 가운데 10%가 자율주행자동차이다.	78.2
3D 프린터로 제작된 간이 최초로 이식된다.	76.4
인공지능이 기업 감사의 30%를 수행한다.	75.4
블록체인을 통해 세금을 징수하는 최초의 정부가 등장한다.	73.1
가정용 기기에 50% 이상의 인터넷 트래픽이 몰리게 된다.	69.9
전 세계적으로 자가용보다 카셰어링을 통한 여행이 더욱 많아진다.	67.2
5만 명 이상이 거주하나 신호등이 하나도 없는 도시가 최초로 등장한다.	63.7
전 세계 GDP의 10%가 블록체인 기술에 저장된다.	57.9
기업의 이사회에 인공지능 기계가 최초로 등장한다.	45.2

기술 확산점(Tipping point)이란 기술이 사회에 급속도로 확산되는 시점을 말한다. 2015년 9월에 나온 '세계경제포럼 보고서'에서는 과학기술의 변화가 사회를 강타해서 미래의 초연결사회(hyper-connected society)를 구축하는 티핑 포인트를 제시하였다. 이것은 10년 내에 2025년까지 발생할 티핑 포인트로서 21가지를 나타낸 것이다 (〈표 1.4〉 참조).

4.2 제4차 산업혁명의 영향력(Impact)

클라우스 슈밥(2016)은 4차 산업혁명의 영향력에 대하여 경제, 기업, 국가, 사회, 개인 등의 각 분야에 대하여 제시하였으며 이를 〈표 1.5〉 에 요약 정리한 것이며, 아래의 본문에서 이들에 대하여 간략히 기술한다.

〈표 1.5〉 제4차 산업혁명의 영향력

분야	내용
경제(economy)	• 성장가능성 (Growth) • 노동력의 위기 (Employment) • 노동의 본질 (The nature of work)
기업(business)	• 파괴적 혁신과 기업 (Customer expectations) • 고객 기대의 변화 • 빅데이터를 활용한 품질 향상 (Data-enhanced products) • 협력을 통한 혁신(Collabarative innovation) • 신기업 운영 모델 (New operating models)
국가-세계 (National-Global)	• 정부의 역할 (Governments) • 세계 체제의 개편 (Countries, regions and cities) • 국제안보 문제 (International security)
사회(Society)	• 불평등과 중산층 (Inequality and the middle class) • 권력을 얻은(잃은) 시민 (Community)
개인(Individual)	• 정체성, 도덕성, 윤리 (Identity, morality and ethics) • 휴먼 커넥션 (Human connection) • 공공-개인정보 관리(Managing public and private information)

1) 경제 분야

(가) 성장 가능성(Growth)

4차 산업혁명이 세계 경제에 미치는 영향력은 매우 클 것이다. 가장 중요한 것은 성장과 고용이다. 세계 경제는 2차 세계대전 이후 평균 경제 성장률보다 낮은 연 3~3.5%의 성장률에 고착되어 있다. 전 세계에 걸친 저성장의 원인은 자본 분배의 왜곡, 과도한 채무, 인구 구조 변화 등 여러 가지이다. 72억 명인 세계 인구는 2030년에는 80억 명, 2050년에는 90억 명으로 증가할 추세이다. 이로 인한 인구 구조의 문제점은 고령화이다. 노령화에 따라 생산 가능 인구는 줄어들고 부양해야 할 노인은 늘게 되는 고령화가 경제적으로 큰 문제가 될 것이다.

(나) 노동력의 위기(Employment)

과학기술의 발달과 고용은 서로 상충되는 영향이 있다. 미국의 경우 19세기 초 노동력의 90%는 농업에 종사했지만, 현재는 2%미만이 농업에 종사하고 있다. 여러 가지 직종에서 이미 기계적인 단순 반복 업무나 육체노동은 자동화 되었다. 2013년에 옥스퍼드대학의 경제학자인 카들 베네딕트 프레이와 기계학습 전문가인 마이클 오스본은 자동화 가능성이 높은 702가지의 직업에 순위를 매겼다. 〈표 1.6〉 은 자동화에 따른 고위험 직업군과 저위험 직업군의 일부를 나타낸 것이다. 이는 20년 이내에 많은 일자리 붕괴가 나타날 것임을 말한다.

앞으로 이러한 자동화 때문에 대체될 저위험 직업군은 사회적, 창의적 능력을 원하는 직종이 될 것이다. [그림 1.21] 은 세계경제포럼의 '직업의 미래 보고서'(Future of Jobs Report)에서 발표한 2020년에 요구되는 능력을 나타낸 것이다. 즉 2020년에는 문제 해결 능력(36%), 사회적 기술(19%), 시스템 기술(17%)이 육체적 능력(4%)이나 콘텐츠 기술(10%)보다 더욱 필요하게 될 것이다. 리쇼어링(reshoring)이란 외국으로 나간 자국의 기업이 국내로 다시 되돌아오는 현상으로, 기업의 해외 이전을 의미하는 오프쇼어링(off-shoring)과 반대 개념이다.

〈표 1.6〉 자동화에 따른 고위험 직업군과 저위험 직업군

가능성	직업
0.99	텔레마케터
0.99	세무대리인
0.98	보험조정인
0.98	스포츠 심판
0.98	법률비서
0.97	레스토랑, 커피숍의 종업원
0.97	부동산업자(부동산중대업자)
0.97	외국인노동자 농장 계약자(주(州)의 승인을 받아 외국인 체류자들이 농장에서 일할 수 있도록 계약을 진행하는 사람-옮긴이 주)
0.96	비서직(법률 · 의학 · 경영 임원의 비서직 제외)
0.64	배달직

가능성	직업
0.0031	정신 건강 및 약물남용치료 사회복지사
0.004	안무가
0.0042	내과 · 외과 의사
0.0043	심리학자
0.0055	HR 매니저
0.0065	컴퓨터 시스템 분석가
0.0077	인류학자, 고고학자
0.01	선박기관사 , 조선기사
0.013	세일즈매니저
0.015	전문 경영인

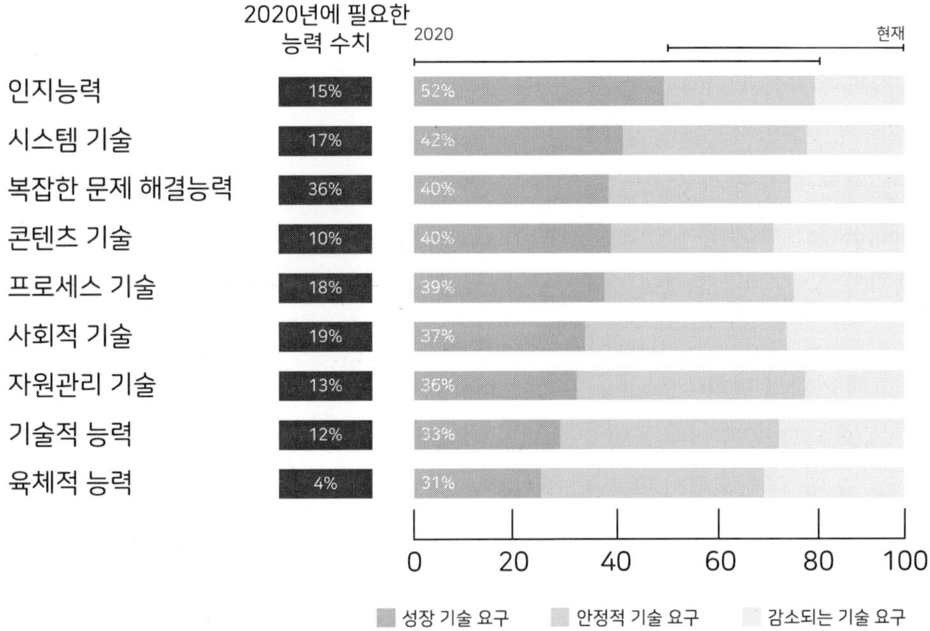

[그림 1.21] 2020년에 요구되는 능력

제4차 산업혁명으로 값싼 노동력이 기업의 경쟁력에 더 이상 도움이 되지 않게 되면 세계의 제조공장이 선진국으로 되돌아가는 리쇼어링(re-shoring) 현상이 생기면서 저소득 국가의 경제는 심각한 문제가 생길 것이다.

(다) **노동의 본질(The nature of Work)**

노동의 패러다임이 근로자와 기업이 지속적인 관계가 아니고 거래 관계로 점차 변해가고 있다. 온디멘드 경제에서는 휴먼 클라우드(human cloud)방식으로 업무를 처리하는 사업주가 점차 늘어나고 있다. 휴먼 클라우드 플랫폼은 노동자를 자영업자로 분류하므로 기업 입장에서는 최저임금제와 고용에 의한 세금에서 자유롭게 된다. 이로 인한 노동자의 장단점이 앞으로 문제가 될 수도 있다.

2) 기업 분야

(가) 파괴적 혁신과 기업

신생기업이 시장을 장악하여 큰 수익을 올리는데 걸리는 시간이 짧아지고 있다. 페이스북은 회사 창립 6년 만에 10억 달러의 연 수익을 올렸고, 구글은 5년이 걸렸다. 파괴적 혁신이 기업에 필요한 것이다. 그 예로서 에너지 부문의 전기 그리드(grid)가 증가하고 있으며, 3D 프린팅 기술로 부품 생산이 쉬워졌다.

(나) 고객 기대의 변화(Customer Expectations)

개인 고객(B2C)이든 기업 고객(B2B)이든지 고객이 점차 디지털 경제의 중심이 되어 가고 있다. 소유에서 공유로의 변화가 더욱 가속화되고 있다. 가령 차량공유(car-sharing) 비즈니스를 위해서는 자동차회사, 유틸리티, 통신 및 금융 정보와 개인 정보 등의 통합이 전제되어야 한다. 미국 청년의 87%가 스마트폰을 항상 휴대하고, 44%는 매일 스마트폰의 카메라를 사용하는 온디멘드 경제 속에 살고 있다. 중국의 위챗(Wechat)은 모바일 문자 및 음성 메시지 서비스를 매일 하면서 2015년에 1억 5천만 명의 사용자를 추가로 확보했다.

(다) 빅데이터를 활용한 품질 향상(Data-Enhanced products)

디지털 기술의 빅데이터를 활용하면 제품의 품질을 향상시킬 수 있다. 테슬라, SAP 기업 등에서는 빅데이터를 활용하고 있다.

(라) 협력을 통한 혁신(Collaborative innovation)

세계경제포럼의 협력적 혁신(collaborative innovation) 보고서는 기업들이 협력을 통한 혁신을 함으로써 경제와 기업 모두에게 중요한 가치가 창출된다고 하였다. 거대기업 지멘스(Simens)에서 연간 40억 달러를 투자하고, 스탠퍼드대학에 설립한 기계 학습 전문 기업가인 아야스디가 협력한 경우이다.

(마) 신기업 운영 모델(New operating Models)

4차 산업혁명의 강력한 영향력을 고려하면 기업은 새로운 운영모델을 생각해야 한다. 디지털화에 의한 네트워크 효과로 가능해진 운영 모델이 플랫폼이다. 기업은 인재주의(talentism)의 개념을 받아들일 필요가 있다. 인재주의는 기업에 적합한 인재를 영입하여 그들이 창의력과 혁신을 펼칠 수 있도록 하여야 한다는 것이다. 물리학, 디지털, 생물학 기술을 결합하여 활용하는 기업은 파괴적 혁신을 일으키는데 성공할 가능성이 높다. 우버가 인기를 얻게 되는 이유는 새로운 비즈니스 모델 때문이다. 많은 기업의 고위직들은 앞으로 5년간 기업에 영향을 줄 주요 요인으로 산업의 융합(industry convergence)을 말하였다. 온라인 서점으로 시작해 연간 1,000억 달러의 매출을 올린 아마존은 온라인 소매 대기업으로 성장하였다. 자동차, 금융, 환자 의료서비스 등도 진화하고 있다.

3) 국가와 세계 분야

(가) 정부의 역할(Governments)

4차 산업혁명의 파괴적 혁신 때문에 공공기관과 조직의 운영방식이 변화하고 있다. 디지털 기술을 활용한 전자 정부(e-goverance)의 확대가 필요하다. 정부는 국민과 더욱 소통을 잘 해야 한다.

(나) 세계 체제의 개편(Countries Regions and Cities)

디지털 기술 혁신으로 인하여 세계 체제가 개편되고 있다. 오늘날 세계 인구의 절반은 대도시와 중도시에 거주하며, 그 숫자는 점차 증가하고 있다. 정보통신기술의 활용과 접근성 증대가 중요해지고 있다. 세계경제포럼의 정보기술보고서(Global information technology report 2015)에서는 세계 인구의 절반은 모바일폰이 없으며, 4억 5천만 명은 이동통신 신호가 잡히지 않는 곳에서 살고 있다. 저소득 국가는 인구의 90%가 인터넷 접속이 안되고, 세계 인구의 60%는 인터넷 접속을 할 수 없다. 그러므로 정보 격차를 줄이는 것이 중요하다.

4) 사회 분야

(가) **불평등과 중산층(Inequality and the Middle Class)**

4차 산업혁명이 전개되면 구조적 변화로 인하여 불평등은 더욱 심화될 것이다. 로봇과 알고리즘이 점차로 노동을 자본으로 대체하고, 노동시장은 전문적 기술이라는 범위로 제공할 것이다. 2015년 현재 전 세계 자산의 절반 이상이 상위 1% 부자에 속해있고, 전 세계 인구의 하위 50% 자산을 모두 합쳐도 전 세계 부의 1%에 못 미친다. 불평등한 사회는 폭력성이 증가하고, 차별이 심화되며, 청소년의 학업 성취도가 감소한다고 한다.

(나) **권력을 얻거나 잃은 시민(Community)**

디지털화의 효과는 개인 중심(me-centered)사회가 되어가며 공간, 직장, 가족보다는 개인의 가치, 이해가 증가한다. 디지털 미디어는 우리를 일대일, 일 대 다수라는 새로운 방식으로 연결하여 시간과 거리를 뛰어넘는 인간관계를 갖도록 해준다. 4차 산업혁명은 개인과 공동체가 기술로 인해 권력을 얻는 시민(empowered citizen)이 되거나, 정부, 기업, 이익 집단에서 권력을 잃게 되는 현상이 나타날 것이다.

5) 개인 분야

(가) **정체성, 도덕성, 윤리(Identity, morality and Ethics)**

4차 산업혁명은 사람들의 행동양식과 정체성도 변화시킨다. 그 외에도 프라이버시, 소비 패턴, 일과 여가의 시간, 경력 개발 등 여러 방면에도 영향을 준다. 미래에는 유전공학으로 인한 윤리적, 종교적인 문제가 생길 것이다.

(나) **휴먼 커넥션(Human connection)**

세상이 디지털화될수록 인간적 각성을 갈구하게 된다. 2010년 미시간대의 연구에서 대학생들의 공감 능력은 20년 전과 비교하여 40%가 낮아졌다고 한다. MIT 발표에서는 10대 청소년 중 44%는 운동 경기 중이거나 가족 및 친구와 식사 중에도 온라인 연결 중이라고 한다. 디지털 홍수에 빠져있는 시간이 길수록 주의력을 통제하지 못하여 인지 능력이 퇴화한다는 것이다.

(다) 공공 및 개인 정보 관리(Managing Public and Private Information)

인터넷과 상호 연결성이 높아질수록 사생활 침해 문제가 발생한다. 하버드대의 정치철학자인 마이클 샌델 교수는 "우리는 일상의 여러 기기 사용을 통하여 편리함을 얻는 대가로 기꺼이 사생활을 제공하는 경향을 보인다."라고 하였다. 웨어러블 기기인 웰니스로 인하여 보험회사들에게 개인의 정보가 전달되는 것이다.

4.3 제4차 산업혁명의 방법론(Deep shift)

4차 산업혁명으로 인하여 세계의 흐름을 바꿀 수 있는 기술에 대하여 세계경제포럼(Schwab, 2016)에서는 설문조사한 결과를 다음과 같이 24가지로 발표하였다.

1) 체내 삽입형 기기(Implantable Technologies)

- 티핑 포인트: 상업화된 최초의 인체 삽입형 모바일폰이 등장한다.
- 2025년까지 발생 가능성 예상 응답자는 82%

기기를 몸에 차는 것이 아니고 체내에 삽입하여 의사소통을 하고 건강을 체크할 수 있을 것이다. 심박 조율기, 전자 문신 및 소형의 칩이 사용될 것이다. 긍정적 효과로는 아동 실종이 줄어들고, 건강에 관한 좋은 정보를 얻고, 의사결정이 나아지고, 개인 데이터가 활용 가능해진다. 부정적 효과로는 사생활 침해와 감시가 되며, 데이터 보안성이 낮아지고, 현실도피가 생기며 방해요소가 생긴다. 예측 불가능한 영역으로는 수명이 길어지고, 인간관계에 변화가 생기고, 인간 상호작용에 변화가 생기며, 실시간으로 신원 확인이 가능하고, 문화적 변화가 생긴다. 현재 동향은 자동차 문 열기, 손짓으로 스마트폰 비밀번호 입력하기, 신체 기능 추적하기 등을 수행하고 있다.

2) **디지털 정체성**(Our Digital presence)

- 티핑 포인트: 세계 인구의 80%가 인터넷으로 디지털 정체성을 갖는다.
- 2025년까지 발생 가능성 예상 응답자는 84%

종전에는 휴대폰 번호, 이메일 주소, 개인 웹사이트 등의 디지털 정체성이 있었으나 최근에는 페이스북, 페이지, 트위터 계정, 링크드인 프로필, 인스타그램 계정 등과 같이 디지털 정체성이 늘어나고 있다. 이러한 디지털 정체성을 통하여 사람들은 정보를 찾고, 공유하며 생각을 표현하고, 검색하며, 세계의 어느 누구와도 관계를 유지할 수 있다. 긍정적 효과로는 투명성이 증가하고, 개인 및 그룹 간의 상호연결성이 증가하며, 언론자유가 커지며, 정보의 교환이 빨라지고, 정부 제공 서비스를 효율적으로 활용할 수 있다. 부정적 효과로는 사생활이 침해되고, 온라인 스토킹이 일어나고, 부정확한 정보가 제공되며, 투명성이 낮아진다. 예측 불가능한 영역으로는 디지털 발자취가 남고, 광고는 고객맞춤형으로 변하며, 맞춤형 뉴스가 제공되며, 개인의 정보가 생성되며 온라인 사회운동이 쉬워진다. 현재 동향으로는 페이스북(14억 명), 트위터(6.5억 명), 인스타그램(1.5억 명)의 소셜미디어의 이용자 수가 거대하다.

3) **새로운 인터페이스의 시각**(Vision as the New Interface)

- 티핑 포인트: 독서용 안경의 10%는 인터넷에 연결된다.
- 2025년까지 발생 가능성 예상 응답자는 86%

구글 글래스(Google glass)는 안경, 헤드셋, 안구 추적 기능을 하고 인터넷으로 기기와 연결이 될 수 있다. 시각화, 상호 작용을 통해서 시각이 새로운 인터페이스가 되어 학습, 내비게이션, 피드백 등으로 세상과 교류하게 된다. 긍정적 효과는 내비게이션과 업무 및 개인 활동에 좋은 결정을 하도록 하며, 헬스케어나 외과수술 시에 능력이 향상되고, 타이핑이나 몸짓 등으로 체험에서의 다양한 방식을 제공한다. 부정적 효과로는 주의가 산만해져 사고가 발생하며, 부정적인 몰입형 체험(immersive experience)으로 트라우마가 생기고, 중독성이 생긴다. 예측 불가능한 영역으로는 엔터테인먼트 분야에 새로운 영역이 생기고, 즉각적인 정보가 늘어난다. 현재 동향은 스마트 글래스가 이미 판매되고 있다.

4) 웨어러블 인터넷(Wearable internet)

- 티핑 포인트: 세계 인구의 10%는 인터넷에 연결된 의류를 입는다.
- 2025년까지 발생 가능성 예상 응답자는 91%

2015년에 판매된 애플워치는 인터넷에 연결됨으로 스마트폰과 유사한 기능을 갖고 있다. 앞으로는 의류나 장신구에 칩이 내장되어 인터넷에 연결될 것이다. 긍정적 효과로는 건강이 좋아져 수명이 연장되고, 스스로 건강관리를 할 수 있고, 의사결정이 나아지며, 아동의 실종이 줄어들고, 맞춤형 의류가 늘어나게 된다. 부정적 효과로는 사생활 침해의 우려가 있고, 중독이 생기며, 데이터 보안의 문제점이 생긴다. 예측 불가능한 영역으로는 실시간으로 신원확인이 가능해지고, 대인 관계에 변화가 생기고, 이미지 인식이 가능해진다. 현재 동향으로는 가트너에서는 스마트워치와 밴드를 판매하고, 미모 베이비에서는 웨어러블 베이비 모니터 기기를 판매하며, 랄프 로렌에서는 스포츠 셔츠를 개발하였다.

5) 유비쿼터스 컴퓨팅(Ubiquitous Computing)

- 티핑 포인트: 세계 인구의 90%가 언제 어디서든 인터넷 접속이 가능하다.
- 2025년까지 발생 가능성 예상 응답자는 79%

현재 세계 인구의 43%는 인터넷에 연결되어 있다. 2014년에만 해도 12억대의 스마트폰이 판매되었다. 언제 어디서든지 정보통신에 쉽게 접근하게 된다. 긍정적 영향으로는 저개발 지역 인구의 경제 참여가 늘어나고, 수업이나 헬스케어 등에의 접근성이 늘어나고, 일자리 유형에 변화가 생기고, 전자 상거래가 확대되며, 정치 민주화가 증가한다. 부정적 영향으로는 조작이 늘어나고, 정치적인 분열이 생기며, 폐쇄적인 네트워크 서비스 환경이 조성된다. 현재 동향으로는 전 세계 모바일 사업자들이 빠른 속도로 인터넷을 확산시키고 있다.

6) 주머니 속의 슈퍼컴퓨터(A supercomputer in Your Pocket)

- 티핑 포인트: 세계 인구의 90%는 스마트폰을 사용한다.
- 2025년까지 발생 가능성 예상 응답자는 81%

2019년까지 전 세계에서 스마트폰 사용자는 35억 명이 되어 스마트폰 보급률이 59%가 될 것이다. 한국, 싱가포르, 아랍에미레이트 등은 성인 인구의 90%가 스마트폰을 사용하고 있다. 긍정적 영향으로는 저개발 지역 인구의 경제 참여가 늘어나고, 학업이나 정부 서비스에의 접근성이 늘어나고, 고용의 질이 좋아지고, 시장 규모가 확대되고, 시민의 참여가 늘어난다. 부정적 영향으로는 조작이 늘어나고, 정치적 분열이 생기며, 폐쇄형 네트워크 서비스 환경이 조성된다. 예측 불가능한 영역으로는 공과 사의 구분이 불분명하며, 제조업에 영향을 미친다. 현재 동향은 애플 워치나 스마트폰이 주머니 속의 슈퍼컴퓨터가 될 것이다.

7) **모두를 위한 저장소**(Storage for All)

- 티핑 포인트: 인구의 90%가 무한 용량의 무료 저장소를 갖게 된다.
- 2025년까지 발생 가능성 예상 응답자는 91%

전 세계에서 데이터를 저장할 수 있는 저장 공간을 무료로 제공할 것이다. 긍정적 효과는 역사 연구와 학계에 도움이 되고, 기업의 효율성이 높아지고, 개인의 기억력 한계가 커진다. 부정적 영향으로는 사생활이 감시받는다. 예측 불가능한 영역으로는 기록이 영원토록 남게 되고, 콘텐츠의 생산과 소비가 늘어난다. 현재 동향은 여러 기업에서 이미 클라우드로 무료 저장소를 제공하고 있다.

8) **사물 인터넷**(Internet of and for Things)

- 티핑 포인트: 1조개의 센서가 인터넷에 연결이 된다.
- 2025년까지 발생 가능성 예상 응답자는 89%

지능적인 센서들이 사물과 상품에 부착되고 인터넷과 연결되어 유비쿼터스 통신이 될 것이다. 긍정적 효과로는 생산성이 증가되고, 삶의 질이 좋아지며, 자원 활용의 효율성이 늘어나며, 자원 활용의 투명성이 증가하며, 물류 효율성이 증가하며, 새로운 비즈니스가 생기며, 상품의 디자인이 디지털 연결 방식으로 전환되며, 상품에 디지털 서비스가 추가적으로 제공되며, 스마트 사물을 통하여 가치가 생긴다. 부정적 효과로는 사생활 침해의 문제가 생기고, 비숙련 노동자의 일자리가 줄어들고, 보안의 위험이 생기고, 복잡해진다. 예측 불가능한 영역으로는 소유 대신에 임대로 비즈니스 모델이 바뀌고, 데이터의 가치가 중요해지고, 모든 회사는 잠재적인 소프트웨어 기업이 되며, 지식 작업이 자동화되며, '디지털 진주만 습격'이 생기며, 기계나 장비 등의 활용률이 높아진다. 현재 동향으로는 포드 자동차, BMW, 폭스바겐 자동차에서 운용 중이다.

9) **커넥티드 홈**(Connected home)

- 티핑 포인트: 가정 기기에 50% 이상의 인터넷 트래픽이 몰린다.
- 2025년까지 발생 가능성 예상 응답자는 70%

종전의 TV, 에어컨, 식기 세척기 등의 전력 소비 외에, 가정 자동화로서 전등, 블라인드, 환기 에어컨, 오디오, 비디오, 보안기기 등을 작동시킨다. 긍정적 영향으로는 자원의 효율성이 높아지고, 안전과 보안이 증가하며 독립적인 생활이 가능해지고, 건강관리 시스템의 비용이 줄며, 실시간 모니터링이 가능하고, 집 내부의 상황을 원격 조정할 수 있다. 부정적 영향으로는 사생활이 침해되고, 사이버 공격을 받을 수 있다. 예측 불가능한 영역으로는 재택근무가 늘어나고, 데이터 소유권의 문제가 생긴다. 현재 동향은 2014년에 Nest에서 인터넷 연결된 온도조절기와 화재감지기를 만들었다.

10) **스마트 도시**(Smart Cities)

- 티핑 포인트: 5만 명 이상의 도시에 신호등이 없는 도시가 등장한다.
- 2025년까지 발생 가능성 예상 응답자는 64%

스마트 도시는 싱가포르, 바르셀로나와 같이 지속적으로 센서 기술 네트워크를 확장시키고 데이터 플랫폼을 구축한다. 긍정적 효과로는 자원 활용의 효율성이 높아지고, 인구 밀도가 증가하며, 삶의 질이 좋아지고, 서비스 제공 비용이 감소하며, 범죄가 줄어들고, 공기 오염이 감소하며, 교육에 대한 접근성이 향상되며 고용이 늘어난다. 부정적 효과로는 사생활 침해의 가능성이 있고, 블랙아웃 등의 전기 에너지 시스템 오류 시 도시 전체가 붕괴될 것이다. 예측 불가능한 영역으로는 도시의 문화에 영향을 미치게 된다. 현재 동향은 스페인의 산탄데르시에는 2만개의 센서가 건물, 사회기반 시설, 교통, 네트워크 등에 연결되어 있다.

11) **빅 데이터를 활용한 의사 결정**(Big Data for Decision)

- 티핑 포인트: 인구 센서스 대신에 빅 데이터를 활용할 수 있다.
- 2025년까지 발생 가능성 예상 응답자는 83%

빅 데이터를 사용하면 정부, 산업, 응용 분야에서 빠르고 나은 의사결정이 가능해진다. 긍정적 영향으로는 빠른 의사결정이 가능하고 혁신을 위한 오픈 데이터가 증가하며, 변호사가 늘어나고, 비용이 절감되며, 새로운 직업이 생긴다. 부정적 영향으로는 일자리가 줄어들고, 사생활이 침해되며, 데이터의 신뢰성에 문제가 생긴다. 예측불가능한 영역으로는 개인의 정보 수집이 가능해지며, 비즈니스와 법률 구조에 변화가 생긴다. 현재 동향은 미국 아이오와 주에서 인도에까지 농부들이 심을 작물을 결정하고 식품의 신선도를 추적하며, 기후에 대응하기 위하여 씨앗, 인공위성 센서 데이터를 활용한다.

12) **무인 자동차**(Driverless Cars)

- 티핑 포인트: 미국에서 달리는 자동차 중에서 10%가 자율주행자동차이다.
- 2025년까지 발생 가능성 예상 응답자는 79%

자율주행자동차는 교통 혼잡을 줄이고 배기가스를 줄이며 물류 시스템을 바꿀 수 있으며, 구글이나 아우디 등의 대기업에서 실험 중에 있다. 긍정적 영향으로는 안전이 강화되고, 업무에 집중할 수 있는 시간이 늘고, 운전 시 스트레스와 분노가 감소하고, 전기 자동차가 증가한다. 부정적 영향으로는 택시나 트럭 등의 일자리가 줄어들고, 도로 교통 위반의 세수가 줄어들고, 자동차 수요가 감소하며, 해킹의 사이버 공격이 생긴다. 현재 동향은 테슬라, 구글 등이 연구 중이며, 미국 네바다주에서 미국 최초로 2012년에 자율주행자동차 운행을 허용하는 법이 통과하였다.

13) **인공지능과 의사결정**(Artificial Intelligence and Decision Making)

- 티핑 포인트: 회사의 이사회에 인공지능 기계가 등장한다.
- 2025년까지 발생 가능성 예상 응답자는 45%

인공지능은 자동차 운전 외에도 복잡한 의사결정과정을 자동화하여 빠르게 결정을 내릴 수 있다. 긍정적 영향은 편견이 줄어드는 합리적 결정이 가능해지고, 구시대의 관료제를 개편하며, 새로운 일자리가 생기고, 질병완치 기술이 생긴다. 부정적 영향으로는 법률적 책임소재가 불분명해지고, 기존의 일자리가 감소하며, 사이버 범죄가 늘어나고, 불평등이 심해지고, 인류의 존재에 위협이 생긴다. 현재 동향은 언어 인공지능인 컨셉넷 4의 지능은 5~6살 아이의 수준이다.

14) 인공지능과 화이트칼라(AI and White-Collar Jobs)

- 티핑 포인트: 인공지능이 회사에서 감사의 30%를 맡게 된다.
- 2025년까지 발생 가능성 예상 응답자는 75%

옥스퍼드대 Frey 등(2013)의 연구 결과에 따르면 [그림 1.22] 에서와 같이 20년 이내에 미국의 직업군 중에서 47%가 자동화될 것이라고 하였다(송경진 2016 재인용).

긍정적 효과는 비용이 줄어들고, 효율성이 높아지며, 소기업에게 기회가 올 것이다. 부정적 효과로는 일자리가 감소하고, 책임소재가 불분명해지며, 일자리가 자동화된다. 현재 동향은 TV 게임쇼 프로그램인 제퍼니(Jeopardy)에서 IBM의 인공지능인 왓슨은 우승을 하였고, 폐암진단 능력이 90%로 의사의 50%보다 높다.

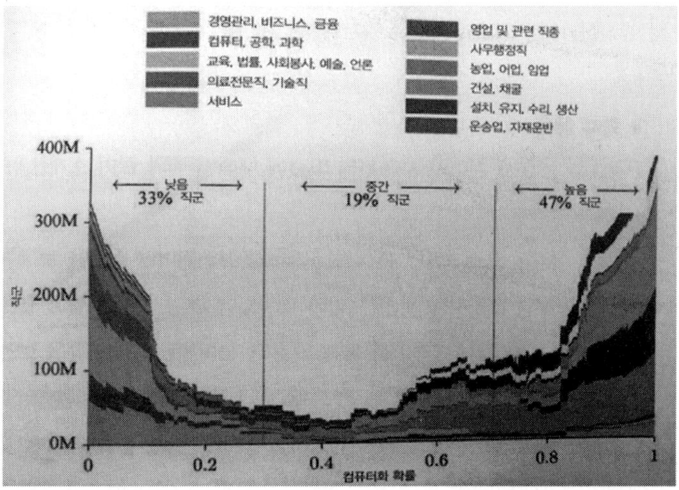

[그림 1.22] 컴퓨터화 확률에 따른 미국의 직업별 고용 분포도

15) **로봇공학과 서비스**(Robotics and Services)

- 티핑 포인트: 로봇 약사가 등장한다.
- 2025년까지 발생 가능성 예상 응답자는 86%

로봇은 제조업, 농업, 서비스업에 사용되며, 세계적으로 110만대의 작업 로봇이 있고, 자동차 생산의 80%를 로봇이 처리한다. 긍정적 효과는 공급 물류 과정이 단축되고, 여가시간이 늘어나고, 은행의 현금자동인출기(ATM)가 예이며, 생산의 리쇼어링이 생긴다. 부정적 효과로는 일자리가 감소하고, 책임과 의무가 불분명해지며, 24시간 서비스가 가능해지고, 해킹 위험성이 증가한다. 현재 동향은 리씽크 로보틱스가 2012년부터 판매하고 있다.

16) **비트코인과 블록체인**(Bitcoin and the Blockchain)

- 티핑 포인트: 세계 GDP의 10%가 블록체인 기술로 귀속된다.
- 2025년까지 발생 가능성 예상 응답자는 58%

비트코인과 같은 디지털 화폐는 분산된 거래 방식인 블록체인에서 시작되었다. 비트 코인의 총 가치는 200억 달러이다. 긍정적 효과는 신흥시장의 금융 포용성이 넓어지고, 금융의 탈중개화가 생기고, 거래 가능한 자산이 증가하며, 거래의 투명성이 증가한다. 현재 동향은 Smartcontracts.com은 스마트 계약을 하고 있다.

17) **공유 경제**(The Sharing Economy)

- 티핑 포인트: 자가용보다는 카셰어링을 통한 여행이 더욱 증가한다.
- 2025년까지 발생 가능성 예상 응답자는 67%

공유 경제란 개인이나 조직이 과학기술을 활용하여 실물 재화, 자산을 공유하거나, 서비스를 공유하고 제공하는 것을 말한다. 예로서는 교통에서의 Zipcar, Relay Rides, 우버, Lyft 등이 있다. 긍정적 효과로는 도구나 실물 자원에 대한 접근성이 쉬워지며, 고객 맞춤형의 서비스가 증가하고, 현금으로 생활하게 되고, 자산의 활용률이 좋아지며, 2차적인 경제가 생긴다. 부정적 효과로는 저축이 감소하며, 실직한 후 회복이 어렵고, 계약직이 늘어나고, 신뢰를 남용하게 되며, 투자 가능한 자본이 감소한다. 예측 불가능한 영역으로는 자산 소유권에 대한 인식이 바뀌며 가입형 모델이 증가하고, 저축이 감소하며, 부유(wealth)와 잘사는 것(well off)의 의미와 명료성이 떨어지고, 공유 경제의 잠재적 규모의 추정이 어렵고, 과세 제도의 조정이 필요하다. 현재 동향은 가장 큰 소매업이지만 매장이 한 개도 없는 아마존, 가장 큰 숙박업이지만 한 채의 호텔도 없는 에어비앤비, 한 대의 차량도 소유하지 않은 가장 큰 택시업체인 우버이다.

18) **정부와 블록체인**(Governments and the Blockchain)

- 티핑 포인트: 블록체인으로 세금을 걷는 정부가 등장한다.
- 2025년까지 발생 가능성 예상 응답자는 73%

블록체인은 중앙은행의 규제 없이 세금 등을 징수할 수 있다. 예측 불가능한 영역으로는 통화정책에 대한 중앙은행의 역할이 줄 수 있고, 부패가 생길 수 있고, 정부의 역할이 줄어들 수 있고, 실시간으로 과제를 할 수 있다. 현재 동향은 에스토니아는 블록체인 기술을 최초로 활용한 정부다.

19) **3D프린팅과 제조업**(3D Printing and Manufacturing)

- 티핑 포인트: 3D 프린터로 자동차를 생산한다.
- 2025년까지 발생 가능성 예상 응답자는 84%

3D프린팅은 적층 가공(additive manufacturing)으로써 원료를 층으로 쌓아올려 물체를 만드는 기술이다. 플라스틱 알루미늄, 스테인레스강, 세라믹 등의 첨단재료로써 복잡하고 정교한 제품을 만들 수 있다. [그림 1.23]은 가트너 회사(2014)가 개발한 하이프 사이클(Hype Cycle)로서 3D프린팅 기술과 기대치를 나타낸다. 여기서 가장 활발하고 상업적인 단계는 기술의 재조명시기이다.

긍정적 효과로는 제품 개발이 가속화되고, 디자인에서 제조까지의 사이클이 단축되고, 복잡한 부품의 제조가 쉬워지고, 제품 디자이너의 수요가 늘어나며 교육기관에서 학습과 이해를 위하여 3D프린팅을 활용하고, 여러 물건을 만들 오픈 소스 설계도면이 늘어나고, 프린팅 재료를 공급하는 신산업 분야가 생기고, 우주 분야의 사업 기회가 생긴다. 부정적 효과는 쓰레기가 늘어나고, 물성이 다른 이방성의 부품이 생산되며, 지식 재산이 가치의 원천이 된다. 예측 불가능한 영역으로는 혁신으로 즉시 복제 가능성이 있다. 현재 동향은 GE에서 새로운 제트 엔진을 개발 중이다.

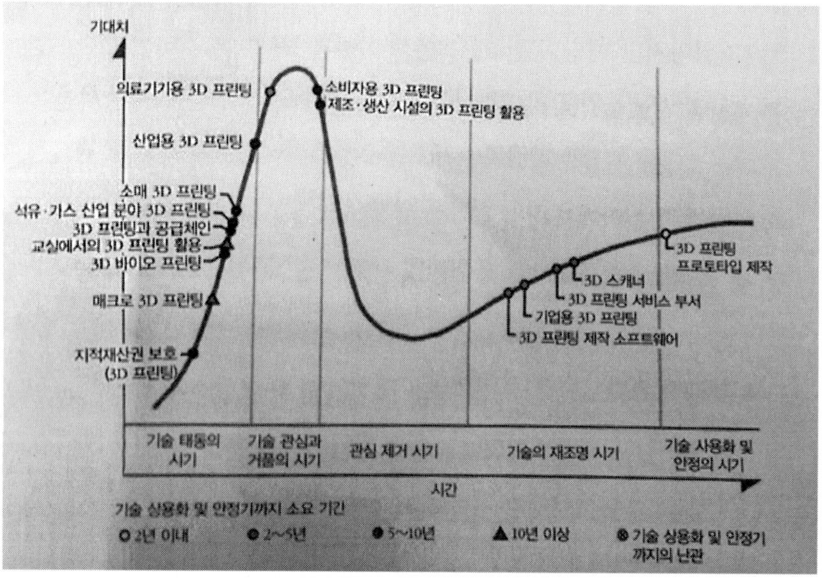

[그림 1.23] 3D 프린팅기술과 기대치의 하이프 사이클

20) **3D 프린팅과 건강**(3D Printing and Human Health)

- 티핑 포인트: 3D 프린터로 만든 간(liver)이 이식된다.
- 2025년까지 발생 가능성 예상 응답자는 76%

3D프린터로 인간의 장기도 제작하는 날이 올 것이며, 이를 바이오프린팅(Bioprinting)이라고 한다. 긍정적 효과는 기증 장기의 부족을 해결하며, 팔과 다리 등의 신체부위를 대체할 수 있고, 수술환자에게 임플란트, 나사 등 맞춤형 프린팅을 제공하고, 개인 맞춤형 의료기술이 발달하고, 치아 임플란트 등을 수입하지 않고 직접 만들며, 식량을 만들 수 있다. 부정적 효과로는 인체 부위 등이 통제되지 않고 생산되며, 쓰레기가 증가하고, 윤리 문제가 생기고, 건강 유지에 관심이 줄고, 농업에 영향을 준다. 현재 동향은 2014년 베이징 대학에서 어린 척추암 환자의 뼈 이식에 성공했다.

21) **3D 프린팅과 소비자 제품**(3D Printing and Consumer Products)

- 티핑 포인트: 소비자 제품의 5%는 3D 프린터로 제작된다.
- 2025년까지 발생 가능성 예상 응답자는 81%

일반 소비자들은 3D프린터만 있으면 직접 제품을 제작할 수 있게 된다. 긍정적 효과로는 개인 제품이 늘어나고, 신발 등과 같이 개인 상품 기술이 늘어나고, 물류비용이 감소하여 에너지가 절약된다. 부정적 효과로는 물류가 줄어서 일자리가 줄고, 총을 제작할 수 있으므로 총기 규제가 필요하고, 쓰레기가 증가한다. 현재 동향은 2014년에 13만대의 3D프린터가 공급되었고, 저가 3D프린터는 연구실, 학교, 소기업에서 사용하기 적합하다.

22) **맞춤형 아기**(Designer Beings)

- 티핑 포인트: 유전자가 편집된 아이가 태어난다.

휴먼 게놈 프로젝트로 유전자 서열 방식을 알게 되었고, 유전자 가위 기술로 유전자를 편집하여 아이가 태어날 수 있게 된다. 긍정적 효과는 효과적인 생산 관리로 농업 수확량이 증가하고, 개인치료요법이 효율적이며, 의료 진단이 빠르고 정확해지며, 유전적 질병의 고통이 감소한다. 부정적 효과는 편집된 인간이나 동식물간의 상호작용이 위험해지고, 치료비가 비싸서 불평등이 심화되고, 사회적으로 유전자 깨짐 기술을 거부할 수 있고, 정부나 기업에서 유전 데이터를 오용할 수 있다. 예측 불가능한 영역으로는 수명이 길어지고, 인간 본성에 대한 윤리적 딜레마가 생기고, 문화 변화가 생긴다. 현재 동향은 2015년 중국에서 유전자 편집에 관한 논문을 발표했다.

23) **신경 기술**(Neurotechnologies)

- 티핑 포인트: 인공기억을 이식받은 인간이 등장한다.

신경기술은 뇌의 활동을 모니터하고 뇌의 변화를 연구한다. 긍정적 효과는 장애인이 의족, 의수를 '마음으로(minds)' 움직일 수 있고, 스포츠나 학업에서 성적을 향상시킬 수 있고, 뇌 관련 질병을 효과적으로 치료할 수 있고, 차세대컴퓨터 개발이 된다. 부정적 효과는 뇌의 판단으로 인한 차별이 생길 수 있고, 생각이나 꿈이 공개되어 사생활이 없게 되며, 인간과 기계의 경계가 희미해진다. 예측 불가능한 영역으로는 문화적 변화가 생기고, 성능이 향상되고, 인간의 새로운 행동 양식이 생긴다. 현재 동향은 자동차 산업의 의식 모니터링 시스템이 개발되었고, IBM의 왓슨은 의사가 치료하기 어려운 환자를 위한 치료법을 선택하고, MIT에서는 쥐에게 우울증을 치료했다.

24) 네 가지 기능

4차 산업혁명 시대에 닥칠 문제를 잘 다루기 위해서는 다음과 같이 네 가지의 지능을 키우고 잠재성을 잘 활용해야 한다.(송경진. 2016.)

① 상황 맥락(contextual) 지능: 정신
인지한 것을 잘 이해하고 적용하는 능력이다.

② 정서(emotional) 지능: 마음
생각과 감정을 정리하고 결합하여 자신과 타인의 관계를 맺는 능력이다.

③ 영감(inspired) 지능: 영혼
변화를 이끌고 공동의 이익을 구하기 위해서 개인과 공동의 목적, 신뢰성, 덕목 등을 활용하는 능력이다. 영감 지능에서는 공유(sharing)가 핵심이고 신뢰가 중요하다.

④ 신체(physical) 지능: 몸
개인의 건강과 행복을 가꾸고 함양하는 능력이다.

4.4 한국 정부의 4차 산업혁명 대책

1) 지능정보사회의 중장기 종합대책

정부에서는 관계부처합동(2016.12.27.)으로 '제4차 산업혁명에 대응한 지능정보사회 중장기 종합대책'을 발표하였다. 이는 2015년 말부터 정부 및 민간 전문 관계자들이 참여하여 종합적인 대책을 발표한 것이다. 이 정책의 추진배경으로서 4차 산업혁명은 기계의 지능화를 통해 생산성이 고도로 향상되어 산업구조의 근본이 변하는 것으로 지능정보기술이 변화의 동인이라는 것이다. 그리고 지능정보기술이란 "인공지능기술과 데이터활용기술(ICBM)을 융합하여 기계에 인간의 고차원적 정보처리 능력(인지, 학습, 추론)을 구현하는 기술"이라고 정의하였다. 여기서 인공지능기술이란 인간 정보처리 활동의 원리를 분석하는 기초 기술과 ICT를 통해 이를 구현하는 인공지능 SW 및 HW기술을 말하며, 현재는 특정한 영역에서 인간의 인지능력 일부를 모사하는 약한 인공지능을 의미하며, 인간의 모든 지적 업무를 수행하는 강한 인공지능은 아니다. 데이터 활용기술이란 인공지능의 빠른 성능 향상과 보급 및 확산을 위해서 핵심 기반인 데이터를 수집·전송·저장·분석하는 필수적인 ICT 기술을 말한다. 즉 각종 데이터를 수집하고 실시간으로 전송하며(IoT, Mobile), 이 데이터를 효율적으로 저장하고 분석(Cloud, Big data)하는 것이다. [그림 1.24] 는 이들을 종합하여 지능정보기술의 개념을 나타낸 것이다.

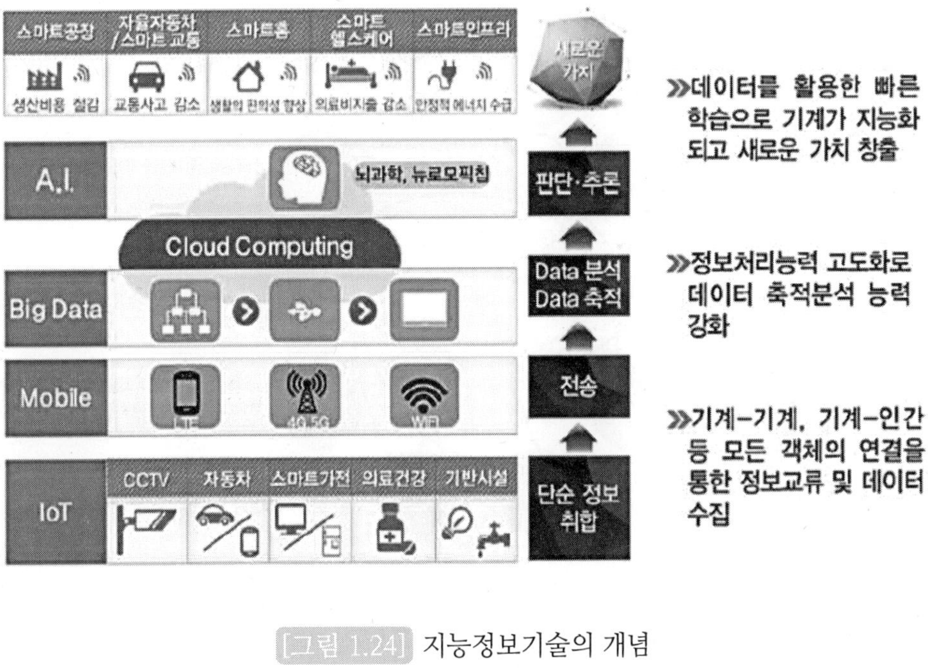

[그림 1.24] 지능정보기술의 개념

〈표 1.7〉은 지능정보기술로 인한 4차 산업혁명이 2차 산업혁명 이후로 유용하게 사용되는 전기의 역할과 그 적용 범위가 다른 것을 나타낸 것이다.

〈표 1.7〉 지능정보기술과 전기의 차이점

	지능정보기술	전기
역할	인간의 지적노동을 대체	인간의 육체노동을 대체
적용범위	판단이 필요한 분야 산업 생활 전반 (현재 창의적 감성적 부분은 제외)	동력이 필요한 산업 생활 전반

[그림 1.25] 에서와 같이 지능정보기술은 다양한 기술 및 산업과 융합하여 생산성과 효율성을 획기적으로 높일 수 있게 된다.

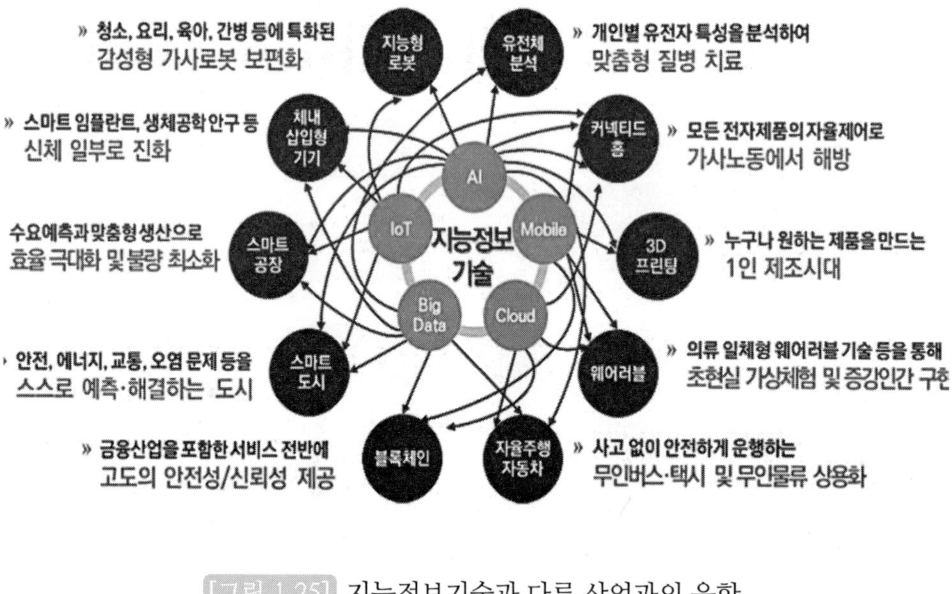

[그림 1.25] 지능정보기술과 다른 산업과의 융합

지능정보기술로 인한 변화를 세 가지로 나누어 정리하기로 한다(관계부처합동, 2016).

첫째, 산업 구조의 변화이다. 데이터와 지식이 산업의 새로운 경쟁 원천으로 부각될 것이다. 2016년 8월 기준으로 전 세계의 시가총액 10대 기업 중에서 ICT 관련 기업이 7개(Apple, Google, MS, 아마존, 페이스북, GE, 차이나모바일)로서 이들 기업은 지능정보기술에 적극 투자 중이다. 소비자 맞춤형 서비스가 중요해지므로 제조 공장이 선진국 시장으로 다시 이동하는 리쇼어링(Re-shoring)이 발생하고 있다. 그 예로서 아디다스는 아시아 지역의 공장을 독일과 미국으로 리쇼어링하면서 로봇을 도입함으로써 운동화 생산 기간을 1주일에서 5시간으로 단축하였다. 또한 산업의 경쟁 방식이 플랫폼 중심으로 변화하고 있다. 즉 현재 ICT 기업(구글, 애플 등)들은 자사의 플랫폼과 연결되는 각종 제품 및 서비스로 사업의 영역을 확장하여 다른 산업으로 침투하고 있다. 그 예로서 구글이 무인자동차 산업으로 확장하고 있다. 따라서 선발과 후발 기업 간의 기술격차가 확대되고 플랫폼을 선점한 기업의 승자독식이 발생할 것이므로 Fast Follower 전략이 아닌 First Mover 전략이 필요하다.

둘째, 고용 구조의 변화이다. 자동화로 인하여 각종 업무가 대체되며 신산업 분야의 일자리가 발생할 것이다. 이는 단순 반복 업무, 지적 노동, 중급의 사무업무, 정밀한 육체 노동까지도 자동화됨으로써 고용 구조의 양극화가 발생할 것이다. 일자리의 질도 고부가가치 및 창의 직무 중심으로 업무가 재편성 될 것이다. 근로자 고용의 형태에 있어서도 전통적인 평생직장의 개념이 약화되고 탄력적인 고용이 확대될 것이다. 따라서 지능정보기술의 다양한 산업 분야에 적응할 수 있는 핵심 역량을 보유한 전문적인 인재 양성이 필요하다.

셋째, 삶의 변화이다. 지능정보기술로 인하여 질병 진단 및 치료 서비스가 좋아져서 의료 비용이 감소하고, 자동번역 기술이 발달하여 삶이 편리해 질 것이다. 교통정보의 실시간 공유로 인하여 사고를 방지하고, 빅데이터로서 범죄예방이 가능해져서 생활환경이 안전해 질 것이다. 개인의 수준에 맞는 맞춤형 학습이 보편화 되면서 사교육 부담이 줄어들고 학교 교사는 창의성 교육 및 인성 교육에 주력할 수 있을 것이다. 개인 및 국가 정보 유출 등으로 사생활 침해가 우려되고 국가 안보 시스템이 위험할 수 있다.

〈표 1.8〉은 지능정보기술에 따른 다양한 삶의 변화를 정리한 것이다.

〈표 1.8〉 지능정보기술에 따른 다양한 삶의 변화

분야	내용	특징
가정	집안 곳곳의 전자제품들이 곧 가족 구성원의 개인비서	인간의 음성 · 동작을 인식하여 가전기기, 시설(전기, 수도 등)를 다루는 로봇으로 진화
교통	사람의 개입 없이도 스스로 제어 · 관리하는 운송수단	운전기사 없이 운행하는 무인차량이 일반화되고 고장 발생 전에 차량 스스로 관리
헬스케어	정밀 진단을 통해 보장받는 국민건강	방대한 진료데이터를 분석하여 의사가 찾아내기 어려운 희귀한 질병 파악
행정	획일적인 정책에서 국민의 의견을 실시간 반영하는 공공행정	다양한 분야 · 지역의 민원 및 정책을 분석하여 각 지역별 정책 기획에 활용
교육	학생들의 학습효과를 높이는 체험형 학습	가상 · 증강현실 기술로 실험 및 체험형 학습을 수행하고 학생들의 학습효과를 제고
금융	보안의 위협 없이 안전하고 편리하게 운용되는 개인 자산	자산분석, 융자 등 업무를 수행하고 금융사기 패턴 분석을 통한 사고피해 예방
환경	미세먼지 발생 지역을 미리 예측하고 예방하는 환경 지킴이	오염물질 데이터를 분석하여 미세먼지 발생지를 예측하고 오염원 차단 · 예방
보안 · 안전	사건 · 사고가 발생하기 전에 원천 차단되는 생활범죄	지능형 CCTV로 현장에서 움직이는 물체를 분석하여 위험사항 여부 판단 · 전달
재난 · 국방	위험요인으로부터 국민을 안전하게 보호하는 국가 시스템	재난구조, 군사작전 등 위험한 일을 인간 대신 재난 · 군사용 로봇이 수행 및 지원
농어축산업	일손 부족 해결 및 수확량을 제고하는 1차 산업 도우미 서비스	농사, 선박 · 축사 관리 자동화 및 기상예측 기반의 농 · 어 · 축산업 관련 보험서비스 등장

2) 교육부의 2017년 정책과 4차 산업혁명

교육부는 2017년 1월에 연간 업무계획을 발표하였다(교육부, 2017). 여기서 교육부는 박근혜 정권 4년간의 교육 개혁 성과로서 크게 다섯 가지를 들었다. 첫째, 중학교 자유학기제로 꿈과 끼를 키우는 학교교육의 새로운 모델을 창출하였다. 전체 중학교로 확산된 자유학기제는 교사 자율성·역량 강화를 통해 토론·실습 등의 학생 참여형으로 수업을 개선하였다. 둘째, 시험부담을 줄이고, 핵심역량을 기르는 공교육 기반을 조성하였다. 공교육정상화법을 제정하여 학교에서의 선행출제 관행을 근절하고, 인성교육법과 진로교육법을 제정하여 전인교육의 기반을 마련하였다. 그리고 미래의 핵심역량을 키워주는 2015 개정교육과정을 확정·고시하였다. 셋째, 지방교육재정의 효율성을 높여 학부모가 원하는 교육서비스를 확대하였다. 넷째, 사회 수요 및 변화에 맞추어 대학 구조개혁을 본격화하였다. 국립대학회계법을 제정(2015.3)하여 국립대학 재정의 효율성과 투명성을 제고하였다. 대학구조개혁평가 및 재정지원사업 연계를 통하여 2018년까지 4.4만 명을 감축하도록 대학의 자율적인 정원감축을 유도하였다. 다섯째, 일학습병행, 선취업후진학의 활성화로 능력중심사회로 이행을 촉진하였다. 산학일체형 도제학교, NCS 기반 교육과정 적용 등을 통하여 고졸 취업률 증가가 지속되었다.

이를 바탕으로 2017년의 교육 정책 추진방향을 발표하였다. [그림 1.26] 은 교육부의 2017년 교육정책 비전 및 추진과제를 나타낸 것이다. 특히 4차 산업혁명에 따른 급격한 사회적·경제적 변화에 능동적으로 대응하기 위하여 개인이나 국가 차원의 역량을 제고할 필요가 있으며, 창의융합 인재 양성을 위한 교육과 연구의 혁신이 필요하다는 것이다.

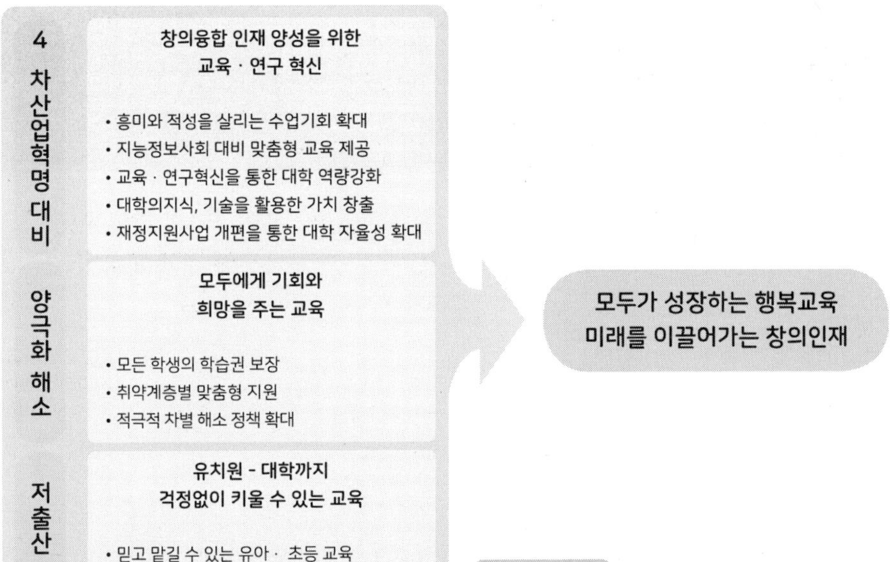

[그림 1.26] 교육부의 2017년 교육정책 비전 및 추진과제

박가열 등(2016)은 [그림 1.27] 과 같이 우리나라의 직업에서 자동화로 대체할 확률이 높은 직무를 나타냈다. 이들은 단순 반복적이고 정교함이 떨어지며 사람들과 소통하는 일이 상대적으로 낮은 특징을 보인다. 반면에 [그림 1.28] 은 우리나라의 직업에서 자동화로 대체할 확률이 낮은 직무를 나타낸 것이다. 이와 같이 감성을 바탕으로 하는 예술 관련 직업들이 이에 해당한다(한국고용정보원, 2016).

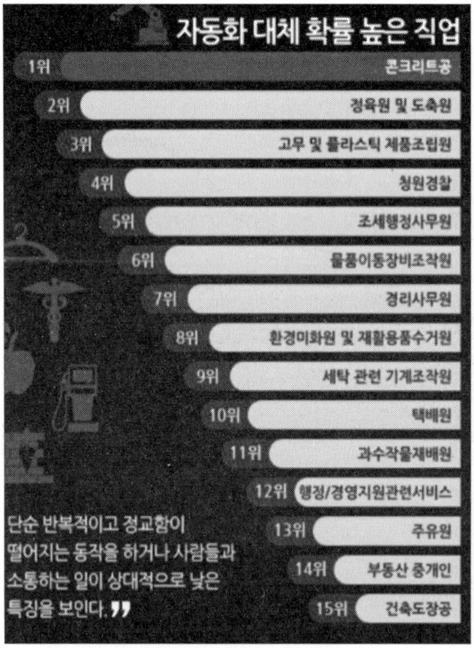

[그림 1.27] 우리나라의 직업에서 자동화 대체 확률이 높은 직무

[그림 1.28] 우리나라의 직업에서 자동화 대체 확률이 낮은 직무

4.5 정부의 10년 후 24개 혁신기술

지금부터 10년 전인 2007년까지는 대부분의 사람들이 피처폰을 사용했다. 그러나 지금은 대부분의 사람이 스마트폰을 사용하고 있다. 그럼 앞으로 10년 후에는 어떤 기술

이 주로 사용될까? 기술의 발달은 4차례의 산업혁명을 일으켰다. 1차 산업혁명은 증기기관을 이용한 노동력의 변화이고, 2차 산업혁명은 전기를 통한 자동화의 대량 생산이고, 3차 산업혁명은 인터넷과 IT기술을 이용한 디지털 혁명이 사회를 변화시켜왔다. 4차 산업혁명은 지능 정보사회라고 하는데, 어떠한 기술이 사회에 널리 확산될 것인가는 다소 불분명할 수 있다. 이에 대비하기 위하여 미래창조과학부(2016)에서는 기술이 세상을 바꾸는 순간이라는 연구 보고서를 발표하였다. 이 보고서에서는 세계적으로 10년 후의 미래에 혁신 기술로서 24개를 제시하였으며 그 중의 일부를 요약하여 기술하기로 한다.

1) 메가 트랜드

메가 트랜드(Mega-trends)란 미래학자인 존 나이스비트(John Naisbitt)의 저서 '메가 트랜드'에서 시작한 용어로서, 20~30년 주기로 나타날 수 있는 거대한(mega) 사회적·문화적인 변화를 말하는 것이다. 미래창조과학부와 한국과학기술기획평가원(2016)에서는 2040년까지의 미래 사회 변화의 트랜드를 조사하여 5개의 메가 트랜드를 도출하였다. 이를 위하여 거시적 환경분석모형인 STEEP 및 분석들을 활용하였는데, S는 사회(Society), T는 기술(Technology), E는 경제(Economy), E는 환경(Environment), P는 정치(Politics)이다. 이러한 메가 트랜드가 20~30년 후에 모두 나타날지는 불확실하지만, 미래를 준비하기 위하여 기술확산점을 예측하고 분석할 필요가 있다.

2) 기술 확산점

기술 확산점(Tipping point)이란 기술이 사회에 급속도로 확산되는 시점을 말한다. 이 연구에서는 미국의 사회학자인 에버렛 로저스(Everett Rogers)가 새로운 기술로 나타낸 제품이나 서비스가 수요자에게 확산되는 과정을 상세히 분석한 '기술 수용 주기 모형'(Technology Adoption Life Cycle)을 활용하여 기술 확산점을 예측하였다. 로저스는 그의 저서 '혁신의 확산'에서 기술수용주기모형을 분석했는데, 혁신적인 기술을 이용한 신제품이나 서비스가 세상에 나오면, 이를 수용하는 집단은 다음과 같이 다섯 개로 분류할 수 있다는 것이다([그림 1.29] 참조).

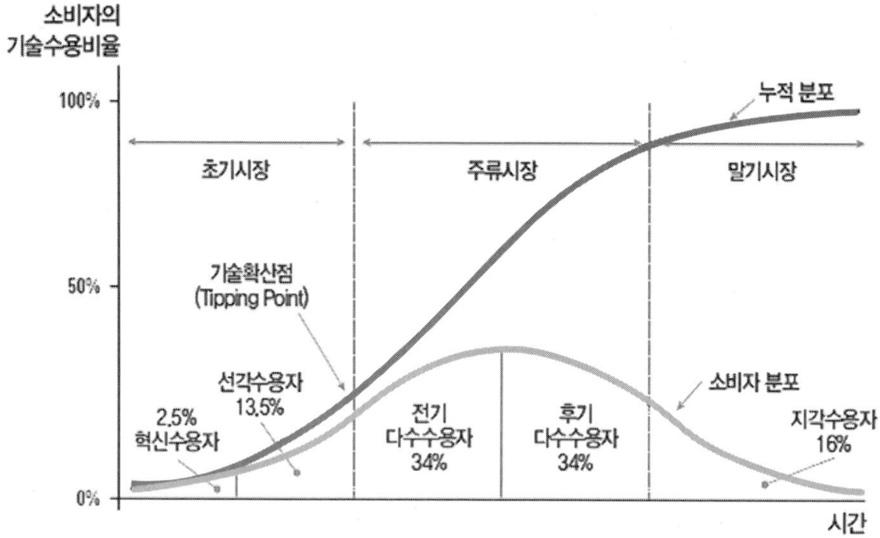

[그림 1.29] 기술수용주기 모형과 기술 확산점

혁신 수용자(Innovators)는 2.5%로 누구보다 가장 먼저 신제품을 구입하는 기술 애호가이며 새로운 것을 선호하는 혁신의 적극적인 수용자이다. 선각 수용자(Early adopter)는 13.5%로 타인보다 앞서서 혁신적인 신제품을 경험해보려 하는 얼리 어답터이다. 전기 다수 수용자(early majority)는 34%로 검증된 제품의 사용자 집단에 뒤늦게 합류하는 보수주의자이다. 지각 수용자(Laggards)는 16%로 변화를 거부하고 혁신 자체를 무시하는 지각 수용자이다. 기술의 사회적 수용 속도를 판단하기 어렵기 때문에 기술확산점을 예측하기는 어렵다. 이 연구에서는 기술확산점을 분석하기 위하여 다음과 같은 과학적인 방법으로 연구하였다. 분석대상의 기술은 전문가 의견을 바탕으로 총 45개의 기술 중에서 24개를 선정하였다. 24개 기술의 기술확산점을 각각 분석하기 위하여 국내의 과학기술 전문가 2,691명을 대상으로 2차에 걸친 델파이 조사를 2016.10~12월에 실시하였다.

[그림 1.30] 은 외국과 국내에서 기술확산점에 도달할 예상 년도를 나타낸 것이다. 외국에서 멀티콥터 드론은 2020년에 기술확산점이 될 것이고, 초고속 튜브 트레인은 2028

년이 기술 확산점이 될 것으로 나타났다. [그림 1.31] 은 24개 혁신기술에 관하여 기술 확산점의 정의, 기술확산점의 도달 예상년도를 요약한 것이다(미래창조과학부, 2016)

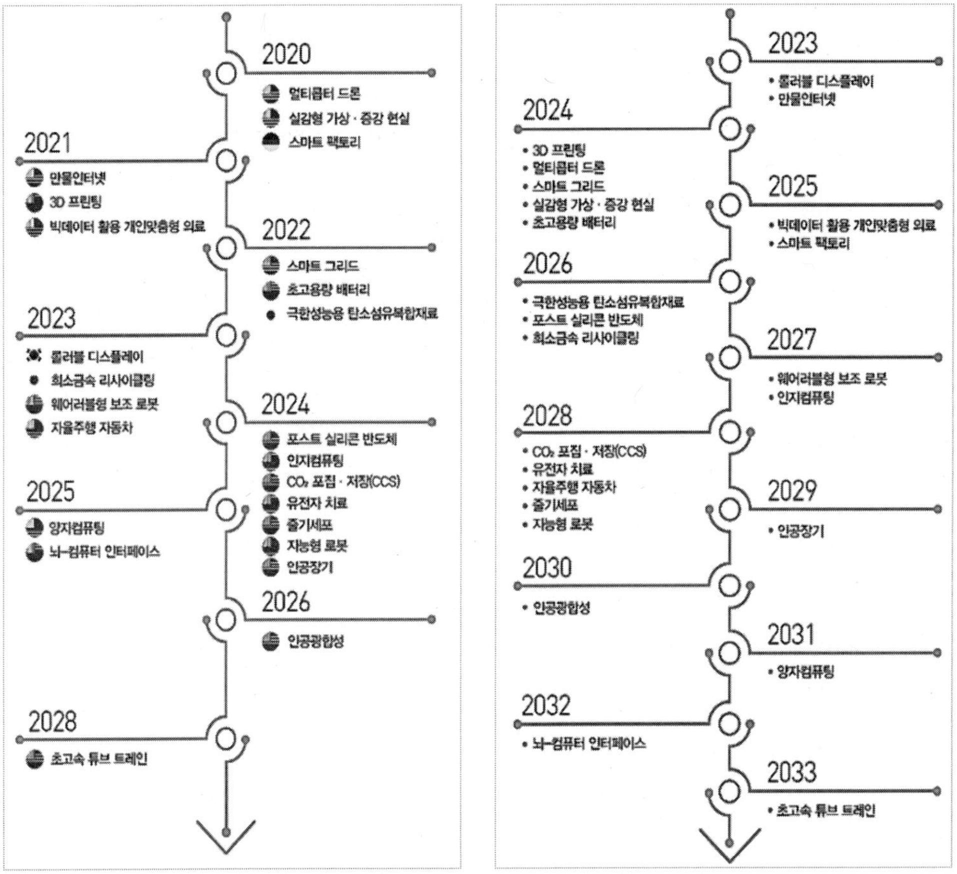

[그림 1.30] 외국과 국내의 기술확산점의 도달 예상년도

기술	기술확산점 정의	기술확산점 도달 예상시기	
		세계	국내
멀티콥터 드론	멀티콥터 드론의 운용 중 발생하는 사고율을 100만 비행시간당 2회 이하로 낮출 수 있는 안전운용 기술이 완성되는 시점	2020년	2024년
실감형 가상·증강 현실	게임 등 상호작용형 엔터테인먼트 시장에서 실감형 가상·증강 현실용 콘텐츠의 점유율이 11%가 되는 시점	2020년	2024년
스마트 팩토리	고도화된 스마트 팩토리의 비중이 전체 공장의 16%에 도달하는 시점	2020년	2025년
만물인터넷	만물인터넷 서비스의 가정 보급률이 11%가 되는 시점	2021년	2023년
3D 프린팅	3D 프린터의 일반 가정 보급률이 3%가 되는 시점	2021년	2024년
빅데이터 활용 개인맞춤형 의료	10만 명 이상의 개인별 의료정보가 국가적으로 통합되어 진료현장에 활용되는 시점	2021년	2025년
스마트 그리드	100만 명 이상의 광역 도시에 스마트 그리드 시스템을 구현한 시점	2022년	2024년
초고용량 배터리	1회 충전으로 800km를 주행할 수 있는 전기자동차의 상용모델이 국내에 출시되는 시점	2022년	2024년
극한성능용 탄소섬유복합재료	탄소섬유복합재료를 모든 외장재에 도입한 승용차의 첫 양산형 모델이 나오는 시점	2022년	2026년
롤러블 디스플레이	롤러블 컬러 디스플레이가 상용 모바일 제품에 최초로 적용되는 시점	2023년	2023년
희소금속 리사이클링	순환금속 리사이클링으로부터 공급되는 희소금속의 양이 희소금속 산업 수요의 8%가 되는 시점	2023년	2026년
웨어러블형 보조 로봇	하반신 마비 장애인의 보행을 보조하는 웨어러블 로봇의 렌탈 가격이 월 100만 원 이하가 되는 시점	2023년	2027년

[그림 1.31] 24개 혁신기술에 대한 기술확산점의 정의와 예상년도

기술	기술확산점 정의	기술확산점 도달 예상시기	
		세계	국내
자율주행 자동차	자율주행 자동차가 자동차 신차 판매의 12%를 점유하는 시점	2023년	2028년
포스트 실리콘 반도체	주요 반도체 제조 기업에서 포스트 실리콘 반도체를 초기 양산 시제품으로 생산하는 시점	2024년	2026년
인지컴퓨팅	인지컴퓨팅을 기반으로 사람을 이해하고 언어로 소통하는 맞춤형 개인비서 AI 서비스를 활용하는 인구의 비중이 스마트폰 사용 인구 중 16%에 도달하는 시점	2024년	2027년
CO_2 포집 · 저장 (CCS)	화력발전의 1%에 CCS가 적용되는 시점	2024년	2028년
유전자 치료	복합질환의 치료를 위한 2가지 이상의 유전자 치료제가 미국 FDA, 유럽 EMA, 일본 PMDA 등 허가 기관으로부터 의약품 범주의 시판 허가를 얻는 시점	2024년	2028년
줄기세포	특정난치병 10종 이상에 대하여 줄기세포를 활용한 치료 방법이 개발되어 임상치료에 적용되는 시점	2024년	2028년
지능형 로봇	네트워크 기반 지능형 로봇의 일반가정 보급률이 8%를 돌파하는 시점	2024년	2028년
인공장기	인체에 삽입되어 완전하게 독립적으로 기능하는 인공신장이 개발되어 인공신장 이식 건이 16%가 되는 시점	2024년	2029년
양자컴퓨팅	기상예측에 양자컴퓨팅을 처음으로 도입하는 시점	2025년	2031년
뇌-컴퓨터 인터페이스	사지마비 장애인의 16%가 뇌-컴퓨터 인터페이스 기술을 사용하는 시점	2025년	2032년
인공광합성	인공광합성 기술을 이용한 제품 생산이 기존 시장을 대체하는 비율이 3%가 되는 시점	2026년	2030년
초고속 튜브 트레인	시속 1,000km 이상으로 운행하는 상용화된 초고속 튜브 트레인이 최초로 운행되는 시점	2028년	2033년

* 세계 기준으로 기술확산점 도달 예상시기가 빠른 순서대로 나열함

[그림 1.31] 계속

4.6 독일의 인더스트리 4.0

1) 독일의 4차 산업혁명

독일은 4차 산업혁명의 선두 주자로서 2011년에 세계 최초로 'Industry 4.0'을 주장하며 4차 산업혁명을 시작하였다. 인더스트리 4.0의 창시자는 [그림 1.32] 와 같이 독일인공지능연구소(DFKI)의 데틀레프 춀케(Detlef Zuehlke) 박사이며, 그는 스마트 팩토리(smart factory) 분야의 전문가로도 우리나라에 잘 알려져 있다. 4차 산업이란 용어는 독일의 메르켈 총리 지시에 의하여 탄생한 것이다. 독일에서 인더스트리 4.0의 의미는 독일 제조업이 직면한 문제를 ICT 기술을 접목하여 대응하려는 전략이다. 인더스트리 4.0의 원래 명칭은 사이버 물리 생산 시스템(cyber physical production system)이었는데 이 용어가 너무 복잡하다는 메르켈 총리의 지시에 의하여 결국 인더스트리 4.0으로 정해진 것이다. 그러면 제조업의 강국인 독일에서 왜 인더스토리 4.0이 시작되었을까? 원래 독일의 제조업 정책은 핵심적인 생산 기지를 독일 내에 둔다는 것이다. 그런데 외국의 저렴한 인건비와 자동화 생산 등의 경쟁에서 이겨내기 위하여 제조 현장에 ICT를 융합하려 한 것이다. 독일인공지능연구소(DFKI)는 분소가 5개이고 700여명의 연구원이 근무하는 세계 최대 규모의 인공지능 연구소이다.

[그림 1.32] 독일인공지능연구소(DFKI)의 춀케(Zuehlke) 박사

2) 독일의 Industry 4.0의 예

[그림 1.33] 은 독일 BCG 그룹에서 추진 중인 Industry 4.0의 9개 핵심 요소를 나타낸 것이다. 아직 논리적인 완결성은 미흡하지만 CPS의 융합적 접근인 것이다.

[그림 1.33] 독일 BCG 그룹에서 추진 중인 Industry 4.0의 9개 핵심 요소

3) 독일의 스마트 공장

[그림 1.34] 는 독일 지멘스(Siemens)의 스마트 공장을 나타낸 것이다. 이 스마트 공장의 제품 생산을 4단계로 나누어 보면 다음과 같다. 1단계에서는 IoT를 이용하여 데이터의 수집을 하는데, 모든 설비에 센서를 부착하여 IoT의 소통 시스템을 구축하는 것이다. 2단계에서는 Cloud와 Big data를 이용하여 데이터를 저장하고 분석하는데, 조립 공정 간의 가동 정보, 생산 정보, 품질 정보 등을 실시간으로 자동 분석하는 것이다. 3단계

에서는 AI를 이용하여 가치를 창출하는 것으로, 실시간으로 공장의 운영 현황을 분석하고 제어하게 된다. 4단계에서는 기술융합으로 최적화를 하게 되는데, 공장 자동화로 인하여 불량률이 1/40로 줄고 에너지 비용도 30% 감소하게 된다.

[그림 1.34] 독일 지멘스의 스마트 공장

4) 독일의 인공지능연구소

독일인공지능연구소(DFKI)에서는 산업혁명의 변천사를 그림으로 제시하였다(이주완, 2015 재인용).

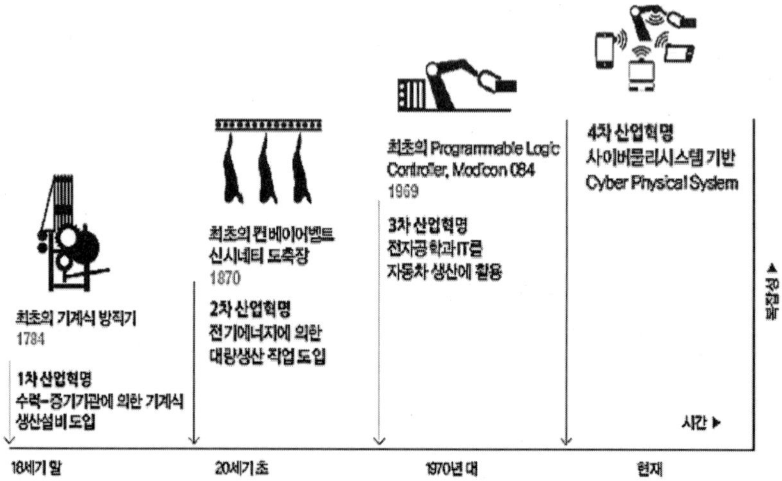

[그림 1.35] 독일에서 제시한 산업혁명의 변천사

공장에서 제품 생산의 방식인 인더스트리 4.0과 과거의 인더스트리 3.0과의 차이점을 〈표 1.9〉에 나타냈다(이주완, 2015). 인더스트리 3.0 시대에는 소품종 대량생산이 주요하며, 인더스트리 4.0 시대에는 다품종 맞춤형 생산 방식으로 바뀌는 것이 큰 차이점이다.

〈표 1.9〉 인더스트리 4.0 시대의 생산 방식의 변화

	Industry 3.0	Industry 4.0	비고
공정 단위	연속적(컨베이어벨트)	모듈별 진행	수평적/수직적 공정 네트워크 도입
공정 진행	정해진 Sequence	대기시간, 선·후 공정을 고려한 최적모듈로 이동 · 진행	모듈과 카트 간의 정보 교환
부분품 이동	수동적 정해진 Route에서 Go/Stop	능동적 최적 공정 모듈을 찾아 이동	스마트 카트로 이동
유지 · 보수	엔지니어가 진단, 조치 전체 공정 라인 Stop	자체 진단/원격 제어 문제 발생 모듈만 Stop	문제 발생 전 예비 경보 중앙 관제 센터에서 조치
생산 품목	획일적인 디자인과 규격	Customized Product	공정 진행 직전에도 디자인, 규격 등 변경 가능

4.7 제4차 산업혁명에 의한 사회 변화

1) 4차 산업혁명의 준비도

세계경제포럼의 보고서에서는 4차 산업혁명을 이끄는 대표적인 기술로서 클라우드, 빅데이터, 사물 인터넷, 로봇, 자율주행자동차, 인공지능, 3D 프린팅 등을 꼽았다. 4차 산업혁명으로 2015~2020년까지 선진국에서 700만개의 일자리가 사라지고 200만개의 새로운 일자리가 생기므로 결국 500만개의 일자리가 사라질 것으로 예상된다. 초등학교에 입학한 어린이의 65%는 지금은 없는 새로운 직업에서 일하게 될 것이다.

〈표 1.10〉은 4차 산업혁명의 적응을 위한 준비를 하고 있는 국가들의 순위를 나타낸 것이다. 1위는 스위스, 2위는 싱가포르이고, 한국은 25위로 매우 낮다.

〈표 1.10〉 4차 산업혁명의 적응을 위한 준비도

순위 및 국가	순위 및 국가
1위 : 스위스	6위 : 영국
2위 : 싱가포르	7위: 홍콩
3위 : 네덜란드	8위: 노르웨이
4위 : 핀란드	9위: 덴마크
5위: 미국	10위: 뉴질랜드

※ 일본(12위), 대만(16위), 한국(25위), 중국(28위), 러시아(31위)

2) 4차와 3차 산업혁명의 차이점

클라우스 슈밥은 4차 산업혁명과 3차 산업혁명의 서로 다른 점을 속도(velocity), 범위(scope), 구조에의 충격(system impact)의 셋으로 설명하였다. 즉 4차 산업혁명에서 발전의 속도는 지수적(exponential) 혁신으로, 범위는 초연결에 의하여 무한대로 지식과 정보에의 접근이 되며, 구조에의 충격은 생산, 경영, 거버넌스 측면의 변화에 기인한다는 것이다. 이러한 효과들은 3차 산업혁명에서 약속되기도 하였지만 이제 21세기가 되어서야 가시화되므로 앞으로 산업계의 큰 변화를 전망할 수 있다.

3) 4차 산업혁명의 국가별 대응 전략

[그림 1.36] 은 4차 산업혁명에 대한 주요 국가들의 대응 전략을 나타낸 것이다. 미국은 클라우드 중심으로 빅데이터, ICT 혁신을 하고 있다. 독일은 설비 중심으로 Industry 4.0을 주창하면서 스마트 공장을 추진하고, 표준화를 연구하고 있다. 일본은 제조업의 로봇을 중심으로 재흥전략 2015를 발표하였다. 중국은 정부 중심으로 중국제조 2025를

〈읽을거리〉 GE의 모태인 전구사업 130년 만에 접는다.

발명왕 토머스 에디슨이 불을 밝혔던 제너럴일렉트릭(GE)의 전구 사업이 130년 만에 꺼질 것으로 보인다. 미국 월스트리트저널(WSJ)은 GE가 사업 재편 과정에서 가정용 전구 사업의 매각을 추진하며 투자은행들과 접촉 중이라고 보도했다. 아직 성사 가능성은 불투명하나 매각 가격은 5억 달러(약 5600억 원) 수준에 형성될 것으로 추정된 다. GE는 에디슨이 만든 전기회사와 톰슨 휴스턴전기회사가 1892년 합사해 전구회사로 출발한 기업이다. GE의 전구 사업 매각은 자신의 모태 사업을 버리는 것이라 상징성이 크다. 지난해 GE의 전구 사업 매출은 22억 달러로 GE 전체 매출 중 2% 미만을 차지한다. GE는 가정용 전구 사업은 매각하지만 상업용 LED 조명 사업은 그대로 유지한다는 방침이다. GE의 전구 사업 매각은 2015년부터 이뤄져온 사업 개편의 일환이다. GE는 사업 단순화·핵심 사업 집중이라는 혁신 목표를 세우고 소비자를 직접 상대하는 사업 위주로 매각을 진행하고 있다. GE는 이에 따라 2015년 소비자금융을 시작으로 부동산, 오일가스, 소비자 가전 사업 등을 차례로 정리하는 한편 발전기 터빈, 항공기 엔진, 헬스케어 장비, 기관차 사업 등에 더 집중하는 분위기다. (매일경제신문 2017.04.07.)

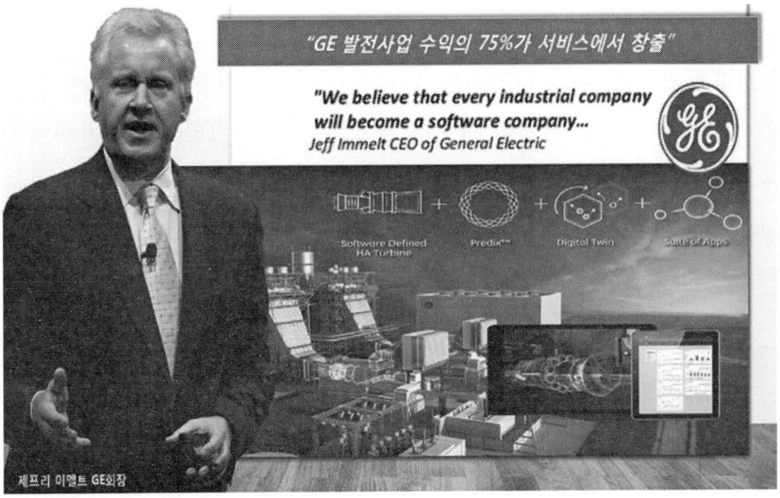

제프리 이멜트 GE회장

중심으로 자주창신 정책을 추진하고 있다. 독일은 제조업의 비중이 28%로서 세계에서 2번째로 큰 국가인데, 인더스트리 4.0의 핵심인 스마트 공장(smart factory)을 확대하고 있다. 이들은 사이버와 실제를 결합한 CPS(Cyber Production System)의 융합적 접근을 하고 있다.

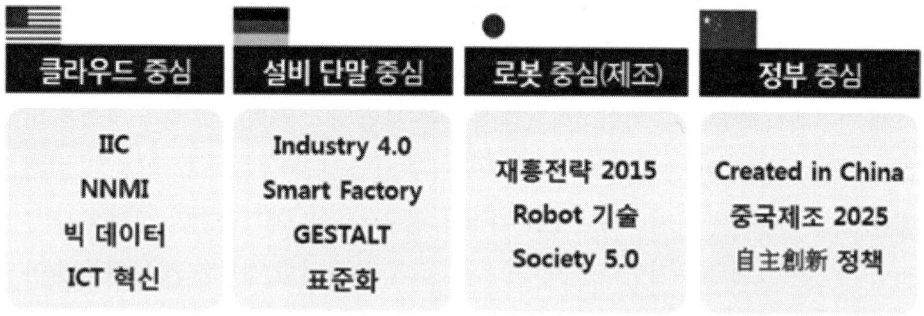

[그림 1.36] 4차 산업혁명에 대한 주요 국가들의 대응 전략

4) 한국의 미래 전망

미래창조과학부(2015)에서는 [그림 1.37] 과 같이 10년 후 한국을 전망하는 미래이슈 보고서를 발표하였는데, 이는 인공지능, 빅데이터, 사물 인터넷, 가상현실 등과 같은 디지털 기술이 사회의 변화를 촉진할 것으로 전망하고 있다. 그림에서 노란색의 둥근 것은 핵심 기술이며, 청색의 육각형은 사회 이슈이며, 보라색의 육각형은 정치 이슈이고, 녹색의 육각형은 환경 이슈이다(이민화, 2016 재인용).

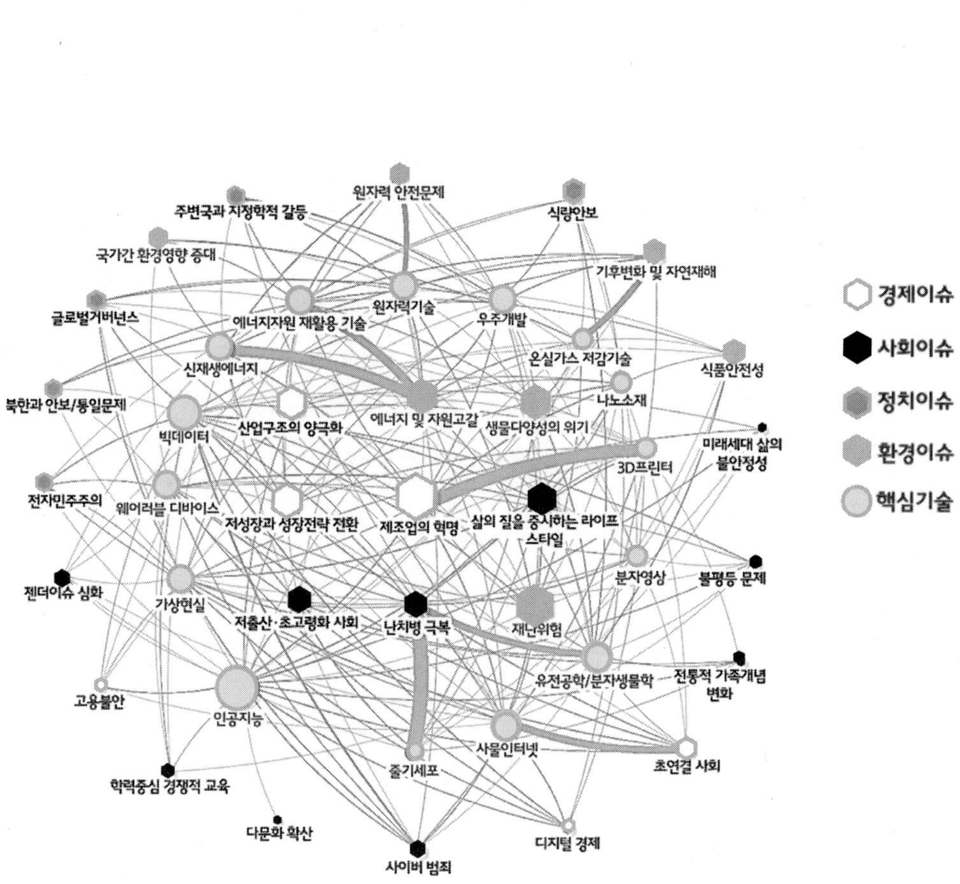

[그림 1.37] 10년 후 한국을 전망하는 미래 이슈

5) 일자리의 변화

4차 산업혁명으로 인하여 직업이 얼마나 사라지고 새로 생길 것인가에 대한 예상도 많이 발표되고 있다. 다보스포럼의 발표에 의하면 줄어들 일자리는 700여만 개이고 새로 생길 일자리는 200여만 개이므로 결국 500만개의 일자리가 사라질 것이다. 옥스퍼드대의 발표에 의하면 현재 직업의 63%가 사라질 것이고, 가트너의 발표에서는 직업의 33%를 인공지능이 대체할 것이라고 한다. [그림 1.38] 에서와 같이 2020년에 줄어들 일자리 중에서 사무·행정 분야는 475만개가 사라지고, 제조·생산에서는 160만개가 사라지고, 건설 분야에서는 49만개가 사라지는 반면에, 예술·미디어 분야는 겨우 30만개만

사라진다는 것이다. 새로 생길 일자리로는 금융관리 등에서 49만개, 매니지먼트에서 41만개, 컴퓨터 관련에서 40만개, 엔지니어링·교육 분야에서 70만개가 될 것으로 예상하고 있다.

4차 산업혁명으로 인하여 일자리가 줄어들 것인지에 대한 찬반 논쟁이 지금도 많이 있다. 그러나 [그림 1.39] 에서 보는 바와 같이 3차례에 걸친 기술로 인한 산업혁명은 일자리를 줄인 것이 아니라 산업의 분야의 비중이 달라졌다고도 한다(박창기, 2016).

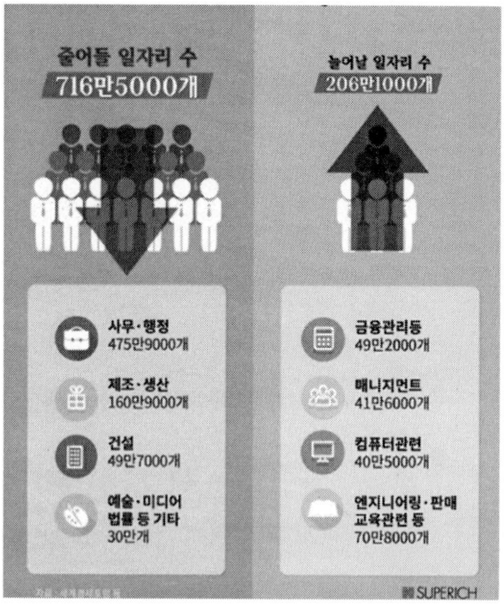

[그림 1.38] 일자리수의 변화

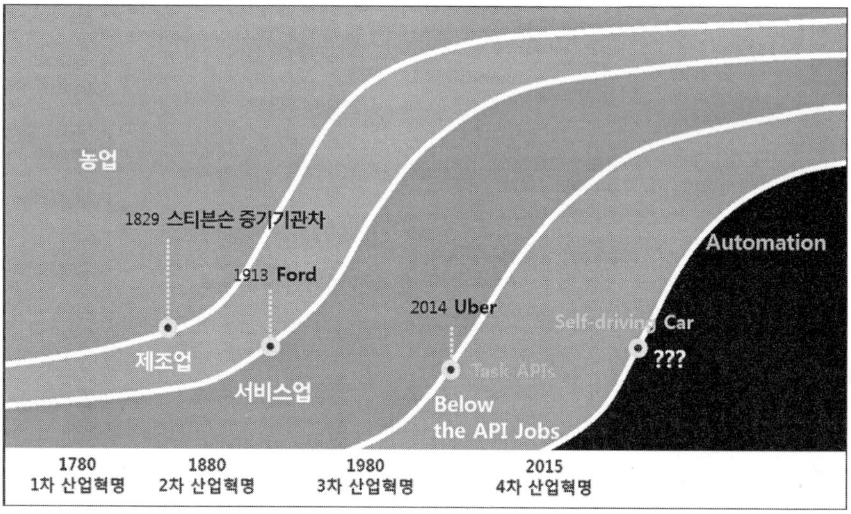

[그림 1.39] 기술발달에 의한 산업혁명과 일자리의 변화

4차산업혁명과 교육

6) 거버넌스의 변화

행정에 있어서 과거에는 국가에 집중된 중앙집중 제도가 주류이었지만, [그림 1.40]과 같이 인터넷 시대의 탈집중화에 의하여 지방 분권 및 대의 민주주의가 실시되었지만, 4차 산업혁명 시대에는 분산화에 의하여 공유 경제, 직접 민주 등의 개방 체제로 갈 것이라고 한다.

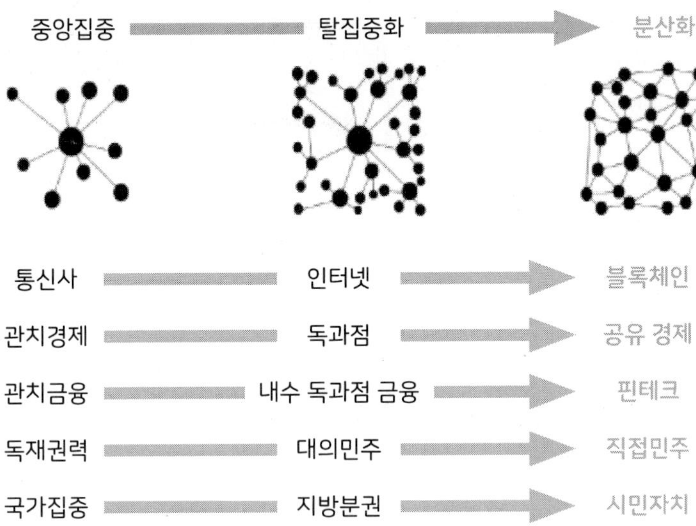

[그림 1.40] 분산화된 거버넌스 시대로의 변화

7) 4차 산업혁명의 주요 기술

세계경제포럼의 클라우스 슈밥이 제시한 4차 산업혁명의 주요 기술 세 가지를 분류하여 그리면 [그림 1.41]과 같다. 물리적 기술에서는 무인 운송수단, 3D 프린팅, 로봇 공학 등이 있고, 디지털 기술에서는 사물 인터넷, 빅데이터 등이 있고, 생물적 기술에서는 유전 공학 등의 기술이 있다(현대경제연구원, 2016).

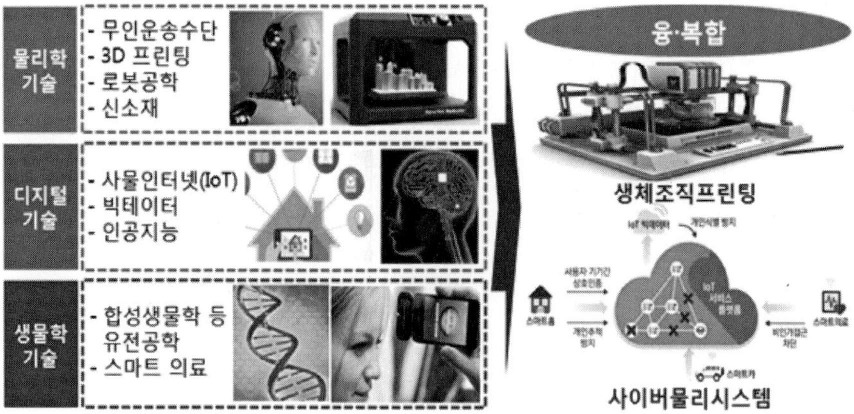

[그림 1.41] 4차 산업혁명 세가지 분야의 기술

8) 4차 산업혁명과 교육 변화

세계경제포럼에서는 [그림 1.42] 와 같이 21세기의 핵심적인 16가지 기술을 제시하였다(국가평생교육진흥원, 2016, 재인용). 기초 문해 영역의 6가지 기술, 역량 영역의 4가지 기술, 인성 영역의 6가지 기술이 중요하다. 현재 초등학교에 재학 중인 학생의 65%는 현재 존재하지 않는 직업에 종사하게 될 것이다.

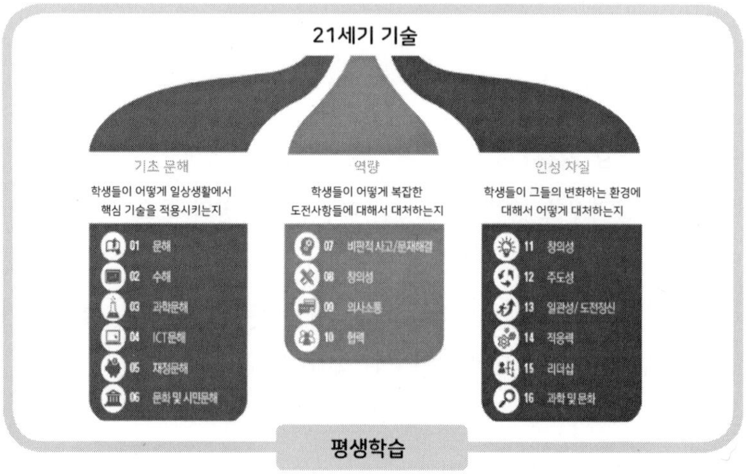

[그림 1.42] 21세기의 핵심적인 16가지 기술

세계경제포럼(2015)에서는 교수-학습 모형으로 'closed loop instructional system'을 제시하였다. 국가평생교육진흥원(2016)에서는 이를 [그림 1.43] 과 같이 '폐쇄회로 교수학습 체제'로 번역하였는데, 이 책에서는 '순환형 수업 모형'으로 번역하려고 한다. 이 모형은 학급목표 설정의 수업 시작 단계에서 시작하여 마지막 평가단계까지 순환적으로 하나로 연결된 수업모형이다.

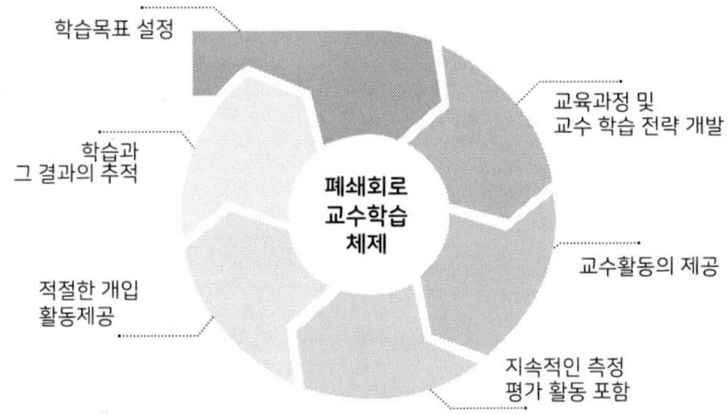

[그림 1.43] 순환형 수업 모형

[그림 1.44] 는 4차 산업혁명 시대에 지능정보사회에서 기술 발전에 따른 학습 변화를 나타낸 것이다(김진숙, 2016). 수 년 내의 단기영향 트랜드로는 융합 학습 활용이 증가하고, STEAM 수업이 부상할 것이다.

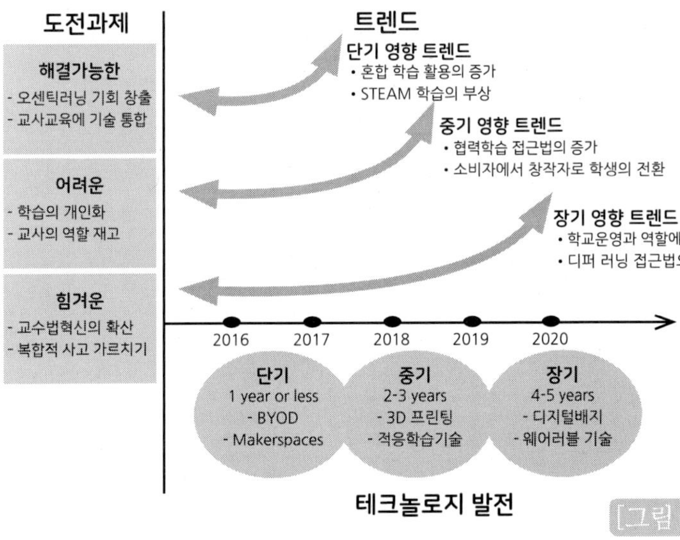

[그림 1.44] 지능정보사회에서 기술 발전에 따른 학습 변화

9) 소프트 파워와 하드 파워

윤종록(2016)은 4차 산업혁명과 소프트 파워라는 주제의 강연에서 하드 파워와 소프트 파워를 [그림 1.45] 와 같이 구분하였다. 1차, 2차, 3차 산업혁명에서는 자원을 사용하여 생산품을 만들었기에 hard power라고 부르며, 4차 산업혁명에서는 아이디어 상상으로 혁신적인 서비스를 얻게 되므로 soft power라고 한다. 소프트 파워란 소프트웨어의 가치를 중시하고 상상의 아이디어로부터 끊임없는 혁신과 유연하고 논리적인 사고를 하여 창의성을 기를 수 있는 것이다.

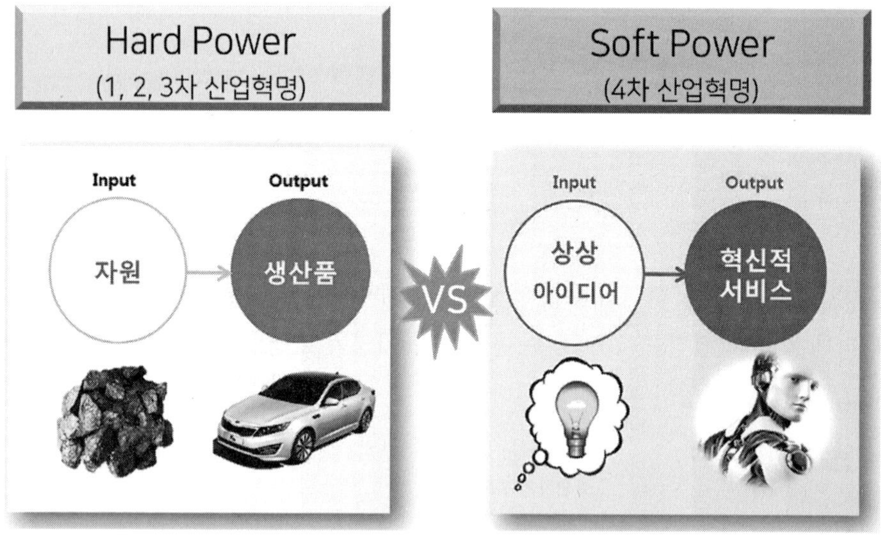

[그림 1.45] 산업혁명에서 하드 파워와 소프트 파워의 비교

세계경제포럼의 The Future of Jobs(2016) 보고서에서는 미래(2015~2020년)에 요구되는 산업분야별의 직무 역량 변화에 대하여 〈표 1.11〉과 같이 제시하였다. 이 보고서에 따르면 복합문제해결능력(complex problem solving skills) 등에 대한 요구가 높아질 것으로 전망하고 있다.

〈표 1.11〉 미래(2015~2020년)에 요구되는 산업분야별의 직무 역량 변화

	기초/인프라		소비자		에너지		금융서비스		보건		정보통신기술		미디어		이동수단		전문서비스		평균	
	현재	2020	현재	2020	현재	2020	현재	2020	현재	2020	현재	2020	현재	2020	현재	2020	현재	2020	현재	2020
복합적문제해결능력	42	33	28	31	49	38	35	39	35	36	36	46	–	–	32	24	35	38	36	36
사회적능력	17	17	26	27	27	28	32	23	30	28	20	19	27	32	22	20	26	24	20	19
공정능력	10	19	21	22	24	29	36	34	25	36	26	25	27	31	18	22	37	29	18	18
체계적능력	22	26	28	25	24	18	23	22	–	–	26	24	–	–	16	23	16	16	16	17
자원관리능력	21	15	38	35	29	24	20	20	–	–	16	19	28	32	26	28	24	29	14	13
기술적능력	25	20	20	18	29	22	5	16	–	–	22	20	–	–	26	21	19	18	14	12
인지역량	10	19	13	25	–	–	15	23	35	36	20	23	–	–	11	27	19	22	11	15
콘텐츠능력	6	13	–	–	–	–	22	24	–	–	19	18	–	–	22	28	11	15	10	10
신체적 역량	–	–	–	–	–	–	–	–	–	–	–	–	–	–	–	–	–	–	5	4

10) 주요 국가별 제4차 산업혁명의 정책 현황

〈표 1.12〉는 주요 국가별 제4차 산업혁명의 정책 현황을 비교 정리한 것이다. 국가마다 조금씩 정책이 다르기는 하지만 ICT 기술로 제조업을 부흥시키기 위한 것임을 알 수 있다(정보통신기술진흥센터, 2016).

〈표 1.12〉 주요 국가별 제4차 산업혁명의 정책 현황 비교

구분	미국	독일	일본	중국
주요 정부 정책	- NNMI 네트워크 - NITRD - 브레인 이니셔티브	- 하이테크 전략 2020 - 인더스트리 4.0	- 일본재흥전략 2015 - 과학기술 이노베이션 종합전략 2015	- 중국 제조 2025 - 중국 인터넷 플러스
핵심 기술	CPS, 빅데이터, IoT, 인공지능, 로봇공학, 클라우드 등			
주요 추진 조직	- 정부기관 - 글로벌 제조기업 - 글로벌 IT 기업	- 정부기관 - 글로벌 제조기업 - 글로벌 IT 기업	- 정부기관 - 글로벌 제조기업	- 정부기관
대응 방향	- 제조산업 중심으로 제4차 산업혁명 정책방향 설계 - 자국 내 글로벌 IT기업의 적극적 참여 - 민간 주심 대응전략을 적극적으로 지원	- 제조산업 중심으로 제4차 혁명 정책방향 설계 - 자동차, 기계설비 등 자국 글로벌 기업을 중심으로 추진 - 국가 차원의 아젠다 제시와 함께 민관의 활발한 공동대응	- 정부 아젠다 중심의 대응전략 추진 - 기존에 강점을 가진 로봇기술 중심의 전략 수립	- 정부 중심의 강력한 정책 추진 - 기존 제조산업을 한 단계 발전시키는 주요 수단으로 ICT 기술을 활용 - 자국 시장규모를 적극 활용

11) 4차 산업혁명의 정의

4차 산업혁명은 지금도 진행형이라고들 말한다. 4차 산업혁명의 정의는 연구자마다 조금씩 다르게 말하고 있다. 〈표 1.13〉은 4차 산업혁명의 다양한 정의를 나타낸다.

〈표 1.13〉 4차 산업혁명의 다양한 정의

출처	정의
위키피디아 백과사전	제조기술 뿐만 아니라 데이터, 현대 사회 전반의 자동화 등을 총칭하는 것으로서 Cyber-Physical System과 IoT, 인터넷 서비스 등의 모든 개념을 포함
다보스포럼 자료	디지털, 물리적, 생물학적 영역의 경계가 없어지면서 기술이 융합되는 인류가 한 번도 경험하지 못한 새로운 시대
매일경제 용어사전	기업들이 제조업과 정보통신기술(ICT)을 융합해 작업 경쟁력을 높이는 차세대 산업혁명을 의미

12) 4차 산업혁명의 핵심 지능정보기술

4차 산업혁명에서 핵심적인 지능정보기술은 ICBAM으로 나타내기도 한다. [그림 1.46] 에 ICBAM을 나타낸 것이며, 이는 기존의 정보 사회에서 지능정보사회로 바뀌면서 달라진 기술을 나타낸 것이다. 여기서 I는 IoT(사물 인터넷)이고, C는 Cloud(클라우드 컴퓨팅)이고, B는 Big data(빅 데이터)이고, A는 Artificial Inteligence(인공지능)이고, M은 Mobile(모바일)이다(김두현, 2016).

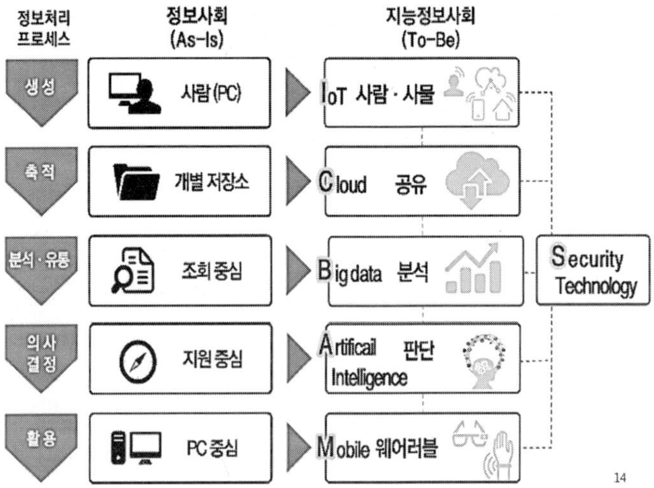

[그림 1.46] 정보사회와 지능정보사회의 차이점

[그림 1.47] 은 맥킨지 보고서(2016)에서 제시한 지능정보기술의 발전 요인을 나타낸 것이다. 구성 요소 간에 공통적으로 적용되는 주요 동인들이 발달되면서 이전과는 다르게 매우 빠른 속도로 지능정보기술의 토대가 발전되는 것이다. 그림의 중앙에 있는 5개 원은 지능정보기술의 구성요소를 나타내며, 바깥쪽의 8개 원은 주요 발전 동인을 나타낸 것이다. 그리고 화살표는 주요 발전 동인의 작용 방향을 나타낸 것이다.

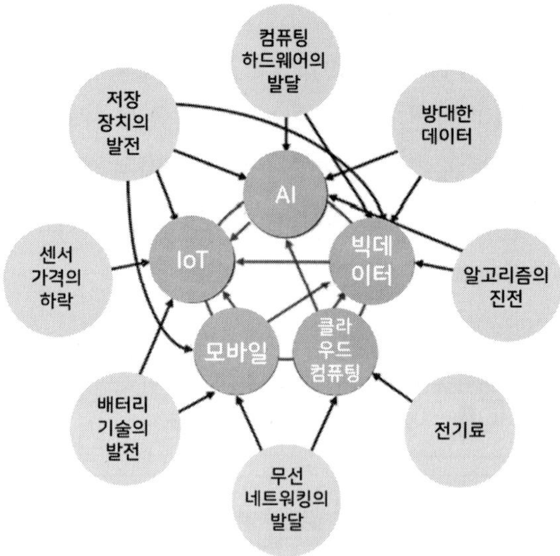

[그림 1.47] 지능정보기술의 구성 요소와 발전 요인

지능정보사회의 특징은 사회, 경제, 산업, 개인 등의 국가사회 전반에 걸쳐서 기술과 사회가 공진화하면서 새로운 가치를 창출하게 되고, 인간의 삶을 더욱 편리하게 하는 사회이다. [그림 1.48] 과 같이 지능정보사회는 현실 세계와 가상세계의 다양한 분야를 상호간에 융합하여 새로운 서비스와 가치를 창출하는 것이다(김두현, 2016).

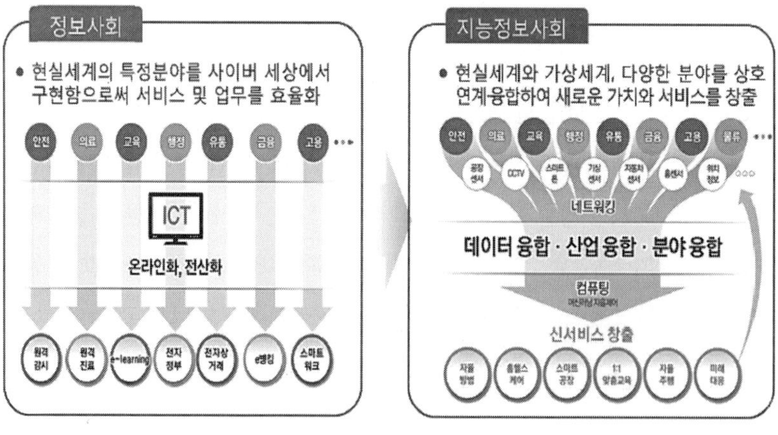

[그림 1.48] 지능정보사회에서의 융합에 의한 신서비스 창출

4.8 제4차 산업혁명의 미래

1) 2025년에 생길 일

세계 각국은 4차 산업혁명 시대에 경쟁에서 앞서 나가기 위하여 노력하고 있으며, 세계경제포럼은 2025년에 벌어질 일들을 다음과 같이 예상하였다(미래전략정책연구원, 2017).

첫째, 세계 인구의 10%가 인터넷에 연결된 의류를 입고 스마트 안경을 착용한다.

둘째, 1조개의 센서가 인터넷에 연결된다.

셋째, 미국에 최초로 로봇 약사가 등장한다.

넷째, 미국의 도로 위에서 10%는 자율주행차가 운행한다.

다섯째, 3D 프린터로 제작한 간을 이식한다.

여섯째, 인공지능이 기업에서 감사 업무의 30%를 수행한다.

일곱째, 가정용 기기의 50% 이상이 인터넷에 연결된다.

여덟째, 세계적으로 자가용보다 카셰어링(car sharing)을 더 많이 이용한다.

아홉째, 5만명 이상의 도시에 신호등이 없는 스마트 시티가 등장한다.

2) 인공지능의 미래

영국에서 시작된 산업혁명은 인간의 삶을 바꾸었는데, 200여년 전에 철도가 개설되면서 마부들은 일자리를 잃게 되고 철도 산업과 자동차 산업이 크게 발달하였다. 4차 산업혁명 시대에는 인공지능이 세계의 산업 지도를 바꿀 것인데, 알파고와 이세돌의 바둑 대결 이후 인공지능에 관심이 폭발적으로 증가하고 있다. 이 바둑대결에서 구글의 딥 마인드(Deep Mind)가 선보인 인공지능 알파고(AlphaGo)가 이세돌 9단을 이긴 것이다. 알파고가 이세돌을 이긴 이유는 바둑대결 사례를 알파고에게 데이터로 제공하고, 알파고는 기계학습을 통하여 스스로 바둑 지식을 계속 쌓아서 공부한 것인데 이러한 학습 방식을 딥 러닝(Deep Learning)이라고 한다. 딥 러닝은 이와같이 스스로 지식을 계속 쌓아가게 되는 인공지능 학습법이다. 딥 러닝 기술을 적용하면 사람이 판단 기준을 정해 주지 않아도 컴퓨터가 스스로 인지하고 추론하고 판단하게 된다. 이러한 인공 지능 기술은 텍스트, 이미지, 음성, 사진 분석 등에 널리 사용된다. 2,000년대 들어서 여러 기업이 인공지능에 투자를 늘리고 있다. 페이스북은 [그림 1.49] 와 같이 2014년에 사람의 얼굴을 97% 정확하게 인식하는 인공지능인 딥 페이스(Deep Face)를 개발하였고, 2015년에 구글의 자회사인 딥 마인드는 DQN(Deep Q-Network)이라는 인공지능의 비디오 게이머를 개발하였다. 2014년에 트위터는 딥 러닝 기반의 이미지 검색 스타트업인 매드비치(Madbits)를 인수하였다. 요즘 널리 사용하고 있는 구글의 검색엔진은 페이지 랭크(PageRank)라는 기술을 이용한다. 2015년에 구글은 인공지능 소프트웨어 엔진인 텐서플로우(Tensor Flow)를 오픈소스화 하였다. 이 텐서플로우는 기계학습과 딥러닝을 위해서 내놓은 오픈소스 라이브러리인 것이다. 누구나 이미지, 음성 인식, 언어번역 툴을 가진 소프트웨어를 사용할 수 있도록 해 준 것이다. 삼성전자는 최근에 소프트웨어 연구센터 아래에 인공지능 연구팀을 설치하였다. 삼성은 [그림 1.50] 와 같이 2016년 삼성 개발자 콘퍼런스에서 사물인터넷(IoT)이 적용된 개인비서인 오토(Otto) 로봇을 공개하였다. 오토 로봇은 음성 대화를 통해서 스스로 학습하여 인식률을 높여 가는 인공지능 로봇이다. 미국의 보스턴컨설팅그룹(BCG)은 2025년에 로봇과 소프트웨어 등의 인공지능이 전 세계적으로 인간의 일자리의 25%를 대체할 것으로 전망하였다.

[그림 1.49] 페이스북의 인공지능 딥페이스

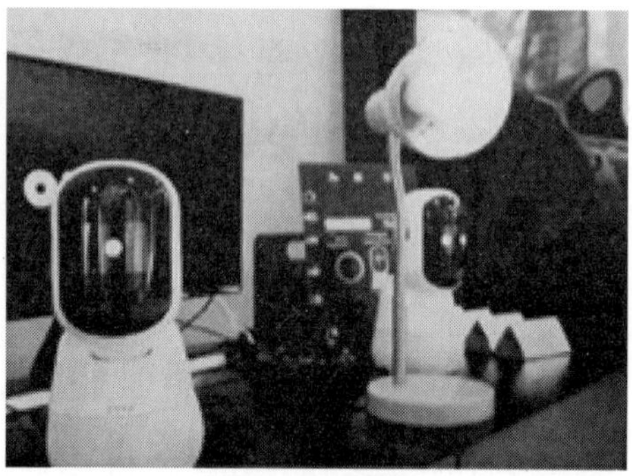

[그림 1.50] 삼성전자의 개인 비서 오토

3) 3D 프린팅의 성장

오바마 전 대통령은 "향후 미국이 3D 프린팅 분야에서 앞선 경쟁력을 갖춰야 한다." 라고 발표하였다. 세계경제포럼은 미래의 10대 유망 기술 중의 하나로서 3D 프린팅을 들었다. 현재 3D 프린팅 분야에서는 3D 시스템즈와 XYZ 프린팅의 두 회사가 전 세계 시장에서 50% 이상을 차지한다. 미국의 NASA는 최근에 팰콘 9 로켓을 시험 발사하였는데, 이 로켓 엔진에 들어가는 부품의 75%는 적층 가공(additive manufacturing)의 3D 프린팅 기술을 이용한 것이다. [그림 1.51] 과 같이 이 터보 펌프의 시뮬레이션 실험 결과로서 최대 90,000rpm으로 2,000마력 이상의 출력이 가능한 것으로 나타났다.
[그림 1.52] 와 같이 3D 프린팅으로 인공 장기와 인공혈관을 만들 수 있다.

[그림 1.51] NASA가 3D 프린팅으로 만든 펌프

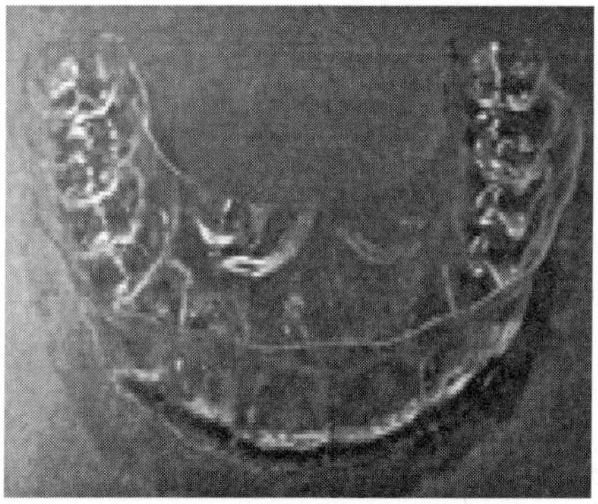

[그림 1.52] 3D 프린터로 만든 치아보철

〈표 1.14〉 에서와 같이 토머스 프레이는 2030년까지 소멸되는 직업 100개를 발표하였다. 이 표에서 보는 바와 같이 자율주행 자동차가 등장하면 교통사고가 감소하고 관련 직업인 택시, 트럭, 버스 기사가 없어지고, 교통경찰, 판사, 변호사, 주차 요원 등의 일자리도 줄어들 것이라고 하였다.

〈표 1.14〉 2030년에 소멸되는 직업 100가지

현재의 직업을 소멸시킬 혁신기술	소멸되는 직업
자율주행차	택시기사, 버스, 트럭기사, 우편배달부, 교통경찰, 판사, 변호사, 주차장 직원, 대리운전기사, 세차장 직원
드론(무인비행기)	택배기사, 음식·피자 배달, 우편 배달, 해충구제 서비스, 토지현장 측량사, 지질학자, 긴급구조요원, 비상구조대원, 소방관, 경비원
3D프린터	보석, 신발 등 산업디자이너, 건설, 자동차, 우주항공 노동자, 치과 및 의료산업 노동자, 토목공학자, 기계기술자, 물류창고 직원
3D빌딩 프린터	목수 등 건설 노동자, 홈-리모델링 노동자, 도시계획가, 주택보험사, 부동산전문가, 부동산중개사
빅데이터	기자, 저자 및 소설가, 군사기획관, 암호전문가, 영양사, 다이어트 전문가, 방사선과 의사, 회계사, 경리, 변호사, 법률사무소 직원
인공지능	이벤트 기획사, 피트니스 트레이너, 통번역 전문가, 고객 서비스 전문가, 교사
로봇기술	소매점 직원, 계산대 점원, 외과의사, 약사, 수의사, 경비원, 미화원, 해충구제 및 산림관리자

4.9 미래 전망과 사회 변화

제4차 산업혁명에 따른 미래 사회의 변화를 정확히 예측하기는 어렵겠지만, 인구의 변화, 제조업의 변화, 인공지능 기술의 발달 등에 따른 커다란 변화가 예상되며, 이 절에서는 이들 중의 일부를 요약하여 기술하기로 한다(이용순, 2016).

1) 인구의 변화

경제 시스템의 해석에 있어서 인구의 변화는 시발점이 된다. 세계 인구는 2030년에는 84억명, 2060년에는 99억명이 될 것으로 예상된다. 앞으로 지구의 인구가 100억명이 되면 지구 환경생태적으로 견딜 수 있는지도 의문이다. [그림 1.53] 은 세계 인구의 증가를 나타낸 것으로 근대 이후부터 인구가 급증하고 있다.

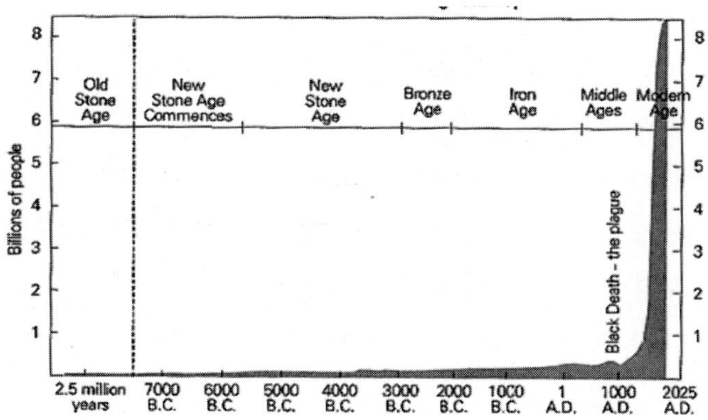

[그림 1.53] 세계 인구의 증가

한편, 우리나라는 초저출산 현상이 지속되면서 학령인구가 급격히 감소함으로써 현재의 인적 물적 교육 인프라의 공급이 수요를 초과하는 문제가 발생한다. [그림 1.54]는 통계청의 2011년 통계 자료로서, 학령인구 전체(6~21세)는 2015년 887만명에서 계속 감소하여 2030년 712만명으로 감소하고 2060년에 488만명으로 감소할 전망이다.

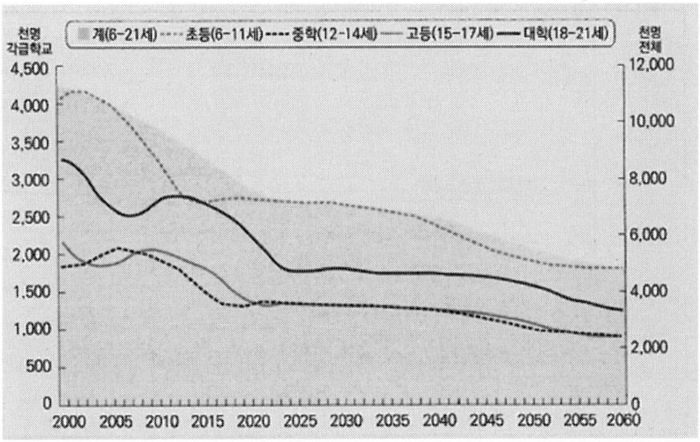

[그림 1.54] 우리나라의 학령 인구 전망

2) 한국 제조업의 변화

우리나라 제조업은 1970년대부터 정부 주도의 대기업 수출 중심으로 국가경제가 급속도로 발달하였다. [그림 1.55] 는 국가별 제조업의 GDP 대비 비중을 나타낸 것이다. 현재 우리나라의 제조업은 국가 경제에서 차지하는 비중이 31.1%로 세계에서 가장 높은데, 이는 제조업의 세계 강국인 독일보다도 8%가 높다.

우리나라의 제조업 위기 진단에 대해서 미국의 뉴욕대 폴 로머(Paul Romer) 교수는 2014년 11월 매일경제와의 인터뷰에서 다음과 같이 말하였다. “한국은 프런티어를 뛰어 넘지 못하고 저성장 단계에 도달하였다. 선진국 문턱에 들어선 한국은 이미 추격자(Fast Folllower)의 단계를 넘어섰고, 선도자(First Mover)로 올라서려면 획기적인 변화를 모색해야 한다”. 전경련이 발표한 연합뉴스(2014.4.8.) 자료에 의하면 우리나라의 6대 제조 수출품목의 세계시장 점유율은 계속하여 중국에 추월당하고 있다.

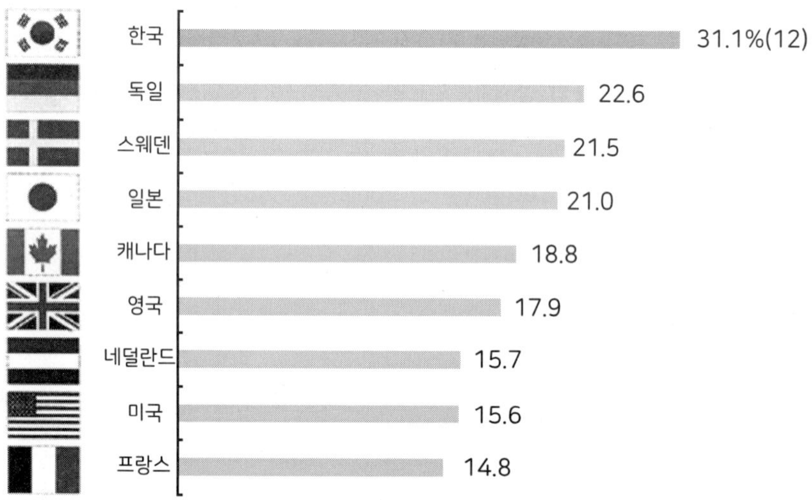

[그림 1.55] 국가별 제조업의 GDP 대비 비중

3) 로봇 기술과 고용 전망

로봇, 인공지능 등과 같은 혁신적인 기술은 사회적 논란과 우려를 나타낸다. 2010년부터 로봇과 인공지능 기술이 급격히 발전하면서 세계적으로 일자리 위협에 대한 논란이 생기고 있다. Smith와 Anderson(2014)는 1,896명의 기술 전문가를 대상으로 설문조사하였는데, 낙관론자가 52%, 비관론자가 48%로 비슷하게 나타났다. 주류 경제학자들과 미래학자들인 낙관론자들은 고용 총량이 증가할 것이라고 한다. 제러미 러프킨 등의 비관론자들은 로봇과 인공지능이 인간 일자리를 대체할 것이 심각하다고 말한다. [그림 1.56] 은 로봇 및 인공지능의 기술발전과 미래의 고용에 대한 논쟁 구조도를 나타낸 것으로, 비관론, 낙관론, 현실론으로 나누어서 요약한 것이다. 〈표 1.15〉 는 미래에 사라질 직업을 나타낸 것으로서 영국 옥스퍼드 대학의 Fray 등(2013)이 발표한 것인데, 미국의 일자리 중에서 47% 정도는 자동화 등으로 위협에 처해질 것이라고 하였다.

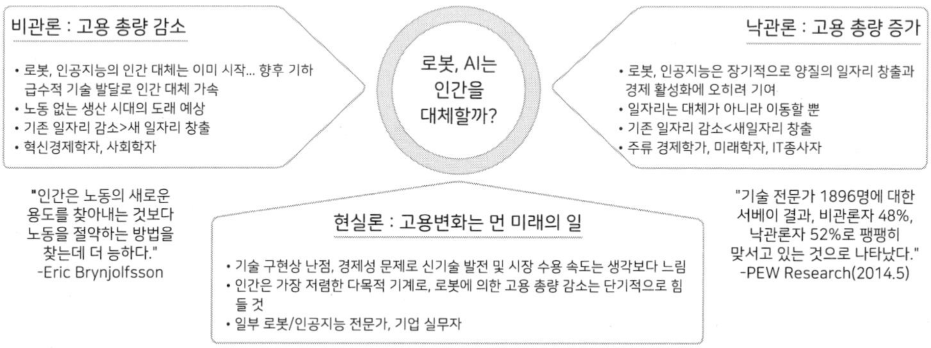

[그림 1.56] 로봇과 인공지능의 기술발전과 미래 고용에 대한 논쟁 구조도

〈표 1.14〉 미래 주요 직업들의 소멸 가능성 (1에 가까울수록 사라질 위험이 높음)

직업	가능성	직업	가능성	직업	가능성
텔레마케터	0.99	도서관 사서	0.65	산업엔지니어	0.029
화물, 창고 관련업무 종사자	0.99	시장조사 전문가	0.61	기계엔지니어(컴퓨터 제외)	0.025
시계 수선공	0.99	마사지 치료사	0.54	프로듀서, 감독	0.022
스포츠 경기 심판	0.98	치과 조무사	0.51	인테리어 디자이너	0.022
모델	0.98	법원 속기사	0.5	패션 디자이너	0.021
캐시어(계산원)	0.97	컴퓨터 프로그래머	0.48	사진작가	0.021
전화 교환원	0.97	역사학자	0.44	재료과학자	0.021
리셉셔니스트(호텔, 등 접수자)	0.96	경제학자	0.43	환경 엔지니어	0.018
자동차 엔지니어	0.96	법원 서기	0.41	우주항공 엔지니어	0.017
카지노 딜러	0.96	판사	0.4	최고 경영 임원	0.015
레스토랑 요리사	0.96	통·번역가	0.38	홍보 관련 업무 종사자	0.015
회계, 감사	0.94	배우	0.37	멀티미디어 아티스트, 애니메이터	0.015
웨이터, 웨이트리스	0.94	지리학자	0.25	음악감독, 작곡가	0.015
정육업자	0.93	설문조사 전문가	0.23	생명과학자	0.015
소매업자	0.92	금융 전문가	0.23	세일즈 매니저	0.013
보험 판매원	0.92	통계 전문가	0.22	미생물학자	0.012
교통 감시 요원	0.9	소방수	0.17	간호사	0.009
제빵사	0.89	댄서	0.13	성직자	0.0081
버스 기사	0.89	기자, 특파원	0.11	중등 교사	0.0078
택시 기사	0.89	경찰	0.093	고고학자, 인류학자	0.0077
도배 업자	0.87	음악가, 가수	0.074	운동 트레이너	0.0071
부동산 중개사	0.86	방송 뉴스 평론가	0.067	큐레이터	0.0068
핵 기술자	0.85	동물학자	0.061	컴퓨터 시스템 분석가	0.0065
경비·보완 요원	0.84	사회학자	0.059	무대·전시 디자이너	0.0055
주차 요원	0.84	여행 가이드	0.057	치과 의사	0.0044
선원, 항해사	0.83	수학자	0.047	초등학교 교사	0.0044
인쇄업 종사자	0.83	농부, 목축업자	0.047	심리학자	0.0043
타이피스트	0.81	소프트웨어 개발자	0.042	외과·내과 의사	0.0042
이발사	0.8	조각가, 화가	0.042	영양사	0.0039
목수	0.72	우주비행사	0.041	구강, 악안면술 외과 의사	0.0036
건설업 관련 종사자	0.71	정치학자	0.039	헬스케어 부문 사회복지사	0.0035
세탁, 드라이클리닝 업무	0.71	광고 분야 종사자	0.039	레크리에이션 활용 치료전문가	0.0028
우편배달부	0.68	수의사	0.038		
치위생사	0.68	작가	0.038		
기계 기술자	0.65	법률가	0.035		

이상에서와 같이 로봇 및 인공지능 기술이 발전하면 고용에 있어서 비관론, 낙관론, 현실론이 서로 엇갈리지만, 직업 세계의 판도를 바꿀 것에는 대부분 동의한다.

4) 저성장 시대의 경제 변화

우리나라의 경제는 1970년대 이후로 계속하여 성장률이 감소하고 있다. [그림 1.57]과 같이 최근 10년전부터는 3%대의 저성장 시대로 진입하였다. 물론 OECD 국가 평균에 비하면 다소 높기는 하지만 이러한 저성장의 배경과 이유가 있다. 1997년의 IMF 위기와, 2008년 세계 금융위기의 영향으로 인하여 대외 경제에 의존하는 우리나라의 경제 성장도 어려워지고 있다.

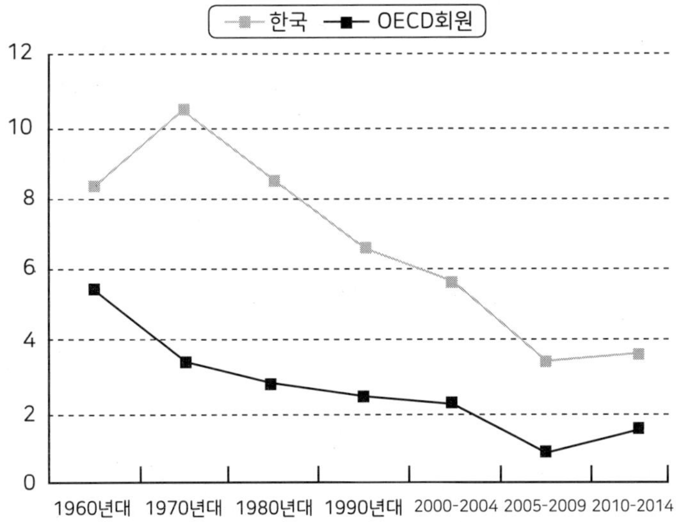

[그림 1.57] 한국과 OECD 국가들의 경제성장률 추이

사회적인 환경 변화에 있어서도 2010년대에 들어서면서 다양한 변화들이 나타나고 있다. 사회적 변화의 가장 큰 점은 고령화 사회로 가는 것과, 외벌이에서 맞벌이 사회로 가는 것, 젊은 노동력의 고령화라는 것이다. [그림 1.58]는 우리나라의 고령화 추세를 예상한 것이다. 고령화, 저출산으로 인하여 2017년에는 65세 인구가 전체 인구의 14%에 해당하는 고령사회로 들어서게 되고, 2030년에는 전체 인구 4명 중에서 1명(24.3%)이 65세 이상의 고령 인구에 해당하는 초고령 사회가 될 것이다. 이는 베이비붐 세대의 은퇴와 저출산 때문이다.

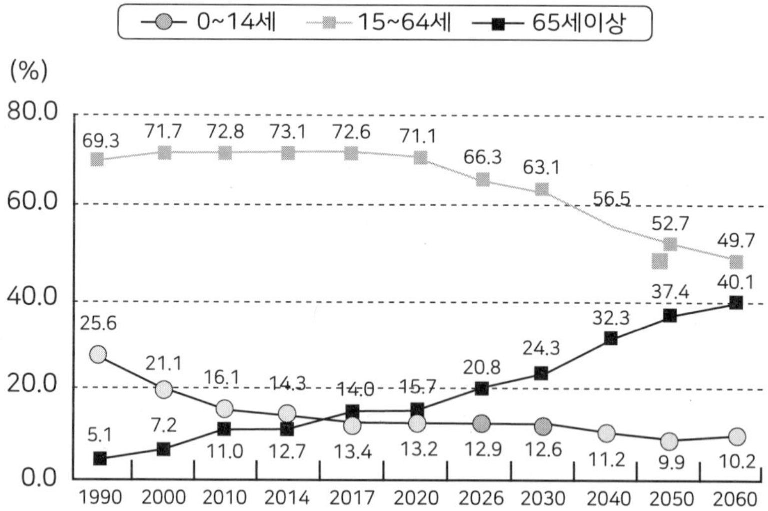

[그림 1.58] 우리나라의 고령화 추세

4.10 미래 교육과 융합 교육

4차 산업혁명 시대에는 종전의 산업화 사회, 정보화 사회 시대와는 다른 교육이 필요하다. 4차 산업혁명 시대에는 교육의 변화가 부분적으로 되어서는 안 되고 모든 시스템이 총체적으로 상호 협력하면서 혁명적인 교육 혁신이 필요하다. [그림 1.59] 은 미래 교육 혁신의 프레임워크를 나타낸 것이다. 첫째로는 학제, 교육과정, 입시 등의 미래 교육 시스템, 둘째로는 창의성, 인성, 체력 등의 미래교육 콘텐츠, 셋째로는 스마트 학교, 원격 교육 등의 미래 학교, 넷째로는 교육 정책, 교육 기관 등의 미래 교육 거버넌스 등을 들 수 가 있는데 이들이 총체적으로 혁신이 되어야 할 것이다(국제미래학회, 2017).

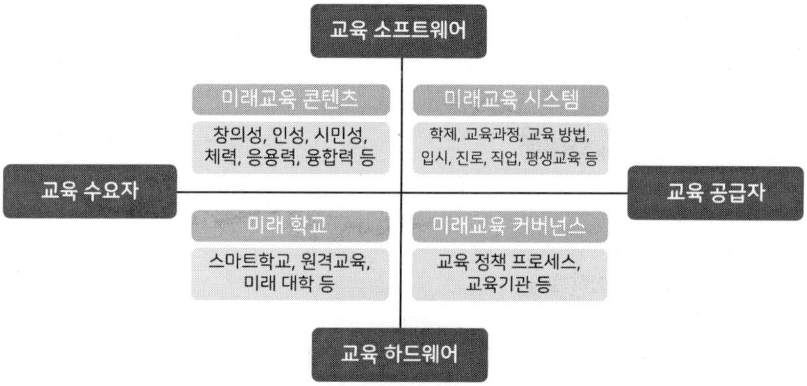

[그림 1.59] 미래 교육 혁신의 프레임워크

5. 체험활동

4차 산업혁명 시대의 핵심 기술을 이해하기 위해서 간단한 체험활동을 해 보기로 한다. 여기서는 가상현실(VR) 및 3D 프린터를 체험해 보기로 한다.

5.1 가상현실(VR) 체험하기

1) 가상현실(VR) 원리

(가) VR(Virtual Reality)이란?

가상의 환경이나 상황을 컴퓨터로 만들어서 그것을 접하는 사람들이 실제로 그 상황에 들어와 있는 것처럼 보고, 느끼고, 상호작용을 할 수 있게 만들어 주는 인터페이스를 말한다.

(나) VR의 원리

사람의 두 눈은 서로 떨어져 있어서 두 눈이 보는 각도와 거리는 조금씩 달라진다. 이 각도차와 거리차에 따라 원근감과 입체감을 느낄 수 있는 **양안시차**를 이용한다. VR기기에서는 두 개의 렌즈가 있는데, 각 렌즈에 양안시차를 고려하여 각도가 조금씩 다른 영상을 재생시키게 되고, 그것을 바라보는 사람은 입체로 받아들이게 된다.
([그림 1.60] 참조)

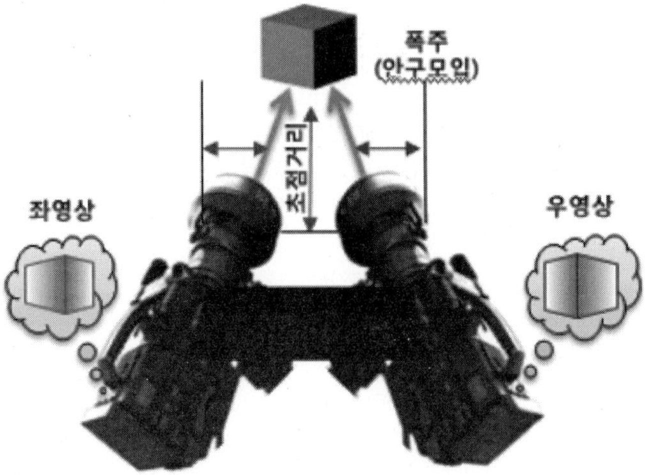

[그림 1.60] 양안시차의 원리

2) VR 기기

현재 VR 기기는 삼성 Gear, 소니, 오큘러스 등 종류가 매우 다양하며 1만원대 입문용 VR 기기부터 10만원대의 고급용 VR 기기가 있다. 〈표 1.16〉은 체험에 사용할 삼성 Gear VR기기와 NOON VR 기기를 비교한 표이다.

〈표 1.16〉 삼성 Gear VR 기기와 NOON VR 기기 비교

삼성 Gear VR	NOON VR
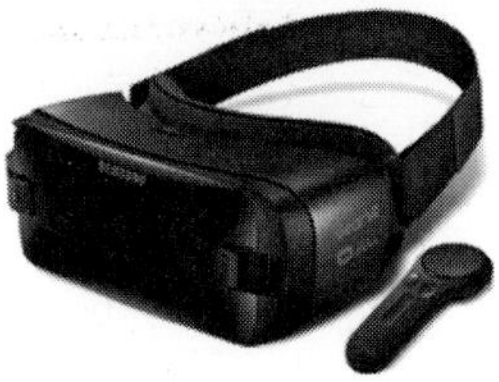	
- 호환 기종 한계 - 다소 복잡한 탈착 - 고화질, 광각화면 - 터치패드, 물리버튼 내장 - 별도의 컨트롤러	- 범용성 우수 - 간단한 탈착 - 다소 저화질 - 저렴한 가격

3) **체험순서**

① 유튜브 앱 실행

② 유튜브 앱 검색창에 VR관련 영상 검색하기 (예 : VR스팅어)

③ 검색한 영상 실행하기

④ 화면 밑 안경모양 누르기(그림 1.61 참조) ⑤ 같은 화면이 양쪽에 나오면 정상작동(그림 1.62 참조)

[그림 1.61]

[그림 1.62]

⑥ VR 기기의 덮개를 연 뒤 렌즈방향에 휴대폰을 부착하여 체험(그림 1.63 참조)

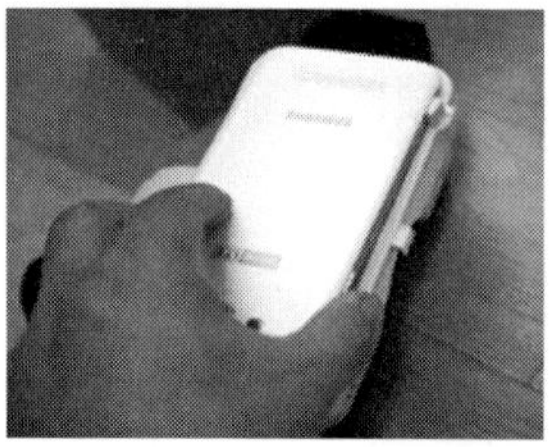

[그림 1.63] VR 체험하기

5.2 3D 프린터 체험하기

1) 3D 프린터의 원리

(가) 3D 프린터란?

형상을 3차원으로 만들 수 있는 하나의 도구로 2D 프린터가 문서나 그림을 인쇄하듯이 3D 프린터는 입력한 도면대로 3차원의 입체물을 만들어내는 기계이다. 2D 프린터는 x축과 y축으로만 운동하지만 3D 프린터는 여기에 z축 운동을 더하므로 3D 도면을 바탕으로 입체 물품을 만들 수 있다.

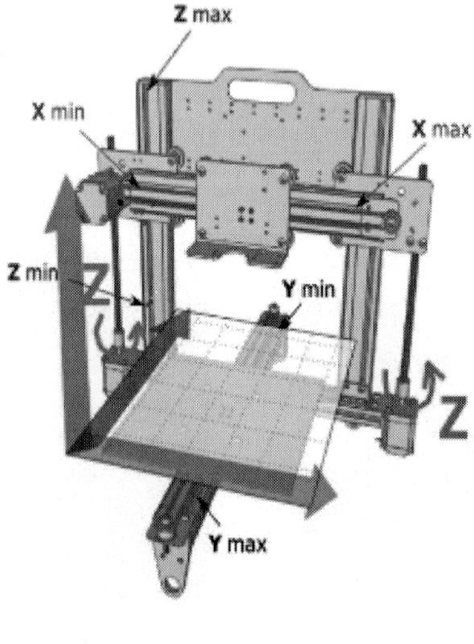

[그림 1.64] 3D 프린터 운동방향

(나) **3D 프린터의 방식**

3D 프린터는 출력 방식에 따라 종류가 나뉘는데 〈표 1.17〉은 3D 프린터의 방식과 장·단점을 비교한 표이다.

〈표 1.17〉 3D 프린터의 방식 및 장 • 단점

	FDM	SLA	SLS	DLP
방식	필라멘트를 녹여 가는 실 모양으로 압출하여 쌓는 방식	광경화성 수지가 담긴 수조 안에 UV레이저를 투사하여 경화	베드에 도포된 분말에 레이저를 조사하여 소결시키는 과정을 반복	광경화성 수지가 담긴 수조안에 빛을 면 단위로 투사하여 경화
장점	가격과 재료비가 저렴	얇고 미세한 형상 제작 가능, 투명한 제품 출력 가능	정교함, 재료가 다양함	정교한 표현이 가능함
단점	결이 생겨 정밀한 출력이 불가능	화학약품 냄새가 심함, 화학적 뒤처리가 필요	제품이 너무 커 가정용으로 부적합, 분말 처리 때문에 공간이 필요	출력물이 빛과 온도에 약함

2) 3D 프린터의 FDM 방식에서 사용하는 재료

3D 프린터 방식 중 가장 대표적으로 사용되는 것은 FDM 방식이다. 이 FDM 방식에 사용되는 재료로는 주로 필라멘트 PLA와 필라멘트 ABS를 사용한다.

(가) **필라멘트 PLA**

① 옥수수와 사탕수수 원료로 친환경 소재이다.

② 수축, 기포가공이 적으나 후가공이 힘들다.

(나) **필라멘트 ABS**

① 가장 일반적인 플라스틱이다.

② 2차 가공이 우수하나 석유추출물로서 출력 시 냄새가 난다.

3) 체험순서

3D 프린팅의 체험 순서는 [그림 1.65] 와 같다. [그림 1.66] 은 실제 에펠탑 모형을 3D 프린터를 이용하여 제작하는 과정을 나타낸 것으로서, 그림 (a)는 틴커캐드를 이용하여 작성한 도면이며, (b)는 큐비 크리에이터를 사용하여 G 코드로 변환하는 모습이며, (c)는 완성품 사진이다.

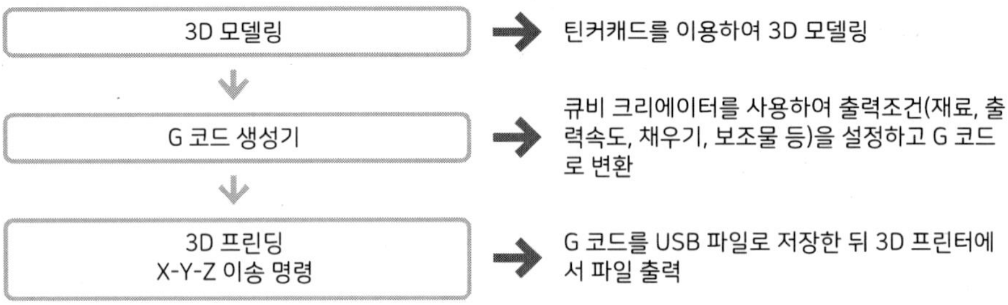

[그림 1.65] 3D 프린터 개념도 및 순서

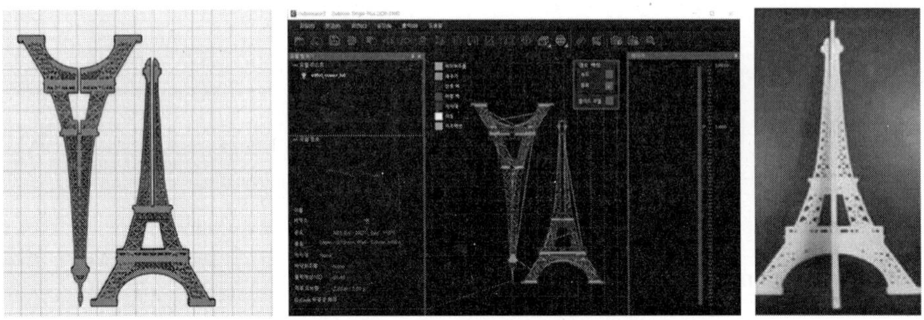

(a) 틴커캐드 도면 (b) 큐비 크리에이터 변환 (c) 완성품

[그림 1.66] 3D 프린터 과정

〈심화 체험〉 VR 게임하기

1. 각자의 휴대폰에서 안드로이드는 구글플레이, 그리고 iOS는 앱스토어를 켠다.

안드로이드 운영체제 (갤럭시 등)	Google Play
iOS 운영체제 (아이폰 등)	

2. 검색창에 "VR X-Racer"를 검색하여 [설치]한다.

3. 이 게임을 실행하여, 초기화면에서 아래 그림처럼 ①번의 VR MODE를 체크하고, ②번의 PLAY 버튼을 누르면 게임이 진행된다.

4. 이제 화면을 좌우로 움직이면 비행기가 좌우로 움직이므로 장애물을 피하는 게임을 하면 된다.

참고문헌

- 관계부처합동(2016.12.27.). 제4차산업혁명에 대응한 지능정보사회 중장기 종합대책. 저자.
- 교육부(2017.1). 2017년 업무계획, 교육부.
- 국가평생교육진흥원(2016.6). 4차 산업혁명의 시대에서 묻는 교육의 미래.
- 국제미래학회, 한국교육학술정보원(2017). 제4차 산업혁명 시대 대한민국 미래교육보고서. 광문각.
- 김두현(2016). 지능정보기술의 발달과 사회 변화. 한국정보화진흥원
- 김종현(2006). 영국 산업혁명의 재조명. 서울대학교출판문화원.
- 김진수(2012). STEAM 교육론. 양서원
- 김진수, 김한별, 박상영, 이태욱, 김경래(2017.1). 융합교과목-4차산업혁명과 교육혁신-개발, 한국교원대 정책연구과제계획서.
- 김진수(2019.1). 4차산업혁명과 고교학점제, 경북 특성화고 교감협의회 특강자료, 김천녹색 미래과학관.
- 김진숙(2016). 지능정보사회 대비 미래교육 방향. 한국교육학술정보원.
- 김정욱, 박봉권, 노영우, 임성현(2016). 인공지능발 4차 산업혁명 2016 다보스 리포트. 매일경제신문사.
- 김형종 외 5인(2014). 고등학교 세계사. 금성출판사.
- 노택선(2005). 전쟁 산업혁명 그리고 경제성장. 해남.
- 미래전략정책연구원(2017). 10년후 4차산업혁명의 미래. 일상이상.
- 미래창조과학부, 한국과학기술기획평가원(2017.4). 기술이 세상을 바꾸는 순간
- 박가열(2016). AI·로봇·사람, 협업의 시대가 왔다. 보도자료
- 송경진 역(2016). 클라우스 슈밥의 제4차산업혁명. 새로운 현재. [원저: Schwab, Klaus (2016). The Fourth Industrial Revolution. World Economic Forum, Geneva]
- 송성수(2017). 역사에서 배우는 산업혁명론: 제4차 산업혁명과 관련하여. 과학기술정책연구원.
- 안진환 역(2012). 3차 산업혁명. 민음사. [원저: Rifkin, Jeremy(2011). The Third Industrial Revolution].
- 윤종록(2016). 4차 산업혁명과 소프트파워.
- 이동호(1998). 영국 산업사양화의 요인분석과 그 교훈. 한국경제연구원.

- 이문기 외 19인(2013). 중학교 역사. 동아출판.
- 이민화(2016). 4차 산업혁명과 미래인재. 발표자료
- 이용순 편저(2016). 2030 새로운 미래가 온다 제4차산업혁명과 평생직업능력개발. 한국직업능력개발원.
- 이주완(2015). Industry 4.0 시대의 패러다임 변화. 상장.
- 이태욱(2014.1.1.5). 5년 내에 변하는 5가지 것들. 충청일보.
- 이태욱(2016.9.23). 4차 산업혁명에 대비하는 교육. 충청일보.
- 조정철(2015). LS 산전 스마트 공장 구축 사례. 2015 스마트 공장 국제컨퍼런스.
- 정보통신기술진흥센터(2016). 주요 선진국의 제4차 산업혁명 정책동향.
- 정윤형, 김종철 공역(1987). 산업혁명사 上. 창작과 비평사. [원저: 뽈 망뚜(1927). 프랑스]
- 한국경제TV 산업팀(2016). 4차 산업혁명 세상을 바꾸는 14가지 미래 기술. 지식노마드.
- 한일IT경영협회 역(2016). 제4차 산업혁명. KMAC. [원저: 요시카와 료조(2015). Nihon Gata Dai Yon Ji Monzozukuri Sangyou Kakumei. Nikkan Kogyo Shinmbun, Ltd.].
- 현대경제연구원(2016). 4차 산업혁명의 등장과 시사점. 저자.
- Christoph Roser(2015). AllAboutLean.com
- Dahlberg, Lincoln(2011). Re-constructing digital democracy: An outline of four positions. New media & society.
- Frey, C. B., Osborne, M. A. (2013). The future of employment: How susceptible are jobs to computerisation. 1-72.
- Joshi, Prateek (2017). Artificial Intelligence with Python. Packt Publishing.
- Roser, Christoph. (2015). AllAboutLean.com
- Schwab, Klaus (2016). The Fourth Industrial Revolution. World Economic Forum, Geneva, Switzerland.
- World Economic Forum(2015). New vision for education.
- World Economic Forum(2016). The Future of Jobs.
- http://terms.naver.com/ 네이버 두산백과(2017).
- http://www.keis.or.kr/user/bbs/main/203/2113/bbsDataView/32701.do 한국고용정보원(2016).

연습문제

1. 영국의 제임스 와트(James Watt)의 약력을 조사해 보시오.

2. 산업혁명의 역사를 서술하시오.

3. 러다이트 운동은 왜 일어났으며, 오늘날 그 영향은 무엇인가?

4. 방적과 방직의 차이점은 무엇인가?

5. 산업혁명이 미술 등의 예술에 미친 영향은 무엇인가?

6. 세계 최초의 철교인 영국의 아이언 브리지(Iron bridge)에 대하여 조사하시오.

7. 제4차산업혁명과 융합교육의 관계는 어떠한가?

8. 제임스 와트가 발명한 증기기관(steam engine)의 특징은 무엇인가?

9. 제2차산업혁명 시대의 기술 발달의 특징에 대하여 서술하시오.

10. 제3차산업혁명 시대의 기술 발달의 특징에 대하여 서술하시오.

11. 제3차산업혁명과 4차산업혁명의 차이점을 기술하시오.

12. 클라우스 슈밥(Klaus Schwab)에 대하여 조사하시오.

13. 한국 정부에서 제시한 제4차산업혁명의 종합대책은 무엇인가?

14. ICBAM 기술이란 무엇인가?

15. 독일에서 2011년에 제시한 Industry 4.0이란 무엇인가?

16. 한국의 미래창조과학부(2015)에서 제시한 10년 후의 미래 이슈에 대하여 설명하시오.

17. 산업혁명의 변천에 따른 일자리 변화는 어떠한가?

18. 세계경제포럼에서 제시한 4차산업혁명의 기술에서 3가지 분야는 무엇인가?

19. 제4차산업혁명의 정의는 무엇인가?

20. VR과 AR의 차이점은 무엇인가?

21. 3D 프린터가 활용되는 분야를 조사해 보자.

제 2 장

4차 산업혁명과 교육의 미래

제 2 장

4차 산업혁명과 교육의 미래

1. 교육의 미래를 가늠할 사회변화

1.1. 변화의 징후들

사회는 끊임없이 변화한다. 과거로부터 현재, 그리고 미래에 이르기까지 사회가 변화하지 않은 적은 단 한 번도 없다. 인류가 지금까지 이룩한 문명의 발달과 진화의 역사는 학습하는 존재로서 인간의 특성을 보여주는데, 이러한 학습하는 존재로서 인간이 살아온 역사를 한마디로 말하면 끊임없는 진보를 추구해온 분투의 과정이요, 그 결과로 인한 사회 변화의 흔적들이다.

이처럼 변화하는 사회 현상을 읽어내려는 시도는 하나의 사회적 현상으로서 교육을 이해하려는 노력과 결코 무관하지 않다. 과거로부터 현재까지 진행되어온 교육 현상을 진단하고 이해하는 것뿐만 아니라, 미래의 교육 실천 양상을 구상하고 예측하는데 있어서도 필수불가결한 활동이다. 가령 최근 화두가 되고 있는 저출산, 고령화 현상으로 인한 우리 사회의 인구구조의 변화는 지금까지 학교중심의 교육의 성과와 한계를 가늠하는 계기가 되는 동시에 미래의 교육이 추구할 목표, 내용, 방법 등을 새롭게 점검할 필요성을 제기한다.

최근 비약적인 테크놀로지의 발달에 힘입은 사회 전반의 변화 추세를 4차 산업혁명으로 부른다. 2016년 세계경제포럼(World Economic Forum: WEF: 다보스포럼)에서 클라우스 슈밥(Klaus Schwab)이 『제4차 산업혁명(The fourth industrial revolution)』이란 책의 주요 내용을 기초로 미래 세계의 변화에 대한 화두를 던진 이래로, 우리 사회에서는 4차 산업혁명이라는 주제어가 변화하는 미래를 가늠하는데 빠지지 않는 단어로 자리매김하고 있다. 그러나 4차 산업혁명이라는 개념을 일상적으로 흔히 접하는 실제에 비하여 그로 인한 사회 변화에 대한 이해는 부분적이고 피상적인 편이다. 그도 그럴 것이 4차 산업혁명이란 표현이 포괄하는 구체적인 변화들을 지탱하는 개념들은 인공지능, 기계학습, 사물인터넷, 빅데이터, 공유경제, 블록체인 등과 같은 비교적 전문적인 지식과 개념들을 기반으로 하고 있다. 그렇기 때문에 좀 더 깊이 이해하려는 시도들이 만만한 작업이 되지 못한다. 뿐만 아니라, 4차 산업혁명으로 지칭되는 현상들이 워낙에 광범위한 사회 범주에서 벌어지는데다가, 그 변화도 매우 빠르게, 지금 이 순간에도 계속해서 변하고 있는 사실 역시도 4차 산업혁명이 그 표현의 친숙함만큼 쉽게 다가서지 못하는 이유이기도 하다.

4차 산업혁명이란 무엇인가? 이는 우리 시대의 어떤 사회적 변화 현상을 가리키는 것인가? 우리가 흔히 '몇 차 산업혁명'이라고 부르는 개념은 인류 역사에서 이루어졌던 생산양식의 변화를 설명하는 가운데 특히 기계가 생산의 주요 원동력으로 자리 잡은 이래로 나타난 주요 변곡점들을 가리키는 표현이다. 그래서 인류의 역사에서 일어난 획기적인 생산과정 및 양식의 변화를 크게 네 차례로 구분하는데, 이들을 간단히 소개하면 〈표 2.1〉과 같다.

표에서 확인할 수 있는 것처럼 제1차 산업혁명은 주로 인간의 노동력에 의존하던 생산만 이루어지던 사회를 철도 건설과 증기기관의 발명을 바탕으로 기계에 의한 생산까지 가능한 사회로의 전환을 말한다. 그리고 2차 산업혁명은 기계에 의한 생산이 보다 대량화, 효율화되는 변화로서, 전기와 생산 조립 라인의 등장을 계기로 기계에 의한 생산이 인간에 의한 생산보다 훨씬 더 효율성을 갖추기 시작한 현상을 가리킨다. 한편, 3차 산업혁명은 반도체와 컴퓨터, 그리고 인터넷의 비약적인 발달로 정보의 활용가능성이 비약적으로 높아짐에 따라서 기존의 하드웨어 중심의 생산성 발달에서 정보와 같은 소프트웨어를 중심으로 한 생산성의 증가에 주목하는 변화를 말한다. 그리고 오늘날 변화를 가리키는 4차 산업혁명은 각기 다른 분야에서 빠른 속도로 계속해서 발전해가는 기술들이 3차 산업혁명으로 인한 사회의 연결성을 토대로 네트워크로 구축되어감에 따라서 기술력의 가능성이 극대화되고 사회의 질적 수준과 환경을 비약적으로 바꾸는 변화 추세를 말한다. 이러한 4차 산업혁명은 유비쿼터스 모바일 인터넷, 더 저렴하면서 작고 강력한 센서, 인공지능과 기계학습을 특징으로 한다(Schwab, 2016).

〈표 2.1〉 네 차례 산업혁명의 주요 특징

시대	시기	특징
1차 산업혁명	18세기 후반 – 19세기 중반	노동력 본위의 생산에서 기계 본위의 생산으로 변화
2차 산업혁명	19세기 후반 – 20세기 중반	기계의 자동화에 의한 생산의 대량화 촉진
3차 산업혁명	20세기 후반 – 21세기 초반	생산 중심기술이 기계, 설비, 매체와 같은 하드웨어에서 지식, 정보와 같은 소프트웨어로 변화
4차 산업혁명	21세기 초반 – 현재	각 분야별 기술발전의 연결성이 강화됨으로써 생산방식을 포함한 생활양식의 변화

예를 들어서 자동차 네비게이션을 가지고 3차 산업혁명과 4차 산업혁명의 차이점을 생각해보자. 앞서 언급한 것처럼 3차 산업혁명은 컴퓨터와 인터넷을 기반으로 활용할 수 있는 정보의 양이 비약적으로 증가하는 일종의 지식정보혁명이다. 3차 산업혁명의 사회에서 자동차 내비게이션은 내장되어 있는 칩에 많은 양의 도로 정보를 저장하여 사용할 수 있는 도구이다. 그러나 자동차 내비게이션을 효율적으로 사용하기 위해서는 수시로 내비게이션의 칩을 빼내어 컴퓨터에 연결한 후, 인터넷에 접속하여 새로운 정보를 주기적으로 업데이트하는 인간의 역할이 필수적이다. 사용하는 사람이 이 작업을 게을리 할 경우, 새롭게 생기는 도로나 건물에 대한 정보라든가, 정확한 이동거리 등에 대한 확인이 어렵다.

반면 4차 산업혁명은 폭발적으로 증가하는 사용가능한 정보와 지식이 자동화됨으로써 인간의 개입과 노력을 최소화한다. 그럼으로써 4차 산업혁명의 사회에서는 정보와 지식이 인간의 수행수준을 보조하는 수준을 넘어서서 아예 인간의 역할을 대체할 수 있는 수준으로 변화하는 모습을 보인다. 예전에는 자동차 내비게이션의 업데이트가 인간의 몫이었다면, 이제는 네트워크에 내비게이션이 상시 연결되어 있음으로써 변화가 생길 때마다 알아서 정보를 업데이트한다. 최신의 정보를 바탕으로 실시간 도로상황을 파악하여 최적의 주행노선을 알려줌으로써 인간의 자동차 운전을 효과적으로 지원한다. 더 나아가 이제는 인간이 몫이던 운전까지도 기계가 알아서 수행하는 수준에 도달하고 있다. 무인자동차의 상용화는 이러한 4차 산업혁명의 변화를 보여주는 대표적인 사례이다.

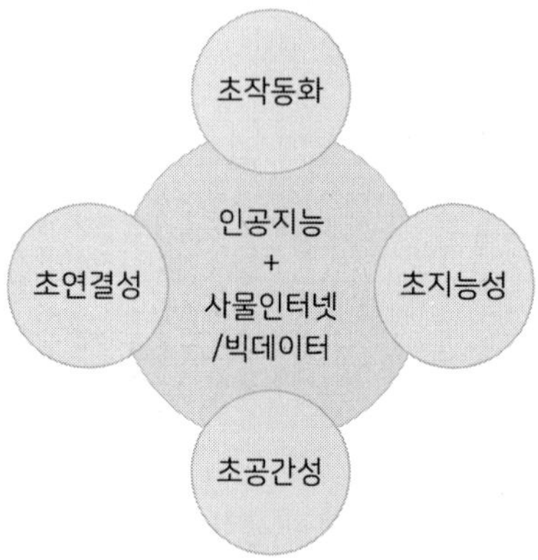

[그림 2.1] 산업혁명 사회의 특징

4차 산업혁명으로 지칭되는 사회의 특징은 [그림 2.1]과 같이 간략히 요약, 정리할 수 있다. 새로운 사회 변화는 인공지능 기술의 비약적인 발전과 광범위한 데이터를 생산, 관리, 확산, 공유할 수 있는 빅데이터 기술이나 사물인터넷 등의 발전이 서로 결합하여 지금까지 사회가 겪어보지 못했던 새로운 차원의 연결성, 자동성, 지능성, 공간성을 창출한다. 그럼으로써 사회 각 분야에서의 생산 및 소비방식의 질적인 변화가 나타나고, 사회를 살아가는 개인들의 생활양식이 새로운 모습으로 등장하게 된다.

1.2. 사물인터넷과 빅데이터 기술

4차 산업혁명 사회는 네트워크의 밀도와 규모가 과거에 비하여 상당히 발달한 사회이다. 최근의 사회는 '초연결성의 사회'(hyper-connected society)라는 표현처럼 기존의 컴퓨터를 중심으로 네트워킹하던 지식정보 사회의 연결성을 능가하여 인간과 인간, 인간과 사물, 나아가 사물과 사물이 네트워킹 기술에 힘입어서 서로 연결 혹은 결합되는 사회로 이행하고 있다. 연결망이 발달함으로써 인간과 사물의 모든 정보들이 네트워크를 통해서 공유될 수 있는 가능성을 확장하며, 그렇게 공유되는 다양한 정보들을 활용하여 과거에는 상상하지 못했던 새로운 성장 가치를 창출하는 사회로 변화하고 있는 것이다.

네트워크의 발달에 힘입은 초연결성의 사회로의 변화는 무엇보다 사물인터넷(Internet of Things: IoT)이라는 혁신적인 기술 서비스의 출현으로 구체화된다. 사물인터넷은 인간의 고유한 행동양식이라든가, 또는 다양한 사물들이 사용되는 양상 등과 관련한 기록들이 인터넷을 통해서 축적, 공유될 수 있는 환경이라고 할 수 있다. 말 그대로 전통적으로 서로 연결되지 않았던 다양한 사물들이 인터넷에 포섭될 수 있는 기능을 갖춤으로써 네트워크를 통해서 제어, 관리될 수 있는 상태가 드러나는 것이다. 좀 더 간단히 설명하면 다양한 유형의 사물들이 인터넷에 접속, 연결될 수 있는 기능을 갖춘 상태를 말하는 것이다.

사물인터넷의 본격적인 활용은 네트워크, 인터페이스, 그리고 센서라는 세 가지 차원의 기술적 요소가 결합함으로써 활성화될 수 있다. 사물인터넷 기술은 다양한 분야에서 이익을 창출할 수 있는데, 제조업 분야에서는 제조공장의 모든 자원과 설비를 가동하는 기록을 실시간으로 관리함으로써 비용절감과 생산효율화를 동시에 달성할 수 있다(황원식, 2016). 예를 들어, 생산자들은 시간을 허비하면서 돌아다니지 않아도 여러 공장에 있는 기계설비들을 실시간으로 모니터링할 수 있어 의사결정 시간을 줄이고 신속한 조치를 할 수 있다.

비단 제조업 분야에서 뿐만 아니라, 사람들의 일상적 생활 속에서도 사물인터넷은 훨씬 더 편리한 삶의 가능성을 열어줄 수 있다. 즉, 사람들이 사물을 사용하는 행동양상을 센서를 이용하여 감지하고, 네트워크로 그 정보를 수합, 누적, 기록, 관리해나감으로써 사물을 사용하는 사람들의 행동 패턴을 확인하고 그에 부합하는 다양한 맞춤식 서비스 제공이 가능할 수 있다. 예컨대, 잠을 잘 때 사용하는 베개나 담요 등에 센서를 내장하고 네트워크에 연결해놓으면, 베개나 담요를 사용하는 사람들의 잠자리에 대한 자료들을 수집, 관리할 수 있다. 그래서 '몇 시에 잠자리에 들었다가 몇 시에 일어나는지', '잠을 자면서 얼마나 몸을 뒤척이는지', '밤 시간동안 수면의 깊이는 어느 정도로 유지되는지' 등과 같은 수면에 관한 다양한 정보들을 얻을 수 있다. 이렇게 수집한 정보들을 바탕으로 보다 편안하고 아늑한 수면의 질을 보장하기 위한 다각적인 지원을 제공할 수 있다.

또한 원격에서 조명을 손쉽게 제어할 수 있는 스마트 전구 역시 일상생활 속에서 접할 수 있는 사물인터넷의 좋은 예라고 할 수 있다. 스마트 전구를 연결함으로써 인터넷으로 집 밖에서도 집 안의 조명을 관리할 수 있으며, 사용하는 사람이 처한 구체적인 상황에 따라서 그에 적합한 다양한 색상으로 조명을 할 수 있다. 그래서 직장에서 퇴근해서 집에 들어가기 전에 미리 집 안의 조명을 밝혀놓을 수 있으며, 반대로 집 안의 조명을 끄고 나오는 것을 잊었다고 하더라도, 원격으로 조명을 끄는 일이 충분히 가능해진 것이다. 뿐만 아니라, 스마트 전구를 사용하는 사람의 취향, 관심, 그리고 독특한 상황에 따라서 불빛을 다양하게 조절할 수 있는 가능성도 얻는다.

지금까지 살펴본 것처럼 사물인터넷은 사물에 센서를 장착함으로써 그 센서로부터 입력받는 수많은 데이터들을 양산할 수 있다. 예컨대 물컵에 센서를 장착함으로써 컵을 사용하는 사람이 하루에 얼마나 자주 컵을 사용하는지, 컵에 어떤 종류의 음료를 따르는지, 얼마 정도의 양을 따르는지, 따르는 음료의 온도는 어느 정도인지, 컵에 음료를 따라서 사용하는 시간대는 언제인지 등등에 대한 데이터를 생산할 수 있다. 이런 사물인터넷을 통하여 만들어지는 수많은 데이터들을 효과적으로 분석, 관리, 그리고 활용하기 위해서 부각되는 것이 바로 빅데이터(big data) 기술이다.

위키백과에 의하면 빅데이터란 기존 관리도구로 데이터를 수집, 저장, 관리, 분석할 수 있는 역량을 넘어서는 대량의 정형 또는 비정형 데이터 집합 및 이러한 데이터로부터 가치를 추출하고 결과를 분석하는 기술을 말한다. 즉 빅데이터는 사물의 사용양상을 측정하고 관찰함으로써 축적하는 방대한 양의 자료와 그 자료에 대한 분석기술로서 사물의 성능을 점검하고 보수하는데 요긴하게 활용할 수 있다. 그리고 좀 더 나아가서 그 사물과 관련한 인간의 일반적인 행동패턴을 읽어낼 수 있는 중요한 자료가 될 수 있다.

[그림 2.2] 사물인터넷의 다양한 사례들

예를 들어서 휴가기간에 해외여행을 떠나기로 마음먹고 여행계획을 세우는 상황을 생각해보자. 여행을 준비하는 사람은 아마도 관광할 곳, 쇼핑할 곳, 이용할 교통편, 머무를 숙박시설 등 다양한 요소에 있어서 필요한 정보들을 인터넷을 통해 검색할 것이다. 그리고 수집한 많은 정보들을 가지고 가장 최적의 선택하기 위하여 고심할 것이다. 가령, 숙박시설을 예약하는 일만 하더라도 어떤 숙소의 아침식사가 괜찮은지, 숙소의 위치는 어디가 안전한지, 숙소의 숙박비용은 얼마정도인지 등등에 대한 많은 정보들을 확보하여 그것을 토대로 자신에게 알맞은 숙박시설을 선택할 것이다. 그런데 흥미로운 것은 인터넷을 이용하여 다양한 숙박시설들을 확인하고 관련한 정보들을 찾다보면, 다음에 인터넷에 접속했을 때 내가 여행을 떠나기로 한 지역의 숙박시설의 예약을 돕는 작은 팝업창 형태의 광고들이 뜬다는 사실이다. 이런 광고가 인터넷 창에 노출되는 이유는 바로 내가 앞서 인터넷을 사용한 경험 – 방문한 웹사이트 종류와 검색한 정보의 종류 – 이 고스란히 네트워크에 저장되고, 저장된 데이터에 기반한 개인 맞춤식 광고를 웹사이트에서 제공하기 때문이다. 이런 실제 경험은 우리의 일상에서 빅데이터 기술이 어떻게 활용되는지를 잘 보여주는 사례라고 할 수 있다. 빅데이터 기술은 인간이 모종의 의도성을 가지고 행동하면서 남기는 일종의 흔적이라고 말할 수 있는 데이터들을 상당한 수준으로 축적함으로써 그로부터 예측 가능한 행동패턴을 추론하고, 그에 알맞은 지식과 서비스를 공급한다.

빅데이터에 기반하여 제공하는 서비스는 인간이 자신의 제한적인 경험으로 판단하거나 혹은 직관에 의존하여 내리는 결정에 기반한 서비스에 비하여 훨씬 더 수요자의 요구에 적합할 것이며, 자체의 결함이나 오류도 극적으로 줄일 수 있을 것이다. 확실히 빅데이터는 종래의 인간이 제공하는 서비스나 경험에 비하여 훨씬 더 안정적이고 윤택한 인간 삶의 가능성을 열어줄 수 있을 것이다. 빅데이터의 영향력은 인간이 결정하는 수많은 상황들, 매우 일상적인 수준에서부터 인생의 전체 방향성에도 영향을 미칠 수 있는 수준에까지 미칠 것이다. 이와 비슷한 맥락에서 Harari는 빅데이터 기술이 인간의 의사결정 과정에 있어서 어디까지 침투할 수 있을 것인지에 대해서 경고하고 있다.

> 조지 오웰이 〈1984〉에서 상상한 것처럼, 우리가 텔레비전을 보는 동안 텔레비전도 우리를 감시할 것이다. 우리는 타란티노의 영화를 다 보고 나서 대부분을 잊어버릴지도 모르지만, 넷플릭스나 아마존 혹은 티브이 알고리즘을 소유한 사람은 누구든지 우리의 인성 유형과 감정 유발 버튼을 누르는 법을 알 수 있을 것이다. 그런 데이터들 덕분에 넷플릭스와 아마존은 기괴할 정도로 정확히 우리에게 맞는 영화를 골라줄 것이다. 나아가 우리를 위해 인생에서 가장 중요한 결정까지 내려줄 것이다. 이를테면 무엇을 공부해야 하는지, 어디서 일해야 하는지, 누구와 결혼해야 하는지도.(Harari, 2018: 93-94)

그러나 빅데이터에 기반하여 제공하는 정보와 판단이 의미로운 인간 삶의 가능성을 보장하지는 않을 것이다. 편안한 삶과 행복한 삶은 같은 것일까? 내게 필요한 정보와 도움이 적재적소에 가장 알맞게 제공됨으로써 언제나 긍정적인 상태를 유지할 수 있다고 해서 인간으로서 행복한 삶, 의미 있는 삶을 살아가고 있다고 말하기란 쉽지 않을 것이다. 이런 문제제기는 마치 동물의 생체주기와 행동패턴에 대한 완벽한 정보를 바탕으로 사육시설의 환경을 최적화한 동물원의 동물들과 생태학적 특성에 위협이 될 수도 있는 변덕스러운 기후와 환경 속에서 적응해가며 진화해가는 자연의 동물과 어느 쪽이 보다 더 의미 있는 생명을 살아가고 있는 것인지에 대한 물음과도 흡사하다. 이런 점에서 볼 때 4차 산업혁명의 사회에서 자신의 삶에 대한 인간 스스로의 사색능력, 성찰할 수 있는 힘의 중요성이 강조될 수밖에 없을 것이다. 다시 말하면 미래사회에서 인간은 편안한 환경 속에서 '살아지는' 존재가 아닌 예측할 수 없는 상황에서 스스로의 의지와 노력으로 '살아감'으로써 자신과 주위환경에 대한 통제력을 발휘할 수 있어야 한다.

1.3. 인공지능

인공지능(artificial intelligence)이란 표현 그대로 인간이 가지고 있는 지능수준의 사고, 학습, 판단을 할 수 있도록 만들어진 지능을 말한다. 인공지능의 실체는 컴퓨터 공학의기술에 의해서 만들어진 소프트웨어, 프로그램, 혹은 시스템이다. 인공지능은 흔히 약한 인공지능과 강한 인공지능으로 구분되기도 하는데, 약한 인공지능이 그 작동을 위해서 데이터와 알고리즘을 인간이 입력해야 하는 지능이라고 한다면, 강한 인공지능은 인간과 같이 스스로 지각력을 가지고 사고, 추론을 하는 인공지능을 말한다.

4차 산업혁명의 시대에 있어서 인공지능은 가장 집중적으로 조명 받는 분야 가운데 하나이다. 인공지능의 가치는 인간의 지능수준에 얼마나 근접하였으며, 그 작동의 메커니즘이 인간의 지능과 닮아있는가에 달려 있다. 그래서 인공지능과 인간의 대결은 심심찮게 이루어져 왔으며, 그 결과에 대해서 많은 관심을 가지곤 했었다. 인공지능과 인간의 대결과 관련하여 세 가지 대결이 인공지능의 발전을 상징적으로 보여주는 사건이다.

첫 번째 대결은 IBM에서 개발한 딥블루와 체스 세계챔피언인 게리 카스파로프 간의 1996년 체스 대결이다. 1996년 대결이 주목해야 할 사건인 이유는 체스 챔피언인 인간과 슈퍼컴퓨터 간의 체스 대결은 그 이전부터 벌어졌지만 최초로 슈퍼컴퓨터가 인간을 이겼기 때문이다. 물론 이 때는 6번 대결의 결과를 합산하는 종합 성적에서는 카스파로프가 우세했으나 그 다음해 다시 벌어진 6번 대결에서는 3승 1무 2패로 딥블루가 종합 성적에서도 앞서 나갔다.

두 번째 대결은 IBM에서 개발한 왓슨이 2011년 유명한 퀴즈쇼 "Jeopardy"의 왕중왕전에서 인간 경쟁자들을 압도적으로 누르고 우승한 사건이다. 왓슨의 승리를 주목하는 이유는 단순히 숫자나 프로그램 언어로 처리된 정보에 기초하여 최적의 반응을 내놓는 슈퍼컴퓨터가 아니라 인간의 자연언어를 그대로 이해하고 그에 적합한 답을 할 수 있는 존재로서 그 탁월함을 보여주었기 때문이다. 퀴즈쇼에서 왓슨이 보여준 모습은 맥락에 따라서 의미가 달라질 수 있으며, 표현하는 사람의 억양, 발음 등에 따라서 잘못 알아들을 수도 있는 인간의 언어를 이제 컴퓨터가 인간만큼 정확하게 이해할 수 있는 수준에 도달했음을 드러낸 상징적인 일이다.

세 번째 대결은 우리가 직접 목격한 바 있는 2016년 구글 딥마인드의 알파고와 이세돌 9단 간의 바둑 대결이다. 알파고와 이세돌 9단의 바둑 대결이 있기 전까지만 해도 이미 체스에서 인공지능이 인간의 수준을 뛰어넘었음을 보여주었지만, 훨씬 더 많은 경우의 수가 존재하는 복잡한 문제 상황에서는 여전히 인간이 인공지능보다 우세하다는 생각이 일반적이었다. 하지만 알파고와 이세돌 9단간의 바둑 대결은 그러한 생각이 인간의 착각이었음을 드러냈을 뿐만 아니라, 인공지능의 수준이 이제 단순히 인간의 역할을 보조해주는 존재에 머무르지 않고 인간의 능력을 훨씬 더 우수한 수준으로 대체하는 수단으로까지 발전했음을 극명하게 보여준 사건이었다.

1996년 체스 "딥블루"

2011년 퀴즈쇼 "왓슨"

2016년 바둑 "알파고"

[그림 2.3] 인공지능과 인간의 주요 대결

인공지능의 발달은 현재진행형이다. 2019년 2월에는 IBM이 개발한 인공지능 미스 디베이터(Miss Debater)와 인간을 대표한 유럽토론 챔피언인 하리시 나타라얀 간의 토론 대결이 있었다. '국가가 유치원에 보조금을 지원해주어야 하는가?'라는 주제로 진행한 토론에서 결과적으로는 인간토론자가 승리를 거두었지만, 토론과정에서 보여주었던 미스 디베이터의 유연함은 실제 인간의 모습을 고스란히 보여주기에 손색이 없었다. "좋은 유치원이 저소득층 아이들을 도와 '가난의 굴레'를 벗도록 도울 수 있다", "교육의 혜택을 받으면 범죄율도 크게 낮출 수 있다", "부유하지 못한 아이들에게 기회를 제공하는 건 인류의 도덕적 의무이다" 등 매우 설득적인 논조로 자신의 주장을 펼쳤다. 심지어 "나는 인간과 대화하며 많이 배웠지만 당신은 기계와의 대결이 처음일 것"이라며 "미래에 온 것을 환영한다"고 말해 청중들의 웃음을 자아내기도 했다.

[그림 2.4] 토론 대결을 펼친 미스 디베이터와 하리시 나타라얀

인공지능은 사고와 논리적 판단 등과 같은 이성적 측면에서만 인간의 모습을 닮아가지 않고 있다. 이미 인공지능은 예술 분야에서도 그 힘을 보이고 있다. [그림 2.5] 는 인공지능이 그려낸 렘브란트 풍의 작품이다. 렘브란트는 17세기 바로크 시대에 유럽에서 활동하던 네덜란드 화가이다. [그림 2.5] 는 렘브란트가 그린 인물화를 모방한 것이 아니라, 인공지능이 알아서 그린 작품이다. 이 작품은 먼저 렘브란트가 그린 다양한 실제 작품들을 인공지능에 입력하여 이를 기초로 렘브란트의 고유한 묘사기법이나 특징적인 패턴을 학습하도록 한 후, '모자를 쓴 30-40대의 남성의 인물화'를 그리라는 명령에 따라서 인공지능이 3D 프린팅을 사용하여 만들어낸 것이다.

[그림 2.5] 인공지능이 만든 예술작품

이처럼 인공지능의 발달은 그것을 개발하는 인간조차도 제대로 가늠하기 어려울 정도로 빠르게 이루어지고 있다. 미래학자들은 머지않아 인공지능이 스스로 독창적인 노래도 만들고, 소설도 쓸 수 있을 것이며, 영화도 제작할 수 있게 되리라고 예측한다. 그리고 인공지능이 만들어내는 이러한 작품들은 단순히 창작품이라는 의의에 머무르지 않고 인간이 만들어내는 작품들보다 훨씬 더 대중의 취향에 부합하는 내용과 형식으로 꾸며질 가능성이 높을 것이다.

Schwab(2016)은 인공지능의 발전과 관련하여 인간이 직면하는 핵심적인 문제를 다음과 같이 설명하였다.

> 인공지능의 영향력은 단기적으로 누가 통제하느냐에 달렸지만, 장기적으로는 결국 인공지능이 통제될 수 있을 것인가에 달려 있습니다. (…) 혜택을 누리고 위험은 피할 수 있는 확률을 높이기 위해 우리가 지금 무엇을 할 수 있는지 함께 고민해야 할 때입니다. (Schwab, 2016: 158)

인공지능의 능력이 인간의 지능수준을 능가하는 지점을 특이점(singularity)이라고 한다. 지금 우리는 특이점의 시대에 진입하고 있다. Schwab의 지적처럼 인공지능의 지속적인 혁신과 발전을 이끌어가는 것도 중요하지만 지금 우리에게 주어진 가장 근본적인 과제는 발전하는 인공지능이 인간의 삶 속에서 어떤 의미로 자리매김할 것인가에 대한 해답을 모색하는 일이 아닐까?

1.4. 공유경제

4차 산업혁명 시대의 디지털 기술의 발전과 네트워크의 확대는 경제체제에서 주문형 경제(on-demand economy)의 발달을 가져왔다. 주문형 경제란 수요자가 요구하는 서비스나 제품을 온라인 또는 모바일 네트워크를 통해서 제공하는 경제방식으로서 공유경제라고 표현하기도 한다. 왜냐하면 주문형 경제를 통한 재화의 교환은 전통적인 소유권의 이전 형태가 아닌, 자신이 제공할 수 있는 서비스나 상품을 서로 대여해 주고 차용하는 형태로 이루어지기 때문이다.

주문형 경제에 있어서 핵심은 네트워크를 기반으로 하는 디지털 플랫폼(digital platform)으로서 그 본질은 휴먼 클라우드 플랫폼(human cloud platform)이라고 할 수 있다. 휴먼 클라우드란 사람들이 필요로 하는 서비스를 세분화하고 분류해서 서비스를 필요로 하는 사람과 서비스를 제공할 수 있는 사람을 할당, 연결해주는 매개라고 할 수 있으며, 플랫폼은 이러한 휴먼 클라우드를 기술적으로 구현한 일종의 소프트웨어라고 할 수 있다. 간단히 말하면 휴먼 클라우드 플랫폼이란 다양한 분야에 있어서 전문적인 서비스를 제공할 수 있는 사람들과 그런 사람들의 서비스를 필요로 하는 수요자가 연결될 수 있는 가상공간이라고 할 수 있다. [그림 6]에 소개하고 있는 에어비엔비(airbnb)는 숙박시설을 찾는 사람과 자신의 공간을 숙박시설로 제공하려는 사람들을 연결해주는 휴먼 클라우드 플랫폼이며, 우버(uber)의 경우는 교통편을 이용하려는 소비자와 차량을 제공하는 공급자를 연결해주는 휴먼 클라우드 플랫폼이다.

디지털 플랫폼은 우리가 스마트폰을 이용해서 일정한 서비스 범주에서 선택할 수 있는 다양한 상품들을 비교, 검색하고 구매할 수 있는 어플리케이션이라고 생각하면 어렵지 않게 이해할 수 있다. 예를 들어서 베트남, 싱가폴, 태국 등과 같은 동남아시아 지역을 여행하는 사람들은 '그랩(Grab)'이라는 어플리케이션을 스마트폰에 설치해서 공유차량 서비스를 이용한다. 동남아시아 지역의 '우버'라는 별칭처럼 그랩은 차량을 가지고 있는 사람이 자신의 차량을 공유하거나 지역의 택시 서비스를 여행자와 연결해주는 휴먼 클라우드 플랫폼을 기반으로 한 주문형 경제의 실제를 보여주는 좋은 사례이다. 여행자는 어플리케이션을 실행하여 자신의 출발지와 도착지를 입력하며, 그러면 곧 자신이 이동하려는 거리에 따라서 지불해야 하는 요금을 확인할 수 있다. 그래서 그 요금으로 예약하면 '그랩'이라는 플랫폼에 등록되어 있는 운전자를 호출해서 이용할 수 있다.

굿윈(Goodwin, 2015)은 4차 산업혁명의 시대를 이끄는 주문형 경제의 핵심 토대인 이러한 휴먼 클라우드 플랫폼의 기능과 성격에 대해서 다음과 같이 언급한 바 있다.

> 세계에서 가장 큰 택시 기업인 우버는 소유하고 있는 자동차가 없고, 세계에서 가장 많이

활용되는 미디어인 페이스북은 콘텐츠를 생산하지 않는다. 세계에서 가장 가치 있는 소매업체인 알리바바는 물품 목록이 없으며, 세계에서 가장 큰 숙박 제공업체인 에어비엔비는 소유한 부동산이 없다.(Schwab, 2016: 44 재인용)

휴먼 클라우드 플랫폼은 전통적인 공급과 수요의 경계 구분을 허물어뜨린다. 수요가 있는 제품이나 서비스라면 무엇이든지 소비될 수 있도록 하며, 동시에 그렇게 발생하는 수요를 충족할 수 있는 주체라면 누구든지 공급자가 될 수 있는 가능성을 가질 수 있다. Schwab(2016: 44)은 이와 같이 휴먼 클라우드에 기반을 둔 디지털 플랫폼이 "자신을 공급자로 생각해본 적이 없는 사람들이 자신의 소유물과 가치(자동차의 빈자리, 집에 남는 방, 소매업자와 제조업자 간의 상업적 거래 중개자, 배달이나 집수리 또는 행정업무를 처리해줄 수 있는 시간과 기술)를 효율적으로 사용"할 수 있도록 한다고 지적한다. 휴먼 클라우드 플랫폼에 기반을 둔 주문형 경제는 다양한 서비스 영역에서 빠르게 성장하고 있는 추세이다.

앞서 언급한대로 주문형 경제가 효과적으로 작동하기 위해서는 휴먼 클라우드 플랫폼을 통해서 개인의 자원을 공유하려는 주체들이 충분해야 하며, 그래야만 주문형 경제의 장점을 실현할 수 있다. 즉, 숙박공간을 공유하는 '에어비엔비'의 경우에는 좋은 위치에 쾌적한 시설을 갖춘 주택을 소유하고 있는 사람들이 많이 등록되어 있어야 하며, 승객과 택시를 연결해주는 '우버'의 경우에는 언제 어디서든지 배차가 가능할 수 있도록 숙련된 운전사와 택시를 확보하고 있어야 한다. 이런 주문형 경제구조에서 서비스를 제공하는 사람들, 다시 말하면 전통적 의미에서 보았을 때 서비스 노동자들의 모습은 여러모로 전통적인 노동자의 모습과 구별된다.

주문형 경제에서 서비스를 창출, 제공하는 주체들, 즉 노동자들의 모습은 4차 산업혁명이라는 사회적 변화에 따라서 노동의 성격에 대한 개념이 바뀌고 있음을 잘 보여준다. 에어비엔비나 우버 등에 등록되어 서비스를 제공하는 주체들은 과거 전통적인 노동자들과 다른 조건 속에서 일을 하고 있다. 이들 노동자들이 갖는 가장 커다란 특징은 앞서 언급한 것처럼 이들은 자신의 노동력을 이용하여 서비스를 제공하지만 어느 조직에 소속되어 있지 않다는 점이다. 휴먼 클라우드 플랫폼을 통해서 자신의 일감을 찾을 수 있는 환경에서 노동자들은 굳이 회사와 같은 일정한 일터에 속해있을 필요가 없다. 전통적인 의미에서 보면 노동이란 노동의 대가를 지불할 수 있는 일정한 조직이나 집단에 소속되는 것을 전제한다. '회사에 출근한다'는 표현처럼 일은 일터로 지칭되는 모종의 공간에서 생활에 필요한 재화를 벌기 위한 행위인 셈이다. 그러나 휴먼 클라우드는 바로 노동 공간이 주는 구속력으로부터 벗어나 자신에게 알맞은 시간과 장소에서 일할 거리를 찾고 업무량을 조절할 수 있는 기회를 열어준다.

[그림 2.6] 주문형 경제를 실현하는 디지털 플랫폼 사례

이러한 휴먼 클라우드 플랫폼의 성장은 단시간 근무하는 프리랜서의 증가 추세와 맞물린다. 다시 말하면 4차 산업혁명 시대의 주문형 경제 구조에서 노동자들은 일종의 자영업자의 형태로 활동하는 모습을 드러낸다(Schwab, 2016). 우버를 이용하여 차량공유를 하는 사람은 우버에 소속되어 있는 직원이 아니라, 자신의 차를 가지고 서비스를 제공하는 주체인 것이다. 이들은 일정한 한 조직에 고용된 존재가 아닌 자신이 수행할 수 있는 전문적인 업무만을 수요에 맞춰서 감당하는 독립적인 노동자라고 할 수 있다. Schwab(2016: 82-83)은 이러한 노동의 형태로 활동하는 사람들이 얻을 수 있는 이점으로 "일하거나 일하지 않을 자유"를 가질 수 있다는 점과 "전 세계적으로 연결된 가상 네트워크로 노동 공간에 대한 구속력에서 완벽히 벗어날 수 있다"는 점을 지적한다. 확실히 조직에 얽매임으로써 제약받을 수 있는 가능성으로부터 해방될 수 있다는 점은 분명 긍정적으로 받아들일 만하다.

그러나 반대로 조직에 소속되어 있지 않음으로써 개인은 자신이 발휘하는 역량을 관리하고 개발하는데 일차적인 책임을 가지는 존재가 된다. 노동자로서 권익을 주장한다거나 고용 신분을 보장받을 수 있는 기회도 전적으로 개인이 챙겨야 할 몫이 되어버린다. 다시 말하면, 조직의 구속으로부터 자유로울 수 있지만, 조직의 보호와 지원도 기대할 수 없는 것이다. 이러한 문제를 해결하기 위해서 Schwab(2016: 84)은 "변화하는 노동력과 진화하는 노동의 본질에 걸맞는 새로운 형식의 사회계약과 근로계약을 만들어야 한다"고 주장한다. 노동시장의 성장을 저해하지 않고, 노동자들이 선호하는 방식으로 일할 수 있는 선택권을 침해하지 않으면서, 동시에 휴먼 클라우드가 개인 노동자들의 노동력을 새로운 형태로 착취하는 기제가 되지 않도록 감시할 것을 강조한다. 따라서 변화하는 노동의 성격과 여건을 감안할 때 한 인간으로서 노동자의 권익과 존엄성을 보장할 수 있는 새로운 내용의 사회적 합의가 필요하다.

1.5. 일자리 변화

기술의 발전에 따라서 예상되는 일자리의 변화에 대해서는 서로 상반되는 예측이 나오고 있다. 초자동화, 초지능화의 영향으로 인간이 담당하던 상당 수준의 일들이 기계에 의해서 수행될 것이므로 인간이 차지할 수 있는 일자리는 줄어들 것이라는 예상이 있는가 하면, 기술의 발전으로 전반적인 사회 환경과 생활 여건이 변화함에 따라서 새로운 요구도 출현할 것이므로 이를 감당하는 새로운 일자리가 생겨날 것이라는 예상도 있다. 효율이란 측면에서 보았을 때 분명 인간이 일을 하던 시대에 비하여 인공지능과 기계가 일을 대신하는 시대는 긍정적인 부분이 많을 것이다. Harari(2018)는 인간의 일자리를 인공지능이 차지함으로써 인간이 누릴 수 있는 혜택이 엄청나게 크다는 사실을 다음과 같은 예를 들면서 강조한다.

> 만약 세계보건기구가 새로운 질병을 파악하거나 연구소가 신약을 생산한다 해도 이런 상황을 세계 모든 인간 의사들에게 일제히 숙지시키기란 불가능에 가깝다. 반면 AI 의사 -

각각 인간 한 명의 건강을 담당하는 – 는 세계에 100억개가 있다 해도 순식간에 업데이트할 수 있고, 그것들은 새로운 질병이나 신약에 대한 자신들의 피드백까지 서로 주고받을 수 있다. 이런 연결성과 업데이트 가능성이 가져다 줄 이점은 너무나 커서, 최소한 일부 분야의 일자리에서는 설사 개별적으로 어떤 사람들이 여전히 기계보다 낫다 해도 인간 노동자 전부를 컴퓨터로 대체하는 것도 무리가 아닐 수 있다.(Harari, 2018: 49)

인공지능이 기존에 인간이 감당하던 노동을 상당 부분 대신함으로써 분명 인간이 차지할 수 있는 일자리는 감소할 수밖에 없을 것이다. 그러나 인간의 일자리를 지켜야 한다는 이유 때문에 기술적 진보에 따른 자동화, 그로 인한 편리함을 거부하는 것은 적절치 않다. Harari가 분명하게 강조한 것처럼 "결국 우리가 보호해야 할 궁극의 목표는 사람이지 일자리가 아니"기 때문이다(Harari, 2018: 51).

이런 점에서 볼 때 4차 산업혁명의 흐름 속에서 일자리의 양적, 질적인 변화는 불가피한 사회적 현상이다. 2016년 세계경제포럼(World Economic Forum: WEF)에서 발표한 '직업의 미래(The future of jobs)' 보고서는 향후 5년간 감소하는 710만여 개의 일자리 가운데, 일반적인 화이트칼라 계층의 직업, 즉 사무·행정직 분야에서 약 470만여 개를 넘는 일자리가 사라질 것으로 전망하였다. 그리고 제조·생산 분야, 건설·개발 분야, 예술·디자인·오락·스포츠 및 미디어 분야의 순으로 일자리의 감소가 일어날 것으로 전망하였다.

하지만 일자리가 줄어들 것이라는 비관적인 전망과는 반대로 4차 산업혁명 시대의 비약적인 기술의 발달은 현재 존재하지 않는 새로운 직업분야들을 창출할 것이라는 낙관적인 전망도 나오고 있다. 실제로 '직업의 미래' 보고서는 2016년 초등학교에 입학하는 아이들의 약 65%는 현재 존재하지 않는 새로운 직업분야에서 일하게 될 것이라고 예측하였다. 보고서는 향후 5년간 새로운 고용을 창출하는 다양한 직업 분야를 전망하면서, 경영·재무 분야, 관리 분야, 컴퓨터·수학 관련 분야, 건축·엔지니어 관련 분야, 영업 관련 분야, 그리고 교육·훈련 관련 분야 등에서 새로운 일자리가 생겨날 것으로 내다봤다.

[그림 2.7] 『직업의 미래(The Future of Jobs)』 보고서

결국 기술의 발전은 기존의 직업분야에서 필요로 하는 능력을 탁월하게 발휘하는 인공지능과 기계를 현실화함으로써 인간의 일자리를 대체하겠지만, 동시에 새롭게 도래하는 인공지능과 기계의 운영, 유지, 개선과 관련한 직업들을 만들어낼 것이다. 그럼으로써 인간이 활동하는 일자리의 질적인 성격이 바뀔 뿐이며, 일자리의 총량은 크게 변화하지 않을 것이라는 미래 전망을 할 수 있다. 이 점은 Cowen(2017)이 소개한 미국 공군의 상황에 대한 설명과도 일맥상통한다.

> 공군에 따르면, 무인 정찰기 한 대를 24시간 공중에서 작동시키려면 168명의 인원이 필요하다. 글로벌 호크 같은 대형 무인 정찰기가 임무를 제대로 수행하려면 약 300여명의 인원이 배후에서 작업을 해야 한다. 이와 달리 F-16 전투기가 한 번의 임무를 수행하는데 필요한 인원은 100명 미만이다. 전투기 자체에 사람이 타지 않는다고 해서 필요한 인원이 줄어드는 것은 아니다. 오히려 뒤에서 일할 사람이 더 많이 필요해진다.(Cowen, 2017: 41)

한편 미국 뱅크오브아메리카와 영국 옥스퍼드대 연구팀이 다보스포럼 개최에 맞춰 펴낸 보고서에서 앞으로 10년 내 로봇이 대체할 직업군을 제시했다. 이 보고서에 의하면, 모델, 스포츠 경기 심판, 텔레마케터, 법무사 등은 로봇이 그 역할을 대체할 확률이 90~100%에 이르는 직업으로 전망됐으며, 택시기사, 어부, 제빵사, 패스트푸드 점원 등도 로봇이 대체할 가능성이 상당히 높은 직업인 것으로 나타났다. 반면 로봇이 여전히 대체하기 어려운 직업으로는 소방관, 성직자, 사진작가, 의사 등을 지적하였다.

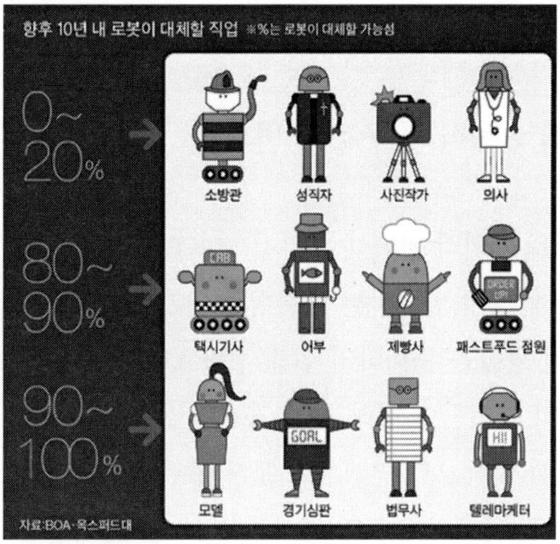

출처: 중앙일보 (2016. 1. 20)

[그림 2.8] 향후 10년 내 로봇이 직업을 대체할 확률

이러한 미래 사회의 일자리 변화 전망에 관한 내용을 정리하면, 전반적으로 직무의 내용과 수준을 규정하기 용이하며 매뉴얼 방식으로 처리하는 것이 가능한 일자리들은 인공지능과 기계 등에 의해서 대체될 가능성이 높은 반면, 인간의 정서적, 감성적 경험을 창출하거나 구체적인 상황에 대처하는 능력이 요구되는 일자리는 줄지 않거나 오히려 더 만들어질 것으로 요약할 수 있다. Schwab(2016)은 미래사회의 일자리 변화와 관련하여 사회적 능력, 창의적 능력을 필요로 하는 직업군은 자동화의 영향을 상대적으로 덜 받을 것으로 예측하였다. 즉, 불확실한 상황 속에서 의사결정을 내리고 스스로 창의적 사고를 하는 동시에 창의적 사고를 발견, 응용할 수 있는 직업은 기술적 변화와 환경의 변화에도 불구하고 여전히 유효한 직업분야로 남아있을 것이다(Schwab, 2016).

2. 미래교육이 나아갈 방향과 과제

2.1. 교육의 미래 : 형식과 구조의 변화

4차 산업혁명이라는 사회적 변화에 따라서 교육의 미래는 어떤 모습으로 전개될 것인가? 빠른 속도로 끊임없이 변화하는 사회의 흐름 속에서 오늘날 학교를 다니는 아이들이 미래의 성인시절의 삶을 준비하기 위해서 필요한 교육이 무엇인지에 대한 고민이나 장차 태어날 미래의 아이들이 접하게 될 교육의 실제를 예상하는 일은 모두 쉽지 않다. 과연 우리는 지금까지 해오던 방식대로 교사의 전문성에 전적으로 의존하여 교육을 실행하기만 하면 아무런 문제가 없는 것일까? 지금처럼 개개인이 읽고, 쓰고, 셈하는 능력을 키워주는 내용을 중심으로 하는 교육과정만으로도 미래의 삶에 대한 준비는 충분할까? 미래의 교육은 무엇을 위해서 이루어져야 할까? 교육의 미래는 무엇을 어떻게 바꿔나간 모습일까? 교육과 관련하여 쉽게 예측하기 어려운 많은 숙제들이 지금 우리 앞에 놓여 있다.

시대의 변화에 따라서 교육도 변화한다. 좀 더 정확하게 표현하면 시대가 요구하는 인재상이 변화해오면서, 교육을 통해서 기르고자 하는 자질과 역량 내용도 함께 변화해왔다. 그렇기 때문에 교육을 통해서 부모세대가 길러야만 했던 자질과 역량은 오늘날 학생들이 길러야 하는 자질과 역량과 사뭇 다르다. 예컨대 1980년대 제4차 교육과정은 민주사회, 고도 산업 사회, 건전한 사회, 문화 사회, 통일 조국 건설에 필요한 건강한 사람을 길러내는 데 목적을 두었다. 하지만 현재 제7차 교육과정은 전인적 성장의 기반 위에 개성을 추구하고, 기초 능력을 토대로 창의적인 능력을 발휘하며, 폭넓은 교양을 바탕으로 진로를 개척하고, 우리 문화에 대한 이해의 토대 위에 새로운 가치를 창조함으로써, 민주 시민 의식을 기초로 공동체의 발전에 공헌하는 사람을 길러내야 할 인간상으로 규정하고 있다.

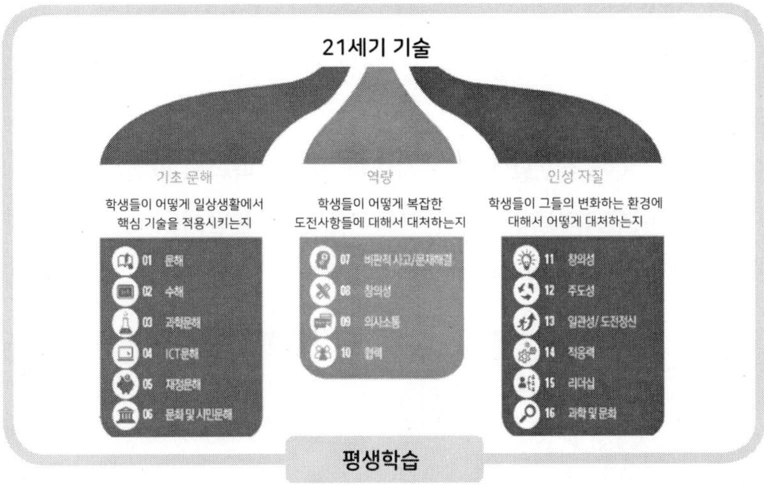

출처: World Economic Forum(2016). New Vision for Education: Fostering Social and Emotional Learning Through Technology.

[그림 2.9] 21세기 사회에서 요구되는 역량

[그림 2.9]에서 확인할 수 있는 것처럼 세계경제포럼은 '교육의 새로운 비전: 테크놀로지를 이용한 사회적, 정서적 학습 촉진'이란 보고서에서 미래사회에 필요한 기술로서 16가지 요소를 지적하고 있다. 무엇보다도 미래사회에는 다양한 맥락에서 쏟아지는 지식, 정보들을 이해하고 숙달할 수 있는 문해능력(literacy)이 필요하다. 여기서 문해는 단순히 문자해득의 수준을 지칭하는 것이라기보다, 다양한 방식의 정보를 이해하고 수용할 뿐만 아니라, 그렇게 자기 것으로 만든 지식을 확산, 공유할 수 있는 소통의 기반으로서 문해능력을 내포한다.

역량이란 미래사회의 변화 속에서 개개인들이 당면하는 문제들을 효과적으로 해결하는데 필요한 능력이다. '교육의 새로운 비전' 보고서는 비판적 사고/문제해결 능력, 창의성, 의사소통능력, 그리고 협력능력을 미래사회를 준비하는 학생들이 길러야 할 역량으로 설정하여 제안하고 있다.

세상을 이해하고 세상과 소통할 수 있는 힘이자 능력으로서 기초문해와 구체적인 삶을 살아가는데 필요한 능력으로서 4가지 역량을 제시한 것과 아울러서 '교육의 새로운 비전' 보고서는 학생들이 변화하는 환경에 대처하는 태도와 자세를 구성하는 인성자질 영역에 해당하는 특성으로 창의성, 주도성, 일관성/도전정신, 적응력, 리더십, 그리고 과학 및 문화 등을 소개하고 있다.

그러나 이처럼 교육이 추구할 목표는 시대의 변화에 따라서 바뀌어 가지만, 안타깝게도 교육이 실제로 이루어지는 모습, 즉 학교의 모습은 놀랍게도 과거의 학교가 가지고 있던 특징과 비교할 때 크게 바뀌지 않은 상황이다.

[그림 2.10] 변화가 없는 교실 풍경

[그림 2.10] 에서 보는 것처럼 교실의 구조는 1970년대나 지금이나 마찬가지로 많은 학생들이 교사를 향해서 앉아 있고, 한명의 교사는 자신이 준비한 내용을 학생들에게 전달하는 방식에 맞게 이루어져 있다. 물론 그 사이에 기술의 발달에 따라서 교단선진화, 스마트교실 구축 등의 사업으로 각종 멀티미디어 기자재가 교실에 설치되어 교육에 동원되기도 하였지만, 한 명의 교사가 다수의 학생들을 대상으로 학습내용을 일방적으로 전하는 수업형태는 거의 바뀌지 않았다. 이런 교실 풍경에서 21세기를 살아가는 개인들에게 요구되는 역량을 효과적으로 길러낼 수 있을까? 교사가 일방적으로 학생들이 배워야 할 바른 내용을 규정하고 있는 상황에서 과연 학생들은 비판적 사고능력을 기를 수 있을 것인가? 학생 상호간의 토론과 협동이 이루어지기 어려운 교실 환경에서 과연 의사소통의 소양을 기를 수 있을 것인가? 오늘날 우리 교육의 현실은 담아낼 그릇과 담고자 하는 내용물이 서로 맞지 않는 상황에 처해있는 형국이다.

사회의 변화에 따라서 학생들에게 요구되는 역량이 달라지고, 그에 따라서 교육을 통해서 다루어야 할 내용도 함께 변화함에 따라서 교육의 형식과 구조의 변화 역시도 일어날 수밖에 없다. 말하자면 담고자 하는 내용물을 담아내기에 문제없도록 그릇의 크기와 모양을 새롭게 변형하는 작업은 불가피하다. 4차 산업혁명으로 거론되는 기술의 혁신적 발전은 미래교육이 지향하는 가치와 내용뿐만 아니라, 그 형식과 구조를 더욱 유연하게 변화할 수 있는 좋은 기회를 제공하고 있다고 볼 수 있다.

4차 산업혁명으로 추동되는 변화하는 교육의 미래 모습을 구상하는 일은 세 가지 차원의 물음을 중심으로 풀어갈 수 있을 것이다. 첫째, 변화하는 사회에서 앞으로 교육이 지향해야 하는 목적, 방향성은 무엇인가? 교육은 사회를 지탱하는 사람을 기르는 역할을 담당한다. 그러므로 변화하는 사회에 따라서 달라지는 인간상에 맞춰서 교육이 추구하는 방향성도 재편되어야 한다. 둘째, 사회의 변화에 따라서 교육의 형식은 어떻게 변화하는가? 사회의 물질문명의 발달은 교육환경에서 새롭게 적용해볼 수 있는 물리적 여건의 변화를 가져온다. 또한 변화하는 교육목적에 따라서 목적을 풀어가는 적절한 방법도 달라질 수밖에 없다. 셋째, 변화하는 교육의 목적에 따라서 구체적으로 다루어야 할 교육내용은 무엇인가? 이는 다시 표현하면 미래사회를 살아가는데 필요한 역량을 기르기 위해서 어떤 내용들을 새롭게 강조하거나, 혹은 다시금 재조명해서 가르칠 것인가에 대해서 고민이 필요하다는 의미이다.

2.2. 미래교육의 방향

1) 미래교육의 지향점 : 변화와 더불어 사는 삶

미래교육의 방향, 즉 교육이 앞으로 추구해야 할 지향점, 목표에 대해서 생각하기에 앞서서 먼저 교육이란 무엇인가에 대해서 살펴볼 필요가 있다. 왜냐하면 미래교육의 방향성은 교육의 본연성을 회복하는 것과 무관하지 않기 때문이다. 교육의 궁극적인 목적은 무엇인가?

동서고금을 막론하고 교육은 인간의 전인적인 성장을 목적으로 한다. 시대에 따라서 전인적인 성장이 갖는 의미는 달라졌고, 그렇기에 시대에 따라서 강조하는 교육내용이 달라지기는 했지만, 기본적으로 교육은 교육을 받는 개개인의 개별적인 특성을 도야하고 사회의 건강한 일원으로서 자신의 역할을 다하며 살아갈 수 있는 힘을 계발하는 활동이다. 즉, 한 인간이 주체적으로 자신의 특성을 실현하고, 사회 속에서 더불어 살아가는 가운데 주어지는 자신의 역할뿐만 아니라 자신의 삶을 스스로 챙길 수 있는 힘을 갖도록 도와주는 과정이 바로 교육의 기능이라고 할 수 있는 것이다.

결국 교육은 개인이 가지고 있는 남들과 구별되는 고유한 개성을 계발, 발전시켜감으로써 독자적인 개인의 존엄성을 실현하는 개성화(individuation)의 과정과 사회적 존재로서 익혀야 할 보편적인 규범, 문화, 윤리 등을 내면화함으로써 공동체 일원으로서 더불어 살아갈 수 있는 소양을 갖추는 사회화(socialization)의 과정으로 이루어져 있다. 그리고 전인적인 성장이란 이 두 가지 과정이 균형을 잡고 조화롭게 이루어지는 모습이라고 볼 수 있다. 요컨대, 교육은 개인의 고유한 가치와 특성을 계발하는 동시에 사회의 일원으로서 마땅히 익혀야 할 규범과 문화를 습득하는 역할을 한다. 이런 점에서 교육은 학습자로 하여금 과거와 현재에 대한 지식을 넘어서 미래의 삶을 챙길 수 있는 가능성을 높여주는 활동이다.

하지만 문제는 미래에 대해서 가르치고 미래의 삶을 준비하는 일이 쉽지 않다는 사실이다. 특히 과거에 비하여 끊임없이, 빠르게 변화하는 사회를 감안할 때 미래를 예측하는 것은 사실상 불가능에 가깝다. 그렇다면 교육은 어떻게 변화해야 하는가? 미래를 준비하는 일이 중요하다고 인정하면서도 준비할 미래가 어떤 모습일지 정확히 규정하지 못한다면, 결국 교육은 엄청난 혼란과 난맥상에 봉착할 것이다. 이런 상황에서 교육은 무엇에 초점을 맞추어야 하는가?

교육은 미래를 정확하게 가르치려고 하기보다, 변화를 대하는 자세와 능력을 길러주도록 그 방향성을 설정해야 한다. 왜냐하면 "변화만이 유일한 상수"라고 언급한 Harari (2018: 388)의 지적처럼 미래에도 변하지 않을 무엇이 있다고 한다면 바로 '변화' 그 자체이기 때문이다.

이런 변화에 의해서 통제되는 것이 아니라 스스로 변화하는 흐름 속에서 자신을 지켜내고 변화를 관리할 수 있는 힘은 분별할 수 있는 능력과 인간다움을 신뢰하며 지켜갈 수 있는 소양으로부터 나올 수 있다.

2) 정보의 분별, 재구성 능력 발달

미래교육은 정보를 분별할 수 있는 능력의 계발에 중점을 둔다. 전통적으로 교육을 통해서 길러내려는 인재는 많이 알고, 많은 것을 행할 수 있는 존재였다. 제시되는 문제를 잘 이해하고 그 문제를 보다 효과적으로 그리고 정확하게 풀어가는 능력을 길러내는 일이 교육의 주된 성과로 주목받았다. 지식의 양이 많지 않고, 지식에의 접근기회가 다양하지 않은 시대에는 많은 지식을 정확히 알고 있는 존재는 다른 사람들에게 유용한 정보원이자 가르침을 제공할 수 있는 존재였다.

이미 현실에서 진행 중이기도 하지만, 미래 사회 인간의 일상에서는 엄청난 양의 정보가 끊임없이 쏟아질 것이다. 미래 사회에서 모든 개개인은 시간과 공간의 한계를 뛰어넘어서 풍부한 정보(지식)를 얻을 수 있다. 네트워크가 발달하지 않은 과거에는 정보의 교류가 쉽지 않았기 때문에 스스로 많은 정보를 가지고 있는 것, 다시 말하면 많이 아는 것이 가치 있게 여겨졌고, 또 권력으로 작용하기도 하였다. 그러나 스마트 기기가 보편화되어 누구나 네트워크를 통해서 정보를 쉽게 접할 수 있는 상황에서는 더 이상 많이 알고 있다는 점이 장점으로 부각되지 않는다. 또한 인간이 가지고 있는 제한적인 지적 능력을 감안할 때 개인이 혼자 기억하고 활용할 수 있는 정보의 양과 질은 네트워크를 통해서 유통되는 방대한 정보의 그것과 비교할 수 없을 정도로 미미할 뿐이다. 이런 변화 속에서 소위 '지식'을 가르치는 교육은 가장 비효율적이고 쓸모없는 활동일 수밖에 없다.

그러면 이런 환경에서 교육은 어디에 초점을 두고 이루어져야 할 것인가? 앞으로 우리가 교육을 통해서 주목해야 할 것은 '지식'이 아니라 '지식 혹은 정보를 분별할 수 있는 능력'이다. 중요한 정보와 그렇지 않은 정보, 정확한 정보와 잘못된 정보를 분별하여 자신이 처한 상황과 목적에 맞게 정보들을 조직, 활용할 수 있는 힘이 교육을 통해서 길러질 수 있어야 한다. 자신에게 알맞은 정보를 분별할 수 있는 능력은 계속해서 새로운 정보들이 생성되고, 기존의 정보들이 폐기되는 변화의 흐름 속에서도 여전히 유효할 것이다. 특히 인공지능이 다룰 수 있는 지식수준은 인간의 지능으로 기억하고 보유할 수 있는 지식의 양이나 범위를 가뿐하게 넘어서고 있다. 인간의 능력을 능가하는 인공지능의 존재를 고려한다면, 4차 산업혁명의 시대에 교육을 통해서 길러야 할 인재상은 지식을 충분히 갖춘 존재가 아닌, 지식을 분별하고, 활용하여 새롭게 창조할 수 있는 존재여야 한다. 다시 말하면 주어지는 문제를 효과적으로 해결하는 능력이 아닌, 동원 가능한 정보와 지식을 선별하여, 이를 효과적으로 활용하여 문제를 스스로 발견하고 규정하여 선도적으로, 그리고 창의적으로 변화를 촉진할 수 있는 능력이 필요한 것이다. 과거에는 지식이 부족해서 문제를 해결하지 못했다면 미래에는 지식이 너무 많아서 어떤 지식이 문제를 해결하는데 유용한지 판단할 수 없어서 문제를 해결하지 못한다.

폭발적으로 정보가 늘어남으로써 교육의 장면에서 교사가 무엇이 잘못된 정보인지, 무엇이 적절한 정보인지를 일일이 걸러내는 것은 점점 더 어려워진다. 뿐만 아니라, 보다 손쉽게 학생들 역시 직접 정보를 검색하여 활용할 수 있는 가능성이 열려 있다는 점에서 교사가 교육적으로 적절한 정보나 지식을 걸러내는 일은 오히려 변화의 흐름에 역행하는 모습이다. 그러므로 교사가 아닌 학생이 네트워크를 통하여 획득하는 많은 정보를 교육적으로 활용하는 주체가 되며, 그렇기 때문에 학생은 자신의 학습활동에서 뿐만 아니라, 일련의 판단과 선택의 과정에 필요한 정보를 식별할 수 있는 안목을 갖추어야 한다. 21세기 기술로서 기초문해가 강조되는 까닭도 여기에 있다. 문해교육은 그 자체로 지식이나 정보를 전달하는데 주된 관심을 두지 않으며, 다양한 표상이나 체계로 이루어진 지식이나 정보들을 이해하고 판단할 수 있는 능력을 기르는 교육이다. 문해능력은 다양한 형식으로 존재하는 정보를 발견하고 이해하는데 요구되는 기본 요소이다.

3) 인간다움의 고양

두 번째로 미래교육은 인간다움에 대한 감수성을 기르고 인간다움이 갖는 소중함을 지켜나갈 수 있는 활동에 주목한다. 왜냐하면 이미 시작되었지만 계속해서 일어나는 변화의 속도와 방향은 모두 우리 인간들에게 달려 있기 때문이다. 미래 사회의 모습에 대해서 Harari(2018)는 계속되는 변화로 인한 불확실성이 항구적인 세계라고 단언한다.

> 21세기 중반이 되면 변화의 속도는 점점 더 빨라지는데다 수명까지 길어지면서 전통적인 모델은 쓸모가 없어질 것이다. 인생은 조각조각 부서지고, 서로 다른 기간들 사이에 연속성도 점점 줄어들 것이다. "나는 누구인가"라는 물음이 전에 없이 다급하고 복잡한 질문으로 떠오를 것이다. 이 과정은 엄청난 수준의 스트레스를 동반할 가능성이 크다. 변화는 거

의 늘 스트레스를 유발하기 때문이다. 어떤 나이가 지나면 대다수 사람들은 아예 변화를 싫어한다. (중략) 늘 낯선 것이 새로운 기본이 되면서, 개인의 과거 경험은 물론 인류 전체가 겪은 지난 경험까지 미래의 안내자로 삼기는 어려워질 것이다. 인간은 개인으로나 인류 전체로나 이전에는 아무도 경험하지 못한 것들에 대처해야 한다. 가령 초지능 기계와 공학적으로 설계된 신체, 소름 끼칠 정도로 정확하게 감정을 조정할 수 있는 알고리즘, 신속하게 조절되는 인공 기후 변동, 10년마다 직업을 바꿔야 할 필요성 같은 것들이다.(Harari, 2018: 396-398)

평생에 걸쳐서 다양한 변화를 경험할 수밖에 없는 삶은 정신적 긴장과 피로에 노출될 수밖에 없다. 이런 점에서 Harari(2018)는 새로운 환경, 요구, 규범, 지식 등 모든 것이 끊임없이 바뀌는 가운데에서 정서적 안정감과 정신적 탄력성을 기르는 것이 생존의 중요한 요건이라고 지적한다.

세계경제포럼이 발간한 '교육의 새로운 비전: 테크놀로지를 이용한 사회적, 정서적 학습 촉진' 보고서는 전통적으로 강조해온 인지차원의 능력뿐만 아니라, 사회적, 정서적 차원의 역량 계발이 끊임없이 변화하는 21세기 사회를 살아가는데 필요한 요소라고 강조한다. 이 보고서는 4차 산업혁명의 테크놀로지 발달이 사회적, 정서적 역량을 기르는데 어떻게 접목될 수 있을 것인지에 대해서 정리한다. 이 보고서에서는 테크놀로지가 학생들이 전략게임, 시뮬레이션 게임 등과 같은 디지털 게임을 하는 과정에서 경험하는 사회적, 정서적 자극을 교육적으로 풀어가는 방식으로 활용될 수 있으며, 최신 테크놀로지 기기를 활용함으로써 현실적으로 접하기 힘든 체험의 기회를 정교한 가상현실, 증강현실 형태로 제공함으로써 사회적, 정서적 학습에 기여할 수 있을 것이라고 내다봤다.

[그림 2.11] 『교육의 새로운 비전: 테크놀로지를 이용한 사회적, 정서적 학습 촉진』 보고서

사회적, 정서적 역량에 주목하는 세계경제포럼의 '교육의 새로운 비전' 보고서는 결국 미래교육이 초점을 맞추어야 할 부분은 인간다움의 계발과 성숙이란 점을 대변해주는 것이다. 이런 차원에서 Schwab(2016)도 4차 산업혁명의 시대에서 인간은 상황맥락(contextual)지능, 정서(emotional)지능, 영감(inspired)지능, 그리고 신체(physical)지능이 골고루 발달해야 한다고 주장한다. Schwab의 설명은 상황맥락 지능을 개발함으로써 가변적인 동향을 예측하고, 부분적이고 상황적인 사실로부터 종합적이고 일반적인 가치를 포착할 수 있는 인간을 키울 수 있음을 시사해준다. 그리고 다양한 분야의 협력과 참여, 공감과 배려에 기초하여 문제해결을 위한 의사결정을 할 수 있는 힘은 정서지능으로부터 나올 수 있다는 사실도 강조하고 있다. 또한 Schwab은 이 영감지능은 개별화가 날로 심화되는 사회변화의 추세 속에서 자신의 관심과 목소리를 공동체의 그것과 조율하려는의식을 북돋는 원동력이며, 몸을 통한 감각은 상황맥락, 정서, 영감지능이 복잡한 변화 속에서 적절한 대응을 할 수 있는 토대가 된다는 점 역시 부각하고 있다. 상황맥락, 정서, 영감의 지능의 발달은 모두 신체지능의 뒷받침을 필요로 하는 것이다.

4차 산업혁명으로 변화가 늘 일어나는 미래 사회를 살아가는데 있어서 이들 네 가지 지능을 강조하고 있다는 사실은 인간의 정신, 마음, 영혼, 그리고 몸의 능력이 균형을 이루는 총체적인 인간성의 발달이 갖는 중요성을 이야기하는 것이다. 인간에게 있어서 이들 네 가지 요소는 모두 소중하다. 인간이란 몸, 정서, 인지의 기능이 유기적으로 통합된 존재이므로 어느 하나에 치우치지 않고 네 가지 요소가 균형적으로 작용할 수 있도록 성장할 때 비로소 인간은 인간다움을 드러내면서 살아갈 수 있기 때문이다.

4) 성찰적 지성의 계발

인공지능의 발달로 대변되는 4차 산업혁명의 기술적 발달은 인간과 기계의 경계를 모호하게 함으로써 그동안 너무나도 당연하게 여겨졌기에 고민하지 않았던 인간성, 인간다움에 대한 성찰을 주문한다. 지금까지 인간 밖에 할 수 없다고 여겼던 많은 일들을 인공지능이 인간의 수준, 혹은 그 이상으로 수행하고 있으며, 발전하는 생명공학 분야의 기술과 3D 프린팅 기술은 인간의 손상된 장기를 대신하는 기관을 복제하는 시도로 이어지고 있다. 멀지 않는 미래에 인간의 두뇌에 있는 정보가 컴퓨터에 업로드 되어 타인과 공유하는 일이 일어날 것이라는 예측도 나오고 있다(이경일, 2018). 이런 현실에서 '인간을 인간으로 구분 짓는 특성은 무엇인가?' '인간의 존엄성은 무엇을 바탕으로 주장할 수 있는가?' 와 같은 근본적인 물음이 제기된다.

인공지능은 인간이 만들어낸 산물임에도 불구하고 인간의 예상을 뛰어넘는 능력과 성과를 보이고 있다. 이런 현상은 인공지능 기술을 계속해서 발전시켜가는 노력과 함께 인공지능을 인간이 통제할 수 있는 범위 안에 둘 수 있는가라는 문제를 제기하는 지점이다. 인간의 통제 범위를 넘어서는 인공지능은 과연 어떤 결과를 가져올 것인가? 매우 심각한 문제가 아닐 수 없다. 그러나 결국 인공지능이 인간의 통제 범위를 넘어설 것이냐의 문제는 인공지능 기술을 개발하는 인간의 선택과 결정에 달린 문제이다. 그러므로 기술적으로, 사회적으로, 그리고 문화적으로 진행되는 빠른 변화와 진보의 흐름 속에서 인간 스스로 자신의 목적과 행위를 통제할 수 있는가가 관건인 셈이다. Schwab(2016: 258)이 지적한대로 "4차 산업혁명의 최종 목적지는 결국 그 잠재력이 최대한 발휘될 수 있도록 만드는 우리의 능력에 달려있다." 인공지능과 같은 기술의 비약적인 혁신이 가져오는 긍정적인 영향력만큼이나, 함께 동반하는 문제도 무겁다. 그러므로 긍정적인 영향과 더불어 문제에 대해서도 효과적으로 대비할 수 있는 태도가 필요하다.

이런 점에서 교육은 변화의 물결 속에서 분명히 '자신', 즉 인간의 고유성과 존엄성을 통찰하고 신뢰하며, 지켜갈 수 있는 힘을 기를 수 있는 기회를 마련해야 한다. 그리고 하루하루가 다르게 진보하는 기술과 사회의 변화를 인식하고 이러한 변화들의 가치와 의미를 인간 자신의 현재 삶을 포함하여 미래세대의 삶과 생태계까지 고려하여 성찰할 수 있는 능력이 절실히 요구된다. 그럼으로써 기술의 진보가 인간의 존엄성을 훼손하는 독이 되지않고 인류의 지속 가능한 성장을 뒷받침하는 약이 될 수 있도록 해야 한다. 다시 말하면, 인간이 스스로 인간다움을 고양하고 인간다움을 사랑하며, 인간다움을 지켜갈 수 있을 때 인간이 자신의 산물인 기술진보에 의해 통제, 관리되는 역설에 빠지지 않을 것이다. "인간을 최우선으로 여기고 인간에게 힘을 실어주는 새로운 과학기술은 결국 사람에 의해, 사람을 위해 만들어진 가장 중요한 도구임을 항상 기억하면서 모두를 위한 미래를 함께 만들어나가야 한다"(Schwab, 2016: 260-261).

2.3. 미래교육의 형식

1) 개별적 학습체제

앞서 4차 산업혁명의 시대에서 미래를 향해가는 교육이 추구해야 할 교육적 가치, 즉 방향성을 정보를 식별하고 조직하여 활용하는 능력에 주목하는 교육과 인간다움을 계발하는 교육을 소개하였다. 이러한 미래교육의 지향점을 향해 나아가기 위해서는 어떤 교육적 형식이 필요할 것인지에 대해서 고민이 필요하다. 오늘날 우리에게 익숙한 교육의 방식은 대량고용의 시대에서 요구하는 다수의 평균적인 능력을 갖춘 인재를 길러내서 사회성장의 속도를 배가하는데 적합한 방식이다. 이런 교육방식은 새로운 변화의 추세 속에서 주목하는 미래교육의 지향점을 효과적으로 구현하기에는 한계가 있다(Rose, 2018).

개별학습체제의 구축은 미래교육에서 가장 먼저, 그리고 가장 많이 강조되는 교육형식의 변화일 것이다. 전통적인 교육시스템에서 교사는 여러 명의 학생들을 대상으로 한꺼번에 교육을 실시할 수밖에 없었다. 이런 조건에서 교사는 학생 하나하나의 개별적 특성, 학습 이해도, 관심사 등을 맞추어서 교육을 하기보다는 전체 학생들의 평균적인 수준에 맞추어서 교육을 진행할 수밖에 없었다. 그러나 평균적인 수준에 맞춘 교육으로는 평균에서 벗어나는 학습수준과 요구를 가지고 있는 학생들을 만족시키기 어렵다는 맹점이 존재한다. 왜냐하면 평균보다 뛰어난 학생들은 평균적인 내용에 흥미를 보이기 어려우며, 반대로 평균보다 떨어지는 학생들은 평균적인 내용에 대해서 어려움을 느낄 수밖에 없기 때문이다. 학습자의 입장에서 보았을 때, 이러한 형태의 교육은 결국 자신에게 최적화된 학습경험을 제공받지 못하는 문제를 야기할 수밖에 없다(Rose, 2018).

그러나 4차 산업혁명의 기술적 발달은 개별 학생들이 동원할 수 있는 온라인 네트워크 규모의 확장을 가능케 하며, 인공지능 기술이 학습지원에 개입할 수 있는 가능성을 열어주고 있다. 학생 개개인들이 가지고 있는 배움의 요구는 더 이상 종래의 평균주의 교육에 의해서 희생될 필요가 없어지고 있다. 또한 교실이라는 물리적 공간으로 배움의 기회를 제한하지 않아도 스마트 기기를 이용하여 다양한 온라인 교육플랫폼에 접속하여 자신에게 필요한 교육을 접할 수 있는 가능성도 한층 더 높아졌다. 오직 교사로부터 필요한 정보와 지식을 얻을 수 있었던 과거의 교육에 비해서 미래의 교육은 온라인 네트워크 안에서 훨씬 더 광범위한 학습자원에 접근이 가능해진 것이다. TED, YouTube, Mooc 등은 물리적 제약을 넘어서 학습자들이 필요로 하는 학습자원을 효과적으로 제공하는 사례들이다.

[그림 2.12] 개별적 학습체제에서 사용할 수 있는 온라인 학습자원 플랫폼

한편 인공지능 기술도 구체적인 교육의 장면에서 학생들의 개별적 상황에 적합한 학습안내를 본격적으로 시작하고 있다. 그래서 인공지능 프로그램이 학생 개개인의 독특한 학습상황에 맞게 학습속도, 학습내용, 학습방법, 그리고 학습난이도 등을 조정하면서 최적의 학습을 이끌어가는 교사역할을 한다. 인공지능은 학생들의 학습활동에 관한 데이터를 기반으로 강점과 약점을 분석하고 그에 적절한 학습지도 전략을 마련하여 개인별 맞춤식으로 학습을 지도할 수 있다. 예컨대 인공지능을 탑재한 프로그램이 학생의 영어 학습을 지원하는 상황을 생각해보자. 인공지능은 필요한 음성인식과 텍스트 분석 등의 기능을 수행함으로써 학생에게 적절한 수준의 학습내용을 제공하고 개인별 학습활동 상태를 확인한다. 인공지능이 분석한 학습활동에 관한 데이터를 토대로 학생은 스스로 더 필요하다고 생각하는 부분을 반복적으로 학습할 수 있으며, 동시에 취약한 부분이 발견되면 보충적인 학습을 추가적으로 할 수 있다. 뿐만 아니라, 인공지능은 음성인식 기능을 동원하여 학생의 외국어 발음의 정확도를 점검하여 피드백을 제공할 수 있으며, 다양한 회화 표현의 반복적 연습 및 확인, 그리고 실제 영어로 대화하는 상황을 제공함으로써 학습자가 보다 생생하게 실용적인 영어실력을 배양할 수 있는 계기를 제공할 수 있다. 그리고 이 모든 학습과정과 결과에 관한 정보는 기록, 누적함으로써 학생의 영어 실력의 발달추세로 요약해서 정보를 제공한다.

2) 소통과 협력을 기반으로 하는 교육

미래교육의 장면에서 소통과 협력을 바탕으로 한 학습의 중요성은 계속해서 강조될 것이다. Golinkoff와 Hirsh-Pasek(2018)은 미래를 살아가는 세대에게 가르쳐야 할 교육내용으로 6C 역량을 제안하였는데, 그 가운데에는 협력(collaboration)과 의사소통(communication)이 포함되어 있다. 이들의 제안처럼 미래의 교육에서는 앞으로 로봇이나 인공지능이 대신할 일을 수행할 수 있는 능력을 가르치는 것이 아니라, 다양한 상황과 문제에 대해서 유연하게 대처할 수 있는 능력인 협력과 의사소통의 역량이 강조되어야 한다. 소통하고 협력할 수 있는 능력은 인간과 인간, 인간과 사물, 인간과 지식, 지식과 지식 등 다양한 차원에서의 관계가 중요하게 부각되는 미래사회에서 결코 간과할 수 없는 소양이기 때문이다.

4차 산업혁명의 시대는 세상의 사람, 사물 등이 서로 연결되는 초연결성의 시대이다. 그러므로 이런 시대의 흐름에서 개인들은 자신의 앎을 자신만의 고립된 세계에 가두지 않고 타인이나 다른 사물들이 제공하는 정보들과 관계 짓는 가운데 새로운 성과를 창출할 수 있는 역량을 갖추어야 한다. 다시 말하면 미래 사회에는 분류하고 나누면서 의미를 도출하는 분석 능력뿐만 아니라, 서로 통합하고 연계함으로써 새로운 형태와 내용의 지식을 창조할 수 있는 능력이 요구된다. 이런 점에서 융합형, 혹은 통섭형 인재로서 소양을 기를 수 있는 교육형식이 중요하다. 소통과 협력을 강조하는 학습활동은 이런 융합형 인재가 갖추어야 할 역량을 기르는 효과적인 방법이다. 왜냐하면ㄴ 동료 학생들과의 소통과 협력은 개별적으로 분산된 학습내용을 서로 연계, 결합함으로써 새로운 지식의 창출을 가능케 하기 때문이다. 또한 소통과 협력을 바탕으로 한 학습활동은 지식을 효과적으로 이해하고 수용하는 과정을 돕는다. 학생 개개인이 개별적으로 터득한 학습내용은 서로 토론하고 소통하는 가운데 공유될 수 있으며 이 과정을 통해서 학생들은 학습내용을 각자의 관심과 상황에 맞게 보다 더 정교하게 발전시켜갈 수 있기 때문이다.

학생들의 소통과 협력은 지식을 학습하는 상황에서뿐만 아니라, 배려와 공감의 자세를 발달하고, 경청하는 능력과 표현력 등과 같은 관계성을 계발하는 활동으로도 의미를 갖는다. 학생들의 상호작용과 협력을 필요로 하는 활동은 학생 개개인들로 하여금 자신과 구별되는 타인의 존재를 인식하고 이들과 자신의 앎의 수준을 타협, 조율해가는 경험을 갖게 한다. 그러므로 학생들은 공동의 과제를 함께 수행하면서 차이를 다루는 능력을 기를 수 있으며, 이는 차이를 포용하고 이해하며, 또는 극복해갈 수 있는 학습경험을 접하게 된다. 이런 점에서 소통과 협력의 기회를 적극적으로 조장하는 교육은 사회적 존재로서 인간이 갖추어야 할 관계성을 기르는 활동이며, 어쩌면 인간이 인간다움을 인식하고 지켜갈 수 있는 힘을 기르는데 가장 궁극적인 활동일지도 모른다.

[그림 2.13] 미래교육에서 요구되는 교육형식의 변화

3) 교사의 역할변화

앞서 언급한 것처럼 교육의 미래에는 학생들이 개별적으로 학습을 실시하고 그 학습경험을 바탕으로 학생들이 함께 모여서 상호작용하면서 학습을 행하는 장면이 일반적인 것으로 나타날 것이다. 따라서 교사의 역할도 교육현장의 요청에 따라서 불가피하게 변화할 수밖에 없다. 학생들이 가지고 있지 않은 지식이나 기술을 교사가 일방적으로 전달하는 방식은 더 이상 유효하지 않다. 왜냐하면 학생들은 다양한 매체와 스마트기기를 이용하여 개별적으로 학습주제와 관련한 핵심적인 내용들을 이미 익힌 상태로 교사들을 만날 수 있기 때문이다.

결국 미래교육에 있어서 교사의 역할은 더 이상 내용 전문가로서 학생들에게 가르쳐야 할 지식을 전달하는 일에 머무를 수 없게 되었다. 학생들은 네트워크 매체에 힘입어서 언제 어디서든지 교사보다 훨씬 더 전문적이고 뛰어난 지식과 경험을 가지고 있는 사람들이 전하는 이야기들을 접할 수 있다. 이러한 환경에서 교사가 지식의 전문가로서 학생들에게 인정받기란 대단히 어려운 작업일 수밖에 없다. 학생들이 알아야 할 지식은 굳이 교사를 통하지 않더라도 충분히 필요한 만큼 접근이 가능하다. Susskind와 Suskind (2016: 93)의 표현처럼 앞으로는 지금까지 독점적 권한을 누려온 교사의 위상이 도전받으면서 "'무대에 선 현자' 수요는 줄어드는 반면, 이를 대신해 전문성 원천을 찾아가도록 학생을 돕는 '옆에 선 안내자' 수요"가 계속해서 늘어날 것이다.

인터넷 온라인 네트워크를 기반으로 지식의 확산과 접근이 용이해진 상황에서 '옆에 선 안내자'로서 교사란 어떤 변화된 역할을 주문받는 존재인가? 한마디로 요약하면 4차 산업혁명의 기술 혁신에 힘입은 교육환경의 변화과정에서 교사는 학습주제에 관한 충분하고도 전문적인 지식을 어느 정도 숙지하고 있는 학생들의 주도적인 활동을 도와주는 역할을 한다. 즉, 교사의 역할은 학생들이 토론이나 팀 활동 등과 같은 상호작용을 통해서 이미 가지고 있는 지식이나 사고의 틀을 정교하게 발전시켜 나가는 과정을 조정하고 격려하는 조력자 역할을 하는 것이다. 다시 말하면, 미래교육의 장면에서 교사의 역할이 얼마나 필요할 것인가라는 물음은 지식의 전문성이 아닌, 교육행위의 전문성 수준에 달려 있는 셈이다. 누군가가 교사의 역할을 할 수 있는 이유는 그가 학생들이 알아야 할 많은 지식을 정확히 알고 있기 때문이 아니다. 언제, 어디서나 필요로 하는 전문적인 지식을 손쉽게 구할 수 있는 상황에서 지식에 대한 전문성에 근간한 교사라는 역할의 정당성은 더 이상 주장하기 어려워지고 있다. 오히려 지식에 대한 이해의 폭과 깊이라는 측면에서 보자면, 교사보다 인공지능, 또는 온라인 네트워크를 통해서 접근할 수 있는 해당 분야의 다른 내용 전문가들이 더 우월할 수 있다. 그러므로 교사는 학생 개개인의 자기주도적인 지식구성의 작업을 격려함으로써 스스로 학습을 끌어가려는 동기를 유발하고 학생들의 지적 탐구의 호기심을 자극하는 질문을 던질 수 있으며, 토론, 프로젝트 활동 등과 같은 학생들의 협력적 상호작용이 원만하게 진행될 수 있도록 돕는 존재로 그 역할이 변화될 것이다. 4차 산업혁명의 사회에서 교사라는 직업이 사라지지 않고 존재할 수 있는 가능성은 바로 이러한 역할의 순조로운 전환에 달려있다고 해도 과언이 아니다.

4) 교육의 시대에서 학습의 시대로

변화하는 교사의 역할을 통해서 알 수 있는 것은 다가오는 사회변화 속에서 결국 배움이라는 행위가 갖는 의미가 변화할 수밖에 없다는 사실이다. 전통적으로 배움은 가르침이라는 행위에 의해서 촉진되고 지속되는 가르침에 의존적인 행위로 간주되었다. 가르침이 없이는 배움도 있을 수 없다고 보았기 때문에 배움이 효과적으로 일어나기 위해서는 가르침의 질적인 수준이 중요할 수밖에 없었다. 교사의 전문성에 대해서 그토록 강조해온 까닭도 이런 가르침-배움의 구조와 무관하지 않다.

그러나 이제 배움은 더 이상 가르침에 종속되어 수행되는 행위에 머무르지 않는다. 학생이 스스로 배움의 필요성을 느끼고 그 필요를 충족하기 위하여 주도적으로 배움을 행하고자 한다면 언제, 어디서나 배움을 행할 수 있다. 이제 교육은 학생들에게 모종의 지식과 기술, 태도 등을 가르치려는 교사의 주도적인 참여와 노력으로 학생의 배움이 일어나는 교육의 시대에서 교사의 관심과 노력이 반드시 존재하지 않더라도 학생들의 자발적인 배움의 욕구가 활성화되고 있는 한, 학생 개개인에게 적합한 배움이 효과적으로 이루어질 수 있는 학습의 시대로 바뀌어가고 있다.

물론 학습의 시대에서도 학생의 배움이 일어나는 장면에는 교사가 있을 수 있다. 교사는 학생의 배움에 영향력을 갖는 중요한 요소이다. 그러나 변화하는 미래의 교육 맥락에서 교사는 배움이 일어나는 장면에서 고려할 수 있는 하나의 변수(變數)일 뿐이며, 더 이상 상수(常數)가 아니다. 교사가 존재하고 있는 상황에서도 배움은 일어나지만, 굳이 교사가 없는 상황에서도 학생은 얼마든지 배울 수 있기 때문이다. 인공지능에 의해서 조절되는 지능형 개별화 학습시스템에서 학생은 자신의 관심과 수준에 알맞은 내용과 방식으로 배움을 행할 수 있으며, 학습자 상호간의 대화와 토론에 참여함으로써 상호협력적 성격의 학습을 실행할 수도 있다. 기술의 발달로 모든 학생은 각자의 서로 다른 삶의 여건, 학습수준, 그리고 학습요구에 맞게 주도적으로 자신의 학습을 이끌어갈 수 있는 가능성을 가질 수 있다.

배움의 가치는 이제 교사에 의해서 좌우되지 않는다. 배움의 가치는 학생 스스로의 자기주도적인 노력과 열의, 그리고 학생의 구체적인 삶과의 관련성 가운데 드러난다. 4차 산업혁명 시대의 배움이란 지금까지 몰랐던 것을 채워가는 '습득', 혹은 '전달'의 과정이라기보다, 학생이 온라인 네트워크를 통해서 동원할 수 있는 풍부한 지식과 정보들을 바탕으로 자신의 관심과 요구에 맞게 구성해가는 과정이다. 이 과정에서 학생들의 능동적인 참여를 필요로 하는 토론, 팀 프로젝트 형태의 교육활동은 지식을 자신의 상황에 맞게 재구성하는 활동으로서 주목할 수 있다.

2.4. 미래사회에서 필요한 교육내용

1) Golinkoff와 Hirsh-Pasek의 '6C'

가늠하기 힘들 정도로 빠르게 변화하는 미래사회를 살아가기 위하여 사람들은 어떤 능력과 소양을 갖추어야 할 것인가? 다시 말하면 미래교육을 구상함에 있어서 사회의 변화를 선도하는 사람이 갖추어야 할 역량은 무엇이며, 변화하는 사회에서 자신의 삶을 행복하게 영위할 수 있는 사람에게 필요한 자질은 무엇인가에 대한 고민이 필요하다. 이런 고민과 관련하여 Golinkoff와 Hirsh-Pasek(2018)은 미래 사회를 살아갈 학생들이 기를 수 있도록 도와야 할 여섯 가지 요소를 제안한 바 있다. 여섯 가지 요소는 영어로 표현했을 때 모두 알파벳 C로 시작하는 명칭을 가지고 있어서 흔히 '6C'로 일컬어지기도 한다. 그래서 Golinkoff와 Hirsh-Pasek(2018)은 협력(Collaboration), 의사소통(Communication), 콘텐츠(Content), 비판적 사고(Critical Thinking), 창의적 혁신(Creative Innovation), 그리고 자신감(Confidence)을 미래를 준비하는 학생들이 갖추어야 할 소양이라고 강조하였다.

협력은 모든 역량의 기초가 되며 가장 핵심적인 능력이다. 인간은 본성적으로 사회적인 존재이기도 하지만, 점점 더 복잡해지면서 변화가 일상이 되어버리는 현실에서 누구도 홀로 적응하고 삶을 원만하게 영위하는 일이 어려워지고 있다. 따라서 타인과 함께 무엇인가를 풀어갈 수 있는 협력은 4차 산업혁명의 사회에서 중요한 화두가 아닐 수 없다. Golinkoff & Hirsh-Pasek(2018: 83)협력할 수 있는 소양을 키워가기 위해서는 무엇보다도 자신의 사고, 행동, 그리고 감정 등을 스스로 조절할 수 있는 "자기제어성"을 계발하는 것이 가장 근본이라고 설명한다.

의사소통은 협력을 구체적으로 추구해갈 수 있는 능력이다. 왜냐하면 협력을 위해서는 상호이해, 갈등해소, 그리고 양보와 포용 등의 노력이 필요한데, 이를 위해서는 나와 다른 요구, 관심, 문화를 가지고 있는 사람들과 원활하게 의사소통할 수 있는 능력을 갖추고 있어야 하기 때문이다. 의사소통 능력을 계발한다는 것은 타인에 대해서 배려하고 타인의 입장을 공감할 수 있는 감수성의 발달과도 관련 있다. 원활한 의사소통은 논리적, 합리적 대화와 의사결정으로만 이루어지지 않으며, 상대방의 상황에 맞게 정서적으로 교감하려는 자세가 동반됨으로써 가능하기 때문이다.

콘텐츠는 지식과 정보의 중요성을 부각하는 요소이다. 그러나 인공지능과 빅데이터의 시대에서 콘텐츠에 대한 강조는 지식 자체를 교육의 목적으로 간주하는 전통적인 교육을 옹호하는 의미는 아니다. Golinkoff와 Hirsh-Pasek(2018: 163)은 지식에 대한 정확한 안내와 전달에 몰두하는 전통적인 교육의 갖는 한계를 분명히 강조하면서, 콘텐츠에 치중한 교육의 획일성을 비판한다. 미래 교육에 있어서 지식이 여전히 중요한 까닭은 일종의 수단, 즉 "학습민첩성(learning agility)"을 기르고 창의적인 사고와 더 깊이 생각하는 능력을 익히는 필수불가결한 바탕이기 때문이다.

비판적 사고는 정보의 양이 폭증하는 4차 산업혁명의 시대에서 요구되는 핵심능력이다. 비판적 사고는 문제가 무엇이며, 그것이 왜 문제인지에 대한 고찰을 할 수 있는 힘이자, 문제를 해결하는데 필요한 정보를 상황 맥락적으로 알맞게 식별함으로써 문제를 해결하는 가장 알맞은 방법을 선택하고 조직할 수 있는 능력이다. 기술의 발달은 가용할 수 있는 정보의 양을 비약적으로 키워갔지만, 역설적으로 어떤 정보가 문제와 관련한 적절한 정보인지, 참된 정보인지에 대한 분별의 과제를 새롭게 던져주고 있다. 비판적 사고는 엄청난 양의 정보를 분석, 요약, 선별함으로써 가장 최적의 대안을 모색할 수 있는 능력이란 점에서 중요하다.

변화란 기존의 통념과 방식에 따라서 문제에 접근하여 해결하는 사람들이 아니라, 다르게 생각하고 규칙에 구속되지 않으면서 새로운 가능성을 엿보려는 사람들에 의해서 일어난다. 그렇기 때문에 창의적 혁신은 끊임없는 변화를 선도하는 핵심인재가 가져야 할 속성으로서 중요하다. Golinkoff와 Hirsh-Pasek(2018: 255-256)은 "창의적인 사람은 많은 답을 만들어낼 수 있는 사람(능숙함), 많은 다른 종류를 생각해낼 수 있는 사람(다양성), 그리고 좀 다르거나 영리한 사람(독창성)들"이라고 정의한다. 그러면서 창의성이란 특별한 누군가가 특별한 영역에서 발휘할 수 있는 특별한 재능이라는 오해를 탈피하여 모든 사람들이 창의적이 될 수 있다는 가능성을 토대로 창의적 소양을 계발하는 노력을 주문한다.

자신감(Confidence)은 성공가능성에 구애받지 않고 큰 꿈을 갖고 실패하더라도 좌절하지 않고 계속해서 도전하려는 용기이다. 미래사회는 개개인의 삶을 모두 안정적으로 보장하지 않는다. 멈추지 않는 기술적 진보는 사회 전체적으로 보면 긍정적일 수 있으나, 개인적으로 보면 스스로의 삶을 챙기는 부단한 노력이 계속될 수밖에 없는 고단함의 근원이다. 이 과정에서 개인은 일시적인 좌절과 실패를 겪을 수 있다. 자신감은 이러한 상황 속에서도 포기하지 않고 긍정적인 태도로 변화에 도전하고 변화를 이끄는 자기 동력의 원천이다.

Golinkoff와 Hirsh-Pasek(2018)은 6C의 능력들이 서로 밀접하게 관련성을 가지고 있는 요소라는 점을 분명히 지적하면서 여섯 가지 요소들은 내재적으로 서로 연결되어 통합된 전체를 이루고 있음을 밝힌다. 협력을 원하는, 또는 자신이 협력하길 원하는 타인을 인식함으로써 의사소통이 시작된다는 점에서 협력은 의사소통의 토대이다. 인간의 배움은 관계에서 이루어지므로 의사소통의 폭과 깊이는 콘텐츠의 양과 질의 증가에 직접적인 영향을 미친다. 또한 지식과 정보가 빈곤한 상태에서는 문제에 대한 사고방식이 제한적일 수밖에 없다는 점에서 콘텐츠는 비판적 사고능력에 있어서 중요하다. 충분한 지식을 동원하여 새로운 안목을 가지고 도전하는 창의적 혁신은 콘텐츠와 비판적 사고능력을 함께 갖춤으로써 발현할 수 있는 능력이다. 그리고 창의적 혁신의 자세를 가지고 부단한 실험과 도전을 계속하는 경험을 통해서 자신감이 길러질 수 있으며, 그런 자신감은 창의적 혁신의 가장 필요한 조건이다.

2) 주체적인 삶을 챙기는 힘 : 영성

4차 산업혁명의 시대에서 사회변화의 힘과 속도는 이제까지 인류가 겪어왔던 변화의 그것보다 훨씬 더 강렬하게 삶의 일상 깊숙이 파고들고 있다. 말 그대로 그 변화의 물결이 일으키는 파고가 워낙에 높은데다가 세기도 강하기 때문에 사회의 빠른 변화 속에 휩쓸려서 살아가기가 쉽다. 4차 산업혁명과 관련하여 교육이 주목해야 할 과제는 바로 개개인이 이러한 변화 가운데 종속되지 않고 자신의 삶을 스스로 챙길 수 있는 힘을 기르도록 하는 것이다. 특히 무엇인가를 할 수 있는 역량을 계발하는데 머무르지 않고 보다 근원적인 가치를 추구하고 탐색할 수 있는 소양을 계발함으로써 주체적인 삶을 살아갈 수 있도록 이끌어주는 노력이 필요하다. 다시 말하면, 변화를 선도하는 능력을 기르는 교육이기 전에 변화 속에서 자신의 삶의 리듬을 견지할 수 있는 능력인 영성의 개발이 교육적으로 조명할 필요가 있는 것이다.

영성(spirituality)은 자연과 환경을 사랑하고 자신의 존재에 대한 의미를 스스로 성찰할 수 있는 힘의 원천이라고 할 수 있다. 영성은 인간존재의 이유나 참 행복의 의미 등 삶의 근원적인 가치를 추구하는 능력으로서 개인으로 하여금 자신에 대한 관심을 넘어서 초월적, 궁극적, 이상적인 가치를 추구하는 인간의 속성이다(유재봉, 2013). 영성은 모든 인간 근원에 내재되어 있는 보편적인 특성으로서, 삶 전체와 전 우주, 나아가 개별적 자신을 넘어서는 더 큰 초월적인 힘과 존재에 대한 의식이다. 영성은 자기 자신과 타인, 자연, 사회, 더 큰 존재와의 깊은 연결성을 인식하고 이러한 관계 안에서 자기 자신을 비롯한 세상 모든 것의 의미를 추구하는 성향이다(김한별, 안아라, 허효인, 2015).

영성이 중요하게 강조될 수밖에 없는 이유는 영성이라는 특성 자체가 일차적으로는 기계와 인간을 구분 지을 수 있는 가장 핵심적인 속성이기 때문이다. 기계는 정교한 계산에 의지하여 논리적이고 이성적인 판단을 할 뿐이지만, 인간의 판단은 그 어떤 정교한 계산결과와 상관없는 다차원적인 고려를 통하여 이루어진다. 예컨대, 화재가 난 건물에 아이와 할머니가 갇혀 있고 그 가운데 한 명만 구할 수 있다면 누구를 구해야 하는가라는 물음이 있다고 해보자. 이 물음에 대해서 기계는 구하는 사람의 안전과 구조할 확률을 모두 고려하였을 때 최선의 해답, 즉 건물의 입구에서 가장 가까운 사람을 구하는 것이 합리적인 선택이라고 결론을 내린다. 하지만 인간의 경우에는 단순히 안전하게 구조할 확률만을 따지지 않고 생명존중, 연장자와 연소자에 대한 배려라는 윤리적인 덕목까지 함께 고려하며, 더 나아가서 위험에 빠진 사람에 대한 공감과 연민, 사랑과 희생의 가치 등을 모두 생각하면서 구조의 노력을 하게 된다. 이러한 인간의 선택과 판단은 기계와 구별되는 영적 존재로서 인간의 모습을 보여준다.

4차 산업혁명의 시대에서 영성에 대해서 관심을 가질 수밖에 없는 이유는 우리가 주목하는 모든 것들의 가치와 의미를 보다 크고 넓은 관점에서 파악함으로써 이들을 조화롭고 통합된 전체적인 현상 속에서 이해할 수 있는 가능성을 열어주기 때문이다. 개별 인간이 가지고 있는 지식, 기술 등의 가치와 그 활용 양상은 개인이 가지고 있는 영성의 성격과 밀접한 관련성을 갖는다. 개인이 살아가는 삶의 가치와 의미는 개인이 가지고 있는 물질적 능력, 지적 능력, 기술적 능력 등에 의해서만 좌우되는 것이 아니다. 왜냐하면 이러한 능력은 삶 속에서 우리가 직면하는 다양한 문제들을 효과적으로 풀어 가는데 있어서 유용하기는 하지만, 그렇게 문제를 효과적으로 풀어가는 자신의 모습이 갖는 의미를 보다 큰 맥락에서 통찰하기에는 제한적이기 때문이다. 예를 들면 컴퓨터 프로그래밍을 잘 할 수 있는 기술을 가지고 있다고 하더라도 그 기술을 어떻게 사용할 것인가에 대한 가치판단은 개인에 따라서 다를 수 있다. 어떤 사람은 재미있는 컴퓨터용 게임을 개발하여 영리를 추구할 수도 있으며, 어떤 사람은 해킹과 같은 범죄의 도구로 활용하여 자신의 이기적 욕심을 채우면서 사회를 혼란스럽게 할 수 있다. 또 어떤 사람은 사람들의 일상을 보다 편리하게 할 수 있는 소프트웨어를 개발하여 저렴하게 누구든지 손쉽게 사용할 수 있도록 공급할 수도 있을 것이다. 이러한 구체적인 삶의 차이는 지식, 기술의 차이에서 오는 것이 아니라, 삶의 근본적인 방향성을 고민할 수 있는 능력인 영성의 발달 수준의 차이에서 오는 것이라고 할 수 있다. 즉 영성이 발달한 개인은 무엇이 바람직한 삶인지, 무엇이 가늠하기 어려운 커다란 우주 속의 작은 존재로서 자신이 추구해야 할 참된 행복인가에 대한 깊이있는 탐구를 할 수 있다.

영성은 자신의 관점에서만 세상을 이해하지 않고 자신을 포함한 더 큰 맥락에서 자신, 자연, 세계를 바라보면서 그 공존과 평화를 추구하는 능력이면서, 동시에 삶에 대한 자신만의 독특한 관점이다. 그러므로 영성이 발달한 개인은 직면한 요구와 상황에 매몰되어 성급하게 근시안적인 판단을 하지 않고, 자신의 문제와 처한 상황을 좀 더 거시적으로 바라보면서 자신만의 목소리와 행동을 취할 수 있는 가능성을 보일 수 있다. 영성의 계발은 기술문명에 의해서 변화하는 사회 속에서 개인들이 자신의 삶을 주체적으로 살아갈 수 있는 토대이다. 그러면서 동시에, 인간의 보편적인 특성인 영성을 계발함으로써 많은 개개인들이 보다 큰 폭에서 자신의 존재와 사회변화를 조망할 수 있는 안목을 가질 수 있다. 이는 곧 인류가 스스로가 발전시켜가고 있는 기술에 오히려 종속되는 역설적 상황에 놓이지 않을 수 있는 희망을 실현하는 노력이다.

3. 변화하는 교육의 현재와 미래전망

3.1. 교수학습체제의 변화

1) 가상현실과 증강현실의 교육적 활용

변화하는 사회에서 의미 있는 교육적 효과를 창출하기 위해서는 새롭게 등장하는 필요한 기술과 자료를 교육의 현장으로 끌어들이는 노력이 필요하다. 이런 점에서 볼 때 기술의 발전과 교육실천의 변화는 밀접한 관련성을 갖는다. 기술의 발전은 교육의 제반 여건의 변화로 이어지는데, 4차 산업혁명으로 호명되는 기술적 진보는 교육의 장면에 어떻게 접목되어 구현되고 있는가? 이와 관련하여 먼저 교육매체의 발전으로 인한 학습자들의 경험수준 향상을 생각해볼 수 있다. 특히 가상현실과 증강현실을 구현할 수 있는 매체를 학교교육의 현장에서 활용함으로써 교수학습의 획기적인 변화를 가져올 수 있다.

가상현실(virtual reality)과 증강현실(augmented reality)은 서로 비슷하면서도 차이를 보이는 개념이다. 일반적으로 가상현실이란 실제로 접할 수 없는 어떤 특정한 환경이나 상황을 컴퓨터 기술을 동원하여 구현함으로써 사용하는 사람들이 마치 실제 환경이나 상황에 있는 것처럼 느끼는 공간을 말한다. 반면, 증강현실이란 실제로 접할 수 있는 현실세계를 기반으로 하여 실제로 존재하지 않는 공간을 구현하는 것을 말한다. 다시 말하면, 증강현실은 현실세계와 가상세계를 이음새없이(seamless) 실시간으로 혼합하여 사용자에게 제공함으로써, 사용자가 보다 향상된 몰입감과 현실감을 느끼도록 하는 기술인 반면, 가상현실은 사용자가 접하는 환경을 온전히 컴퓨터 기술을 이용하여 실제 환경과 같이 생성하는 기술이다(장상현, 계보경, 2007). 가상현실과 증강현실은 모두 가상성에 바탕을 두고 있다는 공통점이 있으나, 사용자가 가지고 있는 기존의 실제 환경 정보를 유지한다는 점에서 증강현실 기술은 실제 환경을 컴퓨터가 생성한 환경과 완전히 대체하는 가상현실 기술과 차이점을 지닌다(장상현, 계보경, 2007).

가상현실과 증강현실은 교육현장에서 학습자들의 생생한 체험과 실습의 기회를 제공함으로써 교육의 효과를 극대화하는 도구로 활용될 수 있다. 실제로 일부 초·중·고등학교의 수학이나 과학 수업에서 가상현실이나 증강현실을 이용한 학습활동을 진행하고 있다. 예컨대 미국의 Magic Leap는 증강현실을 이용한 생생한 체험과 관찰기회를 제공하고 있다. [그림 2.14] 에서 보는 것처럼 농구장에 고래가 튀어 오르는 증강현실 콘텐츠를 제공함으로써 학생들이 고래의 생태와 행동패턴 등을 생생하게 관찰할 수 있도록 한다.

[그림 2.14] Magic Leap의 증강현실 콘텐츠

비단 초등학교나 중·고등학교뿐만 아니라, 대학교육에서도 가상현실과 증강현실은 교육적 활용가치가 높다. 의과대학에서는 가상현실을 이용하여 쉽게 접하기 힘든 인체의 내부를 관찰하고 실제 치료 상황을 가정하여 체험해볼 수 있는 기회를 제공할 수 있다. 외국어 교육에 있어서도 실제 대화의 상대와 구체적인 상황 설정을 가상현실로 구현함으로써 보다 생생한 회화교육이 가능하도록 지원할 수 있다. 이처럼 가상현실이나 증강현실을 구현할 수 있는 기술을 동원함으로써 실습이 갖는 교육적 효과를 얻는 동시에, 실제로 접하기 힘든 상황에서 발생할 수 있는 위험요소들을 미연에 방지할 수 있다.

2) 테크놀로지가 바꾸는 학교

교육에 있어서 매체의 역할에 대한 연구를 비롯한 다양한 매체의 도입시도들은 오랫동안 '시청각교육', 혹은 '교육공학' 전공에서 진행되어왔다. 하지만 지금까지 학교교육에 있어서 매체는 교사가 학습활동을 주도적으로 진행하는 가운데 학습자들의 학습 효과를 배가하려는 의도를 가지고 동원하는 부분적인 수단에 머물렀다. 어떤 매체를 사용할 것인지, 어느 정도 사용할 것인지, 어떻게 사용할 것인지 등에 있어서 수업을 주관하는 교사가 판단하는 가운데 교사의 설명만으로 충분하지 않은 경험을 학생들에게 제공하는 형태로 주로 활용되었다.

그러나 테크놀로지가 빠르게 발전하면서 테크놀로지가 제공하는 교육적 역할 수준은 학습활동의 보완적, 추가적 성격의 도구에 국한되지 않고, 학습자들의 상황에 적합한 수준과 방식으로 학습활동을 이끌어가는 형태로 넓혀가고 있다. 특히 인터넷 온라인을 통해서 무궁무진한 정보를 활용하고, 학습용 소프트웨어를 이용하여 학생들의 개별적 수준에 따른 학습활동 기회를 제공하는 동시에, 전통적인 교사의 역할을 이러한 테크놀로지에 기반한 학습활동과 혼합함으로써 교육적 효과를 극대화하려는 학교들이 등장하기 시작하였다.

미국 미시건주 디트로이트에 있는 매치북 러닝스쿨(matchbook learning school)은 좋은 사례이다. 매치북 러닝스쿨은 공교육 시스템에서 우수한 학업성취수준을 보이지 못하는 학생들에게 새로운 형태의 학습체제를 도입함으로써 높은 학업성취수준을 보일 수 있는 가능성을 열어주려는 유치원 수준부터 고등학교 수준에 이르기까지의 교육과정을 운영하는 비영리 대안학교이다. 매치북 러닝스쿨은 테크놀로지를 기반으로 하지 않는 전통적인 공교육 체제에서 학생들의 낮은 학업성취수준을 묵과하지 않고 학생들의 학업성취에 긍정적인 효과가 있는 교수학습모델로서 온라인 네트워크와 각종 첨단 교육매체를 활용 한다.

매치북 러닝스쿨은 연령이나 학년에 따라서 학생들을 구분하지 않고 교과목 별로 다른 학생들의 역량수준에 기초하여 학생들의 학습활동을 개별적으로 조율하는 역량 기반 맞춤식 학습활동을 한다. 역량을 기르는 것에 주요 목적을 갖는 매치북 러닝스쿨은 프로젝트 중심 학습을 운영한다. 학생들은 교사의 지원이 이루어지는 가운데 온라인 인터넷을 통해서 필요한 정보들을 검색하여 이해한다. 그리고 이러한 지식과 도구들을 이용하여 스스로 문제를 해결하면서 결과를 도출한다.

기존의 학교교육에서는 교사와의 관계 속에서 학습이 진행되었다고 한다면 – 교사가 필요한 경우 각종 매체를 보조적으로 사용하면서 – 매치북 러닝스쿨에서 학생들은 교실에서 교사와 함께 학습하는 시간뿐만 아니라 별도의 학습실에서 개별적으로 'SPA-

RK' 라는 온라인 학습 플랫폼을 이용하여 학습하는 시간도 갖는다. SPARK는 매치북 러닝스쿨에서 획일적인 교사중심의 교육이 갖는 한계를 벗어나서 학생 중심의 반복적, 개별적, 개인적 학습을 실현하는 일대일 집중 학습용 플랫폼이다. SPARK를 이용하여 학습함으로써 교사들은 학생들 개개인의 수준에 맞는 학습지도를 실현할 뿐만 아니라, 학생들의 학습패턴을 확인할 수 있는 수많은 정보를 얻을 수 있으며, 이들 정보를 토대로 한 학습분석을 통해서 학생 개개인에게 맞춤식 학습지도 및 상담을 할 수 있다.

[그림 2.15] Matchbook Learning School

3) 플립러닝의 상용화

온라인 인터넷 네트워크가 확장하고 네트워크에 접속하여 정보를 획득할 수 있는 수단이 발달하면서 교실 밖에서 접할 수 있는 지식과 정보의 양이 대폭 증가하고 있다. 플립러닝(flipped learning)은 테크놀로지가 교실 밖에 열어놓은 이러한 가능성을 적극적으로 활용하여 학습을 진행하려는 교수학습전략이다. 플립러닝의 기본 구조는 교사가 아닌 전 세계 각국의 학습주제와 관련한 분야의 전문가들로부터 필요한 지식과 정보를 듣고 온 다음, 학교에서는 교사와 함께 그 내용을 중심으로 토론하고, 팀 활동을 하면서 지식과 정보를 학생 각자의 것으로 재구성하는 형태로 이루어져 있다. 우리나라에서는 플립러닝을 '역진행 수업', '거꾸로 교실' 등의 용어로 번역하여 사용하고 있다. 이는 수업을 시작하기 전에 학생들이 수업을 통해서 다루고 이해해야 할 학습주제를 개별적으로 먼저 학습을 하고난 후에 수업시간에는 함께 모여서 각자 학습한 것을 정리하는 형식을 강조하는, 말 그대로 학생들의 학습활동의 앞뒤가 뒤바뀐 모습을 부각하는 표현이다.

플립러닝은 학습주제와 학습상황에 따라서 다양한 형태로 적용될 수 있다. 각종 교육용 동영상을 제작, 공유하는 온라인 플랫폼인 팬옵토(Panopto)는 기본형 플립러닝(standard inverted classroom), 토론중심 플립러닝(discussion-oriented flipped classroom), 강의중심 플립러닝(demonstration-focused flipped classroom), 유사 플립러닝(faux-flipped classroom), 그룹 활동 중심 플립러닝, 가상현실 기반 플립러닝(virtual flipped classroom), 플립교사(flipping the teacher)의 모두 일곱 가지의 플립러닝 형태들을 소개하고 있다(https://www.panopto.com/blog/7-unique-flipped-classroom-models-right).

- 기본형 플립러닝 : 먼저 학생들은 동영상 강의 시청과 다음 수업에 필요한 자료 읽기를 숙제로 수행한다. 그 다음에 실제 수업시간에는 전통적인 학교수업 형태로 각자 학습한 것을 상기하고 반복, 숙달하는 시간을 갖는다.
- 토론중심 플립러닝 : 교사는 학생들에게 수업에서 다루는 학습주제와 관련있는 동영상 자료 - TED, YouTube 등 - 와 읽을 내용들을 과제로 제시하고 학생들은 이들 과제를 미리 수행한다. 학생들은 각자 보고 읽은 자료들의 내용을 바탕으로 수업시간에 모여서 토론을 진행하면서 학습주제에 대한 각자의 이해를 심화해간다.
- 강의중심 플립러닝 : 학생들이 학습할 교과목 가운데 단순암기나 반복적인 숙달과 연습이 필요한 내용도 있다. 강의중심 플립러닝은 이러한 학습주제에 적합한 플립러닝 형태로서 교사는 개념을 소개하고 설명하는 동영상을 직접 제작하여 학생들이 각자의 학습속도와 수준에 맞게 반복적으로 시청할 수 있도록 한다.
- 유사 플립러닝 : 아직 어리기 때문에 혼자서 동영상을 시청하며 수업을 준비하기 어려운 학생들에게는 변형된 방식으로 플립러닝을 적용할 수 있다. 이들 학생들에게는 수업시간 중에 관련한 동영상 강의를 시청하는 시간을 주고, 각자의 이해속도에 맞게 학습 자료들을 다시 복습하는 시간을 마련해 준다.

- 그룹 활동 중심 플립러닝 : 그룹 활동 중심 플립러닝은 앞서 언급한 플립러닝 방식들과 마찬가지로 학생들이 동영상 자료 및 기타 관련 읽기자료들을 먼저 학습한 후 수업을 시작한다. 그러고 나서 수업에 참여한 학생들은 소규모 그룹을 조직하여 그룹별로 상호학습을 실행한다. 그럼으로써 학생들은 서로가 서로에게 가르치고 배우는 기회를 가질 수 있으며, 올바른 정답을 아는 것뿐만 아니라 스스로 정답을 풀어가는 과정을 이해할 수 있다.
- 가상현실 기반 플립러닝 : 가상현실 기반 플립러닝은 아예 전통적인 의미의 교실 활동을 없애고 그 대신에 온라인 학습시스템을 이용하여 각자가 시청한 동영상 자료의 내용과 관련한 생각들을 나누고 정리하는 형태로 이루어진다. 온라인 학습시스템에 기반을 둔 학생들의 상호작용 과정에서 교사는 필요한 요청이 있을 경우에 언제든지 1:1로 상담하며 조언을 제공한다.
- 플립교사 : 이는 학생과 교사의 역할을 뒤바꾸는 형태의 수업방식으로 학생들은 자신들이 이해하고 수행할 수 있게 된 사항들을 표현하는 동영상 제작이라는 과제를 수행한다. 학생들은 동영상을 제작하면서 자신들의 학습을 스스로 점검할 수 있으며 상호학습의 기회도 가질 수 있다. 플립교사는 학생들이 동영상을 제작함으로써 이 동영상이 교사에게 자신들의 앎을 전하는, 다시 말하면 '교사를 가르치는' 자료가 되도록 하는 방법이다.

플립러닝은 교실의 구체적인 여건이나 학습주제, 학생들의 특성에 따라서 이 밖의 다른 방식으로도 얼마든지 응용해볼 수 있는 여지가 있으며, 굳이 소개한 일곱 가지 유형으로 한정할 필요는 없을 것이다.

3.2 일대일 지능형 학습시스템 보급

4차 산업혁명이 추동하는 기술혁신은 교육의 현장에서 펼쳐지는 구체적인 교수학습 활동의 모습을 바꿔간다. 다양한 첨단매체가 교육환경에 도입되는 현상도 나타나고 있지만, 인공지능이 학습을 이끌어감으로써 학생들의 개별적 학습수요에 부응하는 교육 실행이 가능해지고 있다. 전통적인 사람 교사의 주도적인 역할에 의해서 진행되던 교육이 인공지능 시스템에 의해서 학습자와 기계 사이의 상호작용을 기반으로 한 교육으로 치환되고 있는 것이다. 인공지능을 기반으로 학생 개개인의 개별적 특성과 수준에 맞춰서 학습을 실행해갈 수 있는 일대일 적응적 학습시스템의 도입이 빠르게 진행되고 있는데, 이러한 일련의 학습시스템을 지능형 적응적 학습(intelligent adaptive learning), 또는 적응적 학습기술(adaptive learning technology)이라고 부른다.

적응적 학습시스템은 전통적인 교육체제에서 실현하기 힘들었던 학생 개개인의 수준에 맞는 맞춤식 개별적 학습지도를 가능케 한다. 일대일 적응적 학습시스템은 학생들의 개인차에 맞는 맞춤식 교육을 구현함으로써 학습을 개별화(individualization)할 뿐만 아니라, 상당 수준 개인화된 학습지도(personalized instruction)까지 실현하고 있다(Susskind & Susskind, 2016). 일대일 적응적 학습시스템은 학생의 개별적 학습과정을 도와주면서, 개인화된 학습활동이 이뤄질 수 있도록 돕는다. 다시 말하면, 학생 개개인의 학습패턴과 수준을 분석하고 학생들이 어려워하는 부분이라든가, 싫어하는 부분, 학생들의 장점과 강점을 분석, 도출하여 각자에게 적합한 맞춤형 학습 전략과 방법을 제시할 수 있다.

적응적 학습시스템을 이용한 학생들의 학습활동 기록은 고스란히 누적, 저장됨으로써 교사들에게 개별 학생들의 학습특징과 수준에 관한 다양한 정보를 제공할 수 있다. 그럼으로써 교사들이 진행하는 학습활동 지원 및 상담이 학생들의 고유한 상황에 맞게 이루어질 수 있도록 돕는 자료로 활용될 수 있다.

[그림 2.16]은 적응적 학습시스템 사례들이다. [그림 2.16]에 소개된 Dreambox의 경우는 유치원 수준에서부터 초등학교와 중학교 수준에 이르기까지 수학교과에 대한 학생들의 학습을 지원해주는 학습시스템이다. 학생들은 Dreambox를 이용하여 수업 전에 익혀야 할 내용들을 개인의 수준에 맞게 학습할 뿐만 아니라, 수업이 끝나고 나서 각자의 수업경험을 바탕으로 개별적으로 맞춤식 정리를 할 수 있다. 이처럼 Dreambox는 학교에서의 정규 수학수업의 진도와 연동하여 교사와 학생이 각자의 필요에 맞게 활용할 수 있는 소프트웨어라고 할 수 있다.

한편 Knewton이 개발한 Alta는 미국의 대학교 교육 수준에서 학생들의 맞춤식 학습을 도와주는 적응적 학습시스템이다. Alta 역시 개별화된 적응적 학습시스템으로서 특히 대학교의 전공수업에 참여하는 모든 학생들의 학습을 돕는데 활용되고 있다. Alta를 이용함으로써 학생들은 수업에서 교수가 다루는 내용을 충분히 이해하고 교실에서 행해지는 일련의 활동들에 적극적으로 참여할 수 있으며, 나아가 학생들의 이해수준에 맞는 보충적 학습을 차등적으로 제공함으로써 수업에서 다루는 지식에 대한 격차를 줄일 수 있다.

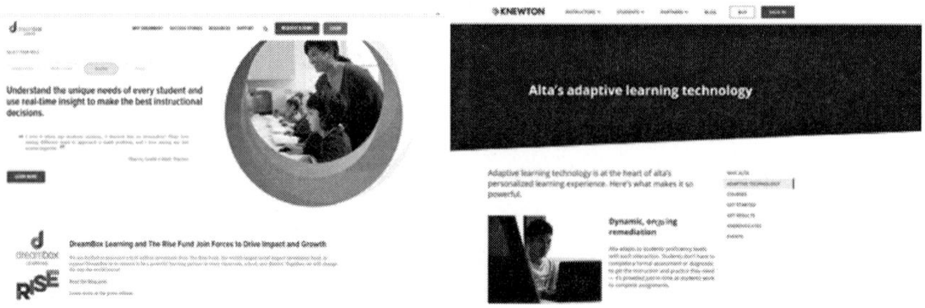

[그림 2.16] 적응적 학습시스템 사례

이러한 적응적 학습시스템의 보급이 확산됨에 따라서 학교에서 이루어지는 배움은 인간 교사와 인공지능 학습시스템이 팀으로 결합하여 학습을 진행하는 모습으로 나타날 공산이 매우 크다. 실제로 Dreambox나 Knewton의 Alta 같은 경우는 순수하게 학생들의 개별화된 학습을 지원해주는 시스템 기능만 갖추기보다, 교사, 교수 등이 교실에서 진행하는 수업의 효과를 학생 개개인의 수준과 관심에 맞추는 보조적인 학습지원 수단으로서 활용할 수 있는 여지도 함께 가지고 있다.

3.3 온라인 플랫폼을 통한 소셜러닝 대중화

4차 산업혁명 시대에는 소셜미디어, 혹은 소셜네트워크서비스(SNS)를 학습의 공간,

교실로 삼는 학습활동이 활발해진다. 소셜미디어는 온라인을 통하여 개인의 생각, 경험, 정보 등을 공유하면서 다른 사람들과의 관계를 형성하는 매체이다. 양방향적 소통을 기반으로 하여 개인들의 정보의 생산, 소비를 촉진하는 소셜미디어의 확산은 개인 상호간의 소통을 증가시킨다. 학습활동의 공간이자 수단으로 이러한 소셜미디어를 활용함으로써 이제 교육과 학습의 장면에서 누구나 교육자가 되면서 동시에 학습자가 되는 구도가 창출될 수 있다. 소셜러닝은 이처럼 소셜미디어를 기반으로 하여 양방향적인 소통을 극대화함으로써 개개인들이 가지고 있는 지식과 기술 등이 서로 만나서 결합하는 학습양식을 표현하는 개념이다.

소셜미디어는 그것을 활용하는 개인들이 각자 제공할 수 있는 정보나 기술을 개방하고 그것을 필요로 하는 다른 개인들을 가르칠 수 있는 수단이다. 그러면서 동시에 개인들은 각자가 가지고 있는 개별적인 학습요구를 해소하는데 유용한 학습자원을 유연하게 얻을 수 있는 학습의 공간이기도 하다. 다시 말하면, 소셜미디어를 통해서 시·공간적 제약을 넘어서서 개인은 자신의 관심주제를 다루는 사람들을 만날 수 있으며, 그 만남을 기반으로 한 다양한 정보의 교류, 가르침과 배움의 과정이 일어날 수 있다. 소셜러닝은 전통적인 교수자-학습자 관계성에 기반한 학교교육이 충분히 풀어내지 못하는 다양한 형태의 개별적 학습요구를 충족할 수 있는 수단이 된다. 소셜러닝의 개념은 온라인 테크놀로지의 발달에 힘입어서 앞으로도 더욱 확산될 전망이며, 변화하는 새로운 시대의 새로운 학습양식으로 자리잡을 것이다. '칸 아카데미(Khan Academy)', '테드(TED)', '듀오링고(Duolingo)', '유튜브(YouTube)' 등과 같은 온라인 학습플랫폼은 소셜러닝이 테크놀로지를 통해서 더욱 발전하고 있는 실제를 잘 보여주는 사례이다.

칸 아카데미는 전 세계 어디에서나 자신이 원하는 배움에 무료로 참여할 수 있는 온라인 학습플랫폼이다. 칸 아카데미는 교육용 동영상 5,500여개, 조회수 약 4억 5천만 회, 연습문제 약 10만 여개 등을 무료로 제공한다. 2014년 월 방문자 수는 2010년에 비하여 거의 70배 넘게 증가하였으며, 유효 출석수는 잉글랜드 초등학교 및 중·고등학교 학생수를 모두 합친 것보다 많다(Susskind & Susskind, 2016). 칸 아카데미는 설립자인 살만 칸의 아주 개인적인 동기에서부터 시작하였다. 살만 칸은 펀드매니저로 근무하던 시절, 자신의 사촌동생이 수학으로 어려움을 겪는 것을 보고는 사촌동생에게 수학을 가르쳐주기로 했다. 그래서 수학개념을 설명한 동영상을 찍어서 동생이 언제든지 편하게 반복해서 보라고 동영상을 유튜브에 올려놓았다. 살만 칸이 유튜브에 올린 짧은 동영상은 사촌동생뿐만 아니라 다른 사람들에게도 많은 도움을 제공하였다. 여기에 고무된 칸은 배움의 필요성을 가지고 있는 사람이라면 누구든지 원하는 내용을 학습할 수 있는 온라인상의 학교를 꿈꾸게 되었다. 그렇게 시작한 칸 아카데미는 가르칠 수 있는 재능이나 능력을 가지고 있는 사람들이 자신이 알고 있는 것들을 동영상으로 녹화하여 올릴 수 있는 온라인 플랫폼으로 발전하였으며, 이곳에 탑재된 모든 동영상은 누구든지 무료로 시청할 수 있다. 이처럼 칸 아카데미는 테크놀로지를 이용하여 많은 사람들에게 배움의 기회를 폭넓게 열어주는 혁신적인 교육모델을 제시하고 있다.

KHAN ACADEMY

[그림 2.17] 칸 아카데미 설립자 살만 칸

이밖에 널리 알려진 온라인 학습플랫폼인 듀오링고는 개인의 수준에 따라서 무료로 외국어 학습을 할 수 있는 플랫폼이며, 테드(Technology, Entertainment, Design: TED)는 다양한 주제에 걸쳐서 풍부한 지식을 갖춘 사람들이 18분 내외의 시간동안 강연한 내용들을 온라인에 모아놓은 플랫폼이다. 이처럼 발달하고 있는 테크놀로지에 기반한 온라인 학습플랫폼은 언제 어디서나 누구든지 자신이 원하는 배움에 참여할 수 있는 기회를 제공하는 동시에, 무료로 접근할 수 있도록 함으로써 배움에 참여하는 가운데 발생할 수 있는 금전적 부담을 줄여준다. 그럼으로써 평생학습의 가치를 실현하는 새로운 교육문화를 창조하고 있다.

3.4 모듈식 학습체계 구축: 마이크로 러닝과 나노디그리

마이크로 러닝(micro learning)은 학습의 단위를 세분화한 학습방식을 뜻한다. 지금까지 한 차시의 학습활동은 여러 가지의 내용으로 구성되어 있었으며, 학습자는 일정한 시간동안 주의집중을 하는 노력이 필요했다. 그러나 마이크로 러닝은 학습자가 한 번에 소화할 수 있는 분량과 내용으로 학습의 단위를 구성함으로써 학습단위에 대한 전통적인 의미를 넘어서는 시도이다. 그래서 주로 5-7분 정도의 분량으로 한 가지 핵심적인 학습주제만으로 간결하게 한 차시의 학습을 구성한다. 학습시간과 단위가 짧은 만큼 학습자의 학습활동은 보다 적극적이고 집중적으로 이루어짐으로써 효율적인 학습을 기대할 수 있다.

미래교육의 장면에서는 마이크로 러닝이 주목받는 이유는 크게 세 가지 차원으로 거론된다(홍정민, 2019). 첫째, 학습자들의 선호이다. 종사하는 직업뿐만 아니라 가정, 지역 등에서 다양한 역할을 챙겨야 하는 개인들에게 있어서 학습을 위한 시간을 따로 할애하기란 만만치 않은 일이다. 그러므로 바쁜 와중에 자신에게 필요한 내용을 핵심적으로 학습할 수 있는 활동은 중요한 내용을 핵심적으로 짧은 시간에 터득할 수 있는 형태로 구성해야 한다. 둘째, 교육을 제공하는 입장에서 보았을 때 마이크로 러닝은 비용/효과적인 측면에서 유리한 학습방식이다. 불필요한 주변적인 지식과 정보들을 포함해서 학습을 하는것은 비용도 많이 들지만, 학습효과도 떨어진다. 그러므로 이런 전통적인 의미의 학습활동에서 발생할 수 있는 비용적 측면을 줄이고 가장 효율적인 방식으로 학습을 제공할 수 있는 마이크로 러닝이 각광을 받을 수 있다. 셋째, 마이크로 러닝은 다양한 학습방식으로 확장이 가능하다. 하나의 학습을 한 가지 내용으로만 구성함으로써 각 학습은 개인의 관심과 요구에 따라서 다양한 방식으로 조합될 수 있으며, 그럼으로써 학습자 각자의 상황에 맞는 학습요구를 충족하는 것이 가능하다. 마치 아이들이 다양한 블록을 서로 연결하고 조립함으로써 다양한 모양을 만드는 것처럼 마이크로 러닝은 학습단위를 일종의 블록으로 세분화함으로써 개인의 서로 구별되는 학습요구에 유연하게 적용되는 학습활동의 구성이 가능하다.

이상의 세 가지 특징과 아울러서 학습단위를 학습자가 한 번에 소화할 수 있는 수준으로 편성함으로써 변화하는 교육요구라든가 새롭게 등장하는 교육요구에 맞는 학습활동을 수행하는 일이 한결 수월해질 수 있다. 전통적인 교육 프로그램의 개발은 그 분량에 따라서 비교적 시간이 오래 걸렸다. 그러나 마이크로 러닝의 학습주제는 간결하면서도 명확한 내용을 짧은 길이로 개발하기 때문에 단 시간에 구성하는 것이 가능하며, 기존의 학습활동들과 조합하는 것도 훨씬 편리할 수 있다.

하나의 학습단위 안에 내용을 복합적으로 담아내지 않는 마이크로 러닝은 학습경험의 인증이란 측면에서도 변화를 가져올 수 있다. 마이크로 러닝이 학습의 단위를 모듈화 했다고 한다면, 개인이 이수한 학습경험의 인정 단위를 세분화하여 각각을 개별적인 자격증으로 인증하고 모듈화 함으로써 개인에 따라서 서로 다른 역량모델을 구축할 수 있도록 하는 노력도 있다.

사회에서 공식적으로 인정받는 학습자격증, 즉 학위를 얻기 위해서는 보통 짧게는 2년, 길게는 4년, 혹은 그 이상의 시간이 필요하다. 이 정도의 기간에 걸쳐서 학위를 습득하기 위해서는 다양한 차원의 학습을 골고루 이수하는 노력이 필요하다. 뿐만 아니라, 학습자가 취업과 같이 구체적인 학습동기를 가지고 있어서 학습경험의 쓰임새를 고려하고, 나아가 취업과정에서 필요한 핵심적인 직무역량만이 필요한 경우를 놓고 보았을 때 전통적인 학위취득 모형은 비효율적이다. 왜냐하면 학위를 취득하기 위해서 시간도 오래 걸리지만, 그 오랜 시간동안 직접적인 쓸모가 떨어지는 교육도 이수해야 하기 때문이다. 대학 학위를 취득하기 위해서 대학이 규정하고 있는 학점이수의 기준, 즉 전공 교육과정 학점뿐만 아니라, 교양 교육과정 학점, 자율선택 교육과정 학점 등도 취득해야 하는 현실을 생각하면 이런 지적은 그리 어렵지 않게 이해할 수 있다.

이런 맥락에서 사회적으로 필요한 경험을 비교적 단기간에 기르고, 그 경험만으로 공식적인 학위로 인정해줌으로써 직업현장에서의 요구도 충족하고 개인의 고용가능성도 길러주려는 시도가 일어나고 있다. 다시 말하면, 개인의 작은 단위의 학습경험들을 그 자체로 인증하고 인증 받은 학습이력을 모듈화 함으로써 개인의 취업, 재취업의 과정을 돕고자 하는 제도가 생겨나고 있다. 나노 디그리(nano degree)는 이런 특징을 반영하고 있는 새로운 형태의 학위제도라고 할 수 있다.

나노 디그리는 빠른 변화에 효과적으로 대응하기 위하여 필요한 새로운 기술들을 단

기간에 학습하고 그 결과를 학위로 인정하는 제도이다. 나노 디그리를 처음 시작한 기관은 유다시티(Udacity)이다. 유다시티는 2011년 스탠포드 대학교에서 시작하여 2012년부터 본격적으로 MOOC 서비스를 제공하는 기업으로서 주로 취업이나 이직을 준비하는 학습자들을 대상으로 관련 기업과 연계한 강의를 개설, 운영하고 강의이수경험을 인증해준다. 유다시티의 가장 커다란 특징은 기업의 요구와 학습자의 요구를 연결해주는 MOOC 학습활동의 단위를 3~6개월 정도로 짧게 가져가고, 그 기간 동안의 학습활동을 그 자체로 학위로 인정해주는 제도를 운영한다는 점이다. 나노 디그리는 바로 유다시티가 운영하는 이러한 단기, 직무중심의 온라인 학위제도를 일컫는 개념이다. 디그리라는 표현에서 알 수 있는 것처럼 유다시티의 나노 디그리는 대학의 학위과정과 마찬가지로 온라인 강의를 기반으로 학습을 진행하되, 대학의 학위과정과 유사하게 다양한 프로젝트와 보고서 과제를 제공하여 기업의 요구에 적합한 역량을 갖출 수 있도록 지원한다. 그렇다보니 유다시티는 다양한 기업들의 후원을 바탕으로 운영되고 있다. 유다시티는 기업이 요구하는 역량을 갖춘 인재를 양성하는 동시에 개인들이 구체적인 직무요구를 효율적으로 학습하도록 도움으로써 원활한 취업을 지원한다.

[그림 2.18] 유다시티와 나노디그리 소개

이상에서 확인한 바와 같이 4차 산업혁명 시대에는 어떤 곳에서 어떤 방식으로 학습했든지 간에 상관없이 개인이 습득한 역량은 훨씬 더 세분해서 인정받는 문화가 확산될 것이다. 마이크로 러닝과 유다시티의 나노 디그리는 직업능력과 관련하는 다양한 교육, 훈련 경험을 작은 단위로 인증하고 모듈화할 수 있는 가능성을 열어둠으로써 개인에 따라서 서로 다른 숙련도와 역량수준을 보여주는 것이 가능해졌다. 이러한 변화는 급변하는 사회 흐름 속에서 개인의 가치와 역량을 보다 효과적으로 기르면서 동시에 활용할 수 있는 여지까지 남겨두는 현상이라고 할 수 있다.

3.5 미래교육의 전망과 과제

지금까지 살펴본 것처럼 4차 산업혁명은 우리 사회의 현재와 미래를 가늠하는 중요한 키워드로 부각되고 있다. 인공지능, 빅데이터, 사물인터넷, 소셜 미디어, 공유경제 등의 키워드로 요약되는 사회적 변화는 미래교육의 방향이 어떻게 설정될 것이며, 어떻게 실현될 것인지를 가늠하는 중요한 나침반이라고 할 수 있다. 교육의 목적과 내용은 사회의 변화와 동떨어질 수 없다. 왜냐하면 교육은 사회가 요구하는 내용, 사회를 원만히 살아가려는 개인이 필요로 하는 내용과 결코 무관하게 이루어지지 않기 때문이다. 교육은 사회에서 순조롭게 살아갈 수 있는 소양을 기르는 노력인 동시에, 사회의 변화를 이끌어갈 수 있는 능력을 기르는 실천이다. 4차 산업혁명에 따른 사회변화를 맞이하여 교육은 어떤 준비와 대응이 필요할 것인가? 결론적으로 정리하면 크게 세 가지 사회변화의 추세에 주목하여 미래교육의 방향성을 고민해볼 수 있을 것이다.

첫째, 교육은 새로운 직업의 가능성에 대한 준비에 주목해야 한다. 4차 산업혁명으로 인하여 기존의 제조업과 사무직 관련 직업은 사라지는 반면, 컴퓨터, 서비스 등의 분야에서 새로운 직업이 만들어질 것이라는 예측이 나오고 있다. 또한 전문 직종에 있어서도 직업분야 자체가 없어지지는 않더라도 전문직종의 과업을 구성하는 내용이 변화할 것이라는 예상도 나오고 있다. 가령 의료분야에서 진단과 치료에 관한 의사의 역할은 줄어드는 반면, 환자에 대한 상담, 환자의 개별적 예후에 따라서 처방을 유연하게 하는 판단에 있어서 의사의 역할이 부각될 것이다.

교육 분야에서도 학습자에게 모종의 지식이나 기술의 전달에 주력하는 교수학습 분야는 상당부분 인공지능이나 기계에 의해서 대치되어갈 것이지만, 대신 학습자에 대한 상담, 학습자 개개인의 독특한 조건에 따른 정서적 배려와 지원과 같은 분야는 오히려 교수자의 핵심역량으로 강조될 것이다. 뿐만 아니라, 학습자 개개인의 학습활동에 관한 데이터를 분석하고 개별적인 학습패턴을 도출하여 그에 맞는 맞춤식 학습전략을 구안, 조언해주는 역할이 새롭게 조명될 것이다. 이런 변화 속에서 교수자의 전문성은 내용전문성에 좌우되기보다, 학습자와의 관계를 맺고 그러한 관계로부터 학습자의 성장과 발달을 도모하는 조력자 역할의 수준에 따라 가늠될 것이다. 다시 말하면, 미래의 교사에게 요구되는 덕목은 얼마나 많이 알고 있는 것이 아니라, 얼마나 학습자들의 개별적 상황에 맞게 대처하고 이끌어줄 수 있는가가 될 것이다.

또한 일자리의 변화는 노동가능성을 제고하는 다양한 분야의 직업교육이나 재취업 훈련에서의 교육내용과 방법이 근본적으로 변화될 필요가 있음을 암시한다. 이런 맥락에서 마이크로 러닝, 나노 디그리 등과 같은 모듈식 학습체계는 미래사회 일자리로 나아갈 사람들에게 제공될 교육형식으로 주목받고 있다.

둘째, 기계가 인간의 지위에 빠르게 근접하는 변화의 흐름 속에서 교육은 인간성에 대한 심화된 성찰을 촉진하는 부단한 활동으로서 의의를 가질 수 있어야 한다. 지금까지 있어왔던 1차, 2차, 3차 산업혁명의 기술적 발달이 인간의 행위와 사고를 보조하는 수준에서 일어났다고 한다면, 4차 산업혁명으로 호명되는 일련의 사회변화 흐름에서 나타나는 기술혁신의 결과는 인간의 행위와 사고를 대신하는 수준으로까지 확장한다. 그래서 미래 사회에서는 인간이 운전하는 버스보다 자율주행버스에 대한 신뢰가 커지고, 인간이 내리는 판결보다 빅데이터에 기반을 둔 인공지능 판사의 판결을 더욱 공정하다고 느끼는 사회로 변화될 여지가 크다. 교육 역시 상당 부분 인공지능을 갖춘 지능형 적응적 학습시스템이 교사의 역할을 대체할 것이다.

결국 4차 산업혁명의 영향으로 인하여 사회의 많은 영역에서 그동안 인간이 감당해오던 일들을 인공지능을 갖춘 기계가 대신하는 비중이 높아질 것이며, 그 추세는 계속해서 심화될 것이다. 하지만 이런 추세의 이면에는 사회적으로 인간이 해야 할 일들이 점차 줄어들고, 그로 인해 급기야 할 일이 없는 인간, 심심한 인간, 생산성의 발휘라는 감각을 경험할 수 없는 인간이 생겨날 수 있다는 아이러니를 담고 있다. 이는 개개인들이 각자의 고유한 삶의 가치와 의미를 실존적으로 파악할 수 있는 가능성을 제거하는 양상이다. 그러므로 4차 산업혁명은 사회전체의 효율과 생산성이란 측면에서 보면 지금까지 인류가 접하지 못한 엄청난 축복의 의미를 가질 수 있으나, 인간 하나하나의 삶과 존재

이유라는 측면에서 보면 엄청난 위협과 재앙의 요소를 품고 있는 것이기도 하다.

따라서 미래 교육에서는 인간이란 어떤 존재인가라는 인간 실존에 대한 근본적인 성찰의 계기를 마련하고 그로부터 인간의 존재 가치를 스스로 파악할 수 있는 기회를 놓쳐서는 안 된다. 미래 교육에서 주목하는 배움은 기술적 수월성과 지적 능력의 도야에 머물러서는 안되며, 궁극적으로 인간성을 이해하고 인간다움을 고양하며, 자신의 실존적 가치를 스스로 통찰할 수 있는 능력을 기르는 것이어야 한다. 이런 점에서 볼 때, 미래 교육의 가치는 교육방법의 혁신이 아니라, 인간다움의 고양에 교육의 지향점을 맞추고 있는지 여부에 달려있다고 볼 수 있다.

셋째, 미래 사회에서는 기술의 발달에 힘입은 효율과 성과의 증가와 함께 분배의 문제 역시 더욱 중요하게 부각될 것이다. 분배의 문제와 관련하여 미래 교육은 공동체의식, 타인에 대한 배려와 공감, 그리고 정의로움에 대한 각성을 소홀히 해서는 안 된다. 앞서 언급한 것처럼 빠르게 이루어지는 기술의 혁신은 사회 전체적으로 지금까지 상상할 수 없었던 성과의 창출을 가능케 한다. 보다 많은 성과를 창출할 수 있는 사회로의 변화는 그 자체로 나쁠 것이 없다. 그러나 많은 성과들이 사회 전반에 걸쳐서 어떻게 분배되어야 하는가라는 문제에 대해서 충분한 고민이 이루어지지 않으면, 사회 전체적으로 오히려 부정적인 영향이 커질 수가 있다. 다시 말하면, 성과의 분배가 공정하게 이루어지지 않고 특정 계층이 독식하는 모습이 계속될 경우, 기술의 혁신으로 인한 생산성의 증가는 기존의 사회적 불평등을 오히려 가중하는 요인이 될 수 있다.

따라서 미래 교육에서는 사회적 생산성을 제고하는 기술적 역량을 기르는 부분도 강조되어야겠지만, 이와 더불어서 사회적으로 창출되는 성과들을 공정하게 배분할 수 있는 문화의 창조도 강조되어야 한다. 이는 곧 공동체성의 강화, 유대감의 증진, 그리고 이를뒷받침하는 배려와 공감성의 발달이 미래 교육의 중요한 과제가 되어야 한다는 점을 분명히 보여주는 대목이다. 다시 말하면, 미래 교육이 놓쳐서는 안 될 부분은 4차 산업혁명이라는 변화에 편승하여 사회 각 영역에 침투하는 '효율'이라는 잣대에 의해서 더불어 살아가는 사회 공동체의 공정과 정의를 훼손하지 않도록 지켜낼 수 있는 힘을 기르는 일이다.

삶의 전반에서 행해지는 배움은 빠르고 역동적으로 일어나는 사회변화 속에서 인간이라는 실존적 존재가 스스로의 행위, 사고, 나아가 존재 자체의 의미를 망각하지 않고 자신의 삶을 스스로 이끌어갈 수 있는 가장 결정적인 실천이다. 인간은 부단한 배움을 통해서 자신이 처한 삶의 장면에 적합한 앎의 깊이를 더해가게 되며, 스스로 인간 존재의 가치를 들어올릴 수 있다. 교육의 미래는 이러한 인간 존재의 가치와 의미를 인간 스스로 챙길 수 있도록 도와주는데 달려 있다.

참고문헌

- 김한별, 안아라, 허효인(2015). 종교생활 맥락에서 살펴본 성인의 영성학습 과정 : 가톨릭 신자들의 경험을 중심으로. 평생교육학연구 21(4), 1-29.
- 유재봉(2013). 교육에서 영성회복 : 학교에서의 영성교육을 위한 시론. 교육철학연구 35(1), 97-117.
- 이경일(2018). 인공지능(AI), 미래를 읽다. 국가공무원인재개발원(편). 명강의에서 길을 찾다(pp. 192-254). 진천: 국가공무원인재개발원.
- 장상현, 계보경(2007). 증강현실(Augmented Reality) 콘텐츠의 교육적 적용. 한국콘텐츠학회지 5(2), 79-85.
- 장윤재, 김자미(2018). 고등교육 관점에서 나노디그리 활용 방안 탐색. 이러닝학회 논문지 3(1), 31-42.
- 홍정민(2019). HRD 디지털 트랜스포메이션. Public HRD 85. 6-11.
- 황원식(2016). 사물인터넷(IoT)이 가져올 미래의 산업변화 전망. KIET 산업경제. 15-22.
- Cowen, T. / 신승미 역 (2017). 4차 산업혁명, 강력한 인간의 시대. 서울: 마일스톤.
- Golinkoff, R. M. & Hirsh-Pasek, K. / 김선아 역 (2018). 최고의 교육. 서울: 예문아카이브.
- Harari, Y. / 전병근 역 (2018). 21세기를 위한 21가지 제언: 더 나은 오늘은 어떻게 가능한가. 서울: 김영사.
- Rose, T. / 정미나 역 (2018). 평균의 종말. 파주: 21세기북스.
- Schwab, K. / 송경진 역 (2016). 클라우스 슈밥의 제4차 산업혁명. 서울: 새로운현재.
- Susskind, R. & Susskind, D. / 위대선 역 (2016). 4차 산업혁명 시대 전문직의 미래. 서울: 와이즈베리.

인터넷 자료

- 중앙일보(2016. 1. 20). "전 세계 7세 아이들 65%는 지금 없는 직업 가질 것". (https://news.joins.com/article/19441065)
- 위키백과: 우리모두의 백과사전. 빅데이터 (https://ko.wikipedia.org/wiki/%EB%B9%85_%EB%8D%B0%EC%9D%B4%ED%84%B0)
- Dreambox Homepage http://www.dreambox.com/
- Khan Academy Homepage https://www.khanacademy.org
- Knewton Homepage https://www.knewton.com/
- Magic Leap Homepage https://www.magicleap.com/
- Matchbook Learning Homepage https://www.matchbooklearning.com/
- Panopto Homepage https://www.panopto.com/blog/7-unique-flipped-classroom-models-right
- Udacity Homepage https://www.udacity.com/
- World Economic Forum (2016). New Vision for Education: Fostering Social and Emotional Learning Through Technology. (www3.weforum.org/docs/WEF_New_Vision_for_Education.pdf)
- World Economic Forum (2016). The Future of Jobs. (www3.weforum.org/docs/WEF_Future_of_Jobs.pdf)

연습문제

1. 의사결정과정에서 빅데이터가 주는 긍정적인 부분과 부정적인 부분을 논의해보시오.

2. '공유경제'개념과 '주문형 경제'개념 간의 관계를 설명하고 이에 해당하는 사례들을 소개하시오.

3. 미래사회의 일자리 전망에 비추어 보았을 때 미래사회에서 요구되는 역량은 어떤 것이 있을지 설명하시오.

4. 미래사회의 '변화'에 효과적으로 대응할 수 있는 방법에 대해서 논의해보시오.

5. 미래교육의 장면에서 강조되는 교사의 역할을 생각하고, 교사가 역할을 효과적으로 감당할 수 있는 방안을 생각해보시오.

6. 플립러닝이 갖는 가능성과 한계에 대해서 논의하시오.

7. 테크놀로지의 발달이 미래교육의 장면에서 주는 장점과 유의점에 대해서 논의하시오.

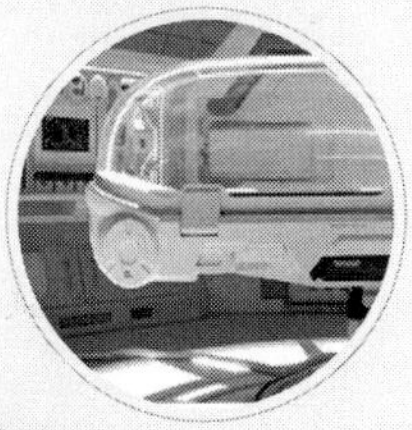

제 3 장

4차 산업혁명과 사회

1. 정치적 측면
2. 경제적 측면
3. 사회적 측면
4. 맺는말
   : 4차 산업혁명으로 인한 정치·경제·사회적 변화와
   시민 교육적 함의

- 연습문제

제 3 장

4차 산업혁명과 사회

2016년 1월 다보스 포럼에서 '4차 산업혁명'이라는 단어가 회자되면서 국내에서도 이에 대한 관심이 점차 증가하기 시작했다. 무엇보다도 4차 산업혁명이라는 새로운 흐름에 대처하기 위한 한국 정부의 발걸음이 빨라지기 시작했다. 당시 박근혜 정부는 2016~7년에 걸쳐서 4차 산업혁명에 대한 다양한 대응정책을 각 부처별로 마련했다 (김규판 외, 168-172). 먼저 정부합동으로 2016년 12월에 제8차 정보통신전략위원회 심의·의결을 통해 『4차 산업혁명에 대응한 지능정보사회 중장기 종합대책』을 확정하였으며, 이중 일부는 정부의 '2017년 경제정책방향'에 포함되어 발표되었다. 또한 기획재정부에 설치된 제3기 중장기전략위원회는 산업·교육·고용 등 경제·사회 전반의 대응 역량을 강화하여 4차 산업혁명을 촉진하고 지속적인 경제성장 기반을 마련할 필요가 있다는 인식하에 2017년 3월에 『4차 산업혁명 대응을 위한 중장기 정책과제』를 발표하였다. 그리고 산업통산부는 2016년 4월 신산업 민관협의회를 통해 '4차 산업혁명 시대, 신산업 창출을 위한 정책과제: 12대 신산업 창출 지원'을 발표하였는데 여기에는 4차 산업혁명의 먹거리로 여겨지는 주요 산업인 전기·자율차 및 사물인터넷 등이 포함되었다. 또한 미래창조과학부는 2016년 8월 제2차 과학기술전략회의를 통해 한국의 미래를 책임질 『9대 국가전략 프로젝트』를 신규로 선정하기도 하였다.

예상치 못한 박근혜 대통령의 탄핵 이후에도 4차 산업혁명에 대한 관심은 지속되었다. 특히 4차 산업혁명에 대한 언론과 대중의 관심은 2017년 대통령 선거를 기점으로 폭발적으로 증가하기 시작했다. 2017년 대선 시기를 전후하여 '4차 산업혁명'에 대한 26만 건의 국내 뉴스 제목을 분석한 윤호영 (2018, 10)은 2016년 다보스 포럼에서 4차 산업혁명이라는 단어가 본격적으로 회자되면서 이에 대한 관심이 증가하기 시작했으나 4차 산업혁명 담론의 폭발적인 증가는 대통령 선거 시기가 다가오면서부터라고 지적한다. 또한 그는 국내에서 '4차 산업혁명'이란 개념이 기술적인 담론이 아닌 산업발전의 패러다임 혹은 정부의 업무 추진 동력으로 사용되는 경향을 보인다고 지적한다. 좀 더 구체적으로 살펴보면 4차 산업혁명이라는 단어는 대선 시기 중앙 행정 권력과 관련되어 경제발전 기조 수식어로 정립되고, 대선 시기 이후 각 단위로 용어 사용이 확대되고 있다는 것이다.

'벚꽃 대선'의 결과물로 2017년 5월에 출범한 문재인 정부의 4차 산업혁명 대응 방안은 이전 정부보다 더욱 구체적이고 적극적이다. 문재인 정부는 2017년 8월에 '4차 산업혁명위원회'를 대통령 직속으로 설치하고, '과학기술자문회의'를 출범시킴으로써 4차 산업혁명에 대응하기 위한 더욱 구체적이고 적극적인 행보를 보이고 있다. 국가정책연구 포털(NKIS)에서 '4차 산업혁명'이란 단어가 포함된 국책연구소들의 보고서를 검색해보면 2016년 35건에서 2017년에 137건으로 크게 증가하고 있음을 볼 수 있다.[1] 이는 국내에서 4차 산업혁명 담론 및 이에 대한 대응 방안들이 상당 부분 국가 주도로 형성되고 실행되고 있음을 보여주는 동시에 현재 국내에서 4차 산업혁명이 정책담당자들로부터 매우 중요한 정책적 어젠다로 주목받으며 정부의 여러 정책 및 기구들로 구체화하고 있음을 보여준다.

1) https://www.nkis.re.kr. (2019/01/04 '4차산업혁명' 검색).

〈읽을거리〉 2019년도 블룸버그 혁신 지수

Bloomberg 2019 Innovation Index

2019 Rank	2018 Rank	YoY Change	Economy	Total Score	R&D Intensity	Manufacturing Value-added	Productivity	High-tech Density	Tertiary Efficiency	Researcher Concentration	Patent Activity
1	1	0	S. Korea	87.38	2	2	18	4	7	7	20
2	4	+2	Germany	87.30	7	3	24	3	14	11	7
3	7	+4	Finland	85.57	9	16	5	13	9	8	5
4	5	+1	Switzerland	85.49	3	4	7	8	13	3	27
5	10	+5	Israel	84.78	1	33	8	5	36	2	4
6	3	-3	Singapore	84.49	13	5	11	17	1	13	14
7	2	-5	Sweden	84.15	4	15	9	6	20	5	25
8	11	+3	U.S.	83.21	10	25	6	1	43	28	1
9	6	-3	Japan	81.96	5	7	22	10	39	18	10
10	9	-1	France	81.67	12	41	13	2	11	20	15
11	8	-3	Denmark	81.66	8	21	15	12	19	1	28
12	12	0	Austria	80.98	6	11	12	24	8	9	18
13	14	+1	Belgium	80.43	11	28	10	9	41	16	9
14	13	-1	Ireland	80.08	32	1	1	16	15	14	38
15	16	+1	Netherlands	79.54	16	29	21	7	42	12	12
16	19	+3	China	78.35	14	13	47	11	6	39	2
17	15	-2	Norway	77.79	17	49	23	15	17	10	11
18	17	-1	U.K.	75.87	20	45	26	14	5	21	19
19	18	-1	Australia	75.38	19	56	17	20	18	15	6
20	22	+2	Canada	73.65	22	39	27	22	31	19	8
21	20	-1	Italy	72.85	24	22	20	19	29	29	26
22	21	-1	Poland	69.10	36	20	40	18	16	38	37

(출처 : Bloomberg, 2019/01/22)

4차 산업혁명이라는 것이 실체가 있는 현상인지, 또한 우리 사회에서 4차 산업혁명이 실제로 일어나고 있는가에 대해서는 보는 이에 따라서 견해가 다를 수 있다. 이는 부분적으로 4차 산업혁명이라는 개념 자체의 문제이기도 하다. 미래학자인 제레미 리프킨(Jeremy Rifkin)은 4차 산업혁명이라는 현상의 존재 자체에 근본적인 의구심을 표시하기도 하고, 다른 학자들은 저마다 4차 산업혁명을 다르게 정의하기도 한다. 이는 4차 산업혁명이라는 개념이 아직 학계에서 충분히 인정받거나 정의된 개념이 아니라는 것을 보여 준다 (조선비즈 2017/01/26). 하지만 향후 다가올 것으로 여겨지는 변화의 흐름을 '3차 산업혁명의 심화' 혹은 '4차 산업혁명' 혹은 '인더스트리 4.0' 등의 다양한 명칭으로 부르는 것과는 상관없이 그것이 양과 질 면에서 상당한 수준의 사회적 변화를 추동하는 물결이 되리라는 것을 부인하기는 힘들 것이다. 그리고 이러한 심대한 변화가 정말로 우리에게 다가오고 있다면 우리는 이러한 변화들이 가져올 정치적, 경제적, 그리고 사회적 파장에 대한 심도 깊은 검토를 할 필요가 있다. 아쉽게도 국내에서 4차 산업혁명을 둘러싼 변화에 대한 논의와 검토는 아직까지 주로 기술적이거나 미래학적인 시각에서 다소 추상적으로 다루어지고 있는 듯하다. 물론 이러한 논의들이 4차 산업혁명을 이해하고 준비하는데 있어서 일정 부분 필요한 것은 두말할 나위가 없지만 4차 산업혁명의 실체가 점차 구체화되고 현실화되는 만큼 그에 대한 논의도 좀 더 구체적이고 심화될 필요가 있어 보인다.

이 장에서는 소위 4차 산업혁명이라고 불리는 이러한 거대하고 근본적인 변화의 흐름이 정치적, 경제적, 그리고 사회적 측면에서는 어떻게 나타날 수 있는지를 살펴본다. 4차 산업혁명은 실재하는가? 그것은 낙관적인 미래를 보장하는가? 4차 산업혁명은 기존 자본주의의 작동 방식과는 다른 새로운 시장 메커니즘을 추동하는가? 그것의 숨겨진 함의는 무엇인가? 그리고 4차 산업혁명이 가져올 여러 변화가 한국적 맥락에서는 어떠한 모습으로 나타날 것인가? 본 장에서는 이러한 문제들에 대한 가능한 대답들을 검토해 본다. 먼저 정치적 측면에서는 일반적인 수준에서 4차 산업혁명이 국가와 정부 시스템에 어떠한 도전과 기회를 부여하는지 살펴보고, 이러한 변화가 한국 민주주의의 작동에 어떠한 변화를 가져올 수 있는지를 고찰해 보고자 한다. 또한 경제적 차원에서는 4차 산업혁명이 경제 및 산업 발전의 흐름을 어떻게 바꾸고 있는지를 살펴보고, 마지막으로 사회적 측면에서는 4차 산업혁명으로 인해 일어나는 미디어 환경의 급격한 변화로 인해 생기는 '콘텐츠 스모그' 시대로의 진입의 문제를 살펴보고, 동시에 4차 산업혁명으로 인해 불가피하게 초래되는 노동과 일자리의 변화와 그것의 사회적 결과를 검토해 본다.

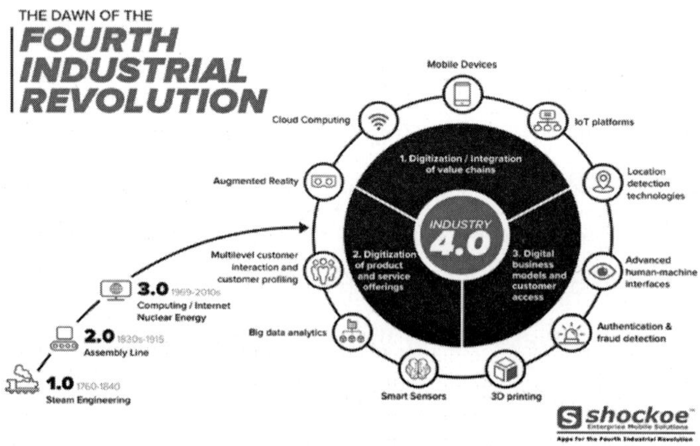

[그림 3.1] 이미지 출처 : World Econom

1. 정치적 측면

1.1 4차 산업혁명과 정치적 변화

4차 산업혁명이 어떠한 정치적인 변화를 가져올 것인가에 대한 구체적인 논의는 우선 4차 산업혁명론을 주창하는 이들의 주장을 검토해 보는 것이 유용하다. 2016년 다보스 포럼에서 '4차 산업혁명론'을 주창한 클라우스 슈밥(2016, 112-120)은 자신의 저서 『제4차 산업혁명』 중 한 챕터를 「정부의 역할」에 할애할 만큼, 4차 산업혁명이 정부의 역할과 기능을 어떻게 변화시킬 것인지에 대한 문제를 중요하게 생각하고 있다. 그는 우선 두 가지의 대비되는 가능성을 제기한다. 하나는 4차 산업혁명의 여파로 "시민사회의 힘이 커지고 인구의 분열과 양극화가 심화됨에 따라 통치는 더 어려워지고 정부의 효율성이 떨어지는 정치체제"가 나타나는 것이다. 이는 4차 산업혁명의 결과물로 "권력이 국가에서 비국가 세력으로, 저명한 기관에서 느슨한 네트워크로 이동"하고 있기 때문이다. 4차 산업혁명으로 인해 국가의 정책입안자들은 "초국가적 단체와 지방 및 지역 단체는 물론 심지어 개인까지 포함한 경쟁세력"의 등장으로 제재를 받게 됨에 따라 미시권력이 이제 국가 정부와 같은 거시권력을 제재할 수 있게 된다는 것이다. 한편, 슈밥이 제기한 다른 하나의 가능성은 이와는 매우 극명하게 대비된다. 즉, 국가의 시민사회에 대한 통제와 감시기술이 발달하여 공권력이 더욱 막강해짐에 따라 오히려 시민사회는 이전보다 국가의 더욱 강력한 통제아래 놓이게 되는 것이다. 진일보하는 기술 발전으로 말미암아 국가와 같은 거시권력이 이전보다 사회 전반에 걸쳐 더 강력한 통제력을 행사하게 되는 것이다.

[그림 3.2] 클라우스 슈밥

(이미지 출처 : World Economic Forum)

슈밥이 제시한 두 가지의 가능성은 4차 산업혁명의 흐름이 긍정적이지 못한 방향으로 이어졌을 때 국가와 정부시스템에 나타날 수 있는 양극단의 상황을 상정하고 있다. 따라서 슈밥은 이러한 양극단의 부정적 가능성을 피하기 위한 제안을 내놓는다. 즉, 슈밥은 4차 산업혁명이라는 거대한 변화에 맞서 정부가 파괴적 혁신에 의한 변화를 과감히 포용하고, 시민사회에 대한 경쟁우위를 유지하는데 도움이 되는 수준으로 정부 구조의 투명성과 효율성을 높일 수 있다면 정부의 존재는 지속할 것이라고 지적한다. 또한 슈밥은 이러한 과정에서 정부는 새로운 경쟁 권력 구조들이 존재하는 환경 속에서 더욱 작고 효율적인 조직으로 완벽히 변신해야 한다고 조언한다. 이를 위해서는 정부가 규제를 만들고 개편하고 실행하는데 있어서 새로운 방식으로 접근해야 한다고 슈밥은 말한다. '구시대'에는 의사 결정자들이 특정 쟁점을 연구하고 필요한 대응을 하는데 충분한 시간이 있었으며, 모든 과정은 선형적이고 기계적인 상의하달식 접근법이었지만 이제는 다양한 이유로 이러한 구시대의 방식이 불가능해졌기 때문이다. 4차 산업혁명시대는 점차 기술 변화의 속도가 빨라지고 있으며, 이러한 변화가 가져오는 또 다른 변화의 흐름에 국가 혹은 정부는 미처 대처하지 못할 가능성이 높다. 일례로 슈밥은 24시간 진행되는 뉴스 시스템은 사안에 대한 견해를 밝히거나 즉각적인 행동을 요구하는데 이에 대처하기 위한 정치적 리더들의 준비 시간은 점점 줄어들고 있다는 점을 지적하고 있다.

이러한 조건 속에서 슈밥은 국가와 정부가 소비자와 공공의 이익을 지키는 동시에 혁신을 억압하지 않으면서 기술 발전을 지원하는 하나의 해결책으로 '민첩한 통치 시스템'의 구축을 제시한다. 슈밥이 말하는 '민첩한 통치'란 "규제기관이 규제대상을 정확히 이해하기 위해 스스로를 개편해 지속적으로 급변하는 환경에 적응하는 방법을 찾는 것"이다. 슈밥은 이를 위해서 규제기관이 기업 및 시민사회와 긴밀히 협력해야 한다고 지적한다. 슈밥은 또한 4차 산업혁명 시대에 필요한 것은 많은 정책을 더욱 빨리 제정하는 것이 아니라 좀 더 회복력 있는 체제를 생산할 수 있는 규제와 법 제정의 생태계 조성이라고 말한다. 슈밥은 이러한 접근 방식은 중요한 정책 결정에 대해 신중히 생각해 볼 수 있는 여유를 확보함으로써 강화될 수 있다고 지적한다. 요컨대 정부는 국민과 더욱 효율적으로 소통해야 하고 적응과 조정을 위한 정책 실험을 할 수 있어야 한다는 것이다. 이는 국가와 사회 양자 모두의 역할을 재정립하고 양측이 상호작용하는 방법에 대해 재고하는 동시에 서로에 대한 기대치를 높여나가고, 다양한 관점을 포용하고 변화의 도중에 발생하는 실패와 실수를 허용할 줄 알아야 한다고 슈밥은 지적한다.

[그림 3.3] 국가의 억압적인 통제가 극대화된 미래사회를 그린 영화 『브이 포 벤데타』(2005)의 한 장면

슈밥에 의하면 4차 산업혁명으로 인한 국가-사회의 관계 변화 가능성은 두 가지로 나타날 수 있다. 즉, 더욱 강력하고 통제력이 강한 국가의 출현 혹은 더욱 강력하게 저항할 수 있는 시민사회의 출현이다. 그렇다면 한국적 맥락에서는 이중 어느 쪽이 더 현실화되고 있으며, 어느 쪽이 더 큰 함의를 가지고 있다고 보아야 할까? 어떠한 가능성이 현실화할 것인지는 좀 더 두고 보아야 할 일이기는 하지만 이 중 이전 시기와는 구분되는 새로운 변화라고 한다면 아마도 더욱 강력한 시민사회의 출현으로 보아야 할 것으로 보인다. 즉, 4차 산업혁명으로 인하여 "시민참여의 범위가 기존 정치체제에 대한 비판과 저항에 그치지 않을 것"이며 "평범한 개인이 정부 정책을 결정하는 일상의 정치과정에 항시적으로 참여하면서 시민 중심의 거버넌스는 더욱 심화"할 가능성은 커졌기 때문이다(윤성이 2017, 30). 이러한 흐름을 잘 보여주고 있는 것들 중의 하나가 바로 사회연결망서비스(SNS)의 확산이다. 이러한 통로를 통해서 "정부와 정치 엘리트에 저항할 수 있는 개인의 힘은 어느 때보다 강해"지고 있으며, "국민 개개인이 품고 있던 정치에 대한 불만

과 분노가 SNS를 통해 결집하면서 소외되고 고립된 개인이 기존 정치체제를 무너뜨리는 강력한 정치세력으로 성장"했다 (윤성이 2017, 30). 물론 인공지능을 비롯한 새로운 인공지능 기술은 국가의 통치능력을 향상하는 데 도움을 줄 수도 있지만, 무엇보다도 "정보기술의 발달은 네트워크 개인(networked individuals)을 확산시켰고, 이들이 하나로 결집한 세력으로 정치과정에 참여하면서 권력의 축은 점차 엘리트에서 시민으로 이동"하고 있으며, 이는 곧 대의민주주의의 약화와 참여민주주의의 확산으로 이어질 수 있다 (윤성이 2017, 32).

〈읽을거리〉 4차 산업 혁명과 국가 통제력의 강화

중앙일보

네이버 블로그 이어 다음 차단…인터넷 만리장성 쌓는 중국

[중앙일보] 입력 2019.01.27 17:16

한국 대표 포털 다음의 홈페이지가 중국에서 차단됐음을 표시한 중국의 인터넷 검열을 감시하는 국제 민간기구 그레이트파이어(Greatfire)의 검색 서비스. [Greatfire 캡처]

한국의 포털 다음(daum.net)의 홈페이지 접속이 중국 내에서 지난 25일부터 접속이 되지 않고 있다. 지난해 10월 16일 네이버의 하위 도메인인 블로그와 카페가 차단된 데 이어 다음까지 '만리 방화벽 장성'(Great Firewall of China)에 막혔다. 베이징 소식통에 따르면 현지의 한국 관계자들이 중국 인터넷 정책을 총괄하는 국가

민간기구인 그레이트파이어(Greatfire)를 통해서도 다음은 차단 상태로 표기된다. (사진) 중국의 사이트 검열은 6·4 천안문 사건 30주년을 맞는 올해 들어 더욱 강화되는 추세다. 중국 내 시장 점유율 2%인 마이크로소프트의 검색엔진 빙(bing.com)도 지난 23일 차단됐다. 구글·페이스북·인스타그램 등 대표적 서비스는 오래전부터 중국에서는 정상적 이용이 불가능하다. 지난 4일 광저우 사오관(韶關)시 공안국은 VPN(인터넷 우회 접속) 프로그램을 통해 중국 내 이용이 금지된 사이트에 접속한 주(朱) 모 씨에게 벌금 1000위안(16만6000원)을 부과했다.

이번 다음 차단 이유는 불분명하다. 중국 고위급 지도자와 관련된 불량 정보 유입을 차단했다는 해석과 함께 베네수엘라 정변 이후 중국 공안 당국의 '색깔 혁명' 방어 언급이 잦아진 것과 관련됐을 수 있다는 해석도 있다. 중국 당국은 홍콩 시민들의 노란우산 시위 등을 색깔 혁명으로 표현하며 우려 대상으로 삼아왔다. 중국 당국은 2014년 카카오톡과 라인 접속을 차단했을 때는 "테러 정보의 유통 수단으로 활용"을 차단 이유로 주장했다고 한다. 시진핑 주석은 지난 25일 당 기관지 인민일보 본사에서 정치국 현장 집단학습을 갖고 "여론장의 주동권과 주도권을 장악하고, 국가의 정치안정·문화안전·이데올로기안전을 수호하라"고 지시했다.

(출처 : 중앙일보, 2019/01/27)

1.2 4차 산업혁명과 민주주의

막스 베버(Max Weber)는 직접 민주주의를 '공적인 사안들'에 대하여 시민들이 직접 참여해서 결정을 내리는 시스템으로 이해한다. 베버는 직접 민주주의가 지배를 최소화한다는 점에서는 그 필요성과 의의를 인정했으나 이질적이고 다원화된 현대 사회에서는 비효율적인 행정과 정치적 불안정, 그리고 궁극적으로는 억압적 소수가 등장할 수 있는 가능성을 증가시킨다고 보았다. 또한 베버는 직접 민주주의의 또 다른 특성인 그 특유의 정치적 대표 양식은 정치적 숙의, 협상, 그리고 타협을 방해함으로써 현대 정치에 적합하지 않다고 보았다. 그러나 베버는 이러한 직접 민주주의가 반드시 불가능하다고만은 보지 않았다. 단, 베버는 직접 민주주의가 제대로 작동하기 위해서는 다음의 네 가지 조건이 충족되어야 한다고 지적했다 (Held 2006[1987], 129-130). 첫째, 직접 민주주의를 채택하는 집단 혹은 조직은 지리적으로 너무 떨어져 있지 말아야 하며, 동시에 그 구성원의 수는 제한되어야 한다. 둘째, 구성원들의 사회적 지위가 크게 다르지 않아야 한다. 셋째, 행정적 기능은 상대적으로 단순하고 안정적이어야 한다. 넷째, 재정 문제를 객관적으로 결정하고 다루는 일에 있어서 최소한의 훈련 체계가 발달되어야 한다. 하지만 베버의 이러한 조건을 충족하는 정치 시스템은 현대사회에서 충족시키기가 사실상 쉽지 않다. 실제로 이러한 조건을 충족하는 직접 민주주의는 중세 말 이태리의 도시 공화국의 귀족 사회 혹은 미국의 일부 소규모 마을들에서 주로 나타났거나 대학 교수 등과 같은 소수의 특정 직업군에서 찾아 볼 수 있을 뿐이다 (Held 2006[1987], 129).

그렇다면 4차 산업혁명으로 인한 급속한 기술적 변화는 베버가 말한 직접 민주주의가 기능할 수 있는 조건을 형성하고 궁극적으로 이를 가능하게 한다고 볼 수 있는가? 우선 베버가 말한 첫 번째와 두 번째 조건은 기술적 변화로 인해 어느 정도 극복할 수 있는 가능성이 대두되고 있다. 인터넷과 통신 기술의 발전은 지역적으로 멀리 떨어져 있는 이들과도 실시간 소통을 가능하게 하고 있다. 물리적 거리는 더 이상 소통의 장애물로 여겨지지 않고 있다. 또한 인터넷에서 익명성의 보장은 구성원들의 평등성을 상당부분 보장하고 있으며, 특정 이슈를 다루는 인터넷 게시판에서는 사회적 계급이나 경제적 격차와 상관없이 누구나 발언권을 행사할 수 있다. 또한 최근 주목받고 있는 인공지능과 빅데이터 기술의 발달은 공동체의 구성원의 수가 아무리 많아도 주도적인 여론의 흐름을 파악할 수 있는 가능성을 제시하고 있다. 그리고 베버가 지적한 세 번째와 네 번째 조건은 국가 관료제도의 발달과 관계되어 있다고 보이는데 이 역시 기술 발전으로 인하여 더욱 강력하고 효율적인 국가 행정 시스템으로의 변화가 충분히 가능할 것으로 보인다. 즉, 4차 산업혁명으로 인한 기술적 진보와 변화는 불가능하게만 여겨졌던 직접 민주주의의 가능성을 한층 더 현실화하고 있다고 볼 수 있다.

사실 4차 산업혁명으로 인한 기술적 진보가 직접 민주주의 혹은 더 나은 형태의 민주주의를 마침내 가능하게 하리라는 낙관론은 어렵지 않게 마주할 수 있다. 미국의 일렉트로닉 프런티어 재단의 창시자 존 페리 발로우 (John Perry Barlow)는 1996년에 이미 "사이버공간 독립 선언서"를 발표하면서 온라인 공간을 인종이나 경제력, 군사력, 출생지 등에 의해서 부여되는 특혜나 특권이 없는 누구에게나 오픈된 공간으로 이곳에서는 누구든지 어디서든 침묵과 순종으로 강제될 것이라는 두려움 없이 자신들의 신념을 표현할 수 있다고 선언한바 있다 (The Guardian, 2017/01/11). 또한 미국 빌 클린턴 (Bill Clinton) 대통령의 정치전략 고문이었던 딕 모리스 (Dick Morris)는 인터넷이 가진 직접 민주주의에 대한 가능성은 매우 심대한 것이어서 그것은 우리의 정치를 바꾸어 놓을 것일 뿐만 아니라 바로 정부의 형태 또한 변형시킬 것이라고 선언하기도 하였다 (Morris 2001, 1033). 미국의 현실 정치에 깊숙이 참여하고 풍부한 정치 경험을 쌓은 실용적 정치 전략가인 모리스가 이러한 인터넷에 대해 가지는 낙관론은 흥미로운데 그는 또한 온라인 투표와 다른 디지털 혁신이 직접 민주주의를 불가능하게 했던 실제적 장애물들을 극복하게 하고 미국의 주요 헌법 제정자들 중 참여 민주주의를 제창했던 토마스 제퍼슨 (Thomas Jefferson)의 비전에 근접하는 새로운 형태의 하이테크 직접 민주주의를 가능하게 할 것이라고 주장하였다 (The Guardian, 2017/01/11).

〈읽을거리〉 4차 산업혁명과 직접 민주주의의 가능성

직접 민주주의와 인터넷

딕 모리스(Dick Morris)

I. 논지 요약

인터넷이 직접 민주주의에 대해 가지는 가능성은 매우 심대하여서 인터넷이 우리의 정치 시스템뿐만 아니라 정부의 형식 또한 변환시키게 되는 것은 당연한 일이다. 1960년대부터 미국에서의 선거정치는 텔레비전을 통한 선전에 의해 좌우되어 왔다. 1996년에는 모든 주와 연방 후보들을 합쳐 총 2억 6천만 달러가 텔레비전 광고에 지불되었다. 그러나 인터넷이 성장함에 따라 텔레비전 시청자들의 규모는 줄어들고 있다. 1978년부터 1998년 사이 저녁 황금시간대의 텔레비전을 시청하는 미국 가구의 비율은 90퍼센트에서 45퍼센트로 줄어들었다. 1995년부터 1999년의 4년 동안 텔레비전 네트워크의 뉴스 시청률은 1995년의 9 퍼센트에서 1999년의 6.5 퍼센트로 급감하였다. 최근 한 조사에 의하면 33 퍼센트의 미국인은 인터넷이 뉴스의 주요한 소스이고, 인터넷으로 뉴스를 보는 26 퍼센트만이 텔레비전을 함께 시청한다고 말하고 있다. 텔레비전 시청자들이 줄어들고 인터넷 사용자들이 늘어남에 따라 정치인들은 온에어 방송에서 온라인으로 방향을 전환하며 유권자들을 따르고 있다. 마치 영양들의 무리를 따라가며 사냥해야 하는 사자들처럼, 정치 선거전의 관심의 상당 부분은 이제 인터넷으로 전환할 수밖에는 없다. 이러한 흐름은 거대한 재정적 기부자들에 대한 의존을 감소시키고, 점점 더 돈이 많이 드는 선거판의 오랜 흐름을 뒤집을 것이다. 온라인 투표는 점차 정치적 프로세스에 진입하고 있다. 2000년의 아리조나 민주당 프라이머리 선거에서는 3만 9천 942표의 온라인 투표수가 집계되었고, 이는 투표율을 1996년 보다 상회하는 것이다. 점차 투표권은 온라인으로 이동할 것이고, 더욱 더 많은 유권자 참여를 촉진시킬 것이다. 동시에 정치적 프로세스 역시 텔레비전으로부터 멀어지고 인터넷으로 이동할 것이며, 우리의 거버넌스 시스템은 인터넷의 커지는 중요성을 반영하며 좀 더 직접적인 형태의 민주주의로 진화할 것이다. 여론조사가 선출식 공무원들을 여론의 흐름에 좀 더 반응하게 만들었듯이, 인터넷을 통한 온라인 투표는 국회의원들로 하여금 유권자들의 견해에 좀 더 주의를 기울이게 할 것이다. 다양한 이슈들은 사적이고 영리를 목적으로 하는 웹사이트들을 통해 유권자들에게 전달되고 있으며 점차 정부가 지원하는 투표 시스템을 통하게 될 것이다. 직접 민주주의를 향한 변화는 지난 25년간 주 단위에서 매우 명확하게 나타났으며 이는 온라인으로 향하게 될 것이다. 이러한 변화는 오픈되어 있고 비공식적이며 사적인 국민 투표로의 문을 열게 될 것이고, 심지어는 평상시에 유권자들의 적극적인 움직임을 허용하지 않는 곳에서도 나타날 것이다. 이러한 사적인 국민투표는 법적으로 효력을 가지지는 않겠지만 그럼에도 불구하고 이는 선출직 공무원들과 모든 단계의 정책 집행자들에게 강력한 정치적 영향을 끼치게 될 것이다. 이는 곧 공중의 견해에 좀 더 밀접하게 반응하는 거버넌스 시스템의 출현으로 이어질 것이다. 인터넷이 워싱턴디씨로부터 떨어진 곳에 대표를 파견해야 하는 등의 기존의 절차적 지리적 장애물을 극복함에 따라 정부의 정책 결정에 더 많은 대중의 참여가 더 좋을지 아닐지의 여부와는 상관없이 이러한 변화는 불가피해지고 있다.

(이하 생략)

...

(출처 : Dick Morris, Direct Democracy and the Internet, 34 Loy. L.A. L. Rev. 1033 (2001). Available at: https://digitalcommons.lmu.edu/llr/vol34/iss3/5)

반대로 빠른 기술적 진보가 직접 민주주의의 재탄생으로 이어질 것이라는 의견에 회의적인 시각을 드러내는 이들도 많다. 민주주의 연구의 고전인 『민주주의론 (On Democracy)』 (Dahl 1998)의 저자인 로버트 달 (Robert Dahl)은 기술적 진보로 인해 직접 민주주의가 대의 민주주의를 대체할 수도 있으리라는 가능성에 대해 매우 회의적인 반응을 보이고 있다. 그는 이에 대한 근거로 현대 사회의 정치 공동체의 사이즈가 기본적으로 대규모라는 점을 들고 있다. 달은 머지않은 미래에 전자적 수단을 이용한 통신 수단을 발달로 인하여 직접 민주주의를 불가능하게 했던 조건의 하나인 물리적 거리의 문제가 해결될 수도 있다고 보았으나 이로 인해 시민들이 주요한 정치적 의제를 서로 깊게 토론하고 해결할 수 있을 것이라고는 보지 않았다 (Dhal 1998, 105-6). 즉, 이와 같은 비관적 견해에 따르면 4차 산업혁명으로 인한 직접 민주주의의 재발견 가능성은 그리 크지 않은 셈이다.

낙관론자인 딕 모리스가 희망한 것과 같은 거대한 규모와 빠른 속도로 기술적 진보가 정치를 혁명적으로 바꾸어 놓지는 않았지만 그럼에도 불구하고 4차 산업혁명을 필두로 한 혁신적인 기술적 진보가 현대사회에서 불가능하게만 여겨졌던 직접 민주주의를 점차 가능하게 하는 조건들을 만들고 있다는 점은 어느 정도 수긍할 수밖에 없게 되었다. 실제로 한국에서도 소셜 네트워크를 비롯한 다양하고 새로운 수단을 통해서 시민들의 정치적 발언이 활발해 지고 있으며, 정부 또한 이러한 목소리에 점차 귀를 기울이고 있다. 그렇다면 이러한 정치적 환경의 변화는 조만간 매우 근본적인 질문을 우리에게 던지게 될 가능성이 높다. 즉, 점차 가속화되는 기술적 진보와 그로인한 사회적 변화로 인해 우리는 그리 멀지 않은 미래에 정치 시스템의 근간을 직접 민주주의로 할 것인가, 아니면 대의 민주주의로 할 것인가의 문제를 근본적으로 다시 검토하고 선택해야 할지도 모를 일이다. 그렇다면 직접 민주주의를 가능하게 하는 기술적 진보와 그로 인한 사회적 변화는 더 나은 민주주의를 약속하는가? 아니면 이는 민주주의의 또 다른 위협이 될 것인가? 이 역시 우리가 조만간 대답해야 할 질문들일지도 모른다.

또한 4차 산업혁명과 관련된 정치적 변화의 맥락에서 "앞으로는 지능기술이 정치과정을 주도하는 알고리즘 민주주의가 대두될 가능성이 높다"고 조심스럽게 예측하는 의견도 나오고 있다 (윤성이 2017, 32). 즉, 현재까지 정책결정 과정에서 인공지능과 빅데이터는 인간의 판단을 지원하는 보조적 역할을 하고 있었지만 앞으로는 정책결정 과정에서 인공지능과 빅데이터가 보조적 역할이 아닌 주도적 역할을 담당하게 되리라는 것이다. 이러한 견해에 따르면, 미래의 지능기술은 인간의 의사결정력을 높일 뿐 아니라 스스로 사고하고 판단하고 집행하면서 우리 정치와 민주주의에 혁명적인 변화를 가져올 것이며, 이는 급속히 진행되는 사회 복잡화와 날로 증가하는 미래에 대한 불예측성으로 인해 더욱 촉진될 것이다 (윤성이 2017, 32).

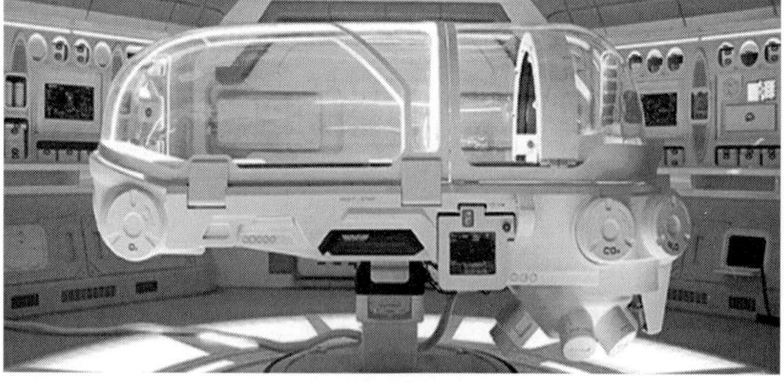

[그림 3.4] 영화 『프로메테우스』(2012)의 인공지능 로봇 수술대

그러나 이러한 '알고리즘 민주주의'가 더 나은 혹은 더 바람직한 민주주의로 나타날 것인지에 대해서는 아직 확실한 답을 얻기가 힘들다. 윤성이(2017, 33)는 이러한 알고리즘 민주주의 시스템이 사회적으로 첨예한 논쟁의 하나인 '원자력 발전소' 문제에 적용될 경우 주관과 감정이 개입된 사람의 판단보다 데이터에 근거한 더 합리적인 판단에 도달할 수는 있지만 아무리 합리적인 결정이라 하더라도 당사자들이 자신의 이익과 가치에 부합되지 않는 정책을 받아들이기는 쉽지 않을 것이라고 예측한다. 즉, 알고리즘 민주주의라는 새로운 형식의 민주주의가 나타날 수 있다는 가능성이 반드시 더 좋은 민주주의의 가능성으로 곧바로 귀결되는 것은 아니라는 점에 유의할 필요가 있다. 그리고 이러한 변화는 우리에게 '정치'란 무엇이고, '민주주의'란 어떠해야 하는가에 대한 근본적인 질문을 던지게 될 것이다. 다가오는 4차 산업혁명 시대에 우리는 인공지능에게 어느 정도까지 정치적 판단을 맡길 수 있을 것인가? 그리고 인공지능에게 그러한 판단을 맡긴다면 우리는 어느 정도로 그 판단을 받아들이고 이행할 수 있는가? 만일 인공지능의 정치적 판단이 우리가 익숙해져 있는 지루한 정쟁의 연속과 정파적 갈등에서 생기는 비합리성과 감정소비를 현저히 없애고, 효율적이면서도 다수의 사람들에게 만족스러울 만한 최적의 결과를 도출시킨다면 우리는 '정치'라는 무거운 부담으로부터 우리 자신을 해방시킬수도 있을 것인가? 리들리 스콧 감독의 영화 『프로메테우스』(2012)에 주인공이 절체절명의 위기에 수술용 로봇에 자신의 운명을 선뜻 맡겼듯이, 우리 역시 정치적 위기에 공동체의 운명과 방향성을 인공지능의 결정과 판단에 맡길 준비가 되어 있는가? 아마도 그리 머지않은 미래에 우리가 답해야 할지도 모를 문제들이다.

〈읽을거리〉 인공지능에 의한 의사결정

인공지능의 의사결정

티핑 포인트: 기업 이사회에 인공지능 기계가 최초로 등장한다.

2025년까지 발생 가능성 예상 응답자 45%

인공지능은 자동차 운전뿐 아니라 조언을 제공하기 위해 과거의 상황을 통해 학습하고 미래의 복잡한 의사결정 과정을 자동화하여 데이터와 과거의 경험을 바탕으로 더욱 쉽고 빠르게 결정을 내릴 수 있게 해준다.

■ 긍정적 영향 :

- 데이터를 활용한 합리적 결정이 가능해진다. 편견이 줄어든다.
- '비이성적 과열'이 사라진다.
- 시대에 뒤쳐진 관료제를 개편한다.
- 새로운 일자리와 혁신이 증가한다.
- 에너지 자립도가 증가한다.
- 의료과학 및 질병 퇴치 기술이 발달한다.

■ 부정적 영향 :

- 책임 소재가 불분명해진다. (예: 수탁자의 권리와 법률적 책임은 누가 지게 될 것인가?)
- 기존의 일자리가 감소한다.
- 해킹과 같은 사이버 범죄가 증가한다.
- 책임, 의무, 거버넌스의 소재 파악이 어려워진다.
- (인공지능이 내린 결정을) 점점 이해하기 어려워진다.
- 불평등이 심화된다.
- '알고리즘과의 마찰'이 생긴다.
- 인류의 존재에 대한 위협이 생긴다.

■ 현재 동향 :

- 언어 인공지능인 컨셉넷4가 최근 아이큐 테스트를 치렀다. 3년 전 테스트에서는 한 살 어린아이의 지능에도 미치지 못했던 것에 반해, 이번에는 대부분의 네 살 어린아이의 지능보다 높다는 결과가 나왔다. 얼마 전에 완성된 최신 버전은 대여섯 살 어린아이의 지능 수준을 보일 것으로 예측된다.
- 만약 무어의 법칙이 지난 30여 년간 발전해왔던 것처럼 앞으로도 그 발전 속도를 유지한다면, 2025년에는 CPU의 처리 능력이 인간의 뇌 수준으로 올라올 것이다. 생명과학, 암 연구, 노화에 따른 질병, 재생의학 분야에 투자하는 홍콩의 투자 금융회사 딥날리지 벤처스는 바이탈이라고 불리는 인공지능 알고리즘을 이사로 임명했다.

출처 : 클라우스 슈밥, 『제4차 산업혁명』 중 4차 산업혁명 방법론의 일부 내용 (2016)

1.3 4차 산업혁명과 한국의 민주주의: 몇 가지 고려사항들

그렇다면 4차 산업혁명은 한국의 상황에서 어떠한 정치적 변화를 가져올 것인가? 4차 산업혁명의 흐름은 한국의 민주주의를 더욱 공고화시킬 것인가? 아니면 한국 민주주의 발전에 새로운 도전과 위협으로 나타날 것인가? 무엇보다도 4차 산업혁명으로 인한 기술적 진보는 점차 직접 민주주의를 가능하게 하는 조건을 형성하고 있음을 알 수 있다. 4차 산업혁명의 정치사회적 결과물로 '강한 시민사회'의 등장과 이로 인한 '참여 민주주의'에 대한 시민사회의 요구가 이전보다 강력해질 것이라는 점은 그동안 정치발전의 주요한 행위자로 자리매김하고 있는 한국 시민사회가 강한 참여주의적 정향을 보이고 있다는 점에서 중요한 함의를 갖는다 (조영호·김용철 2017). 즉, 한국의 시민사회는 4차 산업혁명으로 인한 기술적 진보로 인하여 더욱 강력한 견제력과 저항성을 보일 수도 있으며, 이는 한국의 민주주의의 작동에 상당한 변화를 추동하게 될 것이다. 동시에 한국의 시민사회는 국가에 대하여 이전보다 더 넓고 깊은 수준의 정치참여를 요구하게 될 가능성이 높아 보인다.

Country	D1: Inter-party competition	D2: Party roots in society	D3: Legitimacy of parties and elections	D4: Party organization	Aggregate index (D1+D2+D3+D4)/4
Indonesia	74%	30%	65%	50%	55%
Philippines	49%	54%	57%	67%	57%
Korea	25%	73%	30%	25%	38%
Taiwan	77%	57%	35%	75%	61%
Thailand	61%	41%	53%	50%	51%
Mongolia	53%	90%	45%	38%	56%

[그림 3.5] 아시아 6개국의 정당 체계 제도화 지수 비교 (Croissant & Völkel 2010)

한국의 정치 제도는 이러한 시민사회의 요구에 응답할 준비가 되어 있는가? 안타깝게도 현재 시점에서 본다면 한국의 정치 제도는 시민사회의 빠른 변화에 미처 따라가고 있지 못하고 있는 것으로 보인다. 무엇보다도 한국의 민주주의 제도, 특히 대의 민주주의 작동의 핵심 기제인 정당 체계가 아직 제대로 제도화되어 있지 못한 실정이다. 1987년 민주화 이후 30여년이 흐른 지금에도 어째서 대의 민주주의 제도의 핵심적 제도인 정당 체계가 아직도 한국사회에서 제대로 자리 잡고 있지 못하는가는 학술적으로도 흥미로운 주제이고, 많은 연구가 필요한 부분이다. 문제는 이러한 낮은 수준의 제도화를 보이고 있는 한국의 정당체계와 점차 깊고 넓은 수준의 참여를 요구하는 시민사회의 간극이 지금으로서는 매우 커 보인다는 것이다.

따라서 한국의 경우 4차 산업혁명의 여파로 시민사회는 더욱 활발하고 강해지고, 시민사회의 정치적 참여 요구는 이에 비례할 가능성이 높다. 하지만 민주주의 작동의 중핵이라 할 수 있는 정당체계는 아직도 낮은 제도화 수준에 머물러 있으며, 이로 인해 참여적 성향이 점차 강해지는 시민사회의 요구에 제대로 부응하지 못할 가능성 역시 높다고 볼 수 있다. 시민사회의 정치적 요구가 적절하게 반영되지 않고, 정치권이 권력을 나누려 하지 않는다면, 이에 대한 시민사회의 정치적 불만은 정제되지 않은 방식으로 표출될 가능성이 높다. 바람직하지는 않지만 생각해 볼 수 있는 충분히 가능한 시나리오는 이러한 시민들의 정치적 불만이 재능 있는 선동가의 선동정치와 결합하는 '포퓰리즘'의 출현으로 이어지는 것이다. 기존의 엘리트와 정치시스템을 부패한 것으로 매도하고 대중과의 직접적인 소통을 강조하는 포퓰리즘은 기성 정치에 실망하고 이를 불신하는 대중들의 정치적 불만을 '선동'이라는 감성적 수단을 통해 폭발시킨다. 이러한 포퓰리즘적 정치는 대의 민주주의는 물론 민주주의 자체를 위협할 가능성이 매우 높다는 점에서 항상 경계심을 유지할 필요가 있다. 물론 이러한 부정적 시나리오가 그대로 나타나리라는 보장은 없다. 이와는 반대로 시민사회의 유례없는 적극적 정치참여가 그간 개혁하기 힘들었던 한국의 정당제도 및 여러 정치사회제도를 획기적으로 바꿀 수 있는 동력으로 작용할 수도 있을 것이다. 그렇게 되기 위해서는 무엇보다도 한국의 국가 및 정치 제도들이 빠르게 변화하는 기술적 진보와 이로 인해 파급되는 여러 사회적 변화에 민첩하고 유연하게 대처해야 필요가 있을 것이다. 물론 시민사회 또한 스스로의 공간을 성찰적이면서도 비판적인 성숙한 시민들로 채워나갈 필요가 있다.

〈생각거리〉

1. 한국의 경우 4차 산업혁명은 '강한 국가'의 출현으로 이어질 것인가? 아니면 '강한 사회'의 출현으로 이어질 것인가? 어느 쪽이 더 개연성이 있으며, 그 근거는 무엇인지 논의해 보자.
2. 인공지능이 다수 대중의 정치적 선호를 정확하게 파악하고 이를 토대로 중요한 정치적 결정을 내릴 수도 있는 상황이 온다면 이를 수용할 수 있을 것인가?
3. 4차 산업 혁명시대에는 직접 민주주의가 대의 민주주의를 대체할 것인가?
4. 한국적 맥락에서 4차 산업혁명은 민주주의를 심화시키는가, 아니면 약화시키는가? 구체적인 사례를 들어 생각해보자.
5. 지금으로부터 2-30년 후 사회 변화와 이로 인한 정치 시스템의 변화를 예측해 보자. 가장 눈에 띄게 변화될 부분은 어떤 것들인가?

2. 경제적 측면

2.1 4차 산업혁명과 경제 변화

4차 산업혁명은 기존의 경제 시스템을 근본적으로 변화시키고 있는가? 아니면 4차 산업혁명이란 자본의 이익을 위해 제시되고 있는 또 하나의 허구적 담론인가? 4차 산업혁명과 경제의 상관관계를 진지하게 검토하기 위해서는 근본적으로 되짚어봐야 할 문제들이다. 세계적인 베스트셀러인 『사피엔스』의 저자 유발 하라리 (Yuval Noah Harari)는 '4차 산업혁명이 실체 없는 자본주의의 선전도구가 아닌가'라는 질문에 "4차 산업혁명을 심각하게 받아들이고 중요하게 다뤄야 한다"고 말하면서, "인공지능과 생명공학이 합쳐져 경제 체제가 완전히 바뀌어 20~30년 안에 모든 경제 영역에서 혁명적 변화가 일어날 가능성이 크다"고 지적한다 (한겨레신문 2017/07/13). 즉, 그에게 4차 산업혁명으로 인한 경제 시스템의 근본적인 변화는 곧 우리에게 다가올 실제인 셈이다. 이호근 (2018, 292-3) 역시 4차 산업혁명으로 인한 경제 생태계의 급진적인 변화를 지적하고 있는데, 이것의 한 예로 '유니콘 (Unicorn) 기업'의 수가 크게 늘고 있다는 점을 지적한다. 유니콘 기업이란 창업한지 10년이 지나지 않아 아직 주식시장에 상장되지 않았지만 기업 가치를 10억 달러 이상 평가받는 벤처기업을 의미한다. 이는 하나의 스타트 기업이 증권시장에 상장하기도 전에 기업가치가 10억 달러 이상이 되는 것은 마치 유니콘처럼 상상 속에서나 존재할 수 있다는 의미로 만들어진 용어이지만 4차 산업혁명은 유니콘 기업을 상상이 아닌 현실로 만들고 있다. 이호근에 따르면 2018년 3월 기준으로 전 세계 유니콘 기업은 236개로 지난 2014년의 유니콘 기업 수 45개에 비하면 5배 이상 증가했다. 포춘 500대 기업들이 시가총액 10억 달러에 도달하는 데 평균 20년 이상 소요된 데 반해 이들 유니콘 기업들은 평균 6년 이내에 10억 달러 클럽에 입성했다 (이호근에 따르면 236개 유니콘 기업의 80.5%가 미국, 중국, 인도 기업이며, 한국의 유니콘 기업은 3개 정도이다).

일반적으로 기술 발전과 경제 발전의 상관관계를 연구하는 학자들의 입장은 크게 두 가지로 대별된다. 하나는 '기술 회의론자'로 이들은 디지털 혁명이 할 수 있는 중요한 기여는 모두 이루었고, 생산성에 대한 영향력도 거의 끝났다고 본다. 반대로 '기술 낙관론자'들은 과학기술과 혁신이 변곡점에 머문 것뿐이고, 곧 생산성 급증과 높은 경제성장을 촉발할 것이라고 주장한다. 4차 산업혁명론을 주창하는 클라우스 슈밥은 전체적으로는 '낙관론'에 동조하면서도 회의론적 시각을 어느 정도 포용하고 있다는 점에서 스스로를 '실용적 낙관론자'로 규정한다. 그는 기술 발전이 경제에 가져올 수 있는 부정적 효과들, 예를 들어 과학기술이 가져올 잠재적 디플레이션의 영향, 과학기술이 노동보다는 자본을 중시한다는 것, 과학기술이 임금의 하락을 이끈다는 것 등을 인지하고 있는 동시에 기술발전이 가져올 수 있는 긍정적 효과들, 즉 과학기술 발전으로 소비자들은 더욱 저렴한 가격에 소비할 수 있게 되고, 이 때문에 보다 더 지속가능하고 책임 있는 소비가 가능해진다고 지적한다 (슈밥 2016, 57-58).

지난 20년간 전 세계 생산성이 기술의 기하급수적 진보와 혁신에 대한 투자가 폭발적으로 증가했음에도 불구하고 부진한 상태에 머무르고 있는 '생산성의 역설'에 대해 슈밥 (2016, 60-62)은 기존의 생산성 측정 방법을 4차 혁명시대에 맞게 바꾸어야 한다고 지적한다. 그에 따르면, 4차 산업혁명에서 창출되는 혁신적인 재화와 서비스는 놀라울 정도로 높은 수준의 기능성과 품질을 갖추었지만 우리가 기존에 생산성 지표를 측정하던 시장과는 근본적으로 다른 시장을 통해 유통되고 있다. 즉, 새로운 형태의 재화와 서비스는 비경합적 특성을 지니고 한계비용이 없으며 디지털 플랫폼을 통해 상당한 경쟁력을 갖춘 시장으로 유통되는데 이 모든 요소 때문에 가격이 더욱 낮게 책정된다. 이런 조건하에 소위 소비자잉여 (consumer surplus)가 총매출이나 수익 증대에 반영되지 못해 기존의 통계 방법으로는 실제 가치 상승이 정확히 파악되지 않을 수도 있다는 것이다. 즉, 4차 산업혁명 시기에는 그간의 경제 논리를 재정립해야 한다는 것이다.

슈밥은 4차 산업혁명과 경제 발전의 상관관계에 대한 '실용적 낙관론'의 근거로 다음의 세 가지 이유를 들고 있다 (슈밥 2016, 63). 첫째, 4차 산업혁명은 20억 인구의 충족되지 못한 요구가 세계 경제에 반영되는 기회를 제공하고, 전 세계의 모든 사람과 커뮤니티에 권한을 부여하고 서로 연결해 기존 재화와 서비스에 대한 추가적인 수요를 유도한다. 둘째, 4차 산업혁명 덕분에 우리는 부정적 외부효과에 대해 제대로 파악하고 해결할 수 있고 이 과정에서 잠재적 경제성장도 촉진시킬 수 있다. 셋째, 상당수의 재계, 정치권, 시민사회 지도자들은 하나같이 자신이 몸담고 있는 조직을 디지털 기술의 효율성을 완전히 실현시킬 수 있는 조직으로 개편하기 위해 노력하고 있다.

시장에서의 경쟁과 생존 게임의 룰이 달라지는 4차 산업혁명 시기에는 기업 역시 발 빠르게 적응해야 한다. 슈밥 (2016, 89)은 제3차 산업혁명이 단순한 디지털화에서 비롯되었다면, 제4차 산업혁명은 보다 새롭고 다양한 방식으로 기술이 결합된, 훨씬 더 복잡한 형태를 지향하는 전환이라고 지적한다. 이러한 변화의 과정에서는 모든 기업이 자사의 운영 방식을 전면 재검토하거나 기존 전략을 바꿀 수밖에 없는 상황이라는 것이다. 이러한 변화의 흐름을 보여주는 하나의 예로 이은민 (2016, 18)은 4차 산업혁명의 도래로 인하여 '온디맨드 플랫폼 비즈니스'가 확대되는 산업 구조적인 패러다임 변화를 제시한다. 이에 따르면, 기존 산업 구조에서 시장의 원리는 사람, 재화, 그리고 정보를 유통 플랫폼에 등록하고, 수요와 공급자가 모두 그 안에서 거래를 하는 방식이었으며, 이 때 공급과 수요가 만나는 지점에서 가격이 결정되고 이는 시장 전체에 통용되는 기준으로 적용되었다. 그러나 4차 산업혁명 시기의 온디맨드 경제는 거래에 당사자들이 제품과 서비스를 소유하지 않고 이용할 수 있으며, 디지털플랫폼이 거래의 중개인 역할을 담당한다. 세계에서 가장 큰 택시기업인 우버(Uber)는 소유하고 있는 자동차가 없고, 세계에서 가장 큰 숙박 제공업체 에어비앤비(Airbnb)가 소유한 부동산이 없다는 사실은 디지털플랫폼 비즈니스가 기존의 비즈니스와는 완전히 다른 형태임을 보여준다는 것이다.

〈읽을거리〉 4차 산업혁명과 기업혁신

AI 인재 끌어모으는 현대車… "순혈주의 벗어나 미래사업 창출"

'파파고 아버지' 김준석 리더 영입… 김정희 이사와 같은 네이버 출신 신사업 총괄은 삼성출신 지영조

로봇 등 5대 신사업 발표 이후 장기적 관점 연구개발 두드러져

현대차그룹의 주요 미래 사업 전략

개인 맞춤형 이동 수단 구현

운전자와 탑승자에 따라 최적의 이동 환경을 제공하는 '스타일 셋 프리' 전략 수립

정보 연결 서비스 확대

미국과 유럽, 인도 등 전 세계 곳곳에 빅데이터 센터 설립 예정

인공지능(AI) 기술 연구개발

AI 기술 연구개발 전문 조직 '에어 랩' 설립에 이어 미국 내 '에어 센터' 구축 예정

신개념 이동 수단 개발

전기모터가 달린 4개의 로봇 다리로 이동하는 '엘리베이트' 상용화 계획

순혈주의 문화가 강했던 현대자동차그룹에서 다양한 외부 인재 영입이 이어지고 있다. 정보통신기술(ICT)을 결합한 자율주행차 등 스마트 모빌리티 역량이 자동차 기업의 핵심기술이 되면서 새로운 분야의 인재 영입이 불가피해진 것이다. 여기에 로봇과 인공지능(AI), 미래 에너지 등 새로운 사업을 발굴하기 위해서도 다양한 영역의 인재들이 현대차그룹에 속속 합류할 것으로 보인다.

11일 ICT 업계에 따르면 국내 자연어 처리 연구 분야의 전문가로 손꼽히는 김준석 전 네이버랩스 리더가 최근 현대차의 AI 전담 조직인 에어랩으로 이직했다. 김 전 리더는 네이버의 AI 통·번역 서비스인 파파고의 개발을 주도해 '파파고의 아버지'라 불렸던 네이버 핵심 연구진 중 한 명. LG전자에서 음성인식 기술을 개발하다가 2007년 네이버에 합류한 그는 2017년 한국공학한림원이 발표한 '차세대 연구 주역'에도 선정되는 등 한국 ICT 분야의 인재로 평가받고 있다.

김 전 리더는 최근 소셜네트워크서비스(SNS)에 "2월부터 약 12년간 일했던 네이버를 떠나 현대자동차 에어랩에서 새로운 시작을 하게 됐다"며 "지난해 11월에 만들어진 에어랩은 다양한 AI 관련 역할을 수행하게 될 조직이다. 현재 함께 일할 유능한 동료들을 적극적으로 찾고 있다"는 글을 남기기도 했다. 앞서 현대차는 지난해 딥러닝(심층 기계학습) 분야 전문가인 김정희 전 네이버랩스 인텔리전스그룹 리더를 현대차 에어랩을 총괄하는 임원(이사)으로 영입한 바 있다.

에어랩을 포함해 현대차의 신사업 연구를 총괄하는 전략기술본부 역시 액센추어, 맥킨지, AT&T 벨 연구소 등을 거쳐 삼성전자 부사장을 지낸 지영조 사장이 이끌고 있다. 현대차 관계자는 "기존의 사업 영역과 단기 성과라는 틀에 갇히지 않아도 되는 전략기술본부는 모빌리티 서비스와 벤처 기업 발굴, AI 기술 연구 등에서 연구를 진행하고 있다"고 설명했다. 이 중 에어랩이 선도하는 AI 기술은 미래 자동차의 핵심 기술인 자율주행은 물론이고 현대차 전체의 생산 효율화와 고객 경험 혁신

등에 기여할 것으로 전망된다.

앞서 현대차는 로봇과 AI 등 미래 신사업에 5년간 23조 원을 투자하고 4만5000개의 일자리를 만들겠다는 계획도 밝힌 바 있다. 정의선 현대차그룹 수석부회장은 지난해 1월 △차량전동화 △스마트카 △로봇·AI △미래 에너지 △스타트업 등 5대 신사업에 대한 추진 계획을 발표했다. 올 초 열린 'CES 2019'에서 걸어 다니는 자동차 개념의 '엘리베이트(Elevate)'의 축소형 실물을 공개하기도 했다. 현대차가 그동안 추진해 온 로봇 등에 대한 연구의 결과물을 실제로 보여준 것이다.

그룹의 미래 사업전략을 고심 중인 정 수석부회장은 이미 지난해 말 인사에서 연구개발(R&D) 수장에 BMW 출신인 알버트 비어만 차량성능담당 사장을 연구개발본부장으로 임명하기도 했다. 외국인 임원을 처음으로 연구개발본부장에 앉힌 파격 인사라는 평가를 받았다.

현대차그룹의 순혈주의 타파는 과거의 '빠른 추격자(패스트 팔로어)' 전략으로는 더 이상 급변하는 자동차 시장에서 생존하기 어렵다는 판단 때문이다. 김필수 대림대 자동차과 교수는 "친환경차와 자율주행차 등 미래의 먹거리를 발굴하려면 외부 인재 영입은 물론이고 과감한 인수합병(M&A)이나 전혀 다른 분야 업체들과의 공동개발 같은 전략이 필요하다"고 조언했다.

(출처 : 동아일보 2019/02/12)

[그림 3.6] 포브스 선정 글로벌 100대 기업 판도 변화, 출처: 매일경제 (2018/09/09)

슈밥 (2016, 103-105)은 4차 산업혁명 시대에 기업이 물리학, 디지털, 생물학 기술을 다차원적으로 결합해서 활용할 수 있다면 산업 전체는 물론 생산, 유통, 소비 등과 관련한 시스템에 파괴적 혁신을 일으키는 데 성공할 가능성이 높다고 예측 한다. 그는 이러한 접근법이 기존 업체의 입지를 점진적으로 약화시키고 산업 간 경계를 허물게 될 것이라고 지적한다. 이러한 주장의 근거로 그는 대다수 기업의 고위 중역들이 앞으로 3년에서 5년간 기업에 영향을 미칠 주된 요인으로 산업의 융화를 꼽았다는 점에 주목한다. 자동차 산업의 빠른 변화를 예로 든다면, 자동차는 더 이상 단순한 기계가 아닌 바퀴가 달린 컴퓨터로 전자장치가 원가의 40퍼센트를 차지할 정도로 그 비중이 높아지고 있다. 자동차 시장에 진입하려는 애플, 구글, 혹은 삼성의 최근 행보를 보더라도 이제는 기술 기업이 얼마든지 자동차 기업으로 변모할 수 있음을 의미한다. 이호근 (2018, 149) 역시 자동차 산업의 이러한 급격한 변화를 예측한다. 그에 따르면, 자동차 산업에서 1차 산업혁명의 기회를 잡은 것은 영국 기업들이었지만, 2차 산업혁명에서 소품종 대량생산의 기회를 잡은 것은 미국의 포드 자동차였다. 포드에 밀린 미국 5개 군소 자동차 기업들이 모여 만든 제너럴 모터스는 3차 산업혁명의 정보화 물결에서 자동차 할부판매를 도입해 자동차 시장을 금융 게임으로 바꾸며 포드를 뛰어 넘었다. 이호근은 그렇다면 4차 산업혁명에서 자동차 산업의 절대 강자는 자동차의 소프트웨어에서 판가름이 날 것이라고 예상하며 테슬라와 구글과 같은 기업이 유리할 수밖에 없다고 지적한다.

또한 이호근 (2018, 142)은 4차 산업혁명이 초(超)연결성, 초(超)지능성, 그리고 예측가능성이란 특징을 지닌다고 지적한다. 사물과 사람, 사물과 사물이 네트워크로 연결(초연결성)되고, 초연결성이 만들어내는 막대한 데이터를 분석해 일정한 패턴을 파악(초지능성)할 수 있으며, 분석 결과를 토대로 인간의 행동을 예측(예측가능성)함으로써 새로운 가치를 만들어내는 것이다. 이호근(2018, vii)은 오픈소스 소프트웨어 지지자인 에릭 레이몬드가 제시한 '성당(Cathedral)'과 '시장(Bazaar)'이라는 개념을 빌어 이러한 4차 산업혁명의 변화 흐름이 기업들에게 어떠한 도전과 기회를 제공하는지에 대한 흥미로운 분석을 시도한다. 레이몬드는 기업 내 소수의 전문가 그룹만으로 소프트웨어를 제작하는 기존의 개발방식을 '성당' 이라고 표현한 반면, 누구나 개방적인 환경에서 소프트웨어 개발에 참여할 수 있는 오픈소스 소프트웨어 프로젝트를 '시장'이라고 불렀다. 이호근 (2018, 21)은 '성당'은 중세시대 소수의 성직자가 운영하는 하나의 시스템으로 수직적인 권위를 상징하는 반면 '시장'은 누구나 동등한 자격으로 참가할 수 있는 수평적이고 개방적인 특성을 가지고 있다고 지적한다. 이호근 (2018)에 따르면 4차 산업혁명 기술에 의한 제품 혁신은 시장에서 경쟁의 룰을 바꾸고 업종 간의 영역을 허물며 산업 구조를 변화시킨다. 4차 산업혁명은 다양한 분야의 기술들이 융합을 통해서 새로운 가치를 만들어내는 변혁이며, 이러한 일이 일어날 경우 기존의 기술 영역이 무너지고 기술 생태계가 완전히 바뀔 수 있는 것이다. 이러한 변화의 흐름에서 '성당' 방식의 혁신보다는 '시장' 방식의 혁신이 우위를 점하게 된다는 것이다.

· · ● ● 〈읽을거리〉 **한국의 '싸이월드'는 왜 실패했을까?** ● ● · ·

4차 산업혁명과 디지털 깡패들…싸이월드는 '플랫폼'이었나?

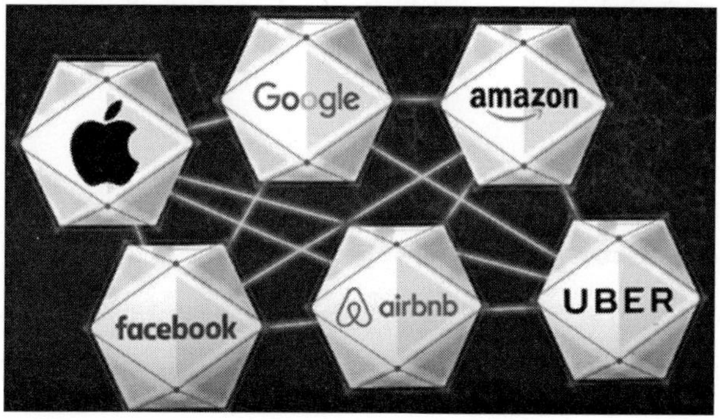

현 시대를 장악하는 기업들이 있다. 구글, 아마존, 애플, 페이스북... 미국 NYU 스턴 경영대학원의 스캇 갤로웨이 교수는 얼마 전 이들을 일컬어 '디지털 4대 깡패'라고 말했다. 플랫폼을 만들어 기업이나 소비자가 자유롭게 뛰어놀게 하면서 자신들은 이익을 챙겨가고 있기 때문이다.

여기서 핵심 키워드는 '플랫폼'이다. 플랫폼의 의미는 열차를 타기 위한 물리적 공간. 다시 말해 기차를 타고 어디론가 가기 위해서 무조건 가야만 하는 곳이다. 따라서 플랫폼에는 사람들도 모이고 물건들도 모인다.

이런 플랫폼이 디지털 시대에서 핵심 가치로 등장하고 있다.

구글은 검색 플랫폼이다. 인터넷의 수많은 정보들 가운데 내가 궁금한 것을 찾아보기 위해 접속해야 하는 정보의 통로다. 구글은 모바일 운영체제 안드로이드를 만들었다. 구글이 가진 플랫폼의 이용자는 월 평균 10억 명에 달한다.

애플은 아이폰을 만들어 팔지만 자신들이 개발한 운영체제 iOS에서만 동작하도록 했다. 심지어 온라인 음원 시장인 '아이튠즈'에서 음악을 듣게 한다. 이용자들을 애플의 플랫폼 생태계에 빠지게 하면서 끊임없이 새로운 가치를 창출하고 있다.

구글과 애플은 스마트폰의 핵심 콘텐츠인 '앱'을 내려 받는 플랫폼인 '구글플레이'와 '앱스토어'도 가지고 있다. 전 세계 수많은 애플리케이션 개발 업체는 이곳에 앱을 올려야만 팔 수 있고 이용자들을 이곳을 접속해야만 다운받을 수 있다.

아마존은 전자상거래 플랫폼을 장악했고 페이스북은 소셜네트워크 플랫폼을 장악했다.

정보를 찾고 모바일에서 게임을 즐기고 온라인에서 물건을 사고팔고, 사람들과 네트워크를형성하는 디지털 시대의 일상을 4개의 플랫폼 회사가 장악하고 있다.

그러다보니 새로운 비즈니스 모델은 자연스럽게 플랫폼을 중심으로 탄생한다. 교육, 금융, 법률자문, 의료, 물류 뿐 아니라 심지어 농업 분야에도 새로운 플랫폼 기업들이 나타나고 있다. 말 그대로 플랫폼 전성시대이자 플랫폼 전쟁의 시대가 온 것이다.

4차산업혁명 시대 키워드 '플랫폼

1차 산업혁명은 '대량생산'으로 정의된다. 증기기관의 발명이 있었기 때문이고 2차 산업혁명은 '전기'가 핵심 요소다. 3차 산업혁명은 '컴퓨터'가 상징이다. 그리고 지금 4차 산업혁명을 말하는데 인공지능, 빅데이터 등이 주요 키워드로 거론되고 있다. 물론 아직 3차 혁명이 끝났는지 알 수 없지만 명칭보다 중요한건 '변화'가 일어나고 있다는 점이다.

플랫폼 기업의 성장은 산업 체계가 바뀌고 있음을 의미한다. 전통적인 제조업에 기반 한 대기업들보다 온라인 플랫폼에 기반을 둔 신생 기업들의 사례만 봐도 그렇다.

대표적인 제조업체인 삼성전자는 종업원이 30만 명이 넘고, 전 세계 79개 국 공장에서 제품을 생산한다. 삼성전자의 시가총액은 325조 원.

이에 비해 플랫폼 기업인 페이스북은 종업원이 2만 명이고 직접 생산하는 제품이나 서비스는 사실상 없다. 그런데도 시장 가치가 약 530조 원으로 삼성전자의 1.6배에 달한다.

페이스북의 자산은 네트워크에 있다. '친구 맺기'로 가상공간의 플랫폼을 제공한 후 20억 명의 사용자에게서 광고 수익을 올린다.

네트워크는 비즈니스의 판도 바꾸고 있다. 예를 들어 에어비앤비는 집을 가진 사람과 숙소가 필요한 사람을 이어주고 수수료를 받아 돈을 버는데, 재미있는 점은 에어비앤비는 부동산을 전혀 소유하지 않고 있다는 것이다.

차량 공유 서비스 플랫폼 비즈니스를 하고 있는 우버는 차량 소유자와 차를 이용하고자 하는 사람을 연결해줄 뿐 자동차를 갖고 있지 않다. 택시 한 대 없으면서 택시 서비스를 한다는 말이다. 승객은 교통비를 아끼고 운전자는 가욋돈을 챙기는 사업 모델인데 세계 630여 도시로 확산됐고 기업 가치는 4년 만에 19조 원으로 급등했다.

대규모 인력이나 공장, 설비가 필요 없기 때문에 플랫폼 기업은 성장도 빠르다.

과거 기업들은 시장가치 10억 달러가 될 때까지 성장하는데 평균 20년이 걸렸지만 페이스북은 6년, 에어비앤비는 채 3년도 걸리지 않았다.

이는 제조업에 기반을 둔 산업혁명의 흐름과 맥락이 다르다. 플랫폼 기업들은 빅데이터를 분석해 사람들이 필요한 서비스를 효과적으로 만들어 내는 아이디어가 곧 자산이다.

플랫폼 전문가들은 이를 '큐레이션'이라 부른다. 플랫폼을 만들어 생산자와 소비자 모두가 참여하게 만든 다음 그들이 무엇을 원하고 있는지 분석하면서 의미 있는 가치를 제시하기 때문이다.

검색 플랫폼에 인공지능을 적용하면 소비자가 무엇을 찾고 있는지 제시할 수 있다.

원하는 정보나 물건을 검색할 때 들어가는 시간을 줄여주는 서비스다. 사람들은 편리함을 느끼게 되고 플랫폼 기업은 이익을 창출할 수 있다.

수평적 플랫폼은 불가능...우리에게 맞는 건 '수직 플랫폼'

전 세계 시가총액 순위를 보면 애플, 구글, 페이스북, 아마존, 알리바바, 텐센트 등 절반 정도가 플랫폼 기업이다. 반면 우리나라 기업 현황을 보면 네이버를 제외하곤 상위권에 플랫폼 기업이 사실상 없다. 플랫폼 시대에 우리만 과거를 좇는 것은 아닐 테지만 항상 나오는 말은 비슷하다. 내수 시장이 작고 자본력이 떨어지고 언어 환경이 다르기 때문에 글로벌 시장의 영향력을 키우기 쉽지 않다는 것이다.

과연 그럴까? 우리에겐 페이스북보다 먼저 시작한 소셜네트워크 플랫폼이 있었다. 싸이월드다.

싸이월드는 1999년 시작해 2008년에는 가입자 3,500만 명을 기록하며 승승장구했다. 심지어 2005년부터는 중국, 일본, 미국 등으로 글로벌 진출도 선언했다. 당시 SK컴즈 사장은 구글을 뛰어넘겠다고도 말했다.

그런데 지금 싸이월드를 사용하는 사람은 거의 없다. 2004년 등장한 페이스북을 견제하지도 못했고 2012년엔 안방인 국내에서 페이스북에 점유율을 추월당했다. 싸이월드는 SNS의 원조격으로 불렸는데 왜 이렇게 됐을까?

한국인사이트연구소 김덕진 부소장은 "사업의 모든 주체에 대기업이 있었고 자연스러운 IT 벤처문화 마인드들은 없어지게 됐다"면서 "플랫폼의 자연스러운 움직임을 방해했다"고 말한다.

앞서 말했듯이 플랫폼의 핵심 전략은 '양면전략'이다. 장(場)만 만들어놓고 그게 누가 됐건 마음껏 놀게 해줘야 한다. 기업이 장을 만들었다고 자신들이 주인공이 되면 안 되는데 싸이월드는 혼자서 다 하려고 했다.

페이스북 플랫폼을 보면 그 곳에는 수많은 기업들이 비즈니스를 하고 있고 수많은 소비자들도 자유롭게 참여하고 있다. 싸이월드의 실패 요인 중 하나는 바로 양면이 아닌 단면 전략을 썼기 때문이라는 분석들이 많다.

국내의 대표적인 플랫폼 기업은 네이버와 카카오다. 물론 통신사도 플랫폼이지만 영역의 확장성을 보면 네이버와 카카오가 더 많은 가능성을 갖고 있다.

네이버와 카카오는 그동안 무엇을 했을까. 뉴스 서비스를 하고 검색 광고를 하면서 이익을 많이 냈지만 세계 시장에 나갈 만한 상징적인 플랫폼을 만들지는 못했다.

카카오톡이라는 메신저를 갖고 있는 카카오는 다음과 합병하면서 이른바 'O2O', 즉 온라인과 오프라인의 경계를 허물어주는 플랫폼 비즈니스 모델에 집중하고 있다. 하지만 대부분 해외에 있는 유사 모델로 세계 시장으로 나가기엔 역부족이다.

네이버는 일본 법인을 통해 모바일 메신저 '라인'을 서비스하고 있다. 태국, 대만 등 동남아시아에 집중하고 있지만 페이스북 메신저, 왓츠앱, 위챗 등이 버티고 있는 세계 시장 공략이 쉬운 상황은 아니다.

이런 가운데 중국 플랫폼 기업들은 영향력을 확장하고 있다. 21세기는 정보의 시대라고 외치는 마윈의 알리바바. 알리바바는 기업과 기업의 온라인 거래를 연결해주는 플랫폼으로 시작한 회사다. 중국 내수 시장 규모를 등에 업으면서 타오바오, 알리익스프레스 등으로 서비스를 확장했고 이제는 '알리페이'를 통해 모바일 결제 플랫폼 시장에서도 영향력을 넓히고 있다.

또 다른 중국 기업 텐센트도 마찬가지다. PC 메신저 QQ로 시작해 모바일 메신저 위챗을 서비스하면서 약 9억 명의 가입자를 확보하고 있다. 쇼핑, 게임 시장은 물론이고 역시 모바일 결제 플랫폼 시장에도 뛰어 들었다.

이 두 회사는 시가총액이 3,000억 달러를 넘어 아시아에서 1, 2위를 다투고 있다 미국 시장에서도 IT 분야 시가총액 10위권 안에 들어가 있다.

일본의 전자상거래 기업 라쿠텐, 인도의 전자결제업체 페이티엠 등과 같은 플랫폼 기업들도 영역을 확장 중이다.

그렇다면 한국은 플랫폼 기업의 글로벌 시장 가능성이 없다고 봐야 할까. 그렇지 않다. 시장이 작다고는 하지만 해외 사례를 보면 극복할 수 있다.

홍콩에서 시작한 동영상 미디어 플랫폼 '뷰'(viu)는 현재 싱가포르, 말레이시아, 인도, 중동 국가 등 13개국에서 가입자 천만 명 이상을 확보했다. 글로벌 시장을 대상으로 하는 넷플릭스가 있기 때문에 가능성이 없다고 봤지만 이들의 전략은 특정 분야에 집중하는 이른바 '수직적 플랫폼'인 '버티컬(vertical) 플랫폼' 전략을 썼다.

뷰가 내세우는 핵심 키워드는 아이러니하게도 '한류'다. 한국 드라마를 24시간 이내 빠르게 서비스하면서 사용자를 끌어 모았다. 국내 기업들이 내부에서 수익 내기에 열중하고 있을 때 외부에서는 플랫폼 전략으로 손님을 모으고 있었다는 의미다.

전문가들은 이 같은 수직적 플랫폼 전략이 우리의 현실과 맞다는 조언을 한다. 이미 진입장벽이 높게 형성된 수평적 플랫폼과 경쟁한다는 것은 현실적으로 불가능하기 때문에 잘 할 수 있는 분야에 집중하자는 것이다. 인공지능이나 빅데이터를 활용한 로봇 플랫폼이나 사물인터넷 플램폼 시장도 좋은 예가 될 수 있겠다.

이와 관련해 로아인벤션랩의 김진영 대표는 "에어비엔비(숙박)와 우버(운송)처럼 특정 영역에 파고드는 플랫폼을 만드는 것이 우리 현실에 맞다"면서 "플랫폼 전쟁은 이제 시작인만큼 해외의 스타트업을 인수합병하는 것도 좋은 전략"이라고 말했다.

플랫폼 혁명이 세계 비즈니스의 판을 바꾸고 있는 4차 산업혁명 시대, 우리 기업 전략에도 대전환이 필요한 시점이다.

출처 : KBS NEWS (2017/07/28)

‘성당’ 방식을 고수한 기업들의 예로는 백과사전의 대표 브랜드인 ‘브리태니커’, DVD 제공 업체로 업계 1위를 유지했던 ‘블록버스터’, 그리고 대형 서점 브랜드인 ‘보더스’ 등을 예로 들 수 있으며, ‘시장’ 방식을 채택했던 기업들의 예로는 ‘위키피디아’, ‘넷플릭스’, ‘아마존’ 등을 들 수 있다. 브리태니커 백과사전 콘텐츠는 소수의 전문가 집필진에 의해 만들어지는 반면, 위키피디아는 모든 네티즌이 콘텐츠 제작에 참여한다. 또한 미디어 기업들이 자사의 콘텐츠를 중심으로 스트리밍 서비스를 준비할 때 넷플릭스는 대다수의 헐리우드 스튜디어들로부터 콘텐츠를 제공받아 시장을 선점했다. 아마존은 기존의 출판사뿐만 아니라 인디 작가들의 전자책까지 자사 플랫폼에서 서비스하고 있다. 즉, 파트너 없이 내부 자원만으로 디지털 혁신을 추구한 성당 방식은 실패했고, 플랫폼을 외부로 개방해 파트너들을 디지털 혁신에 동참시킨 시장 방식은 성공을 거둔 셈이다(이호근 2018, 133-4). 4차 산업혁명의 급속한 변화의 흐름 속에서 기존의 폐쇄적인 ‘성당’ 방식을 고수함으로써 혁신의 기회를 상실하는 기업들은 ‘시장’ 방식을 채택함으로써 혁신적인 변화와 진보를 바탕으로 한 경쟁자들이 주도하는 디지털 다위니즘의 희생자가 되었다는 것이다. 이호근은 향후 디지털 제품 혁신을 통해 시장 재편을 추구하는 기업은 재품 플랫폼에 파트너들을 동참시키는 시장 매커니즘을 도입해야 한다고 주장하고 있다.

〈읽을거리〉 4차 산업혁명과 새로운 산업의 출현

차량공유에서 자율주행까지…'모빌리티 산업'은 진화 중

요즘 산업계 소식을 다루는 기사에 가장 많이 등장하는 단어 중 하나가 모빌리티(mobility)다. 현대자동차는 지난 19일 인도 최대 모빌리티 기업인 올라에 3억달러(약 3400억원)라는 거액을 투자했다. 최근 카풀 논란의 중심에 섰던 카카오 계열사의 이름은 ‘카카오모빌리티’이고, 타다나 풀러스 같은 승차공유 스타트업(신생 벤처기업)은 자신들을 ‘종합 모빌리티 플랫폼’이라고 소개한다.

산업계에서 모빌리티는 사람들의 이동을 편리하게 만드는 각종 서비스를 폭넓게 아우르는 말로 쓰이고 있다. 단순히 '교통수단'으로 번역하기엔 조금 부족한 감이 있다. 자가용, 택시, 자전거 등 전통적인 교통수단에 정보기술(IT)을 결합해 효율과 편의성을 높인다는 점이 핵심이기 때문이다.

전통적 교통수단에 IT 결합해 혁신

지난 몇 년 새 세계적으로 큰 성공을 거둔 '스타 벤처'의 상당수는 이 모빌리티 업종에서 탄생했다. 미국 우버, 중국 디디추싱, 싱가포르 그랩 등이 대표적이다. 이들은 스마트폰 기반의 차량호출 서비스로 많은 이용자를 끌어모은 뒤 쇼핑, 금융, 콘텐츠 사업 등으로 영역을 넓히고 있다. 국내에선 택시를 부를 때 쓰는 카카오택시 앱(응용프로그램)을 가장 널리 알려진 모빌리티 서비스로 볼 수 있다.

최근엔 대중교통으로 닿기 힘든 단거리 이동을 보완하는 틈새 이동수단을 '마이크로 모빌리티'라고 부르기도 한다. 중국 오포, 모바이크 등이 개척한 공유자전거와 미국의 버드, 라임 등으로 대표되는 공유킥보드가 대표적이다. 이달 들어 카카오, 쏘카 등이 공유자전거 사업 진출을 선언하면서 국내에도 이용자가 급증할 것이란 전망이 나오고 있다.

모빌리티산업의 '꽃'은 뭐니 뭐니 해도 자율주행차라고 할 수 있다. 구글, IBM 같은 IT 기업은 물론 현대차, 도요타, 제너럴모터스(GM), 포드, 닛산 등 완성차업체들도 대거 뛰어들어 치열한 기술개발 경쟁을 벌이고 있다. 빠른 속도로 정보를 주고받기 위해 5세대(5G) 이동통신을 활용하기 때문에 통신업체들도 연구개발(R&D)에 힘을 보태고 있다.

2030년 1700조원으로 성장할 유망 시장

모빌리티 사업에서 성공하려면 수시로 급변하는 교통 수요·공급에 대응할 수 있는 데이터 분석·처리 역량이 필수적이다. 위치정보를 잘 파악해야 정확한 서비스를 제공할 수 있는 만큼 양질의 지도를 확보하는 것도 중요하다. 구글, 네이버 같은 유명 IT 기업들은 개발인력 확보, 지도 고도화 등에 막대한 돈을 쏟아 붓고 있다.

컨설팅업체 맥킨지에 따르면 세계 모빌리티 시장 규모는 2015년 300억 달러(약 33조원)에서 2030년 1조5000억 달러(약 1700조원)로 성장할 전망이다. 4차 산업혁명 시대를 대표하는 유망 산업으로 손꼽히고 있다.

안타깝게도 세계 모빌리티 시장에서 한국은 존재감이 높지 않다. '초급 단계'의 모빌리티인 카풀조차 까다로운 규제에 막혀 난항을 겪은 탓이다. 모빌리티에 관심을 가졌던 기업들은 국내에서 마땅한 투자처를 찾지 못해 해외로 눈을 돌린 지 오래다. 신산업을 키울 '골든타임'을 허비했다며 안타까워하는 전문가들이 많다.

임현우 기자

출처 : 한국경제신문 (2019/03/25)

2.2 4차 산업혁명과 기술발전에 대한 회의적 시각

미국 파이낸셜타임즈의 수석 경제 논설위원인 마틴 울프(Martin Wolf)는 4차 산업혁명이 시장에 가져올 변화들에 대해서 매우 회의적인 시각을 제시한다. 그는 "왜 기술 낙관론자들이 틀렸는가" (마틴 울프 2016) 라는 부제의 글에서 4차 산업혁명으로 '더 황홀한 미래가 우리에게 손짓하는가?'라는 도발적 질문을 제기하며, 실상은 그렇지 않다고 주장한다. 그는 클라우스 슈밥을 비롯한 여러 기술 낙관론자들이 4차 산업혁명이 일어나고 있음에도 불구하고 생산성이 크게 증가하고 있지 않은 점에 대해 기술 낙관론자들이 주장하는 것을 어느 정도 인정하고 있다. 즉, 4차 산업혁명이 일어나고 있음에도 불구하고 기대만큼 생산성이 증가하고 있지 않은 것은 기술 낙관론자들이 말하듯 기존의 GDP 측정이 4차 산업혁명에서 핵심적인 역할을 하는 무형자산에 대한 투자를 과소평가하기 때문이라는 점을 상당 부분 수긍하고 있다.

그러나 울프는 이러한 흐름은 새삼스러운 것이 아니라고 주장한다. 그에 따르면 4차 산업혁명과 같은 흐름은 19세기 이래 계속된 변화의 흐름이었다. 오히려 과거의 혁신은 오늘날 상대적으로 사소한 혁신보다 훨씬 더 큰 정량화되지 않은 가치를 창출했다. 이것의 좋은 예로 울프는 '전화가 없던 세상에서 있는 세상으로의 변화'나 '석유램프를 사용하던 세상에서 전등을 사용하는 세상으로의 변화'를 생각해 보면 된다고 말한다. 즉, 이러한 변화들에 비하면 '페이스북'이나 '아이패드' 같은 변화는 사소한 변화인 셈이다. 울프는 컴퓨터와 인터넷, 그리고 전자상거래로 대표되는 소위 '3차 산업혁명'도 상당히 오래되었으며, 많은 변화를 가져왔다고 지적한다. 그러나 울프는 측정할 수 있는 생산성에 대한 이러한 모든 것의 영향은 그다지 크지 않았다고 지적한다. 또한 그는 최근에 나온 생명공학이나 나노기술과 같은 범용기술도 지금까지 경제적으로나 더 넓은 의미로나 거의 영향을 미치지 않았다고 주장한다. 그는 이른바 '빅데이터'는 분명 의사 결정에 도움을 주기는 하지만 그것의 사회적 결과물은 경제적으로 무의미하거나 심지어 유해하기까지 하고, '3D 프린팅'은 흥미롭긴 하지만 제조혁명을 일으키기 보다는 '틈새 활동'에 지나지 않을 것이라고 말한다. 무인 자동차 기술의 발전 역시 차량 자체의 발명에 비견할 바는 아니라고 말한다.'

울프는 4차 산업혁명에 대해 우리가 아는 것은 우리가 경험하고 있는 변화에 특별한 것이 아무것도 없다는 점을 힘주어 말한다. 왜냐하면 우리는 이미 과거에 다 겪어봤고, 그것도 훨씬 더 큰 규모로 경험해 보았기 때문이다. 그리고 무엇보다도 중요한 것은 저성장의 문제와 심화하는 불평등의 문제이며, 언제나처럼 과제는 이러한 변화를 어떻게 관리하느냐가 중요하다고 지적한다. 무엇보다도 마틴 울프의 이러한 합리적 회의론은 4차 산업혁명에 대한 장밋빛 낙관론이 압도적으로 담론을 주도하고 있는 한국의 상황에서도 적어도 한번쯤 차분히 곱씹어 볼 필요가 있어 보인다.

• • ● ● 〈생각거리〉 ● ● • •

1. 4차 산업혁명이 기존의 시장 시스템을 근본적으로 변화시키고 있다는 주장에 동의하는가? 동의한다면 이러한 변화는 어디에서 가장 잘 나타나고 있는가? 그리고 기업과 소비자는 어떠한 변화에 적응해야 하는가? 그리고 동의하지 않는다면 그 근거는 무엇인가?

3. 사회적 측면

3.1. 4차 산업혁명과 미디어 환경의 변화

4차 산업혁명의 기운이 가시화됨에 따라 나타나고 있는 눈에 띄는 사회적 변화 중 하나는 급변하고 있는 미디어 환경이다. 매일같이 새로운 미디어 아울렛이 생겨나고 있으며, 이러한 각종 미디어 아울렛들에서 쏟아져 나오는 양의 정보는 가히 압도적인 규모로 증가하고 있다. 최근 정보통신정책연구원의 한 보고서에 의하면 페이스북 사용자들은 1분에 평균 3,125만개의 메시지를 보내며, 277만개의 동영상을 시청하고, 유튜브 사용자들은 1분마다 평균 300시간의 유튜브 동영상을 업로드하며 동영상 시청의 절반이 모바일 기기를 사용하고 있으며, 바인(Vine) 사용자들은 1일 평균 15억개의 동영상을 조회하며, 1분당 평균 104만 1,666개의 동영상을 시청하고, 8,333개의 동영상을 공유하고 있다. 4차 산업혁명의 흐름과 더불어 미디어 환경은 이른바 '콘텐츠 스모그 시대'로 진입하고 있는 것이다 (심홍진 2017).

〈읽을거리〉 4차 산업혁명과 한국 미디어의 변화

TV보다 유튜브...'먹방하고 리뷰하고' 개인 채널 여는 스타들

신세경, 천우희부터 이덕화, 강유미까지...'개인 채널' 여는 스타들
아이돌부터 중년 배우까지...먹방하고, 리뷰하고
유튜브 급성장으로 수익성 생겨…TV 출연보다 만족도 높아

연예인들이 브라운관과 스크린을 벗어나 유튜브로 향하고 있다. 자신의 이름을 건 채널을 개국하고, 직접 촬영한 영상을 올려 대중과 소통한다. 유튜브 스타가 된 1인 크리에이터들이 브라운관으로 영역을 확대한 것과 상반된 흐름이다.

◇ 유튜브 세상 선점하자...연예계 채널 개설 붐

유튜브에 터를 잡는 이들은 아이돌 그룹 멤버부터 중년 배우까지 다양하다. 배우 신세경, 천우희, 구혜선, 가수 홍진영, 에이핑크 보미, 신화 에릭, god 박준형 등이 최근 1년 사이 유튜브에 채널을 열었다. 이들은 단순히 근황을 전하는 수준을 넘어 각자의 콘텐츠를 갖고 크리에이터로서 영역을 넓히고 있다.

걸그룹 에이핑크의 윤보미는 '뽐뽐뽐' 채널을 통해 여행기와 제품 리뷰 등을 담은 콘텐츠를 공개해 팬들과 소통한다. 좀처럼 사생활을 드러내지 않던 배우들도 유튜브에서 만날 수 있다. 배우 천우희는 집순이의 취미 찾기를 주제로 소소한 일상을, 구혜선은 백수일기라는 이름으로 인간적인 모습을 보여준다. 중년 방송인도 합류했다. 개그맨 이홍렬(66)은 자신의 이름을 건 '이홍렬' 채널을, 배우 이덕화(68)는 '덕화TV'을 열었다. 특히 이홍렬은 직접 촬영과 편집을 하는 열정을 보여 호응을 얻었다.

연예인들이 유튜브 채널 개설에 주력하는 이유는 유튜브의 영향력이 급속도로 커지고 있기 때문이다. 모바일 앱 분석업체 와이즈앱이 지난해 8월 국내 안드로이드 스마트폰 이용자 2만3000명의 앱 사용 시간을 조사한 결과 유튜브 앱의 월간 사용자 수는 3093만 명으로, 1인당 월 1077분을 사용했다. 조사대상자의 유튜브 총 사용 시간은 333억 분으로, 카카오톡(119억 분), 네이버(136억 분), 페이스북(40억 분), 다음(32억 분) 등 네 개 앱을 합친 것보다 길다.

10~20대가 중심이 되는 가운데, 최근에는 50대 이상 사용자 수가 급증했다. 와이즈앱이 2만7000명의 안드로이드 스마트폰 사용자를 조사한 결과, 50대 이상의 유튜브 총 사용 시간이 지난해 1월 49억 분에서 12월 87억 분으로 78% 증가했다. 50대 이상의 1인당 월평균 유튜브 시청 시간은 922분이었다.

◇ 전통 미디어 틀 벗어나 자유롭게 소통할 수 있어

유튜브가 세대를 아우르는 소셜미디어 플랫폼이 되면서, 홍보·마케팅 수단으로서 가치가 높아지고 있다. 여기에 싸이, 방탄소년단, 블랙핑크 등 유튜브를 통해 글로벌 스타가 된 사례가 늘면서 유튜브가 저비용으로 고효율을 낼 수 있는 플랫폼이라는 인식이 커졌다. 방탄소년단의 소속사 빅히트엔터테인먼트는 신인 아이돌 그룹 TXT의 데뷔에 앞서, 유튜브 채널을 열고 멤버들을 소개했다.

광고 시장에서도 유튜브는 필수다. 한 광고업계 관계자는 "광고주들이 빅 스타보다 탄탄한 구독자를 보유한 유튜브 크리에이터와 일하기 원한다"면서 "같은 돈이면 제약이 많은 스타 협찬이나 드라마 PPL보다, 노골적으로 제품을 노출하고 바로 효과를 볼 수 있는 유튜브에 투자하려고 한다"고 했다. 실제로 구독자 수 100만 명 이상을 보유한 스타 크리에이터들이 광고와 협찬 등으로 버는 월 평균 수입은 수천만 원대에 달하는 것으로 알려진다.

이렇다 보니 방송사도 가세해 1인 미디어 형식의 유튜브 채널을 만드는 추세다. 지난해 8월 JTBC가 god의 박준형을 내세워 연 채널 '와썹맨'은 현재까지 173만 명이 넘는 구독자를 확보해, 지난해 개설한 유튜브 채널 중 가장 많이 성장한 채널 1위에 올랐다.

연예인 입장에서 유튜브는 전통 미디어의 제한된 틀에서 벗어나 다양한 시도를 해볼 수 있는 장점이 있다. 개그맨 강유미는 "방송 생활에 지쳤다"는 이유로 2015년 유튜브 '좋아서 하는 채널'을 열었다. 자신의 일상과 관심사를 체험하는 콘텐츠를 선보여 53만여 명의 구독자를 확보했다. 개그맨 김기수는 성형 논란에 맞서기 위해 유튜브 뷰티 채널을 열었다가 뷰티 아이콘으로 재기에 성공했다.

TV에서는 밝힐 수 없었던 속내를 토로하는 장이 되기도 한다. 걸그룹 에프엑스 멤버 엠버는 유튜브에 '내 가슴을 찾아서'라는 제목의 영상을 게재해 여성성을 강요하는 악플러들에게 자신의 중성적인 취향을 당당히 드러내 환호받았다. 그런가 하면 방송인 김나영은 유튜브를 통해 이혼을 발표했다.

하재근 대중문화평론가는 "일부 연예인을 제외하고는 지속해서 TV에 출연하는 게 쉽지 않다. 연예인 입장에서는 방송에 나가기만 기다리며 시간을 허비하는 것보다, 직접 콘텐츠를 만들고 자신을 브랜드화하는 것이 대중을 만나고 수익을 올리는 방법일 것"이라며, "기존의 매체까지 가세함에 따라 앞으로 연예계 유튜브 채널 경쟁이 더욱 심화될 것"이라고 말했다.

출처 : 조선일보 (2019/02/13)

4차 산업혁명으로 인한 기술의 비약적 발전은 이러한 미디어 콘텐츠 스모그 시대를 열게 했다. 정보의 양과 폭이 늘어나는 것은 동일한 사물이나 이슈에 대한 다른 시각과 채널들이 새롭게 생겨난다는 점에서 다양성의 증가로 볼 수 있다. 이는 사회적으로 정보의 풍성함으로 이어지고 공공선에 기여할 수 있는 바탕이 되기도 한다. 하지만 동시에 이러한 미디어 콘텐츠 시대로의 진입은 이른바 '가짜뉴스' 혹은 '허위정보'의 폭발적인 증가를 수반하고 있다. 4차 산업혁명으로 인한 놀라운 기술적 발전은 앞으로 지금보다 더욱 강력한 허위정보를 만들어 낼 가능성이 높다. 금준경 (2018, 217)은 이러한 근거의 하나로 딥러닝 기술의 발전에 따른 '딥페이크(deepfake)' 기술이 보편화되고 있기 때문이라고 지적한다. 딥페이크는 생성적 적대 신경망(Generative Adversarial Network, GAN) 기술을 원리로 하는데, 이 기술은 생성자(generator)와 감별자(discriminator)로 불리는 두 축이 핵심이다. 생성자는 실제 데이터를 바탕으로 거짓 데이터를 만들고 감별자는 생성자가 내놓은 데이터가 가짜라는 점을 파악해 지속적으로 경쟁하며 점점 사실에 가까운 이미지를 만들어낸다. 이는 '술래잡기(cat-and-mouse game)'로 불리기도 하는데 이미지 편집이나 제작 등에 쓰이는 순수영상 기술이었으나 허위정보 기술로 악용된 사례인 것이다.

한국적 맥락에서 급변하는 미디어 환경은 심각한 수준의 플랫폼 종속으로 나타나고 있다는 지적도 제기되고 있다 (금준경 2018, 220-228). 이는 2017년 로이터 저널리즘 연구소와 한국언론재단이 발표한 〈디지털 뉴스 리포트〉에서도 나타나고 있는데, 이에 의하면 한국은 조사 대상 36개국 가운데 포털 의존도는 가장 높고, 언론사 웹사이트를 방문해서 신문 기사를 읽는 언론사 방문 비율은 가장 낮은 나라로 나타나고 있다. 엘리 프레이저 (Eli Praiser)는 각종 검색엔진과 소셜미디어 기업들이 제공하는 정보와 개인 맞춤형 서비스에 과도하게 의존하는 정보 편식으로 인해 이용자들이 점차 자신만의 정보막에 갇히게 되고 그 바깥의 현안에는 관심을 두지 않는 현상을 지적하면서 이를 '필터버블(filter bubble)'이라고 불렀다 (금준경 2018, 223). 금준경은 이러한 필터버블이 허위 정보 확산에도 기여를 한다고 지적하면서 한국의 미디어 환경을 진단하고 있다. 이에 따르면 외국과 달리 한국에서는 언론사가 아닌 매체가 언론사처럼 속이고 '허위정보'를 전달하는 경우는 드물다. 더구나 국내의 포털은 포털 뉴스제휴평가위원회의 제휴심사를 거친 검증받은 '제휴 언론사'를 대상으로 노출하기 때문에 '허위정보' 문제에서는 비교적 자유롭다. 하지만 금준경은 한국의 경우 정파적 언론환경에서 '확증편향' 강화 우려가 있는 데다 '연성 뉴스' 중심 소비가 이루어지거나 제한적인 장르의 뉴스만 소비할 수 있는 문제는 무시할 수 없다고 지적한다. 즉, 야구를 좋아하는 사람에게 야구 뉴스만 보여준다면 정치 사회에 대한 관심을 가지지 못하게 할 것이고 보수 성향의 시민에게 보수적인 뉴스만 보여주는 식으로 확증편향을 강화할 우려가 있다는 것이다. 이러한 우려는 특히 최근 유튜브의 영향력이 전례 없이 강화되고 있는 추세에서 현실화되고 있다(금준경 2018, 225). 모바일 분석업체 와이즈앱 조사에 따르면 2018년 2월 국내 이용자(안드로이드 기준)들은 카카오톡, 네이버, 페이스북 보다 유튜브를 더 오랜 시간 이용한 것으로 나타났다. 2016년 3월만 해도 이용자들의 유튜브 이용시간은 79억 분이었으나 2018년 2월에는 257억 분으로 급증한 것으로 나타나고 있다. 이에 따라 유튜브 내에서의 허위정보 유통도 폭발적으로 증가하고 있다. 한겨레신문이 '가짜 뉴스의 뿌리를 찾아서' 시리즈를 통해 조명한 한국의 가짜 뉴스 유통 현황을 보면 유튜브 내에서 만들어진 허위정보는 유튜브 내 보수성향의 인터넷 방송이 서로의 콘텐츠를 인용하며 확대 재생산하는 것으로 나타나고 있다 (한겨레신문 2018/09/28).

〈읽을거리〉 **미디어 환경의 변화와 가짜 뉴스의 폭발적 증가**

가짜뉴스 기지, 일베에서 유튜브로…20대가 가장 많이 본다

청년·노년층 파고드는 가짜뉴스
유튜브 이용 34% "가짜뉴스 봤다"
20대 40%로 '최고' 60대 37% 2위
"극우, 극단 언어로 유튜브 장악"

유튜브는 국내 이용자 1위 플랫폼(정보 유통 매체)이다. 앱 분석 업체 와이즈앱 집계를 보면, 지난 2년 동안 유튜브 이용 시간은 3배가량 늘어났다. 이용 시간 기준으로 4개 주요 플랫폼(유튜브·카카오톡·네이버·페이스북) 가운데 유일하게 성장세를 보이며 1위에 올랐다.

유튜브 '유사 언론'의 성장은 일간베스트저장소(일베)의 쇠락과 동전의 양면을 이룬다. 일베는 전성기 시절(2013~2014년) 동시접속자 수가 3만~4만 명에 이르렀지만 박근혜 탄핵 국면을 지나며 몰락해 2018년 현재 동시접속자 수는 3천~4천명 수준이다. 하지만 일베 몰락 이후 되레 한국 사회는 인권조례, 페미니즘, 난민 등 소수자 관련 문제가 등장할 때마다 혐오 표현으로 몸살을 앓고 있다. 가짜뉴스와 혐오담론의 기지가 일베에서 더 큰 놀이터인 유튜브로 이전된 까닭이다.

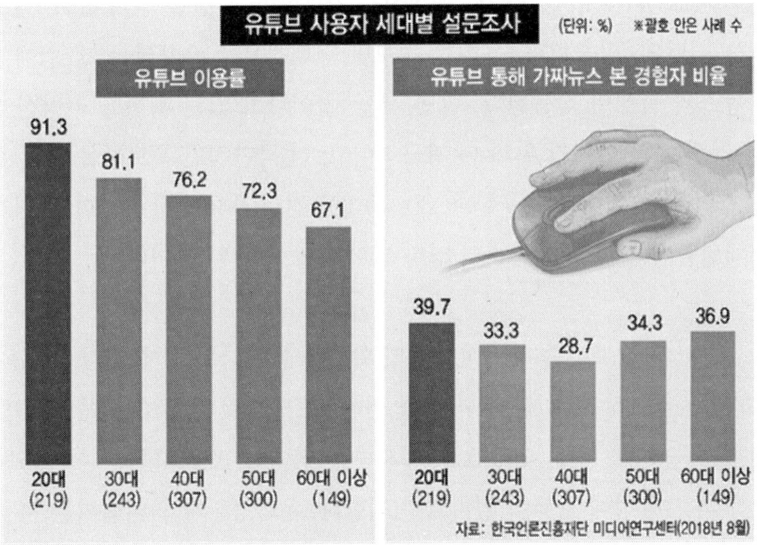

2018년 8월에 나온 한국언론진흥재단의 〈미디어이슈〉를 보면, 유튜브 이용자의 34%가 '허위·가짜뉴스로 판단되는 동영상'을 봤거나 전달받았던 것으로 나타났다. 주목해야 할 점은 다른 연령대보다 20대와 60대가 '가짜뉴스로 판단되는 동영상'을 보거나 전달받은 비율이 높다는 점이다. 20대가 39.7%로 가장 높았고, 60대가 36.9%로 뒤를 이었다. 반면 40대는 28.7%로 가장 낮았다. 유튜브에서 유통되는 가짜뉴스들이 청년과 노년층에 더 큰 영향력을 발휘하고 있는 것으로 풀이된다. "가

짜뉴스는 얼핏 언론 현상처럼 보이지만 사실은 에스엔에스에서 발생하는 정치 커뮤니케이션 현상"이라는 황용석 건국대 미디어커뮤니케이션학과 교수의 진단을 인용하면, 결국 20대와 60대가 유튜브를 통해 다른 세대보다 더 활발히 정치 커뮤니케이션을 하고 있다는 얘기다.

유튜브에서 가짜뉴스를 유통하는 채널들이 노년층과 청년층을 공략하는 방식은 서로 다르다. 노년층을 주로 겨냥하는 유튜브 채널들은 종합편성채널(종편) 등에서 활약하던 보수논객 등 노년층이 신뢰할 만한 인물을 내세워 신념에 호소한다. 정치적으로는 '듣고 싶은 얘기'를 해서 동질성을 확보한다. 사실을 믿지 않고, 믿고 싶은 것을 믿는 집단의 '확증편향'(유리한 정보만 선택적으로 수용하는 행위)에 기반하는 가짜뉴스의 특성이 작동한다. 반면, 최근 늘어나고 있는 청년을 겨냥한 채널들은 '주목 경쟁'에서 이기기 위해 더 자극적이고, 더 극단적인 음모론을 다룬다. 의미보다는 '카더라'의 재미를 추구한다. 30, 40대에 견줘 유튜브에 익숙한 20대가 유튜브 정치채널을 장악한 극우세력의 영향력 아래 놓이게 된 것이다.

문제는 유튜브의 알고리즘이 가짜뉴스의 확산을 돕는다는 점에 있다. '정규재티브이'를 보면 추천 영상으로 '신의 한수'를 권하고, '태블릿피시 조작설'을 보면 '노회찬 타살설' 동영상을 관련 영상으로 제시하는 식이다. 전문가들은 이 알고리즘이 '가짜뉴스'의 확장성에 보탬이 된다고 지적한다. 문화평론가 최태섭씨는 "유튜브는 세상의 모든 정보가 아닌 유저가 이미 봤던 영상과 유사한 영상을 계속 추천한다. 보다 보면 보던 것 위주의 협소한 이용 경험이 누적되는 방식"이라고 설명한다.

국내 미디어 역사를 보면 뉴미디어 영역은 전통적으로 진보세력이 주도해왔다. 인터넷과 팟캐스트가 그랬다. 하지만 유튜브는 보수세력, 그 가운데서도 극우세력이 득세해 가짜뉴스를 자양분으로 성장하는 기이한 양상을 보이고 있다. 이에 대해 〈역사전쟁〉의 저자인 심용환 성공회대 외래교수는 "보수는 '노사모'를 보고 '뉴라이트' 운동을 시작했고 '나꼼수'를 보고 '유튜브'를 시작했다"며 "정권교체 이후 극단적인 언어를 쓰는 극단적인 사람들이 유튜브를 먼저 장악했다"고 진단했다. 사회비평가 박권일씨는 "유튜브 가짜뉴스들이 종북 등 전통적인 우파의 이슈뿐만 아니라 반무슬림, 반동성애, 반페미니즘 같은 인화성 강한 문제들에 집중하는 것을 주목해야 한다"며 "현재의 상황은 반공·냉전적 사고의 이념 공세를 넘어서 유럽의 극우정당 같은 새로운 극우세력이 만들어질 수도 있는 긴 과정"이라고 지적했다.

출처 : 한겨레신문 (2018/09/28)

3.2. 4차 산업혁명과 사회적 불평등

4차 산업혁명을 논하는 거의 모든 평론가들은 고용의 상시적인 불안정성이 4차 산업혁명을 떠받치는 새로운 경제의 핵심적인 축이 될 것이라는데 의견을 같이하고 있다 (The Guardian, 2017/01/11). 이러한 주장은 클라우스 슈밥의 4차 혁명론에서도 잘 나타나고 있다. 슈밥 (2016, 81-2)은 오늘날 '온디맨드 경제'는 일과 사람의 관계, 그리고 노동을 포함한 사회적 구조와 사람의 관계를 변화시키고 있다고 지적한다. '휴먼 클라우드' 방식으로 업무를 처리하는 고용주가 늘고 있다는 것도 이러한 흐름을 반영한다. 슈밥에 따르면, 전문직 활동은 구체적 업무와 개별적 프로젝트로 나뉘어져 세계 곳곳의 잠재 노동자가 등록된 가상의 클라우드에 등록된다. 이는 새로운 온디맨드 경제로 노동자는 더 이상 전통적 의미의 피고용자가 아닌 특정 업무만을 수행하는 독립형 노동자가 된다. 슈밥은 클라우드를 사용하는 사람들이 얻게 될 가장 큰 이점은 바로 자유와 전 세계적으로 연결된 가상 네트워크로 노동 공간에 대한 구속력에서 완벽히 벗어날 수 있다는 사실이라고 말한다.

물론 이러한 휴먼 클라우드 시스템에도 양면성이 존재한다. 슈밥 (2016, 83)은 휴먼 클라우드 시스템이 인터넷 연결만 가능하다면 누구나 기회를 얻을 수 있고 전문 인력의 부족 현상을 해결할 수 있는 새롭고 유연한 직업 혁명의 시초가 될 수도 있고, 다른 한편으로 규제가 없는 가상의 노동 착취 상황으로 치닫게 되는 바닥을 향한 멈출 수 없는 레이스의 시작이 될 수도 있다고 경고한다. 슈밥은 4차 산업혁명의 흐름에서 변화하는 노동력과 진화하는 노동의 본질에 걸맞은 새로운 형식의 사회계약과 근로계약을 만들어야 한다고 제안한다. 노동시장의 성장을 저해하지 않고, 노동자들이 원하는 방식으로 일할 수 있는 선택권을 침해하지 않는 선에서 휴먼 클라우드가 노동력 착취로 이어지지 않도록 감시해야 한다고 말한다. 슈밥은 이러한 노력이 병행되지 않으면 4차 산업혁명으로 인한 직업의 미래는 어두워질 것이라고 경고한다.

〈읽을거리〉 4차 산업 혁명과 일자리의 변화

OECD 보고서, "절반 이상의 직업이 자동화에 취약"

사람들을 일로부터 해방시킴으로써 다른 흥미로운 경력을 추구하게 할 수도

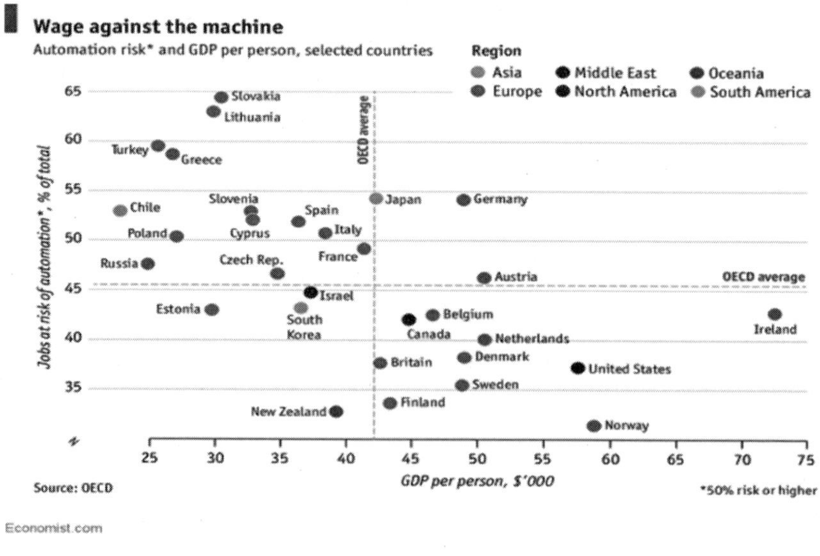

... (중략) ...

새로운 OECD 보고서는 ... 32개국 14 퍼센트의 직업이 로봇에 의한 자동화에 매우 취약하다고 지적-자동화될 확률이 70 퍼센트 이상인 경우-한다. 그리고 32퍼센트의 직업은 자동화 확률 50에서 70 퍼센트로 약간 덜 취약하다고 예측하고 있다. 현재의 취업률을 고려해 볼 때 이는 32개국의 2억 1천만 개의 직업을 위태롭게 하고 있는 것으로 나타나고 있다.
이러한 고통은 균등하게 배분되고 있지 않을 것이다. 보고서는 국가별로 매우 큰 편차를 지적하고 있다: 슬로바키아의 직업들은 노르웨이의 직업들보다 두 배나 더 자동화에 취약한 것으로 나타나고 있다. 일반적으로 부유한 국가들의 노동자들은 중간 수준의 수입을 가진 국가들보다 자동화의 위험에 덜 노출되어 있다. 그러나 부유한 국가들 사이에서도 큰 편차는 역시 존재하고 있다.

조직 구조 및 산업의 차이가 일정 부분 역할을 하고 있는 것으로 보이지만 전자가 더 중요하게 보인다. 캐나다는 22퍼센트가 제조업인 것에 비해 한국의 경우 30 퍼센트의 직업이 제조업에 속해 있다. 그럼에도 불구하고, 평균적으로 한국의 직업들은 캐나다의 직업들보다 자동화가 어려운 것으로 나타나고 있다. 이것은 어쩌면 한국의 기업가들이 생산성을 희생시키지 않으면서도 단순 작업과 사회적이고 창조적인 작업들을 한 직종에서 결합시킬 수 있었기 때문인지도 모른다. 그러나 좀 더 비관적인 설명은 “생존자 바이어스”에 대한 것이다: 한국에서 자동화되기 어려운 것으로 남아 있는 직업들은 한국 기업들이 이미 그 외의 작업들을 기계에게 넘기고 남아있기 때문이라는 것이다.

(The Economist, April 24th 2018)

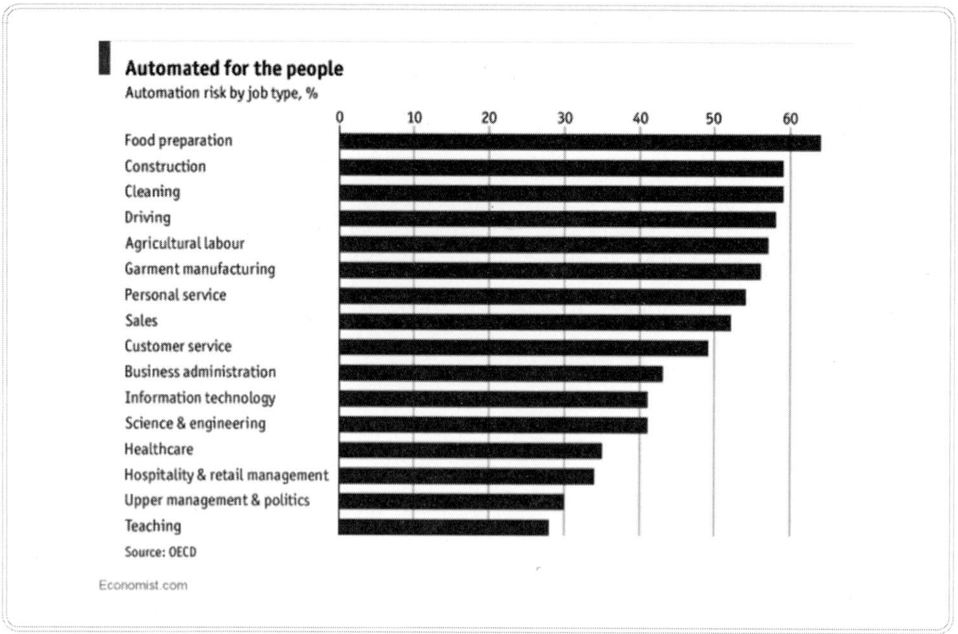

슈밥 (2016, 148-9)은 또한 4차 산업혁명이 수반하는 여러 가지 구조적 변화로 말미암아 사회적 불평등이 더욱 심화될 수도 있다고 지적한다. 슈밥은 4차 산업혁명 시기에는 로봇과 알고리즘이 점차 노동을 자본으로 대체하고, 노동시장은 전문적 기술이라는 제한된 범위로 더욱 편중될 것이고, 전 세계적으로 연결된 디지털 플랫폼과 시장은 소수의 '스타'들에게 지나치게 큰 보상을 주게 될 것이라고 예측한다. 슈밥은 이러한 트렌드가 지속된다면 저숙련 노동력이나 평범한 자본을 가진 사람들이 아닌 새로운 아이디어와 비즈니즈 모델, 상품과 서비스를 제공하는 등 혁신이 주도하는 생태계에 완벽히 적응할 수 있는 사람들이 승자가 될 것이라고 말한다. 이러한 맥락에서 슈밥 (2016, 150-1)은 연결성과 기대치가 높아진 세상에서 만약 사람들이 번영의 가능성과 삶의 의미를 조금도 찾을 수 없다고 느낀다면 이것은 매우 심각한 사회적 위험 요소로 작용할 것이고, 이는 또한 민주주의에 대한 불만과 포기를 조장할 수도 있다고 지적한다. 유발 하라리(Yuval Harari)같은 학자는 이러한 예측으로부터 한 발짝 더 나아가 4차 산업혁명으로 인해 사람들의 신체는 여러 가지 의료 및 공학적 장치들과 융합되어질 것이고, 미래는 생

물학적으로 그리고 디지털적으로 강화된 이들과 이러한 업그레이드를 감당하지 못한 이들 간의 세계로 양분될 것이라는 다소 암울한 예측을 내놓기도 한다(The Economist, 2018/08/30). 이호근 (2018, 311) 역시 4차 산업혁명으로 인한 사회적 불평등 문제를 지적한다. 그는 과거 증기기관(1차 산업혁명), 조립과 대량생산(2차 산업혁명), 그리고 정보기술(3차 산업혁명)이 인류의 생산성을 매번 큰 폭으로 확대한 뒤 재분배 실패라는 거대한 그늘을 우리 사회에 드리운 것처럼 4차 산업혁명은 빈부격차와 양극화를 더욱 심화시킬 수도 있음을 지적한다.

〈읽을거리〉 **한국의 4차 산업혁명과 일자리**

AI시대 일자리 창출과제

하루가 멀다 하고 인공지능(AI) 진화 소식이 전해지고 있다.

질적, 양적인 팽창에 속도전 양상이다. 알파고, 왓슨, 무인로봇, 자율주행차 관련 기술의 가속화를 놓고 미래에 대한 희망을 보는 이도 있고, 엄습하는 공포를 토로하는 이도 있다. 이미 인터넷전문은행이 확산되고 인천국제공항에는 14대 로봇 안내원이 일하고 있다. 사례는 급속히 쌓여 간다. 미국 IBM 왓슨은 금융·로봇·헬스케어·요리사·고객서비스·쇼핑과 호텔 등 17개 산업에 적용되고 있다. 왓슨의 암 진단 정확도는 대장암 98%, 췌장암 94%를 기록해 전문의보다 높다. 현재 속도라면 영화 '토탈 리콜'에 등장하는 로봇 택시가 서비스를 개시할 날은 코앞에 와 있다. 대한항공은 무인헬기를 개발 중이다. 1982년 제작된 영화 '서기 2019 블레이드 러너'에 나온 우주 식민지 개척을 위해 대량 생산된 레플리컨트(복제인간)가 노동력을 대체할 가능성도 그저 상상이라고만 치부할 수 없다.

4차 산업혁명시대, AI 후발국이랄 수 있는 우리나라가 무엇보다 AI로 인한 새로운 일자리 창출 과제와 함께 AI로 인해 없어지는 일자리에 대한 대책을 서둘러 마련하지 않으면 안 되는 배경이다. 한국고용정보원은 10년 안에 노동자의 70%가 일자리를 잃을 처지에 놓인다는 분석을 내놓았다. AI가 인간의 감성·창의력·인지능력·직관에 의한 판단력까지 대체할 수 없다는 점에서 중장기적으로 AI에 의한 일자리 소멸을 걱정할 필요가 없어 보이지만, 당장 직장에서 내쫓기는 층은 고통에 내몰릴 수밖에 없다. 상대적으로 AI에 의한 일자리 대체 가능성이 낮은 직종은 전문가, 과학기술, 교육, 보건사회복지, 예술 스포츠 여가 서비스업 정도다. 미국의 인공지능 변호사 로스(Ross)가 미리 입력된 수백만 건의 판례를 토대로 분석을 도울 수는 있어도 법정에서 종합적인 판단력을 토대로 한 변호사와 판사의 활동을 대체할 수는 없다. 스위스 ABB가 만든 휴머노이드 유미라는 로봇 지휘자가 극찬을 받아도 평소 오케스트라 단원과 호흡을 맞추면서 인간의 감성을 담은 음의 세계를 만들 수는 없다. 단순노동의 경우는 다르다. 최근 전문가 여론조사에서도 일자리 소멸 가능성이 큰 직종 1·2·3위로 운수업·도소매업·금융보험업이 꼽혔다. 노동 내 격차, 양극화, 사회 불안정성이 증대할 수밖에 없다. AI가 몰고 올 만만찮은 부작용이다.

미래로 가는 과정에서 이 같은 불가피한 과도기의 진통을 최소화하기 위한 제도적인 틀 만들기나 산업 방향 조정과 유도는 정부의 몫이다. 전체적으로 신기술로 인해 급격하게 변화하는 사회 혼란이 연착륙할 수 있도록 하는 일이다. 보다 적극적으로 AI로 인한 근로자 대체 효과를 상쇄하고도 남을 만큼 고용 창출 효과를 높이는 방향으로 정부 정책이 세밀하게 다듬어져야 한다. 새로운 직종, 양질의 일자리가 많이 창출되는 관건은 구태의연한 규제를 서둘러 없애는 일이다. 노동시장 개혁도 급하다. 특히 자율주행차·드론·첨단바이오의약품 분야의 발전은 사실상 정부가 발목을 잡고 있는 격이다. 4차 산업혁명에 대해 정부가 강조하는 만큼 필요한 개혁은 실제 진행되지 않고 있다. 자칫하다가는 세계 경제전쟁에서 뒤처질 수밖에 없다.

출처 : 문화일보 (2017/10/23)

불행하게도 한국의 경우 이러한 불평등의 심화 현상이 점차 가시화되고 있는 것으로 보인다. 신광영 (2013, 40)은 한국사회의 불평등은 두 가지의 서로 다른 동학에 의해서 영향을 받았다고 지적한다. 하나는 정치적 차원에서 민주화 이행이 소득 불평등 완화에 긍정적인 기여를 했다는 것이고, 다른 하나는 1997년 외환 위기로 촉발된 신자유주의적 경제개혁이 불평등을 심화시켰다는 점이다. 그는 1997년 이후 외환위기를 계기로 이루어진 신자유주의적 경제개혁 효과가 민주화 효과를 압도하면서 전반적으로 불평등이 급격하게 심화되는 결과를 가져왔다고 지적한다. 그 결과, 민주화가 지속적으로 이루어졌지만 경제적으로는 소득 불평등이 더욱 심해지고 빈곤층이 확대되는 결과를 가져왔다는 것이다.

이러한 맥락에서 니콜라 콜린 (Nicolas Colin)과 브루노 팔레 (Bruno Palier)는 4차 산업혁명 시대의 사회정책으로 '유연안정성 (flexicurity)'이라는 개념을 제안한다(콜린·팔레 2016, 245). 이들에 따르면, 유연안정성은 북유럽 노르딕 국가들, 그중에서도 특히 덴마크, 그리고 네덜란드에서 인기 있는 모델로 오랫동안 자리매김 해왔다. '유연한 안전 (flexible security)'이라는 말을 짧게 줄인 이 개념의 핵심은 복지 혜택과 일자리를 분리하는데 있다. 즉, 만일 정부가 시민들에게 보건 서비스, 주택, 교육훈련 등과 같은 것을 고용 상태와 관계없이 보편적 기준에 따라 보장해준다면 사람들은 직장을 옮기거나 일자리를 잃는 것을 그토록 두려워하지는 않는다는 것이다. 콜린과 팔레는 사람들이 더 이상 이직이나 실업을 두려워하지 않는다면 정부는 노동 시장 규제를 차례로 해제하고 채용과 해고에 관한 결정을 경제적 논리에 따라 기업 스스로 하도록 만들 수 있다고 지적하고, 이로 인해 더 큰 효율과 역동성, 생산성이 발현될 것이라고 주장한다. 콜린과 팔레는 이러한 유연안정성이라는 개념이 사회민주주의적 요소를 포함하고 있음을 인정하고 이런 접근법하에서 정부의 사회정책은 가끔 생기는 시장실패를 단순히 보완하는 것에 그치지 않고, 시장과 더불어 유연하고 훈련된 그리고 높은 생산성을 갖춘 노동력을 유지할 수 있도록 지원하는 역할을 하게 된다고 지적한다. 콜린과 팔레는 빠르고 치열한 디지털 경제 최고의 사회정책은 아이러니하게도 디지털 기업가들이 평소 요구하는 것 이상으로 정부가 적극적으로 나서는 것에 있다고 주장한다.

〈읽을거리〉 4차 산업혁명과 새로운 고용 방식의 출현 가능성

'초봉 3500만원·주 44시간' 광주형 일자리, 상생 디딤돌 될까

광주시·현대자동차 6일 투자 협약식 예정
국외로 떠난 국내 제조업 공장 회귀 계기 관심
경차 판매 저조 우려…일부선 "친환경차 전진기지 삼아야"

광주시와 현대자동차의 신설법인 합작투자 협상이 4일 잠정 타결되면서 '광주형 일자리'를 통해 노사상생형 지속가능 경제 시스템의 초석을 놓겠다는 문재인 정부의 구상은 가까스로 좌초 위기를 피했다. 하지만 여전히 광주형 일자리 완성차 공장에서 생산할 차종이나 국내 자동차 산업의 상황을 두고 선호와 진단이 제각각이다. 이번 광주형 일자리 협상에 참여하지 않은 전국금속노조 현대차지부의 반발도 부담스럽긴 마찬가지다.

■ 지방정부 주도의 사회적 대타협 이번 잠정 협상 타결은 지방정부 최초로 노·사·민·정 대타협을 끌어낸 일자리 창출이라는 데 큰 의미가 있다. 광주시와 현대자동차는 국회 예산안 통과를 앞두고 4일 잠정적으로 협상을 매듭지었다. 양쪽 협상은 지난달 1일 '광주형 일자리 합의문'이 나온 뒤 급속하게 얼어붙으면서 한때 무산 가능성까지 거론됐다. 한국노총 광주본부 등 지역 노동계로부터 포괄적 협상 전권을 위임받은 광주시 협상단은 지난 6월 잠정 합의안을 바탕으로 최종 협상안을 조율해왔다. 양쪽은 국회 예산안 처리 전에 잠정 합의안을 극적으로 도출했다. 광주시가 광주형 일자리와 관련해 정부에 요청한 예산은 2912억원 규모다.

최종 협상안의 구체적인 내용은 알려지지 않고 있다. 광주시 관계자는 "광주시와 현대자동차 사이에 잠정 작성한 합의서엔 신설법인의 임금수준이나 위탁물량 등의 내용은 포함되지 않았다"고 밝혔다. 다만 노동자 평균 초임은 연 3500

만원 수준, 적정 노동시간은 주 44시간(격주 토요일 8시간 근무)으로 합의했을 가능성이 크다. 마지막까지 핵심 쟁점이었던 '5년간 단체협상을 하지 않는다'는 내용은 노동계 의견을 부분적으로 수용한 것으로 전해졌다.

광주형 일자리는 국내 첫 번째 사회적 대타협 모델로 꼽힌다. 이 모델은 윤장현 전 광주시장이 2014년 6월 지방선거 공약으로 처음 제안하면서 주목받았다. 2000년대 초반 독일 폴크스바겐사에서 별도의 아우토5000이라는 법인을 신설해 고용을 창출했던 것을 염두에 둔 프로젝트였다. 전문가들은 "위탁생산이라는 점에서 광주형 일자리 모델은 동희오토와 외형적으로 유사하지만, 도급회사를 두지 않고 정규직을 채용하며 복지 인프라를 제공하는 점이 다르다"고 설명한다.

■ 기대 효과 광주의 일자리 여건은 매우 열악하다. 1인당 지역내총생산(GRDP)도 2200만원으로 전국 평균의 70%에 불과한 실정이다. 지난해 순유출자 8118명 가운데 66%가 20~30대 청년층이다. 일자리가 없기 때문이다. 광주형 일자리가 성공하면 직간접 일자리 1만2000여개가 창출될 것으로 보인다.

광주형 일자리 모델이 다른 도시에도 적용될 수 있을 것이란 기대감도 적지 않다. 한국지엠이 문을 닫은 군산이나 조선업 경기가 침체된 경남 거제 등이 제2의 광주형 일자리 도입을 검토할 만한 지역으로 꼽힌다. 산업계 일각에선 유럽과 미국, 일본처럼 국외로 떠난 제조업 공장들이 국내로 다시 돌아오는 리쇼어링(Reshoring)의 계기가 될 수 있을 것인지에 주목한다. 백승렬 어고노믹스 대표는 "약간의 세제 혜택을 준다고 해서 해외로 나간 제조업 공장이 되돌아오기 힘들다. 임금과 노사관계의 혁신 모델이 안착되면 장기적으로 해외로 나갔던 국내 제조업 공장을 되돌리게 할 수 있다"고 말했다.

광주형 일자리 추진 일지

2014년 6월	윤장현 광주시장 후보 '광주형 좋은 일자리 1만개 창출' 공약
2017년 6월	노·사·민·정 22개 기관 참여 '광주형 일자리 기초협약' 의결
7월	문재인 정부, 100대 국정과제에 '광주형 일자리 모델' 포함
2018년 6월	광주시, 현대차그룹의 완성차 공장 설립 투자의향서 접수
11월13일	광주형 일자리 추진을 위한 투자유치추진단 합의문 발표
12월5일	광주시, 노사민정협의회 예정, 광주시-현대차 최종 협상 예정
12월6일	광주시-현대차 신설 법인 투자 협상 조인식 예정

■ 남은 문제는? 광주형 일자리 정책이 지방정부가 직접 투자하는 첫 사례라는 점은 적잖은 부담이다. 일각에선 "신설법인 공장에서 생산할 예정인 경차 에스유브이(SUV)의 판매가 부진할 경우 광주시가 우회 투자한 590억원과 금융권에서 끌어들일 4200억원의 투자가 고스란히 시민 부담으로 돌아올 수 있다"고 우려한다. 이 때문에 장기적으로 빛고을국가산업단지를 '친환경차 생산 전진기지'로 바꿔야 한다는 주장도 나온다.

전국금속노조 현대차지부와 민주노총 등 노동계의 한 축에서 광주형 일자리 모델을 반대하고 있는 섬도 변수다. 하부영 금속노조 현대차지부장은 이날 긴급성명서를 내어 "광주형 일자리는 자동차 산업 시설이 남아도는 탓에 과잉중복 투자로 모두가 함께 망하는 길"이라며 "자동차 산업에 위기와 파탄을 가져올 광주형 일자리가 합의된다면 총파업을 감행할 것"이라고 경고했다.

(출처 : 한겨레신문 2018/12/4)

〈생각거리〉

1. 4차 산업혁명 시대의 사회적 복지는 어떠해야 하는가?
2. '미디어 콘텐츠 스모그' 시대로의 진입에 따라 폭발적으로 증가하고 있는 허위정보와 가짜뉴스는 어떻게 가려낼 수 있을까?
3. 4차 산업혁명 시대에 예견되는 사회적 불평등의 심화는 어떻게 해결해야 하는가?
4. 4차 산업혁명으로 인한 사회적 변화는 민주주의 시스템에 어떠한 영향을 미치는가?
5. 4차 산업 혁명시대의 '시민'은 이전 시기의 '시민'과 어떻게 다르고, 어떠한 자질을 새롭게 갖춰야 하는가?

4. 맺는말 : 4차 산업혁명으로 인한 정치·경제·사회적 변화와 시민 교육적 함의

본 장에서는 4차 산업혁명이란 거대한 변화의 흐름을 정치적, 경제적, 그리고 사회적인 면에서 다각도로 그 가능성과 도전을 중심으로 살펴보았다. 이상의 논의를 바탕으로 이러한 변화가 민주 시민 교육에 대한 함의는 무엇인지를 검토해 보는 것으로 본 장의 논의를 마치고자 한다. 4차 산업혁명은 분명 거부할 수 없는 거대한 하나의 변화의 흐름으로 우리에게 다가오고 있다. 이를 인더스트리 4.0으로 부르든, 혹은 정보사회의 심화라 부르든, 이전과는 다른 수준의 '연결'과 '융합'은 새로운 기술적인 지평을 개척하고 있으며, 이는 또한 사회적인 면에서도 실질적인 변화를 초래하게 될 것이다. 특히 경제발전에 있어서 개발도상국들과 서구 선진국들의 견제를 동시에 받고 있는 한국의 경우 4차 산업혁명은 좌우 이념을 뛰어 넘는 하나의 미래 산업 전략으로 자리 잡고 있다. 이 때문에 한국에서 4차 산업혁명을 둘러싼 담론에서는 어떤 위기의식 내지는 절박함이 깔려있는 4차 산업혁명 긍정론이 우위를 차지하고 있는 듯하다. 과거 권위주의 발전국가 시기에는 맹목적인 경제성장이, 경제위기시에는 빠른 위기극복이, 그리고 세계화 시대에는 국가 경쟁력 강화가 하나의 시대정신으로 기능했듯이, 4차 산업혁명 또한 가까운 미래의 시대정신으로 만들어지고 있다. 다소 아쉬운 점이 있다면 한국에서의 4차 산업혁명에 대한 논의는 주로 경제적이거나 기술적인 담론들에 집중되고 있으며 또한 상당히 긍정론적인 시각에서만 다루어지고 있다는 것이다. 물론 이것은 현재 시점에서 4차 산업혁명이 실제로 구체화되고 가사회되고 있기 때문이기는 하겠지만 4차 산업혁명이 우리 삶과 사회 전반에 미치게 될 근본적인 영향과 파급효과를 고려해 본다면 이에 대한 다양한 논의와 제도적 준비는 지금부터라도 서둘러야 할 것이다.

무엇보다도 4차 산업혁명을 둘러싼 환호와 기대의 담론에서 명시적으로 논의되고 있지 않은 숨겨진 전제 중 하나는 바로 4차 산업혁명의 진전은 불가피하게 신자유주의적 자본주의 질서의 심화를 바탕으로 한다는 점이다. 신자유주의적 자본주의 질서의 심화란 자유시장의 경쟁과 효율성 논리가 사회 전반의 핵심 운영 원리로 자리 잡으면서 시장 논리가 비시장 영역으로 확산되어지는 것을 의미한다. 4차 산업혁명을 옹호하는 이들은 대부분 자유시장의 기능이 충분히 작동할 때만이 가장 혁신적인 아이디어와 높은 생산성이 도출된다고 지적하고 있다. 문제는 이러한 신자유주의적 시장질서의 심화 과정에서 고용의 상시적 불안정과 이로 인해 야기되는 사회적 양극화 및 사회적 불평등의 심화는 매우 개연성이 높은 결과물이며, 실제로 많은 이들이 우려하고 있다는 점이다. 소수의 능력 있는 이들만이 부를 독점하는 '승리자'가 되고 평범한 대다수의 사람들은 '패자'가 되는 사회는 경제적으로 혁신적이고 생산성은 높을지는 몰라도 전체적인 사회의 통합과 안정은 크게 위협받을 수밖에 없다. 이는 그야말로 모래위에 쌓아 놓은 모래성과 다름없을 것이다. 4차 산업혁명을 준비하는 과정에서 이러한 논의가 생략된다면 그것에 대한 사회적 대가는 매우 클 수밖에 없다. 4차 산업혁명을 추동하는 신자유주의의 파괴적이고 사회해체적인 요소들을 적절히 제어하지 않는다면, 점차 사회적 유동성이 줄어들고 사회계층간 격차는 뛰어넘을 수 없는 장벽이 된다면, 그 사회는 폭풍전야의 전운이 감도는 불안정성으로 늘 위태로울 수밖에 없을 것이다.

이러한 경제사회적 변화는 중요한 정치적 결과를 가져올 가능성 역시 높다. 그중에서도 신자유주의적 질서가 심화된 4차 산업혁명 시대에 과연 민주주의가 지속 가능할 수 있을 것인가의 문제는 진지한 검토가 필요한 부분이라고 생각된다. 이러한 맥락에서 영국의 사회학자인 콜린 크라우치 (Colin Crouch)가 제시한 '포스트민주주의'란 개념을 살펴보는 것이 유용하다 (이하 포스트민주주의의 내용은 여건종 (2011, 111 참조)). 크라우치는 오늘의 전지구적 자본주의 질서의 심화와 민주주의의 상황을 포스트민주주의라는 개념으로 간파한다. 크라우치에게 포스트민주주의는 "민주주의의 형식적 요소는 그대로 남아있거나 오히려 강화되면서, 정치와 정부는 민주주의 이전 시대에 특징적이었던 방식으로 특권적인 엘리트의 통제권에 점점 더 많이 지배되고 있는" 상황을 비판적으로 접근하는 개념적 도구이다. 크라우치가 포스트민주주의 개념을 제시한 이유는 경제적 정치적 자원을 독점하고 있는 소수 집단이 일반 사람들의 생각을 통제하고 관리하고 지배하는 기술은 그 어느 때보다도 정교하고 강력해지는 반면, 지난 세기 동안 민주주의를 추동했던 시민적 능력은 지속적으로 약화되고, 민주주의의 기본 정신과 신념에 대한 사회적 합의는 서서히 소멸되고 있다는 것에 기인한다. 이는 무엇보다도 신자유주의적 경제 질서의 심화와 이로 인한 고용의 불안정성과 사회적 불평등의 심화로 기인한 부분이 크다. 그 결과로 민주주의는 정기적으로 치러지는 선거행위로 왜소화되고 유권자는 더 이상 시민이 아니라 소비자이며, 정치 공학이 동원되는 선거는 투표용지를 두고 벌이는 마케팅의 경연장이 된다. 이는 바로 대의민주주의의 위기로 이어질 수 있으며, 무기력하고 무관심하고 냉소적인 대중은 참여를 박탈당한 대중이 된다. 웬디 브라운 (Wendy Brown 2015)은 이러한 과정을 '호모 폴리티쿠스 (Homo Politicus)'가 '호모 이코노미쿠스 (Homo Economicus)'로 대체되어지는 현상이라고 지적하기도 했다.

〈표 3.1〉 미디어 리터러시 교육의 영역과 내용 출처 : 김양은·박한철·배은주 (2016, 43)

미디어 리터러시 교육의 영역	내용
미디어에 대한 접근 능력	다양한 미디어에 대한 보편적 접근, 미디어의 기술적 이용을 위한 지식, 정보의 검색, 평가 및 정보조절 능력
미디어에 대한 비판적 이해 능력	미디어 구조 및 기능에 대한 지식, 미디어 텍스트에 대한 비판적 읽기, 미디어를 둘러싼 사회적, 정치적, 기술적, 미학적 요인들을 비판적으로 사고할 수 있는 능력
미디어를 통한 창의적 표현 능력	다양한 미디어를 사용한 창의적 쓰기, 자아 정체성 및 의견, 지식, 감정 등을 미디어 텍스트의 제작을 통해 표현하는 능력
미디어를 통한 소통 능력	미디어 읽기와 쓰기에 대한 사회적 책임 의식, 민주적 참여 활동 능력, 정보의 공유 및 나눔 능력

그렇다면 4차 산업혁명은 민주주의 작동과 관련하여 매우 역설적인 사회적인 조건을 형성하게 될 가능성이 높다. 즉, 4차 산업혁명으로 인한 기술적 진보는 정치적으로 직접 민주주의와 참여의 가능성을 높이며 민주주의 심화의 가능성을 높이는 반면, 사회적으로는 신자유주의적 질서의 심화로 인한 불평등의 심화와 정치의 영역을 축소로 인해 민주주의가 약화될 가능성 역시 높아지고 있는 것이다. 4차 산업혁명이 민주주의의 지속가능성에 던지는 이러한 역설적인 물음에 우리는 어떠한 대안을 준비해야 하는 것일까? 여러 대안들이 가능할 수 있을 것이다. 한국의 경우 우선 제도화 수준이 낮은 정당체계를 좀 더 안정적으로 작동할 수 있게 만드는 것도 매우 중요하다. 정당의 제도화 수준이 낮다는 것은 그 만큼 국가와 시민사회를 연계하는 고리가 연약하다는 의미일 수도 있다. 앞서 지적했듯이 4차 산업혁명은 시민사회의 참여 요구를 매우 증폭시키게 될 가능성이 높은 가운데 시민사회와 국가를 연계하는 핵심 고리인 정당체계가 불안정하고 그 역량이 떨어진다면 시민사회의 높아만 가는 정치적 요구와 이전과는 더 신속하게 집행 되어져야 하는 정부 정책들 간에는 심각한 괴리가 발생할 수도 있다. 따라서 한국의 정당 체계를 어떻게 좀 더 안정적으로 그리고 건설적으로 작동할 수 있게 하는 제도적인 장치들에 대한 진지한 검토를 해 볼 필요가 있을 것이다. 특히 4차 산업혁명이 우리가 생각하는 것보다 우리에게 빠른 속도로 다가오고 있음을 감안한다면 이에 대한 논의는 더욱 시급하게 진행돼야 할 것이다.

동시에 좀 더 장기적인 관점에서 우리가 준비할 수 있는 것들 중의 하나는 4차 산업혁명 시대에 적합한 시민적 자질을 갖추면서 이를 이후 세대에게 안정적으로 전수해 주는 것이다. 소위 말하는 '시민교육'의 중요성이다. 과거 한국의 권위주의적 산업화 시대에서 필요로 했던 시민적 자질과 외환위기를 극복해야 했던 시기에 요구되었던 시민적 자질은 4차 산업혁명 시대에 민주주의의 지속가능성을 뒷받침하는 시민적 자질과 능력과 분명히 다른 부분이 있을 것이기 때문이다. 물론 4차 산업혁명 시대에 새롭게 필요해지고 있는 시민적 자질에 대한 연구는 더 면밀하게 검토될 필요가 있다. 그리고 이러한 새로운 시민적 자질은 학자들마다 그것을 지칭하는 방식과 우선순위는 다를 수 있다. 이러한 맥락에서 여건종 (2011, 127)은 포스트민주주의 상황에서 가장 핵심적이고 효과적인 대안은 미디어민주주의이며, 여기에서 우선적으로 요구되는 것이 '시민적 리터러시'

라고 지적한다. 이는 '미디어를 통해서' 뿐만 아니라, '미디어를' 읽는 능력, 더 나아가서 '미디어를 거슬러서' 읽는 능력을 포함하며, 한 공동체에서 지식과 정보가 생산되고 그것이 사회적, 정치적 상징이 되어 주체와 공동체의 현실을 구성하게 되는 과정을 인식하는 능력을 의미한다. 이러한 시민적 리터러시의 필요성은 4차 산업혁명 등으로부터 야기된 급격한 사회적 변화, 즉 미디어 콘테츠 스모그 시대로의 진입을 반영하고 있다고 볼 수 있다. 일군의 학자들은 이를 '미디어 리터러시'로 지칭하면서 미디어 리터러시 교육의 중요성을 강조하기도 한다 (원용진 외 2018).

현대 영국의 정치사상가인 버나드 크릭 (Bernard Crick) (Crick and Porter 1978)은 민주시민양성을 위한 정치교육을 어떻게 할 것인가의 물음에 대해 '정치적 리터러시 (pollitical literacy)', 즉 지식 (knowledge), 태도 (attitude), 그리고 기술 (skills)의 결합을 제시한 바 있는데 최근 상당수 전문가들은 4차 산업혁명 시대에 필요한 민주시민교육의 일환으로 제시하고 있는 미디어 리터러시 혹은 시민적 리터러시는 크릭의 정치적 리터러시와 상당부분 유사한 부분이 있다고 보인다. 무엇보다도 정보의 양이 폭발적으로 증가하는 사회적 흐름에서 양질의 가치 있는 정보를 바탕으로 한 정치적 결정과 판단 능력은 점차 중요한 시민적 자질이 될 가능성이 높기 때문이다. 그리고 이러한 시민적 리트러시 혹은 정보 리트러시의 필요성은 4차 산업혁명 시대의 시민적 자질이 그만큼 이전 시기보다 달라지고 있음을 함의한다. 무엇보다도 4차 산업혁명으로 인한 변화를 좀 더 풍요롭고 지속가능하게 만들기 위해서 우리는 새로운 시민적 능력과 자질을 바탕으로 4차 산업혁명 시대에 홍수처럼 넘쳐나는 다양한 정보들과 빠른 정치사회적 변화들에 대해 즉각적이고 일차원적인 반응을 보이기보다는 보다 성찰적이고 합당한 정치적 판단을 내릴 줄 아는 능력과 자세를 갖춰야 할 것이다.

참고문헌

- KBS NEWS. 2017.07/28. "4차 산업혁명과 디지털 깡패들 … 싸이월드는 '플랫폼'이었나"
- 금준경. 2018. "4차 산업혁명 시대의 뉴스 리터러시 교육" in 원용진 외. 2018. 『4차 산업혁명 시대의 미디어 리터러시 교육』, ㈜ 도서출판 지금.
- 김규판, 이형근, 김종혁, 권혁주. 2017. "주요국의 4차 산업혁명과 한국의 성장전략 : 미국, 독일, 일본을 중심으로 " 연구보고서17-07. 대외경제정책연구원.
- 김양은·박한철·배은주. 2016. 초등학생을 위한 미디어 창의적 체험 활동 : 학교 교사와 미디어 교육 강사를 위한 가이드북, 과천: 방송통신위원회
- 니콜라 콜린·브루노 팔레, 2016. "미래의 사회안정망" in 클라우스 슈밥 외 26인 지음/김진희·손용수·최시영 옮김, 『4차 산업혁명의 충격』, 흐름출판.
- 동아일보. 2019/02/12. "AI 인재 끌어모으는 현대車 … "순혈주의 벗어나 미래사업 창출"
- 마틴 울프. 2016. "기술 낙관론에 대한 비판" in 클라우스 슈밥 외 26인 지음/ 김진희·손용수·최시영 옮김, 『4차 산업혁명의 충격』, 흐름출판.
- 문화일보. 2017/10/23. "AI 시대 일자리 창출과제".
- 신광영. 2013. 『한국 사회 불평등 연구』. 후마니타스
- 심홍진. 2017. 『4차 산업혁명 시대, 미디어 콘텐츠의 생존 전략』, 정보통신정책연구원.
- 여건종. 2011. "포스트민주주의와 시민적 리터러시", 비평과 이론 6권 2호: 109-130.
- 원용진 외. 2018. 『4차 산업혁명 시대의 미디어 리터러시 교육』, ㈜ 도서출판 지금.
- 윤성이. 2017. "4차 산업혁명 시대의 거버넌스 패러다임 변화와 포스트 민주주의", Future Horizon 34:30-33. 과학기술정책연구원.
- 윤호영. 2018. "기술-사회 패러다임 용어는 어떻게 소비되는가?" Information Society & Media 19(2):1-28.
- 이은민. 2016. "4차 산업혁명과 산업구조의 변화" 정보통신산업정책 28권 15호, 통권 629호, 정보통신정책연구원.

- 이호근. 2018. 『성당에서 시장으로: 4차 산업혁명과 디지털 트랜스포메이션』, 연세대학교 대학출판문화원.
- 조선비즈. 2017/01/26. "누구냐 넌? 4차 산업혁명... 독 인더스트리4.0에서 시작 '알파고 쇼크' 거치며 한국 사회 흔들어".
- 조선일보. 2019/02/13. "TV 보다 유튜브 ... '먹방하고 리뷰하고' 개인 채널 여는 스타들"
- 조용호·김용철. 2017. "한국 민주주의 불안정의 문화적 기반: 한국인들은 어떤 민주주의를 지지하는가?" 한국정치학회보 51(5): 5-28.
- 중앙일보. 2019/01/27. "네이버 블로그 이어 다음 차단... 인터넷 만리장성 쌓는 중국"
- 클라우스 슈밥 지음/ 송경진 옮김, 2016. 『클라우스 슈밥의 4차 산업혁명』, 새로운 현재.
- 한겨레신문. 2017/07/13. "4차 산업혁명, 독재정권 출현 더 쉽게 할 수 있다"
- 한겨레신문. 2018/09/28. "가짜 뉴스 기지. 일베에서 유튜브로 … 20대가 가장 많이 본다"
- 한국경제신문. 2019/03/25. "차량공유에서 자율주행까지 … '모빌리티 산업'은 진화 중"

- Bloomberg, 2019/01/22, "These are the World's Most Innovative Countries" Available at https://www.bloomberg.com/news/articles/2019-01-22/germany-nearly-catches-korea-as-innovation-champ-u-s-rebounds?fbclid=IwAR1uTAJ_YBeo0ipYToxUQUv6LoifhHUHPlqk9IpH8s17ENdfmSf1RIOT-D0
- Brown, Wendy. 2015. Undoing the Demos. New York: Zone Books.

- Crick, Bernard, and Alex Porter, eds. 1978. Political Education and Political Literacy. London: Longman Group Limited.
- Croissant, Aurel, and Philip Völkel. 2010. "Party System Types and Party System Institutionalization: Comparing New Democracies in East and Southeast Asia." Party Politics 18(2): 1-31.
- Dahl, Robert A. 1998. On Democracy. New Haven and London: Yale University Press.
- Held, David. 2006[1987]. Models of Democracy. Third Edition ed.: Stanford University Press.
- Morris, Dick, 2001. "Direct Democracy and the Internet", 34, Loyola of Los Angels Law Review. Available at: https://digitalcommons.lmu.edu/llr/vol34/iss3/5.
- The Economist, 2018. "A study finds nearly half of jobs are vulnerable to automation", April 24th.
- The Economist, 2018. "Big data is reshaping humanity, says Yuval Noah Harari: Uneven and easy to mock, his new book contains provocative and profound ideas", August 30.
- The Guardian, 2017/01/11. "Can democracy survive the fourth industrial revolution? Should it?"

연습문제

1. 4차 산업혁명은 기존의 국가-사회 관계를 어떠한 방식으로 변화시킬 것인가?

2. 4차 산업혁명의 진전으로 인하여 점차 직접민주주의를 실행할 수 있는 기술적 조건들이 갖추어지고 있다면 우리는 현재의 대의민주주의 체제를 직접민주주의 체제로 대체해야 할 것인가?

3. 4차 산업혁명 시대의 시장의 작동방식은 어떻게 변화하고 있으며, 기존의 방식과는 어떠한 점에서 구별되는가?

4. 4차 산업혁명 시대 미디어 환경의 변화를 분석하고, 이러한 변화가 민주주의에 대하여 갖는 긍정적인 점과 부정적인 점을 논하라.

5. 4차 산업혁명으로 인하여 생기게 되는 고용의 변화는 무엇이고, 이에 대한 대처방안은 무엇인지 논하라.

6. 4차 산업혁명 시대의 민주시민교육은 어떠해야 하고, 기존의 민주시민교육과 어떠한 점에서 차별화 되는가?

제4장

4차 산업혁명과 지능정보기술

1. 제4차 산업혁명 사회의 지능정보기술
2. 소프트웨어 교육
3. 체험활동

- 연습문제

제4장

4차 산업혁명과 지능정보기술

1. 제4차 산업혁명 사회의 지능정보기술

1.1 제4차 산업혁명의 메가트렌드

제4차 산업혁명에 필요한 기술은 다양한 분야로 융합되어 확산되기 때문에 실현 시기나 파급효과 그리고 영향력에 대한 예측과 준비가 필요하다. 그리고 새로운 산업시대는 기술변화가 워낙 빠르게 진행되기에, 미래 사회의 변화에 능동적으로 대응할 수 있는 유망기술 연구와 그에 대한 투자가 증대되고 있다. 그래서 제4차 산업혁명 시대로 전환됨에 따라 세계 각국은 다양한 분야에 걸쳐 지능정보기술의 혁신 정책을 추진하는 동시에 신기술의 창출로 미래 성장기반의 확보에 주력하고 있다. 이처럼 세계는 유망 첨단기술 분야의 기대가 높아짐에 따라 지능정보기술 혁신이 바탕이 된 산업 생태계를 선점하기 위해 제4차 산업혁명에 따른 기술의 메가트렌드를 파악하려고 노력하고 있다.

지능정보기술은 기존의 정보통신기술(ICT)이 인공지능(AI)과 결합하여 나타날 새로운 기술을 말한다. 다시 말해, 인공지능을 활용하여 사물인터넷이나 모바일로 수집한 빅데이터를 클라우드 컴퓨팅 방식으로 전달 받아 인간의 인지, 학습, 추론 등의 고차원적 정보 처리 작업을 인공지능으로 분석 및 처리하고 저장하여 새로운 가치를 창출하는 기술들을 통틀어 지능정보기술이라고 한다. 인공 지능(AI)에 데이터 활용 기술인 사물 인터넷(IoT), 빅데이터(Big Data), 클라우드(Cloud), 모바일(Mobile)이 결합되어 [그림 4.1] 과 같이 'AI + ICBM'으로 표현된다.

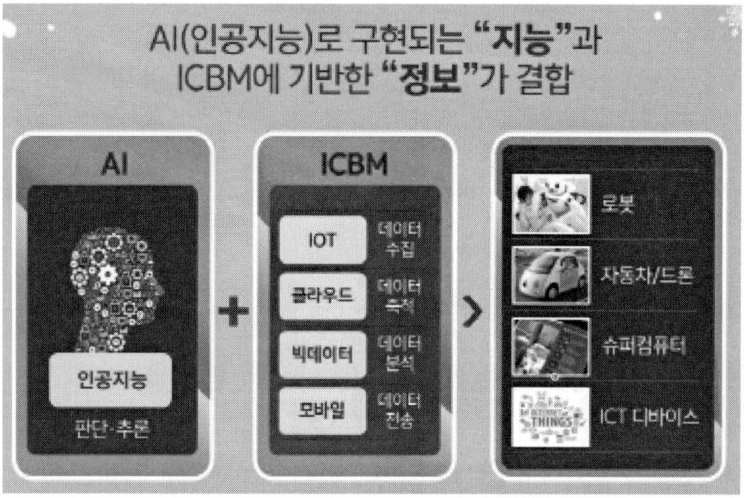

[그림 4.1] 지능정보기술의 개념도(한국정보통신기술협회, 2016)

지능정보기술을 통해 사회 여러 분야에서 자율 주행자동차나 지능형 로봇과 같은 다양한 제품과 서비스를 지능화하여 제공할 수 있게 된다. 그래서 지능정보기술은 제4차 산업혁명을 이끄는 원동력이라 할 수 있다.

가트너(Gartner)는 매년 미래를 이끌어갈 핵심 기술에 대한 보고서를 발표하고 있다. 이 기관은 2,000개 이상의 기술에 대한 전문가 의견을 수렴해 향후 5~10년 간 주목받을 것으로 예측한 기술들의 전망 보고서를 발표한다. 이 보고서는 디지털 경제를 주도할 미래 기술을 전망하는 지표로 제4차 산업혁명의 메가트랜드를 엿볼 수 있는 자료이다. [그림 4.2] 는 가트너가 제시한 2018 하이프 사이클(Hype Cycle)로, 이 그래프를 살펴보면 신기술의 출현과 성장, 향후 전망 등 제4차 산업혁명과 연계된 최신 기술 트렌드를 확인할 수 있다.

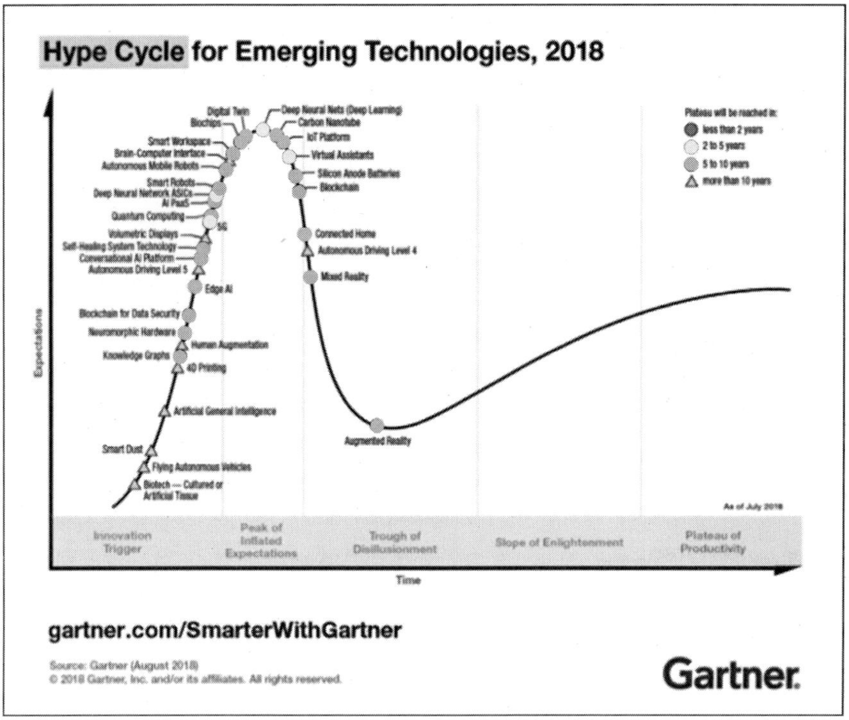

[그림 4.2] 2018 가트너 하이프 사이클 (가트너, 2018)

가트너는 2018 하이프 사이클에 제시한 다양한 최신 기술을 포함하는 5가지 메가트렌드를 〈표 4.1〉과 같이 제시하면서 다가올 변화에 선제적인 준비가 필요하다고 말하였다.

〈표 4.1〉 5 Trends Emerge(가트너, 2018)

구분	설명
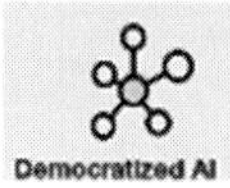 인공 지능 민주화	· 인공지능(AI)은 향후 10년 동안 거의 모든 곳에서 출현할 것을 예상 · 인공지능 분야가 개발자와 같은 일부 전문가가 아닌 사회 구성원 모두가 인공지능 기술 개발에 참여 가능하며 서비스 혜택도 함께 누릴 수 있음을 예상 · 클라우드 컴퓨팅, 오픈소스, 메이커(Maker) 커뮤니티와 같이 대중에게 인공지능 기술을 오픈할 수 있는 다양한 툴이 확산되어 기술개발과 보급이 촉진될 것을 예상
 디지털 에코시스템	· 빅데이터와 향상된 컴퓨터 역량을 요구하는 유망기술의 인프라가 유기적으로 연결되는 생태계를 혁신할 것으로 예상 · 블록체인, 디지털 트윈, 사물인터넷, 지식 그래프 등의 플랫폼은 새로운 비즈니스 모델을 창출하는 근간으로 인간과 기술 간 가교 역할을 수행할 것으로 예상
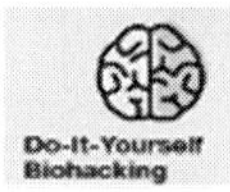 DIY 바이오해킹	· 생명공학이 첨단기술과 결합해 개인이나 기업 등 누구나 정보를 공유하며 제품을 만들고 즐길 수 있는 시대를 예상 · 바이오칩, 바이오테크, 외골격 슈트, 뇌-컴퓨터 인터페이스, 증강현실(AR), 혼합 현실(MR), 스마트 섬유 등으로 인간의 건강·신체 정보를 포함한 모든 데이터를 수집·분석하여 건강한 삶, 나아가 보다 나은 생활을 영위할 수 있게 될 것으로 예상
 초몰입 경험	· 기술이 인간 중심적, 인간 친화적으로 진화하면서 스마트한 업무처리가 가능한 디지털 공간을 더욱 확산시킬 것으로 전망 · 4D 프린팅, 커넥티드홈, 엣지 인공지능, 체적표시, 자가 치유 시스템 기술, 실리콘 양극 배터리, 스마트 먼지, 스마트 업무 공간 등 스마트한 작업 공간에서 자동화된 업무 도구가 플랫폼과 직접 상호작용할 것으로 예상
 유비쿼터스 기반환경	· 클라우드 컴퓨팅의 출현과 확산은 컴퓨팅 작업 환경을 변화시켰으며 새로운 비즈니스 모델을 창출할 것으로 예상 · 큐비트와 알고리즘으로 이루어진 양자컴퓨터의 개발로 엄청난 연산 속도로 향후 빅데이터 분석, 기계학습 등에 큰 영향을 미칠 것으로 예상

가트너가 2018년 보고서에서 제시한 5가지 메가트렌드에 포함된 기술은 시작 단계에 불과한 것도 있지만, 인공지능을 위한 기계학습, 블록체인 기술, 로봇을 포함한 자율주행 무인기, 로봇이나 자율주행을 위한 뇌 연결 컴퓨터 인터페이스 등과 같은 기술 등은 2016년 이래로 메가트렌드의 핵심 기술로 계속 선정되고 있다. 이런 가트너의 메가트렌드는 국가나 기업들이 선의의 경쟁에서 높은 우위를 보장받을 수 있는 기술임을 암시하고 있다. 이를 기준으로 본다면, 제4차 산업시대를 준비하기 위한 노력으로 향후 국가나 기업들은 블록체인, 인공지능 및 증강현실의 비즈니스 잠재력을 설명할 수 있도록 기술과 이를 상용화할 수 있는 플랫폼을 확보해야 함을 알 수 있다.

세계경제포럼(WEF)과 글로벌 컨설팅기관인 매킨지(Mckinsey&Company)는 2019년 초, 제4차 산업혁명 메가트렌드를 주도하는 등대 공장(Lighthouse Factories) 16곳을 선정하였다. 이는 새로운 산업 시대를 맞아 첨단 기술과 인프라를 적극 도입해 제조업의 미래를 밝히며 안내하는 공장들을 선정한 것으로 최첨단 기술을 활용해 공장 설비 교체를 최소화하고 공정 프로세스의 혁신을 도모한 공장을 의미한다. 이 보고서에 따르면, 4차 산업혁명 기반의 제조 혁신을 이끄는 3가지 기술의 메가트렌드를 첫째는 연결성(Connectivity), 둘째는 지능화(Intelligence), 셋째는 유연한 자동화(Flexible Automation) 등으로 제시하고 있으며, 이런 트렌드를 핵심기술로 도입하고 통합하여 인공지능, 사물인터넷, 로봇, 빅데이터 등의 첨단기술을 적극 활용한다는 공통점이 있다.

사회의 혁신적 기술들은 디지털 생태계를 바탕으로 이루어진다. 그리고 서로 얽혀있어서 서로의 발달을 자극하는 동력이 된다. 블록체인의 기술은 데이터의 보안을 확보하게 해주어 사물인터넷(IoT) 플랫폼을 구축하는데 큰 영향을 끼치게 되고, 인공지능(AI)의 머신러닝(Machine Learning)과 사회적 합의는 자율주행자동차의 사회적 이슈와 법적 문제를 해결해준다. 그래서 지능정보기술은 필요한 데이터의 양을 충분히 제공하는 기반을 이루고, 그 바탕으로 컴퓨팅 성능을 향상시켜, 결국 디지털 생태계를 혁신하게 된다.

이상의 보고서에서 제시한 사물인터넷, 클라우드 컴퓨팅, 빅데이터, 인공지능, 증강현실을 포함한 가상현실, 블록체인, 로봇 등이 핵심 지능정보기술임을 확인할 수 있었고, 이런 이유로 국가나 기업들은 이런 지능정보기술이 작동할 디지털 생태계의 플랫폼을 선점하기 위한 보이지 않는 전쟁을 하고 있다. 그러나 현재 뉴스에서 나오는 기술들의 대부분은 여전히 베타테스트 단계에 있다. 하지만 곧 지능정보기술은 수많은 실패와 검증을 넘어서, 사회전체가 디지털 개혁으로 이뤄지는 미래 사회를 유지하는 핵심 기술이 될 것임은 모두가 믿고 있는 사실이다.

1.2 사물인터넷(IoT)

1) 개념 및 특징

사물인터넷(Internet of Things; IoT)이라는 용어는 케빈 애쉬튼(Kevin Ashton)이 1999년에 미국 MIT연구 소장으로 재직 중, 센서를 일상생활 속 사물에 탑재한 사물인터넷이 구축될 것을 최초로 언급하며 사용되기 시작했다. 이후 2005년 국제전기통신연합(International Telecommunication Union)의 보고서에서 사물인터넷의 개념과 기술을 체계화하여 발표하면서 사람들에게 알려지게 되었다.

사물인터넷은 물리적기기 또는 센서가 서로 연결되어 사람의 개입과 조작 없이 사물 또는 가상의 사물 및 상황까지도 상호작용하며 데이터와 정보를 교환할 수 있는 차세대 디지털 네트워크 기반 시설을 말한다. 사물인터넷은 연구기관의 특성에 따라, IoE(Internet of Everything), WeT(Web of Things), M2M(Machine to Machine), WSN(Wireless Sensor Network) 등의 용어들과 비슷한 의미로 혼용되기도 한다.

사물인터넷을 이루는 3가지 구성요소는 사람과 사물, 서비스이다. 사람은 독립적인 주체로서 사고와 행동을 의미하고, 사물은 하드웨어적인 유형의 사물과 소프트웨어적인 무형의 사물로 나누어진다. 서비스는 사물인터넷이 특정 목적을 위해 구현된 동작 메커니즘의 집합을 의미한다. 사물인터넷이 작동하는 목적은 사람과 사물을 지능적 네트워크로 연결함으로써 사람의 삶과 비즈니스 환경을 질적으로 향상시키는 것이다.
[그림 4.3] 는 사물인터넷 3대 구성요소의 관계를 그림으로 나타낸 것이다.

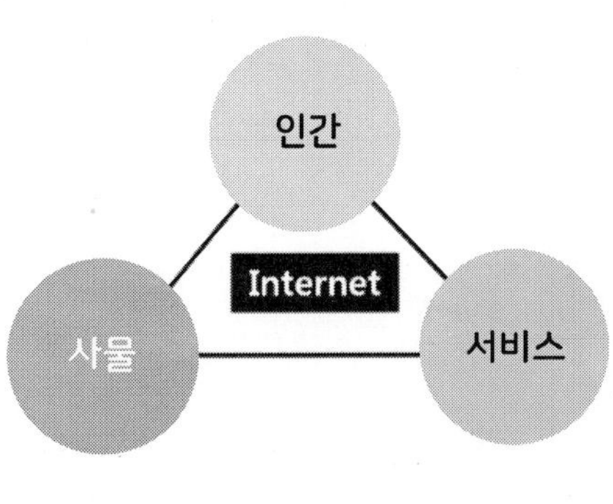

[그림 4.3] 사물인터넷의 3가지 요소 관계도

사람 간 관계에서는 행동이나 사고 등을 소셜네트워크(SNS), 채팅, 블로그 등의 다양한 방법을 이용하여 전달한다. 사람과 사물의 관계에서는 디스플레이, 사운드, RFID(Radio-Frequency Identification) 등을 통해 사물이 표시한 정보를 사람이 얻게 되고, 사물은 센서나 기기장치로 인간의 행동정보를 포함한 외부 환경으로부터 데이터를 수집한다. 사물과 서비스 관계는 여러 사물에서 모니터링한 데이터를 갖고 패턴을 인식하거나 필요한 이벤트가 발생하였을 때 특정 목적에 맞는 일을 처리하여 사람에게 필요한 서비스를 제공하게 된다.

사물인터넷은 컴퓨터가 인터넷을 만나고 스마트폰으로 발전하면서 시간과 공간을 구애받지 않고 컴퓨터를 제어하게 되었던 것과 마찬가지로 사물에 컴퓨팅 플랫폼이 포함되어 시공간을 초월하여 기기를 제어할 수 있는 환경이 구성되었다. 여기에서 기존 인터넷을 통한 제어는 인간의 개입이 필수적인 요소였다면, 사물인터넷은 사람의 간섭 없이 사물끼리 원격으로 모니터링하고 서로 제어하는 기술적 도약을 이루게 되었다. 이런 자율제어 환경을 구성하기 위해 사물인터넷은 실시간 정보 분석, 기계학습, 상품 센서 및 임베디드 시스템의 융합 등 여러 분야의 기술과 연계되면서 진화하고 있다.

전자제품 시장에서 사물인터넷은 스마트 홈(Smart Home) 개념과 관련된 제품이 가장 친숙하며 조명 장비, 온도 조절기, 가정 보안 시스템, 카메라 및 기타 가전제품 등을 원격에서 제어하는 것으로 처음 우리에게 다가왔다. 이와 병행하여 스마트폰이 디지털 생태계에 연결하는 창구 역할을 하면서 사물인터넷과 관련된 장치를 제어할 수 있는 어플리케이션의 개발도 이루어졌다. 이렇게 연결된 사물들은 [그림 4.4] 와 같이 클라우드와 같은 곳에 데이터를 한 곳으로 모아 인간의 행동 정보를 구성하고 관리하며, 필요한 서비스를 제공하게 된다.

[그림 4.4] 사물인터넷에서 사물 연결 개념도(pixabay, 2019)

사물인터넷에서 서비스는 개인부터 산업 및 공공 분야에 이르기까지 다양한 분야에서 활용되고 있다.

개인 부분에서는 건강이나 안전, 생활 편리를 높이는 방식으로 서비스를 제공하고 있다. 현재 우리가 가장 쉽게 접할 수 있는 '버스도착시각 안내' 서비스도 사물인터넷 기술을 이용한 것이다. 이런 서비스는 지리정보시스템(GIS)과 연결된 버스 위치 정보가 한 곳으로 모이고, 이것을 '버스 찾기' 스마트폰 앱(App)에서 타고자하는 버스번호를 확인하면, 정보가 모인 서버에 접속하여 버스위치와 내가 있는 위치의 정보를 확인하고 걸리는 시간을 계산하여, 내가 타고 싶은 버스가 언제 오는지 알 수 있게 되는 것이다.

산업 부문에서는 생산 공정이나 시설을 분석하고 모니터링하여 생산성과 작업효율 및 안전성을 높이는 데 활용되고 있다. 공공 부문에서는 사물인터넷 기술로 재난이나 재해에 따른 안전사고 예방 정보를 제공하고 있다. 또 기업들은 에너지 관련 이슈로 탄소 에너지 사용량을 줄이면서 에너지 효율성을 높이는 장치에 사물인터넷을 활용하고 있다.

사물인터넷이 구현되기 위해서는 다양한 기반 기술이 필요하다. 사물인터넷 기반 기술은 〈표 4.2〉와 같이 센싱 기술, 유·무선 통신 및 네트워크 기술, 서비스 인터페이스 기술, 보안 기술 등으로 구분된다.

〈표 4.2〉 사물인터넷 주요 기반 기술의 구분과 설명

구분	설명
센싱 기술	· 사물인터넷이 작동하기 위하여 주변상황이나 사물로부터 정보를 수집할 때 필요한 기술
유·무선 통신 및 네트워크 기술	· 사물인터넷이 실행되기 위한 사물과 사물, 인간과 사물의 연결과 관련된 기술
서비스 인터페이스 기술	· 각 서비스 분야에 맞게 정보를 수집, 처리하고 필요한 기술을 융합하는 기술
보안 기술	· 인터넷과 같은 통신을 기반으로 여러 사물들이 연결되는 시스템에서 보안을 담당하는 기술

센싱 기술은 주변상황이나 사물로부터 정보를 수집하거나 전달받을 때 필요한 기술이다. 사물이 갖고 있는 각종 센서로 정보를 획득하고, 실시간으로 정보를 전달할 수 있게 된다. 센싱 기술은 특정 사물과 주위환경으로부터 얻은 온·습도, 조도, 열, 초음파, 가스, 레이더, 위치, 모션, 영상 등의 정보를 표준화된 인터페이스로 수집하고 처리할 수 있는 스마트 센서 개발로 발전하고 있다. 그리고 독립적이고 개별적인 센서의 역할에서 고도화 및 다중화된 스마트 센서는 수집한 데이터로부터 필요한 정보만을 추출하는 가상 센싱 기술도 첨가되어, 센서를 통해 보다 능동적이고 지능적인 정보를 추출할 수 있게 되었다.

유·무선 통신 및 네트워크 기술은 분산된 인간 및 사물들이 연결될 수 있게 하는 인터넷이나 유무선 연결방법에 대한 기술과 프로토콜에 관련된 기술이다. 현재 전자기기를 연결할 수 있는 유·무선 통신 및 네트워크 기술로는 LTE(Long-Term Evolution), 와이

파이(Wi-Fi), 블루투스(Bluetooth), 근거리무선통신(Near Field Communication; NFC), 이더넷(Ethernet), 광대역 통합망(Broadband Convergence Network), 위성통신, Serial 통신 등이 있다.

서비스 인터페이스 기술은 사물들이 인간에게 필요한 서비스를 실제로 행하는데 필요한 것이다. 이 기술은 인간, 사물, 서비스 등의 사물인터넷의 구성요소가 응용 서비스와 연동되게 지원하는 역할을 한다. 그리고 서비스 인터페이스는 단순한 네트워크 인터페이스 개념이 아니라, 센서를 통해 정보의 추출 저장, 처리, 가공, 판단, 상황 인식 및 인지, 보안 및 개인정보 보호, 인증 및 인가, 위치확인, 데이터 마이닝, 프로세스 관리, 가상화, 오픈 플랫폼, 미들웨어, 웹서비스 등의 융합적 서비스를 제공하기 위한 것이다.

보안 기술은 사물의 연결로 발생할 수 있는 보안의 취약사항을 해결하는 기술이다. 사물끼리 연결된 상황에서 하나의 기기가 보안에 취약하게 되면 전체 시스템 자체가 마비될 수 있다. 기존의 인터넷 보안체제인 방화벽은 물리적인 기기를 대상으로 적용되기 때문에 사물인터넷은 이전과 다른 새로운 보안 기술이 적용되어야 한다. 그래서 새로운 암호화 및 복호화 기능을 개발하고 사물인터넷의 사용 규모나 공유되는 사물들의 특성에 따라 논리적인 그룹화 작업을 통해 일관성을 갖는 보안 시스템의 제공이 요구되고 있다.

2) 적용 사례

사물인터넷의 핵심 목표는 인간의 개입과 조작을 최소화하는 것으로, 스마트폰의 대중화와 함께 농업 ·금융 · 건강관리 · 에너지 · 교통 등 사람과 관계하는 산업의 전 분야가 정보지능기술과 융합하도록 돕는 것이다. 그래서 사물인터넷은 인간의 행동 개입 없이도 사물끼리 자동으로 학습하여 인식하고, 정보를 파악하고, 최소한의 인터페이스로도 동작할 수 있도록 변화하고 있다.

사물인터넷은 사회 전반에서 산업간 융·복합적인 서비스를 제공하는 시장으로 성장하고, 그 적용 범위는 계속 확대되고 있다. 현재 사물인터넷은 〈표 4.3〉과 같이 다양한 분야에서 적용되고 있다.

〈표 4.3〉 사물인터넷 주요 기반 기술의 구분과 설명

분야	사례
헬스케어	· 혈당량 측정, 원격진료, 건강정보송수신, 스마트폰 헬스케어 어플리케이션 등
홈케어	· 스마트 홈서비스, LBS 방범, 외출보안시스템, 조명 제어, 지능 주택관리, 취약계층 원격 케어 서비스, 냉난방 환기 자동조절 등
자동차	· 무인자동차, 텔레매틱스, 차량원격관리, 스마트카, 커넥티드카 등
산업	· 물류시설관리, 시설물관리, 스마트융합 가전, 유통망 검색, 공장 자동화, 오폐수 자동관리 서비스 등
교통	· 국도 모니터링, 교통안전, 배기가스 실시간 감지, 디지털 운행기록 관리, 택시 무선 결제 등
건설	· 스마트 시티, 시설물 관리, 교통 및 교량 원격관리 서비스 등
국방 및 소방	· 무선 관제 시스템, 화재 감지 및 제어 등
유통	· 불법 배송물 감시, 실시간 배송상태 모니터링 등
농업	· 농작물 수확량 재고관리, 온도/습도 감지 및 조정, 실시간 작물상태 모니터링 등
환경	· 지능형 쓰레기 수거시스템, 야생동물 위치확인, 서식지 보조, 온도측정 센서, 위험물질 위치파악 등
오락	· 재미, 오락용 게임 등
에너지	· 원격검침, 에너지 수확, 중앙전원통제 시스템, 전력 신청 및 공급 관리, 분산전원, 고압전력 등
안전	· 실시간 화재 및 침입정보 서비스, 재해 조기 감지, 재난 예측 등
경로추적	· 반려동물 추적, 자동차 추적, 미아 추적 등

사물인터넷 적용 분야 중에서 특히 활발한 연구가 진행 중인 주요 사례들을 알아보면 다음과 같다.

헬스케어는 현재 사물인터넷을 활발하게 사용하는 분야이며, 생체 정보를 수집 및 분석하여 사용자에게 필요한 정보 형태로 제공된다. 그래서 헬스케어 제품은 사용자의 생체정보를 수집하는 센서, 개인의 운동량과 건강상태 및 신체 특징 등을 측정하는 센서가 포함된다. 이렇게 수집된 정보는 서비스 목적에 따라 실시간으로 전달되거나 기기 자체에서 저장한 후 필터링하여 필요 시 전달될 수도 있도록 하고 있다.

홈케어는 현관문제어, 조명제어, 지능형 주택관리, 보안시스템, 냉난방 기기 제어 등과 같은 일반 가정의 기기 제어를 위한 서비스와 취약계층 케어 서비스 같은 복지서비스의 형태도 포함한다. 현재 구현 중이거나 구현 예정인 홈케어 서비스는 가정 내 스마트 기기들을 인터넷으로 연동시킨 홈네트워크 시스템이 구축된 형태이다. 이것은 주거공간을 시스템화 한 것으로 감시카메라나 보안 시스템이 연동된 보안업체나 경찰과 자동으로 연결되는 제품과 서비스가 제공된 홈케어 서비스이다.

자동차 분야에서는 스마트 기기로 차량을 원격 관리하는 텔레매틱스가 대표적인 사물인터넷 서비스이다. 이 분야는 교통 분야의 각종 서비스와 연동하면 보다 다양한 서비스를 제공할 수 있게 된다. 예를 들어, 차량의 정보를 교통 시스템과 서로 연동하여 정보를 공유한다면, 사고의 발생이나 위급상황발생 시 119나 보험회사에게 자동으로 정보를 전송하여 사용자의 편리성과 안전성을 높여줄 수 있다.

유통 분야에서는 물류업체인 페덱스(FedEx)가 개발한 센스 어웨어(Sense Aware) 서비스가 대표적인 사례이다. 이것은 2009년부터 미국에서 처음 실시하여 세계 여러 나라에서 배송 전체 과정을 연속적으로 관리할 수 있도록 한 것이다. 이 서비스는 센서를 배송중인 물품이나 박스에 부착하여 빛, 온도, 제품의 위치 등의 정보를 추적하고 기록하며, 값 비싸고 배송시간에 민감한 화물을 운송하는 방법으로 물류 산업에 큰 영향을 미치고 있다.

사물인터넷 기술의 초기 단계는 기기들이 연결되어 서로 정보를 주고받아 이를 실시간 확인하는 단순한 기술에서, 이제는 인간의 개입을 줄이는 기술로 도약하는 기술 개발이 활발하게 진행되고 있다. 이렇게 인간의 개입이 최소가 되기 위해서 사물인터넷의 기술이 진화되면 결국 모든 사물이 연결되는 IoE의 시대가 될 것이라고 예측한다. 그리고 사물인터넷이 활용될 수 있는 분야는 매우 다양하기 때문에 이와 관련된 기술의 개발은 더욱 지속적이고 타 기술들과 연계될 가능성이 크다. 또한 사물들은 서로 양질의 데이터를 수집하여 분석하고 예측하는 능력이 보다 발달하여 서비스의 질을 높여줄 것이다. 그래서 사물인테넷 기술의 발달은 가정에서 자동차로, 교통망으로, 직장으로, 더 넓은 공간으로 확장되어 인간이 살아가는 모든 생활공간의 모든 것들이 연결되면서 보다 인간의 삶을 스마트하게 이끌어 갈 것이다. 그리고 공급자와 소비자가 지속적으로 소통하여 에너지 소비를 최적화하는 지능형전력망 시스템인 스마트 그리드(Smart Grid)를 실현하게 될 것이다.

1.3 클라우드 컴퓨팅

1) 개념 및 특징

새로운 산업시대에는 디지털 자원의 효율적인 공유와 분배에 대한 문제를 해결하기 위한 기술적 노력이 필요하다. 클라우드 컴퓨팅(Cloud Computing)은 이런 문제를 해결해줄 수 있는 핵심적인 지능정보기술 중 하나이다. 클라우드 컴퓨팅은 일반적으로 인터넷을 통해 많은 사용자가 함께 이용할 수 있는 데이터 센터를 설명하면서 도입했던 용어였다. 클라우드 컴퓨팅에 대한 개념에 대해 자세히 알아보기 위해 주요 기관에서 정의한 내용을 살펴보면, 〈표 4.4〉와 같다.

〈표 4.4〉 클라우드 컴퓨팅에 대한 주요 기관별 정의(한국인터넷진흥원, 2013)

기관명	정의
미국 국립표준기술 연구소(NIST)	· 이용자는 IT자원(소프트웨어, 스토리지, 서버, 네트워크)을 필요한 만큼 빌려서 사용하고, 서비스 부하에 따라서 실시간 확장성을 지원받으며, 사용한 만큼 비용을 지불하는 컴퓨팅
Gartner	· 인터넷 기술을 활용해 다수의 고객들로부터 높은 수준의 확장성을 가진 자원들을 서비스로 제공하는 컴퓨팅의 한 형태

Forrester Research (미국 시장 조사 회사)	· 표준화된 IT 기반 기능들이 IP로 제공되고, 언제나 접근이 허용되며, 수요 변화에 따라 가변적이며, 사용량이나 광고를 기반으로 비용을 지불하고 웹 또는 프로그램적인 인터페이스를 제공하는 컴퓨팅
IBM	· 웹 기반 응용 소프트웨어를 활용해 대용량 데이터베이스를 인터넷 가상공간에서 분산처리하고 이 데이터를 PC, 휴대 전화, 노트북 PC, PDA 등 다양한 단말기에서 불러오거나 가공할 수 있게 하는 환경
한국정보통신 기술협회	· 가상화와 분산처리 기술을 기반으로 인터넷을 통해 대규모 IT자원을 임대하고, 사용한 만큼의 요금을 지불하는 컴퓨팅 환경을 의미

위와 같이 다양한 기관들은 클라우드 컴퓨팅을 인터넷 네트워크를 통해 정보통신(IT) 자원을 사용하게 서비스하고 이를 통해 비용이 발생하는 컴퓨팅 환경이나 서비스 형태로 정의하고 있다. 즉, 인터넷을 통해 서버, 스토리지, 소프트웨어 등 정보통신 자원을 필요시 인터넷을 통해 서비스 형태로 이용하거나 제공하는 방식을 말한다.

그래서 클라우드 컴퓨팅은 서비스 제공자가 하드웨어, 소프트웨어 등 정보통신 자원을 인터넷을 포함한 네트워크를 통해 표준화된 형태로 제공하고, 사용자는 시공간이나 컴퓨팅 디바이스(Dcvice)의 제한 없이 원하는 만큼의 서비스를 이용하고 사용량에 따라 비용을 지불하는 정보통신기술이 적용된 서비스 모델이다.

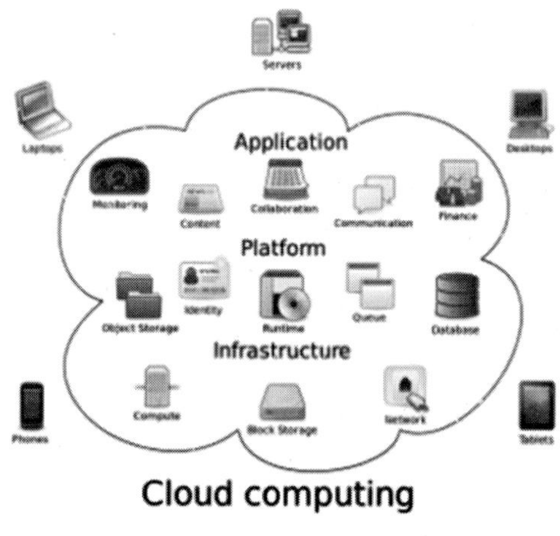

[그림 4.5] 클라우드 컴퓨팅의 개요도(Wikipedia, 2019)

클라우드 컴퓨팅은 구름과 같이 무형의 형태로 존재하는 정보통신기기, 정보통신 설비, 소프트웨어 등의 정보통신 자원을 이용자의 요구나 수요변화에 따라 정보통신망을 통하여 신축적으로 이용할 수 있도록 한 정보처리 시스템이다. 그리고 서로 다른 물리적인 위치에 존재하는 컴퓨팅 자원을 가상화 기술로 통합해 제공하는 환경을 말한다. 그래서 클라우드 컴퓨팅은 인터넷 기술을 활용하여 소프트웨어, 스토리지, 서버, 네트워킹 등의 자원을 사용자가 필요한 만큼, 필요한 기간 동안 빌려 쓸 수 있게 하고, 실시간 확장성을 담보로 사용한 만큼만 비용을 지불하면 된다. 클라우드 컴퓨팅은 기존의 컴퓨팅 서비스와 달리 정보통신 자원을 이용자가 직접 소유하고 관리하는 방식이 아니라 필요한 만큼의 가상화된 형태로 제공받는 방식으로 소유와 관리가 분리된 서비스이다. 앞으로의 클라우드 컴퓨팅 서비스는 제4차 산업혁명 시대 필수 기반 기술로, 언제 어디서나 손쉽게 대량의 데이터를 저장·관리 및 활용·분석을 가능하게 하고, 미래의 초연결사회의 핵심 기술로 중요한 역할을 차지할 것으로 보인다.

클라우드 컴퓨팅 기술 분야는 컴퓨팅 시스템을 구축할 때 고려되는 높은 전력 소모 및 유지비용을 해결하기 위해 가상화 기법을 적용하고 있다. 가상화는 IBM에 의해 처음 제안된 기술로, 소프트웨어로 물리적 컴퓨팅 장치를 여러 개의 가상장치로 분리하여 각 장치가 컴퓨팅 작업을 쉽게 사용할 수 있게 한다. 즉 하나의 물리적인 서버 위에 다양한 응용소프트웨어가 탑재 가능한 가상머신(Virtual Machine)을 이용하여 리소스의 효율을 높이고, 서버 공간 활용에 효율적인 운용이 가능한 컴퓨팅 개념이다. 이런 방법으로 다수의 독립적인 컴퓨팅 장치로 구성된 확장 가능한 시스템을 만들어 잉여의 컴퓨팅 리소스를 보다 효율적으로 사용할 수 있게 한다. 결국 클라우드 컴퓨팅은 가상화 기술로 사용자가 필요한 민첩하고 개별화가 높은 컴퓨팅 서비스를 제공하는 기술이다.

클라우드 컴퓨팅은 다음과 같은 특징을 가진다.

첫째, 클라우드 컴퓨팅은 사용자의 정보통신 자원 관리 능력과 효율성을 향상시키고 유지보수비용을 절감할 수 있게 한다.

둘째, 컴퓨팅 시스템을 관리하는 고객의 유동적이고 예측할 수 없는 요구 사항에 맞춰 보다 신속하게 컴퓨팅 자원을 조정할 수 있다. 기술적 인프라 자원의 신속한 추가 공급이 가능하여 사용자의 유연한 사용으로 조직의 민첩성까지 향상된다.

셋째, 클라우드 컴퓨팅은 사용자의 직접적이고 능동적인 관리가 없어도 컴퓨터 시스템 리소스, 특히 데이터 저장 및 컴퓨팅 성능의 가용성을 요구할 수 있다. 그래서 여러 사용자가 동일한 데이터를 저장 및 전송을 기다리지 않고 동시에 작업할 수 있어 생산성이 향상된다.

그래서 일반사용자도 클라우드 컴퓨팅을 이용하면 각 기술에 대한 전문적 지식 없이도 이러한 모든 기술의 이점을 누릴 수 있다. 그래서 우리는 클라우드 컴퓨팅을 통해 작업환경의 복잡한 내부를 굳이 알 필요가 없이 인터넷이 연결된 언제, 어디서나 원하는 디바이스로 원하는 작업을 할 수 있는 추상적 도구 이용자가 되는 것이다.

2) 적용 사례

클라우드 컴퓨팅은 서비스 유형 및 운용형태에 따라, 〈표 4.5〉와 같이 구분될 수 있다.

〈표 4.5〉 클라우드 컴퓨팅의 분류(한국인터넷진흥원, 2013)

구분		주요 특징
서비스 유형	IaaS(Infrastructure as a Service)	· 이용자에게 서버, 스토리지 등의 하드웨어 자원만을 제공하는 서비스 · 예시: Amazon EC2, S3 등
	PaaS (Platform as a Service)	· 이용자에게 소프트웨어 개발에 필요한 플랫폼을 임대 및 제공하는 서비스 · 예시: Linux, Apache, PHP, MySQL, MS-Azur, Google-Apps 등
	SaaS (Software as Service)	· 이용자가 원하는 소프트웨어를 임대 및 제공하는 서비스 · 예시: iCloud, Dropbox, Google Docs, One note 등
서비스 운용 형태	Private Cloud	· 기업 및 기관 내부에 클라우드 서비스 환경을 구성하여 내부자에게 제한적으로 서비스를 제공하는 형태

서비스 운용 형태	Public Cloud	· 불특정 다수를 대상으로 하는 서비스로 여러 서비스 사용자가 이용하는 형태
	Hybrid Cloud	· 퍼블릭 클라우드와 프라이빗 클라우드 결합한 형태 · 공유를 원하지 않는 일부 데이터 및 서비스에 대해 프라이빗 정책을 설정하여 서비스를 제공

먼저 서비스 유형은 서버, 스토리지, 네트워크 등 인프라 자원을 사용량 기반으로 제공하는 서비스인 IaaS(Infrastructure as a Service), 개발자가 자신의 어플리케이션을 개발, 테스트, 실행할 수 있는 컴퓨팅 플랫폼을 제공하는 서비스인 PaaS(Platform as a Service), 소프트웨어 및 어플리케이션을 제공하는 목적으로 만들어진 모델이나 표준화된 어플리케이션 프로세스를 제공하는 서비스인 SaaS(Software as a Service) 등으로 구분된다. 서비스 운용형태는 클라우드 서비스의 사용자의 규모와 형태에 따라, 제한된 개인인 프라이빗(Private)이 속한 기업이나 기관 내부에서 사용하는 경우, 불특정 다수인 퍼블릭(Public)이 서비스를 사용하는 경우, 프라이빗과 퍼블릭이 결합한 형태인 하이브리드(Hybrid)로 공유를 원하지 않는 일부 데이터 및 서비스에 대해 프라이빗 정책을 설정할 수 있게 제공하는 경우 등의 서비스 형태로 구분할 수 있다.

클라우드 컴퓨팅은 구글에서 유휴 컴퓨팅 자원에 대한 활용 방안을 고민하면서 생겨난 개념이다. 기업의 효율적인 컴퓨팅 자원의 배분과 활용에 민감한 기업들을 선두로 많은 기업들이 클라우드 컴퓨팅 서비스를 시작하고 있다. 대표적인 국내외 클라우드 컴퓨팅 서비스를 제공 중인 기업의 사례는 〈표 4.6〉과 같다.

〈표 4.6〉 대표적인 클라우드 컴퓨팅 서비스 제공 기업 사례

구분	주요 특징
구글드라이브	· 구글(Google, 미국)이 제공하며, 이용자는 클라우드에 접속하여 각종 파일을 저장·확인하고, 다른 사람들과 공유할 수 있음
아마존 웹서비스(AWS)	· 아마존(Amazon, 미국)이 제공하며, AWS는 서버, 스토리지, 네트워크 장비 등을 대량으로 구축해 놓고 이용자들(주로 기업이나 IT개발자)에게 인프라 형태로 서비스하고 있음
카카오 내비	· 카카오(Kakao, 한국)가 제공하며, 이용자는 스마트폰에 지도를 다운로드하지 않고 클라우드에 접속하여 내비게이션 서비스를 이용할 수 있음
폴라리스오피스	· 폴라리스오피스(Polaris Office, 한국)가 제공하며, 클라우드 환경에서 작동되는 오피스(문서편집 등) 프로그램으로, 이용자는 스마트폰 등에 여러 개의 오피스 프로그램을 설치하지 않고, 폴라리스오피스가 제공하는 클라우드 기반 프로그램을 활용하여 다양한 형태의 문서 파일을 읽고, 작성하고, 편집할 수 있음
더존 Smart A Cloud Edition	· 더존(Duzon, 한국)이 제공하며, 이용자는 클라우드에 접속하여 기업 회계업무 시스템 등을 실시간으로 사용하여 업무를 처리할 수 있음

클라우드 컴퓨팅은 데이터의 중앙 집중화, 보안 중심의 리소스 증가 등으로 보안이 향상 될 수 있지만 특정 민감한 데이터에 대한 제어가 어렵거나 저장된 커널에 대한 보안이 부족하다는 우려가 계속되고 있다. 그래서 클라우드 컴퓨팅 서비스를 제공하는 업체는보다 강력한 보안 시스템을 무기로 다양한 보안 솔루션을 광고하며 사업을 확장하고 있다.

제3차 산업시대의 e러닝은 인터넷을 기반으로 시간과 공간을 달리 할 수 있는 교육 플랫폼을 제공하였다면, 제4차 산업시대의 교육에서 클라우드 컴퓨팅으로 이전과 달라지는 양상을 띠게 된다. 클라우드 컴퓨팅으로 시간과 공간의 제약을 벗어남은 물론이고 개별화된 교육 컨텐츠를 제공하는 개인 맞춤형 교육을 실시할 수 있다. 그래서 클라우드 컴퓨팅으로 자신이 원하는 교육내용을 모두 구입하기 보다는 클라우드에 올려진 교육내용을 필요 시 선택하여 적은 비용으로 제공받을 수 있게 되어, 시공간의 제한을 극복

함은 물론 교육내용까지도 차별화된, 진정한 '개별화된 평생교육 시대'를 열수 있게 되었다.

1.4 빅데이터

1) 개념 및 특징

빅데이터는 다양하고 방대한 데이터의 생성, 수집, 분석 및 표현으로 다변화하는 사회를 정확하게 예측하고 효율적인 준비가 가능하게 도와주는 지능정보기술이다. 그리고 빅데이터(Big Data)는 기존의 데이터베이스 형태가 아닌 비정형의 데이터 집합까지 포함한 데이터로부터 가치를 추출하여 새로운 결과를 분석하는 기술이다. 그래서 빅데이터 기술로 필요한 정보를 적시에 제공하고 관리하며 개인의 행태를 분석하여 개인에게 맞춤화된 서비스를 제공할 수 있게 된다. 세계 경제 포럼(World Economic Forum, WEF)에서 각종 정보가 실시간으로 생성되고 유통되는 제4차 산업혁명 시대에서는 혁신적으로 변하는 사회를 빠르고 효율적으로 대처하기 위해 빅데이터를 분석하는 기법이 필요하다고 강조하면서 이 분야에 대한 세계적 관심이 발생하게 되었다. 이와 같이 빅데이터는 정치, 사회, 경제, 문화, 과학 기술 등 전 영역에 걸쳐 사회와 인류에게 가치 있는 정보를 제공할 수 있다는 가능성을 제시하며 그 중요성이 부각되고 있다.

[그림 4.6] 과 같이, 2000년대 이후부터 PC의 보급과 인터넷 혁명의 촉발로 각종 정보 생산량이 급속히 증가하고 저장방식은 대부분 디지털로 전환되었다. 이런 발단으로 인해 정보의 수집 및 저장이 용이하게 되었고, 빅데이터는 방대한 디지털 데이터의 축적을 배경으로 출현하였다.

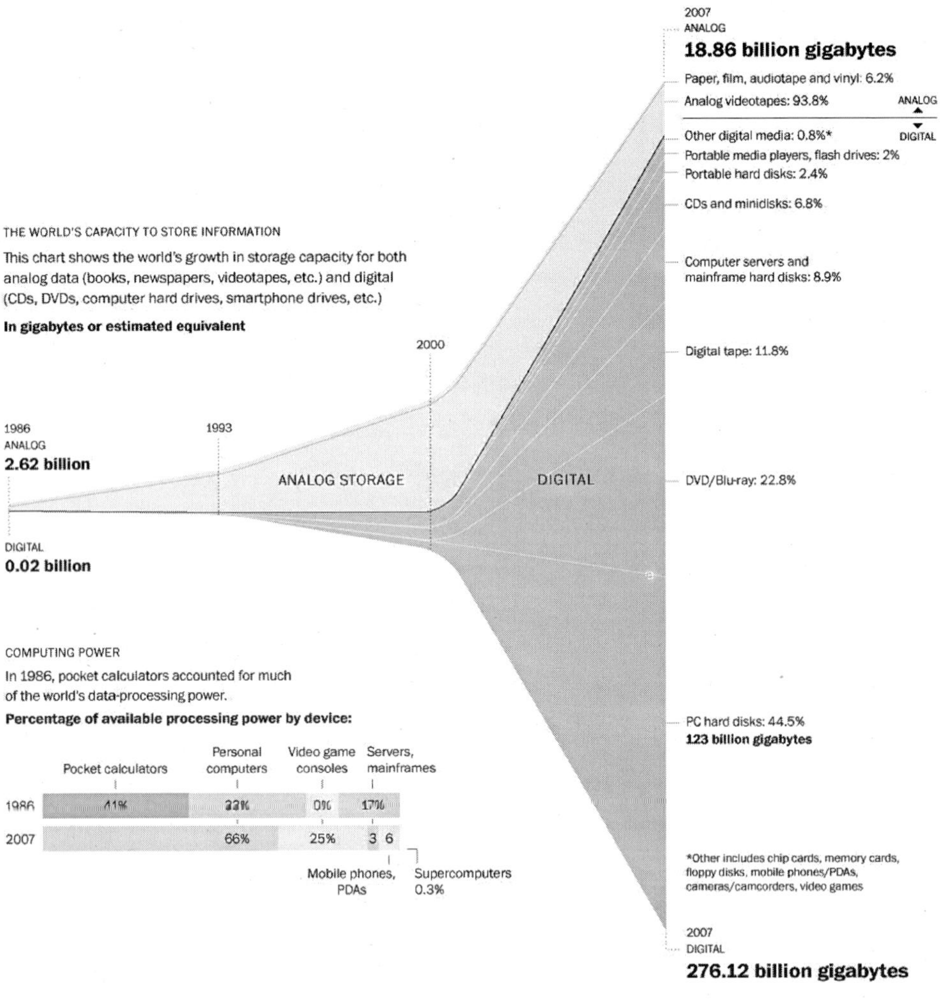

[그림 4.6] 전 세계 저장 매체 용량의 증가 및 디지털화 과정(워싱턴 포스트, 2011)

위와 같이 2000년도부터 가속화된 디지털 정보화는 2007년까지 급속한 팽창으로 종이나 비디오테이프, 필름 등과 같은 아날로그 정보저장매체가 개인용 컴퓨터의 하드디스크와 CD와 DVD 등과 같은 디지털 정보저장매체로 대체되었다. 2000년도 이후 발생한 인터넷 및 모바일 시대는 이런 정보의 생산 속도는 더욱 가속되었고, 그만큼 데이터의 저장 양은 늘어났다.

한국정보화진흥원에서 2011년에 발표한 자료에 따르면, 아래 [그림 4.7] 과 같이 2010년 전후 발생한 모바일 시대의 시작으로 2011년 당시 전 세계 디지털 정보량은 약 1.8ZB(제타바이트; 1조 기가바이트용량)이고, 이후 급속도로 증가하다가 사물인터넷과 인공지능의 발달이 정보의 폭발 시대를 이끌어 빅데이터 시대의 필연적 도래를 예견했었다.

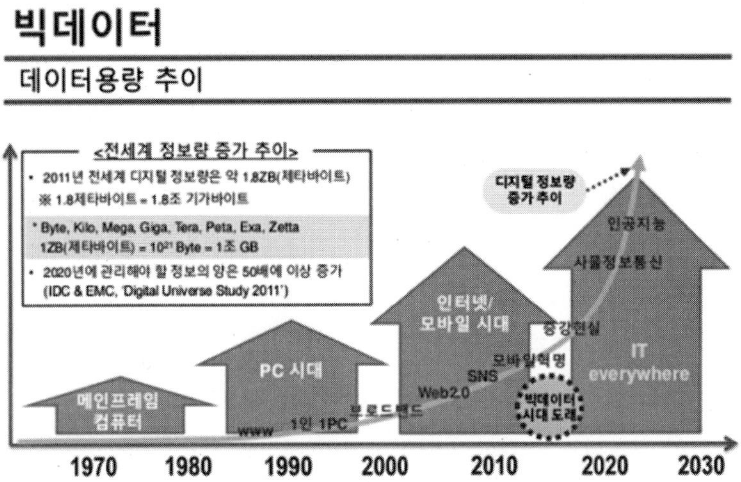

[그림 4.7] 정보통신기술 발전에 따른 정보량 변화 방향(한국정보화진흥원, 2011)

빅데이터를 좁은 의미로 본다면, 다양한 형태로 고속 생성 및 처리되는 가치를 가진 대용량의 데이터를 말한다. 그리고 빅데이터를 넓은 의미로 본다면, 대량의 복잡한 데이터를 바탕으로 그 속에 존재하는 패턴이나 유용한 정보를 이끌어 내어 새로운 가치를 산출하는 과정을 말한다. 현재 일반적인 빅데이터의 의미는 좁은 의미보다 넓은 의미로, 사회 전반의 회사나 공공기관에서 대규모의 데이터를 새로운 방법으로 수집, 처리, 분석하여, 저비용으로 고부가가치를 창출하는 비즈니스 모델로 진화하고 있다.

[그림 4.8] 빅데이터의 개념도 (행정안전부, 2018)

빅데이터 분야는 복잡하고, 그 영역이 방대하며, 다양한 분야와 결합 가능하고, 데이터의 축적 속도가 가속화된다는 등의 특징을 가지고 있다. 데이터의 규모가 커질수록 더욱 새롭고 분명한 가치를 창출할 수 있기 때문에 신뢰도 높은 데이터 축적의 방법 또한 중요한 연구 분야로 자리매김하고 있다.

빅데이터는 수많은 개인들의 다양한 정보의 집합이기에 빅데이터를 수집, 분석할 때 개인들의 사적인 정보까지 수집하여 관리하면서 개인을 감시할 수 있는 모습으로 변질될 수 있다. 그리고 빅데이터를 적용할 때는 개인의 사생활이 침해될 수 있다는 문제점이 존재한다. 또한 만약 보안 사고가 발생하여 정보가 유출된다면 그 여파는 아주 클 것이다. 그래서 빅데이터 분야의 기술 중에 정보를 수집하고 처리하는 기술만큼 저장한 정보를 안전하게 보관할 수 있는 보안 기술도 중요하게 생각되고 있다.

빅데이터 기술은 대용량 데이터 집합을 수집하고 저장하는 것뿐 아니라 새롭고 가치 있는 정보로 통찰력을 얻기 위해 데이터를 분석한다. 대부분 빅데이터는 원시 데이터 수집에서 실행 가능한 정보의 도출과 이를 소비하는 일련의 과정으로, 〈표 4.7〉와 같이 진행된다.

〈표 4.7〉 일반적인 빅데이터 처리 절차

순서	절차	설명
1	데이터 수집	· 빅데이터 플랫폼을 통해 정형된 데이터에서 비정형 데이터까지 다양한 데이터를 수집한다.
2	데이터 저장	· 사전에 빅데이터 플랫폼을 이용하여 데이터를 저장할 수 있는 안전하고, 확장 가능하며, 내구력 있는 저장소를 확보하여 저장한다.
3	데이터 처리 및 분석	· 원시 상태의 데이터를 정렬하고 필터링 및 집계하여 사용 가능한 고급함수나 알고리즘이 적용 가능한 상태의 데이터 형태로 변환하여 데이터의 가치를 높인다.
4	데이터 사용 및 시각화	· 효율적인 데이터 시각화 도구를 통해 표현되어 실행 가능한 통찰력을 얻도록 이해 관계자에게 제공된다.

빅데이터는 데이터를 수집하고 저장할 때, 항목에 특정 데이터를 저장하는 방식으로 표와 같이 고정되어 정형화된 형태로 구성된 경우가 있다. 또한, 텍스트나 음성, 동영상, 이미지 등의 데이터로 고정된 필드에 저장되지 않는 데이터 형태인 경우나, 홈페이지 사용자의 로그 파일과 같은 해당 정보의 일부만이 필드에 저장되는 경우도 존재한다. 이런 다양한 형태의 데이터들은 각 해당 형태로만 분석하지 않고 더욱 복잡하게 관계 짓고 가설-검증하여 새로운 사실을 발견하여 유추하는 창의적 발상의 조작 대상이 된다. 그래서 빅데이터를 분석하는 것은 다양한 데이터로부터 통찰력 있는 정보를 얻을 수 있는 능력을 요구한다. 그래서 빅데이터는 단순한 데이터의 수집이나 필터링의 과정을 넘어 분석하고 의사결정을 지원할 수 있는 과정을 거치는 고급 정보 생성과정이다.

빅데이터는 기술적 분석에서 예측분석과 규범적 분석으로 진화하고 있다. 기술적 분석은 발생한 일의 원인을 찾는 것이다. 기존 데이터에 발생한 일의 원인이 무엇인지에 대한 질문을 던지고 그 원인을 확보한 데이터를 바탕으로 역으로 유추하는 방법이다. 이런 원인과 결과로 축적된 많은 데이터들의 축적은 해당 이벤트가 미래에 발생할 확률을 예견할 수 있게 해주는 근거가 되어 예측분석이 가능한 데이터가 된다. 이런 예측분석을 통해 우리는 재난의 징후를 미리 파악하여 알려주거나, 범죄를 예측하는 등의 사건을 예방적으로 유지 관리할 수 있게 된다. 이런 예측데이터의 축적도 분석을 통해 사회나 개인이 특정 규범적 행동을 하도록 권장하는 규범적 분석으로 나아갈 수 있다. 그래서 규범적 분석의 결과로 우리에게 어떤 일이 발생하면 어떻게 해야 할지를 근거에 의해 미리 권장 사항으로 제시해주는 것이다.

이처럼, 빅데이터는 정보통신기술의 발달로 인해 토대가 마련되었고 성장하였으며, 이로 발생한 대량의 데이터는 분석을 통해 다시 정보통신기술 개발의 아이디어를 제공하여 기술 개발의 시발점으로 이어지는 선순환 관계를 형성하고 있다. 그래서 제4차 산업시대에서 빅데이터를 이용한 분석 및 활용이 사회전반에 더욱 필요하게 될 것이다.

2) 적용 사례

빅데이터는 소비자의 데이터를 분석하여 기업 마케팅 전략을 세우고, 환자들의 과거 경험이나 유전에 따른 질병 발병 여부를 구별하는 모형을 개발하여 질병을 예방 및 근원 치료하며, 어쩌면 영화처럼 범죄를 미리 발견하고 대처하는 등과 같이 과거의 경험을 바탕으로 불확실한 미래를 예측하는 데 사용될 수 있다.

먼저 해외 기업들 사례를 살펴보면, 빅데이터를 적용하고 있는 분야로 고객 관계 관리 분야와 회사 내부 효율성 개선 분야가 있다. 빅데이터를 적용하는 분야별로 구체적인 활용 내용과 적용 기업들을 살펴보면, 〈표 4.8〉과 같다.

〈표 4.8〉 해외 기업의 빅데이터 적용 분야와 활용 내용(SK경영경제연구소, 2016)

적용 분야	활용 내용	적용 기업
고객 관계 관리	· 고객 맞춤형 상품 광고, 고객 주문 전에 예측 배송	· 아비바생명, 아마존, 사우스웨스트 항공, 타겟, 넷플릭스 등
내부 효율성 개선	· 업무 효율화, 에너지 절약, 투자 의사 결정 정보 창출	· DHL, 자라, 구글 등

고객 관계 관리 분야에서는 빅데이터로 기업이 고객 관계 관리를 위해서 고객 맞춤형 상품광고나 고객이 해당 상품을 주문하기 전에 미리 예측하여 배송하는 경우가 가능하다. 예를 들어, 고객이 향수 사용을 줄이고, 철분과 엽산의 섭취를 위한 상품을 주문한다면, 곧 필요할 것으로 판단되는 임산용품과 관련된 광고를 메일로 보내거나, 해당 용품을 예측하여 배송하는 경우이다.

내부 효율성 개선 분야는 기업 내부의 프로세스의 효율이나 에너지를 절약하는 방법, 투자에 대한 의사결정 등에 필요한 패턴이나 정보를 찾아내는 사례이다. 예를 들어, 자라(Zara)와 같은 패스트패션 기업은 빅데이터 분석을 활용해 전 세계 매장의 판매 현황을 실시간으로 분석한 뒤 고객 수요가 높은 의류를 실시간으로 공급할 수 있는 물류망을 구축하였다. 이를 통해 기업은 재고의 부담을 줄이면서 매출을 높일 수 있는 효율적인 시스템을 구축하였다. 또한 구글은 데이터 센터의 성능과 에너지 사용의 최적화를 위해 데이터센터 서버와 기타 장비들의 사용 시간과 에너지 사용량에 대한 방대한 분량의 운영 데이터를 분석하여 최적의 에너지 분배 상태를 유지시키는 데 적용하고 있다.

이어서 국내 기관의 적용 사례를 살펴보면, 〈표 4.9〉와 같이 국내 중앙부처, 지방자치단체 및 공공기관 등에서 빅데이터를 활용한 사례를 확인할 수 있다.

〈표 4.9〉 국내 기관 빅데이터 활용 우수 사례(행정안전부, 2018)

분야	활용 내용	적용기관
국민 안전	·구급차 구급 요원 취약 지역 시간대 분석을 통한 배치 최적화	전라북도
	·범죄예측지수 모델링 감시취약지수 분석을 통한 우선 설치지역 도출	경기도
	·임장일지 기반 유사사건 여죄분석	경찰청& 국가정보자원관리원
국민 생활 개선	·기상 환경 변수 등 활용하여 실시간 국민관심질병 예측 서비스	국민건강보험공단
	·대중교통 사각지대 분석을 통한 취약지역 분석 개선	광주광역시
	·충전인프라 지속적인 설치와 편리한 접근성을 위한 입지지역 도출	대구광역시
경제 활성화	·사회취약계층을 선제적으로 지원하기 위해 우선지원 취약계층 선정	남양주시& 국민연금공단
	·방문객의 동선 및 상권분석을 통한 마케팅활용 관광정책 수립	전주시

경제 활성화	· 각 지역 문화관광 축제를 방문한 관광객들의 유출입경로파악	한국관광공사
	· 기상 병충해 발생자료 등의 분석을 통한 생산량예측모델 개발	기상청& 농촌진흥청
스마트행정	· 근로기준법 위반 사업장적발을 위한 데이터 분석	고용노동부
	· 관리비 비리패턴 추출 및 민원분석을 통한 관리비 부당사용 방지	경기도& 국토교통부
	· 교통하중, 기후환경 등의 분석을 통한 효율적 도로유지 관리체계 구축	한국도로공사& ICT센터
	· 콜센터 민원 데이터분석을 통한 통합적 민원관리 시스템 구축	포항시

빅데이터는 사물인터넷(IoT) 시대가 본격화되면 엄청난 규모의 데이터가 발생하게 되어 또 한 번 기술적 도약이 예견된 지능정보기술분야이다. 그러나 빅데이터를 통한 제4차산업시대의 준비를 위한 노력은 단순히 대량의 데이터의 발생에 필요한 데이터베이스화에 초점을 맞추기 보다는 데이터를 분석하는 기초지식과 기반 기술들을 이해하고 활용할 수 있는 능력을 쌓아야 한다. 그래서 우리는 빅데이터를 통해 무의미한 저급의 데이터들에서 통찰력을 발휘하여 고급 정보를 생성하는, 즉 지식을 창조하는 능력을 배양할 수 있도록 해야 하겠다.

1.5 인공지능(AI)

1) 개념 및 특징

인공지능(Artificial Intelligence; AI)이라는 용어는 앨런 튜링의 '컴퓨팅 기기와 지능; Computing Machinery and Intelligence'이라는 논문에서 논의의 시발점을 찾을 수 있다. 이후 존 매카시(John McCarthy)가 인공지능을 '사람이 하였다면 지능이 관여되었을 것이라 여겨졌을 일을 컴퓨터가 하도록 하는 것'으로 말하면서 본격적인 연구가 진행되었다.

인공지능은 컴퓨터가 지능을 가진 인간처럼 사고하고, 학습하고, 성장할 수 있는 방법을 연구하는 컴퓨터 과학의 한 분야로서, 현재는 컴퓨터가 인간의 지능적인 행동을 모방할 수 있도록 하는 연구에 초점을 두고 있다.

인공지능의 개념은 인공지능의 자율적 판단 여부 및 자아의 성찰 여부에 따라 구분되기 때문에 아직 정확하게 정립되기 어려운 상태이다. 그래서 지금의 인공지능은 특정영역의 업무수행이 가능한 정도이며, 인간과 유사한 인지 능력을 발휘하는 수준으로 도달하지는 못했다. 그래서 현재의 인공지능은 인간이 할 수 있는 것들을 더 잘 할 수 있도록 도와주는 정도의 도구로 설명할 수 있다. 하지만 학자들은 향후 언젠가는 인간의 정신을 보유하고 정해진 규칙을 벗어나는 능동적인 학습을 하면서 인간과 감성을 공유하고 사회성을 확보하는 높은 수준의 인공지능이 탄생할 것으로 보고 있다. 그래서 인공지능 분야는 궁극적으로 컴퓨터가 독립적으로 복잡한 작업을 수행할 수 있도록 구축하는 것이 연구의 목표이다. 따라서 인공지능은 고차원의 지능정보기술이며 인간을 이해하는 과정이 필요하며, 그 구현의 수단은 컴퓨터 프로그램이다. '인간은 생각하는 기계'라는 말을 남긴 인공지능의 선구자, 마빈 리 민스키(Marvin Lee Minsky)는 컴퓨터 프로그래밍을 통한 검색, 패턴인식, 학습, 계획 세우기, 귀납 등으로 인공지능 분야의 발전을 위한 과제를 제시하면서, 인간과 기계의 차이에 주목하여 최초의 학습하는 기계를 개발하기도 했다.

인공지능은 인간의 육체적 노동을 대신할 수 있는 반복 작업을 수행하는 것에서 인간사고의 자동화를 넘어 자율적인 판단에 대한 방대한 영역의 연구가 필요하다. 그래서 공학은 물론 심리학, 신경학, 수학, 언어학, 의학 등의 다른 학문분야와 연관되어 연구가 진행되고 있다. 이렇게 다양한 분야와 연계한 인공지능 분야의 연구 방법의 방향은 크게 2가지다. 첫 번째는 지능적 행동을 발현하는 시스템을 구축하고자 하는 공학적 방식이다. 두 번째는 인간의 지능에 대한 계산 요소를 이해하려고 노력하는 이론적 방식이다. 공학적 방식은 기계의 성능을 향상시켜 정해진 목표를 달성하는 기계를 만들어내는 것을 목표로 삼는 방법론으로 이어진다. 이론적 방식은 인간의 지능에 대한 이해를 강화하고 외적 성능보다는 내적 프로세스를 강조하므로 모방 지향 방법론으로 이어진다.

인공지능은 인간과 같이 복잡한 환경의 변화를 감지하는 센서를 통해 입력 받은 데이터를 이해할 수 있는 지각 능력이 필요하다. 즉, 인공지능은 인간의 지각능력을 포함하여 초음파나 적외선, GPS 신호를 활용하여 필요한 정보를 추출할 수 있게 구성된다. 그리고 기존에 갖고 있던 정보와 입력되는 데이터를 비교, 분석, 처리하여 현재 상태를 지각하고 행동을 판단하게 되는 핵심 알고리즘이 필요하다.

최근 스마트폰의 음성인식 능력과 인공지능 스피커의 인기와 더불어 인공지능의 언어처리 능력의 중요성이 부각되고 있다. 인간이 쓰는 자연어 문장의 의미를 이해하기 위해서는 몇 단계의 분석 과정이 필요하다. 첫 번째는 문장의 요소들을 분석하는 구문분석 단계이다. 각 단어들 중에 주어는 무엇이고 동사는 무엇인지를 분석하는 것이다. 두 번째는 단어들의 문법적 역할을 인식하는 첫 단계에 이어 각 단어가 문장 내에서 어떤 의미를 갖는지를 식별하는 의미 분석 단계이다. 동사의 행위, 행위의 주체, 행위의 목적이나 대상 등의 요소를 식별하는 것이다. 세 번째는 문맥 분석 단계로 의미 분석에서 문장의 의미를 해석할 수 있지만 맥락을 파악해야만 그 의미가 정확해질 수 있기 때문이다. 그래서 특정 문장이 어떤 맥락에 있는지를 보고 그 내용을 판단하는 것이다.

또한 영상지각과 관련된 인공지능이 사회 곳곳에 적용되면서 더욱 중요성을 인정받고 있다. 영상지각을 위해서는 카메라를 통해 입력받은 데이터에서 필요한 정보의 추출이 가능해야 한다. 그리고 기존에 갖고 있던 데이터와 입력되는 영상 데이터를 비교하여 현재 상태를 지각하는 것이다. 대부분 영상지각을 위한 과정은 영상처리와 영상분석이라는 2단계를 거친다. 영상처리는 영상의 특징을 식별하는 과정을 말하고, 영상분석은 이러한 특징들이 나타내는 의미를 파악하는 과정이다. 우리 생활 가까이 영상 지각과 관련된 예로 아파트입구에 설치된 차단기가 있다. 차단기가 자동차 번호판을 인식하는 과정에서 번호의 기하학적 특성을 파악하여 차량 번호를 식별하는 과정이 영상처리이고 파악된 숫자와 문자로 거주자인지 아닌지를 판별하는 과정이 영상분석 과정이다.

인공지능을 구현하기 위해서는 인식 능력과 추론 능력을 갖출 것을 요구한다. 이러한 능력은 인간의 사고과정이고, 학습의 과정이다. 인공지능이 인간의 사고 과정을 모방하기 위해서는 컴퓨터가 학습 가능하도록 만들어야 한다. 그래서 새로운 지식을 획득하는 방법에 대한 연구가 진행되고 있다. 프로그램으로 필요한 행동이나 정보를 추가하는 방법으로 언제든지 컴퓨터에게 우리가 원하는 목적을 달성시킬 수 있지만, 진정 인간이 원하는 것은 스스로 학습할 수 있는 지능적인 기계이다. 그래서 변화하는 환경에 적응하고 미리 프로그래밍된 행동과 익숙한 정보보다 더 다양한 방법으로 능동적으로 문제를 해결하길 바라는 것이 인공지능에 대해 궁극적으로 바라는 것이다.

최근 인공지능 분야는 인간의 여러 정신적 능력들 중, 학습능력에 주목하면서 기계학습(Machine Learning)과 관련된 연구가 한창 진행 중이다. 기계학습과 관련된 용어와 설명을 살펴보면 〈표 4.10〉 과 같다.

〈표 4.10〉 기계학습 관련 용어 설명

관련 용어	설명
기계학습 (Machine Learning)	· 기본적인 규칙만 주어진 상태에서 입력받은 정보를 활용해 스스로 학습하는 방법을 연구하는 분야
인공 신경망 (Artificial Neural Network)	· 인간의 뉴런 구조를 본떠 만든 기계학습 분야의 한 모델을 연구하는 분야
인지 컴퓨팅 (Cognitive Computing)	· 기계학습을 이용하여 특정한 인지적 과제를 해결할 수 있는 솔루션 개발을 위한 연구 분야
딥 러닝 (Deep Learning)	· 입출력 사이에 있는 인공 뉴런들을 여러 개 층을 쌓고 연결한 인공신경망 기법을 주로 다루는 연구 분야
뉴로모픽 컴퓨팅 (Neuromorphic Computing)	· 인공신경망을 하드웨어적으로 구현하기 위한 연구 분야

기계학습의 분야에서 인공신경망, 딥 러닝, 뉴로모픽 컴퓨팅 등의 연구는 인간의 뇌에서 일어나는 과정을 흉내 내거나 분석하여 인공지능에 적용한 연구방법으로, 이런 인공신경망 기법을 적용하면서 인공지능 기술이 크게 발전하고 있지만, 그래도 인공지능의 학습 수준은 아직 기계학습 수준에 머물고 있다.

기계학습 수준은 인간이 학습을 하는 것을 관찰하여 나타난 결과를 적용한 정도이다. 기계학습 수준은 단계로 구분할 수 있는데, 이 기준은 사람의 개입정도로 정할 수 있다. 인간이 컴퓨터가 학습하는 행위에 참여한 양이 많을수록 낮은 수준으로 보고 반대의 경우는 높은 수준으로 볼 수 있다. 그래서 인공지능의 기계학습 수준을 표와 같이 4단계로 구분하여 설명할 수 있다.

〈표 4.11〉 인공지능의 기계학습 수준

수준	단계 명	기준
1	모방 학습 (Learning by imitation)	· 일련의 과정을 모방하여 시연할 수 있도록 함
2	지도 학습 (Supervised training)	· 일련의 사례를 통해 일반화하고 더 다양한 예를 통해 경험을 축적시켜 나름의 패턴을 구성하도록 함
3	강화 학습 (Learning by reinforcement)	· 시행착오를 통해 성공 경험에 강화를 하게 되고 실패경험을 회피하도록 함
4	비지도 학습 (Unsupervised learning)	· 기존에 축적된 데이터 없어 컴퓨터가 알아서 분류하고 다양한 데이터를 분석하고 추상화하여 일반화 시켜 적용하도록 함

가장 낮은 수준은 모방 학습(Learning by imitation)의 수준이다. 이 방법은 마치 가구를 조립하기 위해 일련의 과정을 하나씩 순서대로 직접 시연해보고 모방할 수 있도록 컴퓨터가 기록하게 하는 것이다. 특정 작업을 위한 과정을 단계로 나누고 이를 실제 움직이는 과정을 재현할 수 있게 도와주는 것이다. 이러한 형태의 학습은 일련의 명령들을 컴퓨터가 기록했다가 작업 요청이 들어오면 한꺼번에 꺼내서 재연하는 것이다. 이 방법은 기존의 단순한 프로그램의 수준을 벗어나지 않은 정도이다.

그 다음 수준으로는 지도 학습(Supervised training)이다. 지도 학습은 일련의 예제에 대한 평범한 사람의 올바른 반응을 식별할 수 있게 해준 다음, 보다 더 다양한 예제들로부터 경험을 축적하고 일반화시킬 수 있는 지식을 형성할 수 있게 한다. 이를 통해 일반화된 지식은 다른 경우의 경험에도 적용할 수 있는 알고리즘을 개발하게 된다. 훈련용 데이터에 알고리즘을 적용하여 터득한 지식을 바탕으로 컴퓨터가 다른 경우에도 적용하여 판단할 수 있도록 하는 것이다. 예를 들어 스팸메일의 훈련 예제들을 학습하여 유용한 메일과 스팸메일을 구분해 줄 수 있게 적용할 수 있는 경우가 이에 해당된다. 이때 컴퓨터는 스팸메일에 대한 데이터를 가지고, 새 메일에 적용해서 예측/추정, 분류 등의 과업을 수행할 수 있게 된다.

그 다음 세 번째 수준은 강화 학습(Learning by reinforcement)이다. 강화 학습은 시행착오를 통해 성공 경험에 강화를 하게 되고 실패경험을 회피하게 되는 것이다. 컴퓨터가 주어진 일에 대해 작업의 성공과 실패를 스스로 판단할 수 있는 일반적인 규칙만 주어지게 한다. 이어서 다양한 입력과 출력을 통해 성공한 경우를 강화하고 데이터화하여 다음에 요청되는 작업에 대해 성공한 경우를 적용하여 실행하게 되는 것이다. 바둑이나 체스처럼 게임의 성공과 실패를 명확히 구분할 수 있는 상황은 컴퓨터가 학습하기에 좋은 방법이다. 초보자가 상급자에게 게임을 배우듯 성공과 실패의 경험을 축적하면서 학습하여, 인공지능 프로그램 자신이 가진 행동 양식을 개선해 나갈 수 있다.

그 다음 네 번째 수준은 비지도 학습(Unsupervised learning)이다. 교수자가 없이 자율적으로 학습한다는 의미이다. 지도학습과 달리 훈련이나 기존에 축적된 데이터가 없어 컴퓨터는 어떤 추론을 통해 판단하기 어렵다. 이에 컴퓨터가 알아서 분류를 하고 다양한 데이터를 분석하고 추상화하여 일반화시켜 다른 경우에 적용할 수 있게 되는 것이다. 인공지능 프로그램은 주어진 데이터를 관찰하고 그 속에 숨겨진 규칙을 탐색하고 발견해내는 학습 방법이다. 즉, 컴퓨터가 데이터를 구분하고 규칙을 찾을 수 있는 알고리즘만 제시해주면 스스로 무언가를 발견하고 발견된 데이터를 일반화하면서 지식으로 발전시킬 수 있다. 비지도 방식이기 때문에 컴퓨터가 주체적으로 많은 양의 데이터로 규칙을 찾고 일반화시키고 이를 통해 지식을 분석, 분류, 축적해 나아가는 것이다. 또 지식은 새로운 데이터에 의해 재구조화되어 누적되는 반복과정을 거치면서 학습하게 된다.

2) 적용 사례

인공지능에 투자를 아끼지 않고 있는 대표적인 기업에는 IBM과 구글(Google)이 있다. 이 두 기업은 기존의 인공지능에 관한 기초연구를 활용하여 사업화 시킨 선두 기업으로 손꼽힌다. 현재도 IBM은 왓슨(Watson), 구글은 알파고(AlphaGo)를 개발하면서 선의의 경쟁 중이다. 두 기업에서 개발 중인 각각의 인공지능의 특징을 비교하여 살펴보면 〈표 4.12〉와 같다.

〈표 4.12〉 IBM 왓슨과 구글 알파고 비교

구분	왓슨	알파고
우수성	· 상용화 가능성이 높음	· 학술적 연구 가치가 높음
목 적	· 인간의 의사결정 지원하는 도구 · 의료 데이터 분석을 통한 병명 및 치료법 제안 · 특정 분야의 목적에 필요한 인공지능 개발	· 기계가 스스로 의사결정하도록 학습하는 프로그램 · 범용적인 자체 의사결정이 가능한 인공지능 개발
운 영	· 하나의 슈퍼컴퓨터	· 소형컴퓨터 여러 대를 연결하는 분산컴퓨터 방식
학습방식	· 머신러닝 중 딥러닝	· 머신러닝 중 딥러닝
학습자료	· 사람이 정리한 전문 자료나 논문 기반	· 인터넷 자료 기반

IBM의 왓슨은 2012년에 퀴즈쇼에 출현하여 우승하면서 유명세를 타기 시작했다. 왓슨은 자연어 처리 기반 문제해결방법으로 해답을 제공하는 기술로, 인지컴퓨팅(Cognitive Computing)이라는 개념을 사용하고 있다. 이것은 인간과 효율적인 의사소통에 중점을 두고 사람이 일반적으로 사용하는 말, 글씨, 그림 등 비정형 데이터를 컴퓨터가 인식하고 지식을 축적하여 해결책을 제공하는 방식이다. 2013년부터 외부개발자들에게 클라우드 기반으로 데이터와 명령을 응용프로그램 프로그래밍 인터페이스(Application Programming Interface; API)로 왓슨을 이용하여 서비스를 개발할 수 있도록 지원하고 있고, 그 분석결과를 다시 수집하고 있다. 왓슨은 특히, 의료분야에서 'IBM 왓슨 닥터'라는 이름으로 미국 암센터에서 진단과 최적의 치료법 검색에 이용되고 있고 국내에서도 2016년 10월부터 가천길병원과 SK C&C에서 암진단과 치료에 활용되고 있다. 왓슨이 가진 의료 빅데이터를 바탕으로 빠르게 진단하고 처방하는 도구로, 의료진이 환자의 각종 임상 정보를 입력하면 환자의 상태와 가장 효과적인 치료법 등을 조언해주는 도구로 사용되고 있다. 왓슨의 자연어처리 기술은 아이폰의 시리(Siri), 마이크로소프트의 코타나(Cortana), 아마존 알렉사(Alexa) 등에도 활용되고 있다. 이외에도 왓슨을 활용한

분야는 텔레매틱스 서비스를 제공하는 자동차 제조분야, 파산관련 판례를 수집하는 법률 분야, 개인의 신용도를 평가하는 금융 분야, 음악 트렌드를 분석하고 영화 예고편을 편집해주는 엔터테인먼트 분야, 교육 및 서비스 로봇의 개발에 필요한 로봇분야 등 다양한 분야에서 폭넓게 활용되고 있다.

구글은 인공지능 분야의 거장인 제프리 힌튼이 세운 DNN리서치, 알파고를 개발한 딥마인드, 문서해독 기술을 지닌 비전팩토리 등 이외에도 추가로 6개 기업을 인수 합병하면서, 적극적인 인공지능 기술을 확보하였다. 특히, 딥마인드는 바둑에 특화된 머신러닝 기반의 인공지능인 알파고를 개발한 것으로 유명하다. 알파고는 인터넷을 통해 수집한 자료를 바탕으로 자가 학습이 가능한 기술을 적용하여 2016년엔 바둑챔피언이었던 이세돌과 대결에서 승리한 뒤, 다양한 분야로 사업을 확장하고 있다. 이후 구글이 개발한 인공지능 엔진인 텐서플로(Tensor Flow)를 오픈소스로 공개하면서 인공지능 솔루션을 많은 개발자들이 활용하고 딥마인드랩으로 솔루션을 검증할 수 있도록 제공하고 있다. 또한 구글은 인공지능 기술을 바탕으로 구글 번역기, 구글 포토, 음성 검색, 지도 및 자율주행자동차 등을 개발하는 데 활용하고 있으며, 외부에 기술을 공개하여 의료, 금융, 교육 등 각 산업분야의 데이터와 노하우를 습득하고 있다.

이외에도 페이스북에서 개발한 딥러닝 기술은 이용자가 올린 이미지의 얼굴만으로 누구인지 판별하는 이미지 자동인식 시스템을 적용하고 있고, 독일의 지멘스는 자국에 있는 스마트 공장의 자동화 및 관리에 인공지능 기술을 활용하여 불량률을 낮추고 에너지를 절감하는데 이용하고 있다.

인공지능은 사회전반에 끼치는 영향력이 큰 기반기술로서의 성격이 강해, 이 분야의 성과는 다양한 응용 분야로 크게 확대될 전망이다. 그래서 앞으로 단순한 제조업뿐만 아니라 에너지, 기계, 바이오 등의 산업분야, 그리고 우리 생활 속 깊숙이 들어와 우리 생활 전반에 필요한 전문 서비스업에서 인공지능을 활용하여 새로운 가치의 창출과 문제처리 능력을 향상시켜줄 것으로 보인다.

1.6 가상현실(VR)과 증강현실(AR)

1) 가상현실의 개념과 특징

가상현실(Virtual Reality; VR)은 가상을 뜻하는 'Virtual'과 현실을 뜻하는 'Reality'의 합성어로 시뮬레이션 환경에서 발생하는 컴퓨터가 생성하는 가상의 경험이다. 가상현실은 주로 청각 및 시각 피드백을 통합하지만 다른 유형의 감각 피드백을 이용하여 현실처럼 몰입할 수 있는 환경을 제공하는 기술을 말한다.

가상현실은 현실과 유사하지만 실제가 아닌 인공적인 환경을 구축하는 것을 의미한다. 그래서 넓은 의미로 보면 시뮬레이션이 된 게임매체도 가상현실에 포함될 수 있다. 하지만 일반적으로 가상현실이라 말하려면 단순히 가상의 공간을 구현하는 것을 넘어 이용자의 오감에 직접적으로 작용하여 실제에 근접한 경험을 가능하게 하는 기술을 말한다. 가상현실 기술은 현실과 가상의 구별이 가능하지만, 보다 발전된 현실과 최대한 가깝게 구현한 모의 현실(Simulated Reality)로 발전한다면, 진정한 의미의 가상현실을 체험할 수 있을 것이다. 가상현실 기술자들은 현재 물리학으로는 현실을 그대로 재현하는 것이 불가능하지만, 사람을 속일 수 있는 정도로 발전할 수는 있을 것으로 판단하고 있다.

현재의 가상현실 기술은 가상 환경이나 상상의 환경에서 사용자의 실제 존재를 시뮬레이션하는 사실적인 이미지, 소리 및 기타 감각을 생성하기 위해 때로는 실제 환경이나 소품과 결합하여 가상현실 헤드셋 또는 다중 프로젝션 환경을 사용한다. 가상현실 장비를 사용하는 사람은 인공 세계를 둘러보거나 움직일 수 있으며 가상의 기능이나 항목과 상호 작용할 수 있다. 이 효과는 일반적으로 눈앞에 작은 디스플레이를 여러 개의 대형 스크린 속의 공간으로 인식하게 만들 수 있다. 그리고 가상현실 시스템은 제어기를 통해 사용자에게 진동 및 기타 감각을 전달할 수 있게 구성되어 있다.

가상현실을 구현하기 위해서는 3차원 공간성, 실시간 상호작용, 몰입성 등 3가지 요소가 필요하다. 이를 구현하기 위해서는 컴퓨터 그래픽 기술, 네트워크 통신 기술, 오감을 자극하는 다수의 입출력 장치 기술 등이 필요하다. 네트워크 통신 기술은 현재 기술력으로도 가상현실 구현에 어려움이 없다. 그래서 가상현실 기술을 보다 발전시키기 위해서는 컴퓨터 그래픽 기술과 오감을 느끼게 할 수 있는 입출력 장치의 기술 발전이 필요하다. 또한 컴퓨터 그래픽 기술의 발전에 따라 가상현실의 체감정도가 보다 커질 것으로 기대되므로 이에 대한 기술 개발도 반드시 필요하다.

가상현실의 한 획으로 간주되는 HMD(Head Mounted Display)는 보안경이나 헬멧 형태로 눈앞의 거리에 초점이 형성된 가상스크린을 보는 [그림 4.9] 와 같은 안경형 모니터 장치이다.

[그림 4.9] 안경형 모니터 장치로 가상현실을 체험하는 모습(픽사베이, 2019)

이반 에드워드 서덜랜드(Ivan Edward Sutherland)가 만든 HMD 시스템은 컴퓨터그래픽에 의해 가상적인 공간을 만들어낸다는 점에서 최초의 가상현실 시스템이라는 평가를 받고 있다. 예전 HMD 시스템은 군사용 시뮬레이션이나 가상현실을 실현하기 위해 개발되었으며, 양쪽 눈의 근접한 위치에 설치된 1인치 이하의 마이크로 디스플레이에서 표현되는 이미지를 광학시스템을 통해 확대하여 대형 가상화면을 보여주면서 현장감을 확대하는 웨어러블 컴퓨터(Wearable Computer)이다.

2) 증강현실의 개념과 특징

증강현실(Augmented Reality; AR)은 가상현실의 한 분야로 실제 환경을 확장하여 가상의 사물이나 정보를 합성하여 실제 환경에 존재하는 사물처럼 보이도록 하는 컴퓨터 그래픽 기술이다. 현실 환경은 비디오 기반 이미지이며, 가상의 이미지는 컴퓨터 그래픽 기반 이미지인데, 이들이 혼합되어 동시에 이미지로 표현되면서 현실감을 증가시킨다.

증강현실이라는 말은 톰 코델(Tom Caudell)에 의해 처음 사용되었다. 1990년 당시 보잉사의 연구원이었던 그는 항공기의 정비 기술자를 지원하는 프로그램으로, 현실공간의 영상에 도형과 텍스트 등의 정보를 결합시킨 시스템을 고안했다. 이처럼 증강현실은 기술자의 작업 효율을 높이기 위한 목적으로 개발된 실용적 분야에서 시작하였다.

현재 가장 일반적인 증강현실의 사례는 스마트폰에 적용한 경우가 많다. 현실 세계에서 게임을 즐기기 위해 스마트폰의 게임 캐릭터를 증강현실로 표현한 경우와 스마트폰 단말기로 정보를 찾거나 내비게이션 같은 디바이스에 증강현실 기술을 이용한 것이 대표적이다. 이런 증강현실 기술은 이미지 표현방식을 실시간 실제 환경에 접목하는 기술이 중요하다. [그림 4.10] 은 스마트폰으로 사용자의 현재 시간과 위치정보를 바탕으로 현 위치에서 지도상의 랜드마크들을 겹쳐서 사용자에게 전달하는 방식을 구현한 것이다.

[그림 4.10] 증강현실이 적용된 스마트폰 화면(공공누리, 2019)

사이버 세상에 존재하는 것은 현실이 아니기 때문에 현실과 컴퓨터 그래픽으로 만들어진 공간이나 사물은 완전히 다른 세계에 존재하는 것처럼 보였다. 하지만, 2000년 시그라프(Special Interest Group on GRAPHics and Interactive Techniques; SIGGRAPH)에서 시연된 그래픽 객체 증강기술은 가상과 현실이 섞여버리면서 현실과 가상을 어떻게 구분하고 정의할 것인지에 대한 물음을 촉발하였다. 이 객체 증강기술이 가상현실과 표면적으로 다른 것은 현실의 이미지와 가상의 이미지가 섞여 있다는 것이지만, 어디까지를 가상으로 볼 수 있는가에 대한 논의가 이어지게 되었다.

최근 대부분의 연구자들은 증강현실을 실세계와 가상세계를 단절 없이 실시간으로 혼합하여 사용자에게 보다 향상된 몰입감과 현실감을 제공하는 기술로 의견을 모으고 있다. 그래서 가상현실에서의 실시간 상호작용성은 증강현실에서도 그대로 연장되도록 개발하고 있다.

1.7 블록체인

1) 개념 및 특징

블록체인(Block chain)은 분산 데이터베이스 시스템 기술의 한 형태로, 주요 정보를 특정 서버에 모아서 데이터를 보관하는 방식과는 달리 P2P(Peer-to-Peer) 네트워크로 모든 사용자에게 내용을 분산하여 지속적으로 성장하는 기록 리스트를 공동으로 관리하는 기술이다. 블록체인은 블록(Block)과 사슬(Chain)의 합성어로 블록을 사슬 형태로 엮어 정보를 저장하는 방식을 의미한다. 블록체인에서 블록은 개인 간 거래(P2P)의 데이터가 기록되는 공공의 장부(Database)가 되고, 이런 블록들은 형성된 후 시간의 흐름에 따라 순차적으로 연결되어 사슬 구조를 가지게 된다. 블록체인으로 만들어진 데이터는 수학적 검증 가능성을 무기로 투명성, 보안성, 신뢰성 등을 확보하게 되어 금융 분야뿐만 아니라 사회 여러 분야에 적용할 수 있어, 블록체인 기술은 새로운 신용 플랫폼을 형성하게 되었다.

블록체인은 정보보안기술로 기존의 금융거래와 달리 [그림 4.11]과 같은 분산 원장(Distributed Ledger) 기술을 기반으로 한다.

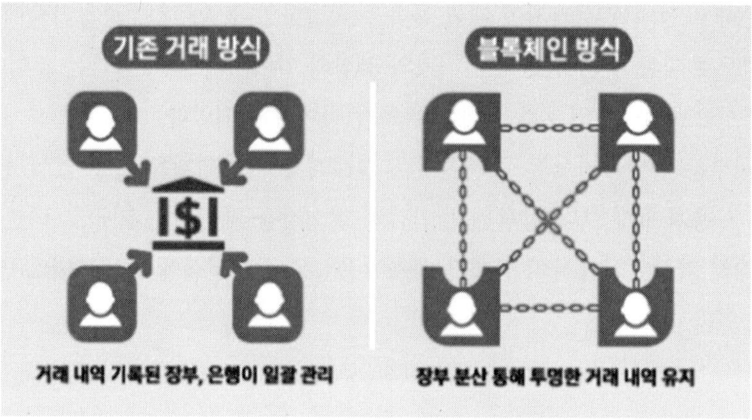

[그림 4.11] 블록체인 분산원장 개념도(삼성전자뉴스룸, 2018)

분산 원장은 상호 공유가 가능한 기록장으로 정보처리과정에서 생성된 데이터를 참여자들의 모든 기기에 상호 저장하는 기술이다. 여기에서 블록은 특정 시각에 발생한 정보를 기록해놓은 데이터 장부이며, 새 블록은 네트워크에 참여하는 모든 참여자 혹은 일정 참여자 이상의 검증을 받아 이전 블록과 연결된다. 이때 모든 참여자들이 동시에 동일한 정보를 획득하게 되고 블록으로 연결된 정보를 중간에 참여자가 임의로 정보를 위조하는 것이 불가능하다. 블록으로 채워진 정보 저장소에 위조하고자 하는 특정 블록만을 수정하기 위해서는 서로 연결된 장부를 동시에 해킹해야한다. 이는 현재의 기술로는 불가능하다고 평가되어 있기 때문에 강한 보안으로 믿을 수 있는 장부로 인정받게 된다. 또한 참여자의 일부 기기가 해킹에 의해 파괴되는 경우 동일한 장부가 모든 참여자들과 공유되고 있기 때문에 쉽게 원본 정보를 복구할 수 있다는 장점도 있다.

잘 알려진 블록체인의 응용사례는 비트코인(Bitcoin)이 있다. 비트코인은 P2P를 기반으로 거래가 이루어지며, 거래 시 이중지불을 막고 거래내역을 저장할 때 '블록체인'을 사용한다. 개인 간 거래내역은 블록으로 만들어져 사슬로 이어진 하나의 장부를 이루게 되고, 모든 거래장부는 네트워크 참여자들에게 공개하며, 분산되어 관리하게 된다. 현재 가상화폐를 통한 블록체인 기술은 실현 가능성을 확인한 실험 단계에 구현된 것이고, 이후 블록체인 기술은 금융 서비스를 뛰어 넘어 언젠가 스마트 계약 등 신뢰를 확보할 수 있는 저비용 고신용이 필요한 분야에서 활약할 것으로 판단된다. 그래서 가트너(2018)는 블록체인의 비즈니스 가치가 2026년에는 360억 달러를 약간 넘고 2030년에는 3.1조 달러 이상으로 증가할 것이라고 예측했다. 블록체인 기술의 이와 같은 장밋빛 전망을 위해서는 신뢰성 높은 보안의 확보가 가장 중요하다. 즉 블록체인 기술에서 데이터의 영속성, 탄력성 및 불변성 등을 보장하는 암호화 프로토콜 및 기법의 개발은 반드시 필요하다.

금융과 관련한 분야에서 블록체인 기술을 네트워크 참가자의 유형과 참여 허락 방식에 따라 크게 3가지로 구분할 수 있다. 이에 따라 구분된 각 블록체인 운영 방식의 특징과 적용 사례를 비교해보면, 〈표 4.13〉과 같다.

〈표 4.13〉 금융과 관련된 블록체인 운영 방식의 특징과 적용 사례

구분	접근 가능성	속도	보안방식	적용 사례
공공 블록체인 (Public Blockchain)	공공개방으로 누구나 참여 가능	느림	수학적 검증	· Bitcoin · Ripple · Ethereum
콘소시엄 블록체인 (Consortium Blockchain)	참여가능하게 선택된 사용자로 제한	빠름	콘소시엄(consortium) 이 정한 규칙	· R3CEV · HSBC · Citi, Boa
개인 블록체인 (Private Blockchain)	참여가능하게 선택된 사용자로 제한	빠름	중앙 서버의 허락	· NASDAQ · Overstock

공공 블록체인(Public Blockchain)은 어느 누구나 열람, 송금이 가능한 공개된 형태의 블록체인으로서 컴퓨팅 파워를 이용한 채굴과정을 통해 거래의 정당성을 인증한다. 이것은 특정 기관의 허락 없이 누구나 자유롭게 참여 가능한 방식이다.

콘소시엄 블록체인(Consortium Blockchain)은 미리 선정된 참여자에 의해서 컨트롤되는 반 중앙형 블록체인으로 몇 개의 기관이 사용자를 한 개씩 운영하고 각 기관의 사

용자 간 동의가 일어나야 거래가 생성된다. 거래나 상황이 발생하면 네트워크의 허락을 받는 과정을 거쳐야 하지만 콘소시엄에는 누구나 자유롭게 참여 가능한 방식이다.

개인 블록체인(Private Blockchain)은 개인화된 블록체인으로서 하나의 중앙 서버가 모든 권한을 가지며 네트워크에 참여하기 위해선 그 관리기관의 허락이 필요하다. 참여자 모두 개인정보를 제공하고 중앙기관의 허락으로 네트워크에 참여가 가능한 방식이다.

2) 적용 사례

블록체인 기술은 아직 미완성단계이지만, 세계는 지금도 블록체인 특허 전쟁 중이다. 특히 미국과 중국에서는 금융업계를 중심으로 기술 도입이 확대되고 있다. 세계는 초기 가상화폐 규제를 엄격히 가하고 있으면서도 블록체인 기술을 활용 및 적용할 수 있는 사업을 적극적으로 지원하고 있다. 그래서 금융기관과 대기업을 선두로 다수의 업체가 블록체인 서비스의 특허를 꾸준히 얻고 있다. 〈표 4.14〉는 2018년 전 세계 블록체인관련 특허를 갖고 있는 기업 TOP 10의 순위를 보여준다.

〈표 4.14〉 2018 글로벌 블록체인 특허 기업 TOP 10(IPR daily, 2018)

순위	기업	국가	특허 수	순위	기업	국가	특허 수
1	알리바바	중국	90	6	엔체인	미국	43
2	IBM	미국	89	7	코인플러그	한국	41
3	마스터카드	미국	80	8	텐센트	중국	40
4	뱅크오브 아메리카	미국	53	9	33cm	중국	39
5	중국인민 은행	중국	44	10	Vechain	중국	36

위와 같이 2018년에는 중국이 가장 많이 10위 안에 들었고, 다음이 미국이고 한국은 1개 기업이 포함되었다. 중국과 미국은 블록체인 기술이 미래의 핵심 지능정보기술임을

일찌감치 감지하고 특허 선점을 위해 노력한 결과이다. 글로벌 기업들이 위와 같은 특허 획득 노력으로 블록체인의 기술을 보다 다양화하고 견고하게 만들어 다양한 분야에 실제적 적용이 더 쉬워지게 하고 있다.

그리고 세계 각국에서는 블록체인 기술을 전자문서 관리, 공공 자격증명, 전자투표 등과 같은 공공기관 운영 및 공공서비스에 적용하려는 움직임을 보이고 있다. 블록체인과 관련하여 직접 적용되었거나 준비 중인 사례들을 살펴보면 아래와 같다.

미국의 델라웨어 주는 2016년 5월 정부의 효율적인 운영을 목적으로 하는 델라웨어 블록체인 활용 계획(Delaware Blockchain Initiative)을 발표했다. 델라웨어 주는 공공기록을 보관하고 암호화하는 방식에 블록체인 기술을 도입하여 공문서의 위변조 방지, 보존 및 폐기와 관련된 법률 준수의 자동화, 행정비용의 절감, 재해 시 공공정보 복구의 용이 등을 목적으로 블록체인 기술을 적용하고 있다. 델라웨어 주는 블록체인 기술을 처음으로 계획하여 발표하고 관련 법령을 제정하는 등 미국 주정부 내에서도 선도적인 역할을 하고 있다.

미국의 텍사스 주는 주립대학의 학업 기록 체계를 블록체인 기술을 이용하여 학적을 체인스크립트(ChainScript)로 바꾸는 작업을 진행 중이다.

[그림 4.12] 체인스크립트 광고 포스터(BEG, 2018)

체인스크립트는 모든 학생들이 각자 자신의 학업기록을 보관하고 여러 기관에 걸쳐 있는 학생들의 기록들이 위변조 불가능한 자료로 검증되고 유지될 수 있도록 한다. 텍사스 주립대학은 이와 같은 블록체인 기술을 이용하여 학생들이 각자가 학점, 역량, 인증서, 학위, 기타 성취 등을 담은 포트폴리오를 구축할 수 있도록 한다. 체인스크립트가 적용된 기록들은 대학원, 기업과 같은 다른 기관들에게 쉽게 공유할 수 있으며 이 정보를 공유 받아 위변조 여부를 쉽게 확인할 수 있다.

블록체인 기술은 금융에 이어 선거 방식의 대대적인 전환을 예견하고 있다. 2018년 3월 아프리카 시에라리온에서는 세계 최초로 대통령 선거에 블록체인 기술을 도입했다. 정치적으로 불완전한 상황에서 치러진 대선 투표에서 위·변조를 막기 위한 기술적 조치였다. 같은 해 8월엔 일본 쓰쿠바시에서 공공 서비스의 투명성과 간편성을 확립하기 위해 블록체인 기술을 이용한 전자투표를 〈표 4.15〉와 같이 실시하였다.

〈표 4.15〉 쓰쿠바시 투표 화면(과학기술정보통신부, 2018)

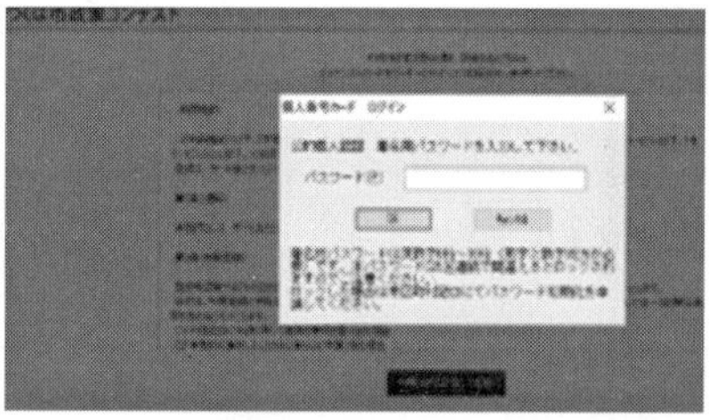	
전자인증서로 유권자 확인	희망 지원 사업을 선택해 투표하는 화면

미국의 웨스트버지니아 주는 타국에 근무하는 미군들의 선거권을 확보하는 방안으로 블록체인 기반 스마트폰 애플리케이션을 개발하여 활용할 계획을 밝혔다. 또한 우크라이나도 지역 선거를 위해 블록체인을 연구하고 있고, 브라질도 국민 투표에 블록체인 방식을 적용할 것을 발표하였다. 이처럼 향후 블록체인 기술이 적용된 전자투표가 활성화되면 선거의 신뢰성을 확보하는 것과 동시에 개표 작업에 소요되는 시간·인력 등 비용절감 효과도 가져올 것으로 기대하고 있다.

세금 납부나 계약 사항을 효율적으로 관리하기 위해서도 블록체인 기술을 적용할 것으로 보인다. 태국은 세금 납부와 세금 환급 절차를 가속화하기 위해 블록체인과 분산원장 기술을 사용하고자 준비 중이다. 또한 디지털 세무 시스템뿐만 아니라 행정 전반에서 블록체인 기술 도입을 추진하기 위한 준비를 진행 중이다.

또한 태국은 저작권과 농업 및 무역금융 관리에 블록체인 기술을 적용하는 방안에 대해 타당성 조사를 시작하여 스마트 계약을 기반으로 한 디지털 ID와 지적재산권 등록 관리, 쌀 수출 관리 등에 블록체인 기술 도입이 타당한지 확인 중이다.

이처럼 세계 각국의 기업과 공공기관에서는 블록체인 기술에 대한 관심이 뜨겁고 기술 및 서비스의 선점을 위한 준비작업과 적용방법에 대한 연구에 자금을 아끼지 않고 있다.

1.8 로봇

1) 개념 및 특징

로봇(Robot)은 인간이나 동물을 모방하여 정해진 규칙에 따라 외부환경을 인식하고 상황을 판단하고 자율적으로 동작하는 기계를 의미한다. 로봇은 의미상 기계의 하위 범주에 포함되며, 자동 기계라는 용어로 주로 설명된다. 로봇이라는 용어는 체코슬로바키아의 국민 작가인 카렐 차페크(Karel Čapek)가 1920년에 발표한 책에서 처음 사용되었다.

로봇공학(Robot Engineering)은 일반적으로 로봇에 관한 전반적인 내용을 다루는 학문으로, 로봇의 설계, 구조, 제어, 지능, 운용, 제조 등 로봇에 대한 기술을 연구하는 공학의 한 분야이다. 그리고 로봇공학은 산업용 로봇 도입을 통해 새로운 생산시스템을 구축하는 응용분야이기도 하다. 로봇공학은 다른 공학과 반드시 융합되어야하는 분야로서 로봇의 설계에서도 기계공학, 전기·전자공학, 컴퓨터공학 등과 생물이 가지고 있는 기능을 인공적으로 실현하고 활용하는 생체공학까지도 융합되고 있다.

로봇공학의 범위는 기계 공학, 전자 공학, 정보 공학, 컴퓨터 과학 등의 분야와 제어 및 감각 피드백, 정보 처리를 위한 컴퓨터 시스템, 로봇의 설계, 구성, 작동 및 사용에 관한 분야, 나노기술 및 생명 공학에까지 이른다. 이외에도 점차 로봇공학은 다양한 분야에 응용될 수 있도록 그 활용범위가 확대되고 있다. 그래서 로봇공학은 다양한 분야와 통합적인 실제적인 학문 분야로 과학, 기술, 공학, 수학이 융합된 교육인 STEM이 필수적인 교과과정이 된다.

정보통신산업진흥원(2018)에서는 로봇을 사용하는 용도에 따라, 산업 현장에서 사용되는 산업용(Industrial) 로봇과 인간을 위해 유용한 작업을 수행하는 서비스용(Service) 로봇으로 구분하고, 서비스용 로봇은 개인서비스 로봇과 전문서비스 로봇으로 분류하였다. 정보통신산업진흥원(2018)에서 분류에 따른 로봇의 구체적인 정의와 활용 분야는 〈표 4.16〉 과 같다.

〈표 4.16〉 로봇의 분류와 정의, 활용 분야(정보통신산업진흥원, 2017)

<table>
<tr><th colspan="2">구분</th><th>정의</th><th>활용 분야</th></tr>
<tr><td colspan="2">산업용 로봇</td><td>산업 각 분야의 제조현장에서 제품을 생산에서 출하까지의 공정작업을 수행하기 위한 로봇</td><td>· 자동차 제조용
· 전자제품 제조용
· 디스플레이 제조용
· 반도체 제조용
· 바이오, 신약 제조용
· 물류 자동화용</td></tr>
<tr><td rowspan="2">서비스 로봇</td><td>전문 서비스</td><td>불특정 다수를 위한 서비스 제공 및 전문적인 작업을 수행하는 로봇
(주로 훈련자·상업적 과업)</td><td>· 가사지원용
· 여가지원용
· 노인 및 장애인지원용
· 경비 및 보안용</td></tr>
<tr><td>개인 서비스</td><td>인간의 실생활 범주에서 보조수단으로써의 생활 제반 서비스를 제공하는 대인지원 로봇
(주로 비전문가·비상업적 과업)</td><td>· 공공서비스용
· 극한작업용(재난, 검사, 국방, 해양 등)
· 농축산업 및 임업용
· 의료용
· 물류 분류 및 수송용</td></tr>
</table>

로봇은 사람의 육체적 노동을 대신 수행하기 위한 용도로 개발된 산업용 로봇이 먼저 널리 사용되었다. 산업용 로봇은 주어진 작업을 원하는 위치로 자유롭게 이동하거나 물

체를 움직이게 할 수 있는 기계구조와 이를 구동할 수 있는 엑츄에이터(Actuator) 그리고 이를 제어할 수 있는 제어장치로 구성된다. 산업용 로봇의 기계구조는 인간의 팔과 같이 움직이는 다관절형태의 로봇과 평면에서 자유롭게 주로 수평적 움직임에 유용한 스칼라 로봇 형태가 대표적이다. 액추에이터는 로봇의 기계구조를 움직이게 하는 동력장치로 주로 유압과 모터 등을 사용하고 있다. 제어장치는 로봇의 움직임의 속도와 해당 위치까지 구동을 어떻게 하는지를 기계구조에 대한 동역학으로 계산하여 엑추에이터에 제어신호를 보내는 역할을 한다. 이런 산업용 로봇은 산업 각 분야의 제조현장에서 제품을 생산에서 출하까지의 공정작업을 수행하기 위한 로봇으로 적용되고 있고, 스마트 팩토리(Smart Factory)와 같은 미래형 공장에 필요한 로봇이다.

서비스용 로봇은 산업용 로봇과는 달리 주변의 환경을 사람과 같이 인식하여 판단하고 동작할 수 있도록 프로그래밍된 지능형 로봇이다. 우리 실생활에서 주로 접하는 지능형 로봇의 좋은 사례가 로봇청소기이다. 로봇청소기는 집 청소를 위해 수시로 바뀐 장애물들을 확인하기 위한 각종 센서를 장착하고 움직일 때마다 즉각적으로 확인해야 한다. 이는 정형화된 작동방식이 아니라 각 가정의 환경이나 어제와 다른 오늘의 장애물 배치현황에 따라 동작을 달리해야 하는 지능적 동작이 필요하다. 또한 지능형 로봇의 개발의 다른 방향은 사람의 형태를 닮은 이족보행 로봇을 개발하여 인간의 역할을 보충하기도, 대신하기도 한다. 이족보행 로봇은 인간의 시각, 청각, 촉각, 평형감각, 후각 등을 다양한 센서로 외부 자극에 대한 정보를 파악하여 스스로 판단하고 적절한 행동을 할 수 있도록 발전하고 있다. 이처럼 지능형 로봇의 개발을 위해서는 인공지능 분야의 접목 과정이 필요하다.

2) 적용 사례

로봇공학에서는 일반적인 공장에서 사용되는 산업용, 가사를 도와주는 가정용, 국방용, 수술, 환자 간병, 인간의 신체 보조기 역할을 수행하는 의료용, 오지나 우주, 심해의 조사 목적인 탐사용, 인간의 즐거움을 위한 오락용, 흥미를 유발하거나 교육을 수행하는 데 도움을 주는 교육용 등의 사회 각 분야에서 사용될 로봇을 주로 연구하고 있다.

로봇은 어떤 형태도 취할 수 있지만 일부는 외관상 인간이나 다른 동물과 비슷하게 만들어진다. 그래서 많은 로봇의 개발 연구가 인간이나 동물의 행동을 복제할 수 있는 기계를 개발하는 방향으로 이루어지고 있다.

먼저 야생 동물들의 행태를 복제하는 로봇이 개발되고 있다. [그림 4.15] 은 스위스 로잔 연방 공과대학교(EPFL)이 개발한 치타 커브(Cheetah-cub)라는 로봇은 용수철이 달린 다리로 실제 치타의 걸음걸이를 흉내 내며 걷는다.

[그림 4.15] 스위스 로잔 연방 공과대학교(EPFL)이 개발한 치타 커브 (Cheetah-cub)(EPFL, 2017)

치타커브는 무게가 2파운드(1kg)가 조금 넘고, 스프링이 장착된 다리가 있는 치타를 닮은 로봇이다. 밥캣(Bobcat)이라는 별명을 갖게 된 이 로봇은 실체 치타의 움직임을 흉내 낼 수 있다. 이와 같이 상용화 로봇을 개발할 때 개나 고양이 같은 포유동물들의 유연한 척추와 걸음걸이에서 아이디어를 얻어 로봇 설계에 적용하고 있다.

인간의 행태를 분석하여 움직임을 흉내 낼 수 있도록 한 인간 친화적인 로봇의 연구도 활발하다. 이것은 인간형 로봇으로 사람과의 연결 정도와 인간화 정도에 따라 구분될 수 있다.

〈표 4.17〉 인간 친화형 로봇의 구분

사이보그	휴머노이드	안드로이드
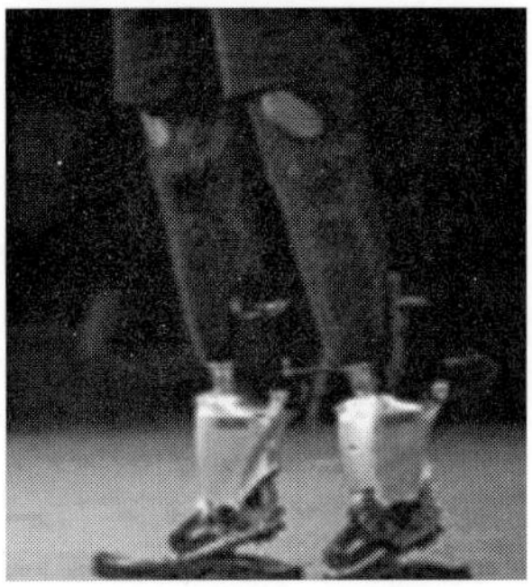		
휴 허 박사의 로봇다리	KAIST에서 개발한 휴머노이드 '휴보'	KAIST에서 개발한 안드로이드 '알버트 휴보' (진정한 의미의 안드로이드는 아님)

사이보그(Cyborg)는 인간을 포함한 어떠한 생물체에 기계장치가 결합된 것을 말한다. 로보캅이나 로봇다리를 가진 사나이로 불리는 휴 허(Hugh Herr) 박사가 로봇다리를 연결하여 걸을 수 있도록 한 경우를 말한다. 이처럼 사이보그는 인간의 능력을 향상시키거나 불편함을 줄여주는 목적으로 인간과 연결하여 작동시킬 수 있게 한 것이다.

휴머노이드(Humanoid)는 인간의 기본 형태인 머리, 몸통, 팔, 다리 등의 신체구조와 유사한 모습을 지닌 로봇을 뜻한다. 인간의 신체를 닮아 있기 때문에 인간의 행동을 가장 잘 모방할 수 있는 인간형 로봇이라고도 한다. 우리나라 카이스트(KAIST)에서 개발한 휴보(HUBO)나 일본 혼다(HONDA)사가 개발한 아시모(ASIMO)나 등이 대표적인 휴머노이드 로봇이다.

안드로이드(Android)는 SF영화에서 주로 등장하는 로봇으로 인간의 모습과 거의 같은 형태의 인조인간을 말한다. 영화 속 주인공이나 소재로 등장하는 경우가 많으며, 외모나 언어 사용, 동작, 표정, 지능까지도 인간과 거의 같은 경우로 묘사되고 있지만, 현재 로봇 기술로는 실현되기 어려운 형태이다.

로봇개발이 인간을 도와 보다 나은 삶은 추구하게 해주는 게 목적이라면, 인간과 더 닮아 서로 교감할 수 있는 안드로이드의 개발이 목표가 될 수 있다. 그래서 로봇공학에서는 인공근육 및 인공피부를 개발하고 인간의 시각과 촉각처럼 민감한 센서를 개발하는 데 노력을 기울이고 있다. 그리고 사람의 음성에 따른 지시나 사람의 감정 인식에 다른 동작이나 의도를 파악하여, 인간과 로봇이 상호인지하고 교감할 수 있는 인간 로봇 상호작용(Human Robot Interaction) 기술에 대한 연구도 진행하고 있다.

이어서 한국로봇산업진흥원의 서비스용 로봇의 분류에 따라 로봇을 개발하여 적용한 구체적인 사례는 〈표 4.18〉 과 같다.

〈표 4.18〉 서비스용 로봇 분류에 따른 적용 사례(한국로봇산업진흥원, 2016)

구분	적용 분야	적용 사례
전문 서비스용 로봇	빌딩서비스	시설 청소용 로봇, 이동형 키오스크 로봇 등
	사회안전 및 극한작업	실내경비용 로봇, 화재감시 로봇 등
	의료	복강경수술 로봇, 관절수술 로봇, 재활훈련용 로봇 등
	사회인프라	관로작업용 로봇, 광업용 로봇 등
	군사	경계감시용 로봇, 전투용 로봇, 비행정찰 로봇 등
	농림 어업	농업용 및 축산용 로봇, 임업용 로봇 등
개인 서비스용 로봇	가사	로봇청소기, 주택경비용 로봇, 심부름용 로봇 등
	헬스케어	개인재활훈련용 로봇, 헬스케어 로봇 등
	여가지원	애완용 로봇, 소형 휴머노이드 로봇 등
	교육 및 연구	연구용 로봇, 교육용 로봇, 교보재용 로봇 등
	기타 개인서비스	맹인 안내로봇, 머리감김 로봇 등

기업과 공공 서비스 사업의 시행을 위해 필요한 로봇들이 전문서비스용 로봇에 해당된다. 이 용도의 로봇은 불특정 다수를 위한 서비스 제공 및 전문화된 작업을 수행하는 로봇으로 사람들이 직접 하기 어렵거나 위험한 것을 대신 해주는 곳에 적용한 사례가

많다.

개인 서비스용 로봇은 개인의 생활범주에서 제반서비스를 제공하는 인간 지원 로봇이기 때문에 가사, 헬스케어, 여가지원, 교육 및 연구 등의 용도가 해당된다. 이런 용도의 로봇은 가정이나 학교, 전문 서비스 제공 샵, 병원 등에서 주로 볼 수 있다. 그래서 우리 생활 속에서 인간의 노동력을 대신해주면서 여가시간의 증대와 삶의 질을 높이는 데 적용된 경우이다.

이와 같은 다양한 서비스 분야마다 필요한 용도로 로봇을 제작 및 활용하기보다는 제조, 의료·재활, 문화, 교육, 건설·해양 등 다양한 분야와 서로 융·복합화를 통해 지능화된 서비스를 창출하는 기계들의 로봇화(Robotization) 개념으로 발전하고 있다.

2. 소프트웨어 교육

2.1 소프트웨어 교육의 필요성

예로부터 교육은 백년대계(百年大計)라 하여 국가가 100년 앞을 내다보고 세워야 할 큰 계획으로 여겨졌다. 교육은 자원이나 기술 등 발전의 원동력이 부족하던 우리나라에서 특히 중요한 것으로 여겨졌으며, 어려운 시기 학부모들의 교육열은 우리나라를 단기간 독보적으로 급성장시킨 원동력이 되었다. 그러나 1차에서 2차로, 3차, 4차 산업혁명에 이르기까지 변화의 주기는 점점 짧아지기 시작하였고, 전 세계 만 7세 어린이의 65%는 현재 존재하지 않는 직업을 가질 것으로 예측될 만큼 이제는 100년이 아니라 당장 10년 앞을 제대로 예측하기조차 어렵게 되었다.

WEF(2016, 2018)는 '일자리의 미래(The Future of Jobs)' 보고서를 통해 직업의 변화를 예측하였다. 그 내용은 제4차 산업혁명으로 인해 현재 존재하고 있는 많은 직업이 기계와 알고리즘으로 대체되어 전 세계 노동시장에 생길 변화를 예측한 것으로, 내용을 도식화하여 나타내면 [그림 4.16]과 같다.

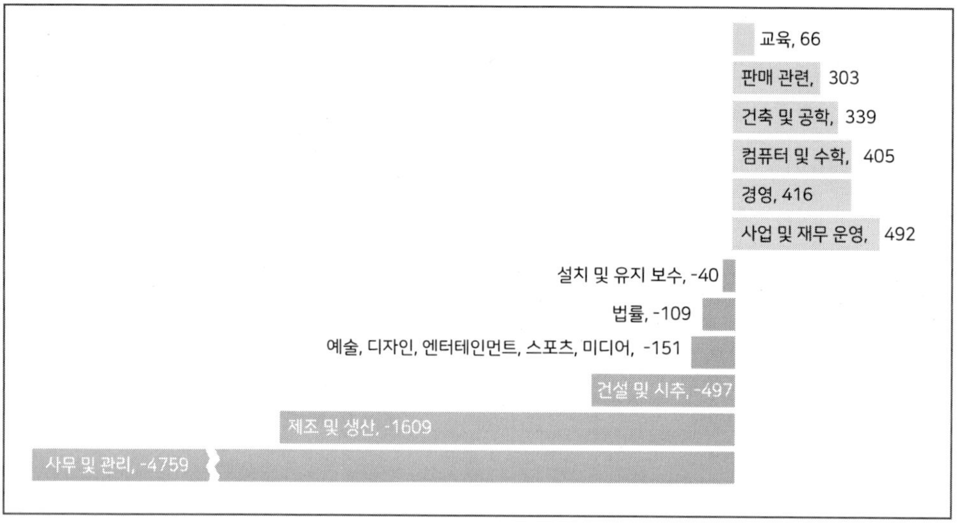

[그림 4.16] 2015-2020년 직업군에 따른 고용 전망(단위: 천 명) (WEF, 2016)

이에 따르면 현재 존재하는 일자리 중 사무직 및 관리 직종 등 710만여 개가 사라질 것이며 이에 비해 건축, 엔지니어링, 컴퓨터, 수학 관련 분야 일자리는 200만여 개가 새롭게 창출될 것이다. 이러한 미래 일자리의 변화에 대비로 WEF는 정부가 질 높은 일자리 보장과 개인 성장 지원을 위한 정책 수립을 해야 하며, 특히 STEM(Science, Technology, Engineering and Mathematics)과 비인지(non-cognitive) 소프트 분야에서 모든 연령대의 개인 역량을 향상시키기 위한 교육 정책을 개선해야 함을 역설하였다(한국정보화진흥원, 2018).

현재 IT 산업의 위상은 다른 어떤 기술이 창출하는 경제적 가치를 뛰어넘으며, 제4차 산업혁명이 가속화되면서 이러한 추세는 심화될 것으로 예상된다. 이러한 시대적 변화를 앞서 빠르게 읽고 대처하여 창의성을 발휘한 인재들이 세계적인 부자 명단에 이름을 올리고 있다. 〈표 4.19〉는 포브스(Forbes)지에서 발표한 2018년 세계 부자 순위의 일부인데, 여기서 세계 10위권 내의 억만장자들 중 반이 IT 관련 기업의 수장 또는 창립자임을 확인할 수 있다. 1차, 2차 산업혁명기 크게 성장한 패션과 에너지사업도 여전히 큰 부가가치를 창출하고 있으나, n차 산업혁명으로의 변화가 가속화 될수록 IT 산업의 강세가 두드러질 것으로 전망된다.

〈표 4.19〉 2018년 세계 부자 순위(Forbes, 2018)

순위	이름	자산 (억 달러)	소속 (업종)	국가	비고
1	제프 베조스	1,120	아마존(전자상거래)	미국	IT 관련
2	빌 게이츠	900	마이크로소프트(소프트웨어)	미국	IT 관련
3	워렌 버핏	840	버크셔해서웨이(지주회사)	미국	
4	베르나르 아르노	720	LVMH(패션)	프랑스	
5	마크 저커버그	710	페이스북(SNS)	미국	IT 관련
6	아만시오 오르테가	700	인디텍스(패션)	스페인	
7	카를로스 슬림	671	텔맥스텔레콤(통신)	멕시코	IT 관련
8	데이비드 코크	600	코크 인더스트리(에너지)	미국	
9	찰스 코크	600	코크 인더스트리(에너지)	미국	
10	래리 엘리슨	585	오라클(소프트웨어)	미국	IT 관련

개인의 부가가치 창출 뿐 아니라 기업의 부가가치 창출에서도 IT 산업의 두드러진 강세를 확인할 수 있다. 전 세계 기업 중 시가총액 1위인 애플의 시가총액은 1,264조 원으로 웬만한 국가의 GDP(Gross Domestic Product, 국내총생산)와도 맞먹는다. 애플의 시가총액은 〈표 4.20〉에서 볼 수 있듯 멕시코의 GDP(11,508억 달러)와 비슷한 수준이며, 인도네시아, 터키, 네덜란드, 사우디아라비아 등의 GDP보다도 많다. 전 세계의 국가가 200개 이상임을 감안할 때, GDP 기준 상위 10% 이내에 해당하는 부가가치를 한 개의 기업이 창출해내고 있는 것이다.

〈표 4.20〉 각국 경제규모와 애플 시가총액 비교(The World Bank, 2018)

순위	국가명	GDP(억 달러)	순위	국가명	GDP(억 달러)
1	미국	193,906	11	러시아	15,775
2	중국	122,377	12	한국	15,307
3	일본	48,721	13	호주	13,234
4	독일	36,774	14	스페인	13,113
5	영국	26,224	15	멕시코	11,508
6	인도	26,008	16	애플	11,200(시가총액)
7	프랑스	25,825	17	인도네시아	10,155
8	브라질	20,555	18	터키	8,515
9	이탈리아	19,347	19	네덜란드	8,262
10	캐나다	16,530	20	사우디아라비아	6,867

〈표 4.21〉는 세계 주요 기업의 시가총액 순위인데, 상위 10개 기업 중 IT 관련 기업이 무려 7개에 달하며, 특히 각각 1, 2위인 애플과 아마존닷컴은 시가총액이 1,000조원을 넘어섰다. 1위 기업인 애플의 경우 우리나라 1위 기업인 삼성의 전 계열사 총액인 480조 원의 무려 2.6배에 달하는 시가총액을 보유하고 있다. 애플의 시가총액은 〈표 4.22〉에서 볼 수 있듯 우리나라 시가총액 1위 기업이자, 세계 스마트폰 판매 시장에서 라이벌 관계에 있는 삼성전자의 약 4배 가치이며, 심지어 우리나라 시가총액 기준 상위 10개 기업의 총액(587.4조 원)의 2배 이상의 가치를 가지고 있다.

〈표 4.21〉 세계 주요 기업 시가총액 순위(2018년 10월 4일 기준(나무위키, 2019)

순위	회사명	시가총액(조 원)	국가	업종	비고
1	애플	1264	미국	하드웨어/IT/콘텐츠	IT 관련
2	아마존닷컴	1075	미국	클라우드 서비스/전자상거래	IT 관련
3	마이크로소프트	996.7	미국	소프트웨어	IT 관련
4	구글(알파벳)	947.8	미국	검색 엔진/지주회사	IT 관련
5	버크셔해서웨이	602	미국	보험사/지주회사	
6	페이스북	529.2	미국	소셜네트워크서비스	IT 관련
7	삼성그룹	480	한국	기업집단	전 계열사 총액
8	알리바바 그룹	475.1	중국	검색 엔진/전자상거래	IT 관련
9	텐센트	423.7	중국	종합 인터넷/게임	IT 관련
10	존슨앤존슨	420.9	미국	헬스케어	

〈표 4.22〉 우리나라 주요 기업 시가총액 순위(2018년 10월 4일 기준(나무위키, 2019)

순위	회사명	시가총액(조 원)	업종	비고
1	삼성전자	321.7	가전제품/반도체 제조업	IT 관련 삼성전자+삼성전자 우 총액
2	SK하이닉스	50.9	반도체 제조업	
3	셀트리온	36.4	바이오/제약	
4	삼성바이오로직스	34.8	바이오/제약	
5	현대자동차	26.6	자동차 제조업	
6	포스코	23.9	철강/건설/무역/IT/에너지	IT 관련 자회사 보유
7	삼성물산	23.6	건설/종합물류/무역/의류/레저	
8	KB금융지주	23.4	금융지주회사	
9	LG화학	23.2	석유화학/생명과학	
10	네이버	22.9	검색 엔진	IT 관련
합계		587.4		

아이폰을 주력으로 하는 세계 1위 기업 애플이지만 세계 스마트폰 판매량 순위는 3순위로 삼성과 중국 기업인 화웨이에 밀린다. 삼성은 매 분기 조사마다 세계 스마트폰 판매량 순위 1위를 놓치지 않고 있으며, 애플과 화웨이의 순위는 분기마다 바뀌기는 하지만 향후 가성비를 앞세운 화웨이가 2위 자리를 굳히게 될 가능성이 농후한 것으로 예측된다(임서아, 2019).

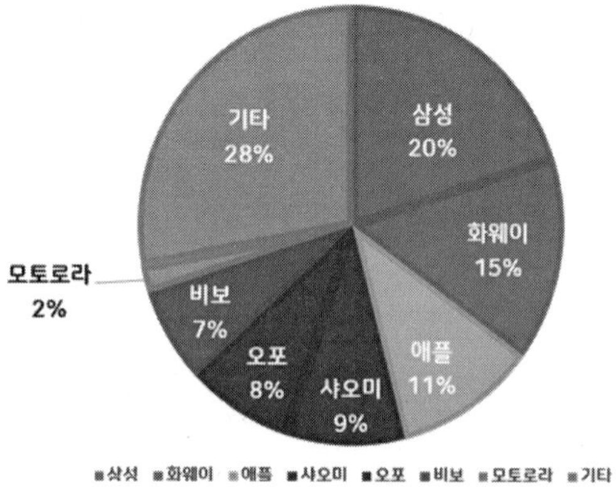

[그림 4.17] 세계 스마트폰 판매량 점유율 (2018년 2분기 기준(Team Counterpoint, 2018)

그렇다면 '아이폰'으로 대표되는 애플은 스마트폰 판매량에서 타 기업에 밀림에도 불구하고 어떻게 세계 1위 기업이 될 수 있었을까? 비결은 매출과 영업이익에 있다. [그림 4.18] 에서 보듯, 판매량 3위였던 애플이 수익 면에서는 타 제조사들과 압도적인 차이로 1위를 차지하였기 때문이다. 이는 애플이 적은 판매량에도 높은 매출과 영업이익을 기록하였기 때문이며, 반대로 삼성의 경우 스마트폰 판매량에 비해 마진을 적게 남겼기 때문이다.

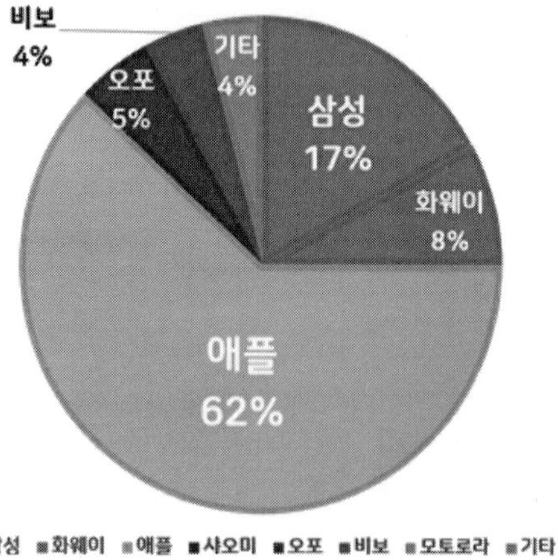

[그림 4.18] 세계 스마트폰 수익 점유율 (2018년 2분기 기준(Team Counterpoint, 2018)

이러한 차이는 어디에서 발생하는 것일까? 가장 큰 차이는 스마트폰 1대 당 평균판매단가(Average Sales Price, ASP)에서 기인한다. 2018년 2분기 기준 애플의 아이폰 평균판매단가는 724달러(약 81만원), 반면 삼성 갤럭시의 평균판매단가는 235달러(약 26만원)로 아이폰의 평균판매단가가 갤럭시의 약 3배이다. 결론적으로 삼성의 경우 중저가 스마트폰의 판매가 많아 판매 점유율이 높아졌으며, 이로 인해 갤럭시의 평균판매단가가 낮아져 최종적으로 매출과 영업이익에서 애플과 차이가 나게 된 것이다.

그렇다면 큰 평균판매단가 차이에도 애플이 아이폰을 비싸게 팔 수 있는 이유, 즉 소비자가 비싼 가격을 지불해야함에도 아이폰을 구입하게 되는 이유는 무엇인가? 가장 큰 포인트는 '서비스 생태계'에 있다. 애플은 독자적 운영체제인 iOS를 기반으로 아이폰, 애플워치, 아이패드 등 하드웨어에서부터 아이클라우드, 앱스토어, 애플뮤직 등 소프트웨어까지 생태계를 확장해나가며 자신의 가치를 높였다. 그리고 애플 플랫폼 전체에 가치를 부여한 소비자는 비싼 판매단가에도 기꺼이 그것을 구입한다.

반면 삼성 갤럭시에 탑재한 운영체제는 구글의 안드로이드로서, 삼성 뿐 아니라 많은 스마트폰 제조사에서 이용하고 있다. 모바일 운영체제 시장 형성 초기에는 안드로이드가 성능과 선호도 면에서 선발주자인 iOS에 큰 차이로 밀렸으나, 현재는 지속적인 성장으로 모바일 운영체제 시장에서 압도적 점유율 1위로 자리잡았다. 결론적으로 갤럭시가 플랫폼의 측면에서 결코 iOS에 뒤쳐진다고 볼 수는 없는데, 왜 시장가격에서 차이가 발생하는 것일까? 그 답은 '가성비 프레임'에 있다. 앞서 언급했듯 안드로이드는 애플을 제외한 거의 모든 제조사에서 스마트폰의 운영체제로 탑재하고 있다. 때문에 소비자는 동일한 플랫폼을 이용하기 위한 기기의 구입에 많은 선택지를 가지게 되며, 결국 가성비를 따지게 되는 것이다. 삼성 갤럭시는 가격으로는 중국 업체에, 내부적으로는 프리미엄 스마트폰이 자사의 중저가 스마트폰에 가격경쟁력에서 뒤쳐지게 되며, 따라서 프리미엄 스마트폰 간의 대결에서는 큰 차이가 없는 평균판매가격이 구매 전체적으로 보았을 때는 낮아지게 된다. 결론적으로 삼성은 애플이 독자적으로 구축한 플랫폼에 대응할만한 매력을 가지지 못한다는 것이 애플과 삼성의 격차의 가장 큰 원인이다(허완, 2018; 이균성, 2018; 이기범, 2018).

2004년, 스마트폰 경쟁에서 절대 우위를 점할 수 있는 기회가 삼성에 찾아온 적이었다. 안드로이드가 구글에 인수되기 전, 삼성전자에 제휴를 요청한 것이다. 그러나 삼성은 '대기업에서 많은 인원이 만들기도 어려운 운영체제인데, 직원이 6명에 불과한 회사에서 만들었다면 더욱 믿기 어렵다.'는 이유로 안드로이드의 제휴 요청을 거절하였다. 그로부터 한 달 후, 구글이 안드로이드를 567억 원에 인수하였고, 그 결과 현재 구글은 전 세계 스마트폰의 80% 이상이 사용하는 플랫폼을 보유하게 되었다.

이후 플랫폼으로 인한 한계를 극복하고자 삼성은 바다, 타이젠 등 독자적인 플랫폼을 구축하여 희소성을 확보하려는 시도를 하기도 하였다. 그러나 운영체제 시장 최강자인 마이크로소프트도 그 기세를 펴지 못하고 사업을 종료시킨 모바일 운영체제 시장인 만큼 이미 시장을 양분하고 있는 안드로이드와 iOS의 높은 벽을 넘어설 수가 없었으며, 이로 인해 삼성은 2018년 독자적 플랫폼 기반의 스마트폰 개발을 중단하였다. 삼성이 더 이상 플랫폼에서는 경쟁력을 가질 수 없게 된 것이다.

이처럼 제4차 산업혁명으로의 변화가 가속화될수록 소프트웨어의 파워는 커지고 있으며, 그로 인해 창출되는 부가가치도 더욱 늘고 있다. 삼성으로 대표되는 우리나라 기업, 나아가 우리나라가 제4차 산업혁명시대를 주도하기 위해서는 이러한 변화에 발맞춘 변화가 필요하며, 이에 정부에서는 '소프트웨어 중심사회'를 표방하며 각종 소프트웨어 관련 정책들을 내놓았다. 이는 교육 정책에도 영향을 미쳤으며 따라서 국가수준 교육과정에 도입된 것이 바로 소프트웨어 교육이다. 다음에서는 소프트웨어 교육에 대한 이해를 돕기 위해 다른 나라에서의 소프트웨어 교육 동향을 살펴보고, 이어서 우리나라의 소프트웨어 교육의 현 주소에 대해 살펴보고자 한다. 다만, '소프트웨어 교육'은 우리나라에서 주로 사용하는 용어로, 국가와 과정에 따라 컴퓨터과학교육, 정보과학교육, 코딩교육, 컴퓨팅교육 등이 혼재되어 사용되고 있다는 점을 밝히는 바이다.

〈읽을거리〉 플랫폼(Platform)의 시대

미디어 전략가 톰 굿윈(Tom Goodwin)은 〈테크 크런치〉에 기고한 글에서 제4차 산업혁명 시대 플랫폼의 중요성을 다음과 같이 역설하였다.

"세계에서 가장 큰 택시 기업인 우버는 소유하고 있는 자동차가 없고, 세계에서 가장 많이 활용되는 미디어인 페이스북은 콘텐츠를 생산하지 않는다. 세계에서 가장 가치 있는 소매업체인 알리바바는 물품목록이 없으며, 세계에서 가장 큰 숙박 제공업체인 에어비엔비는 소유한 부동산이 없다."

전통적인 제조업이 중심이 된 이전 사회에서는 플랫폼을 보유한 회사가 재화나 서비스를 보유하고 판매하는 슈퍼마켓식 시스템이 주였던 반면, 제4차 산업혁명 시대에는 판매자가 아닌 회사가 판매자를 위한 플랫폼을 제공하는 시장식 시스템이 주가 되었다. 우리나라에도 전성기를 구가하고 있는 인터넷 쇼핑 플랫폼(오픈마켓), 택시 또는 카풀 어플리케이션, 음식 배달 어플리케이션 등도 플랫폼 비즈니스의 예이다.

UBER Alibaba Group 阿里巴巴集团 airbnb

2.2 세계의 소프트웨어 교육 동향

제4차 산업혁명에 따라 사회 전반의 급격한 변화가 예상되고 있으며 Schwab(2016)은 이러한 상황에서 두 가지 문제점을 지적하였다. 그 중 하나는 급진적인 변화가 사회의 전 영역에 영향을 미칠 것임에도 그 변화에 대한 이해도가 낮다는 것이며, 또 다른 하나는 그 변화에 대한 기틀을 마련할 담론이 부족하다는 것이다.

그렇다면 우리나라는 제4차 산업혁명에 대해 얼마나 준비되어 있을까? UBS(2016)가 전 세계의 130여 개 국가를 대상으로 제4차 산업혁명에 대한 준비도를 평가한 결과는 〈표 4.23〉과 같다. 작게는 한 단계에서 크게는 38단계까지 현 경제규모 순위와는 다소 차이가 있으며, 이는 제4차 산업혁명 시대가 가속화 될수록 현재의 경제규모 순위가 충분히 뒤집어질 수 있음을 시사한다. 우리나라의 경우, 제4차 산업혁명 대비 순위 종합 25위로 현 경제규모순위와 비교하여 13계단 하락한 위치임을 확인할 수 있다. 그만큼 제4차 산업혁명시대 세계에서 우리나라의 위상이 현재보다 다소 낮아질 수 있다는 것이다. 교육 시스템 영역의 경우 19위로 종합순위보다는 다소 높지만 이마저도 현재 경제규모 순위인 12위에 비추어보았을때는 다소 낮은 수치이다.

〈표 4.23〉 제4차 산업혁명 대비 5대 요소별 국가 순위(UBS, 2016)

순위	국가	노동시장 유연성	기술수준	교육 시스템	SOC 수준	법적 보호	전체	현 경제규모 대비 순위 등락폭
1	스위스	1	4	1	4.0	6.75	3.4	△ 19
2	싱가포르	2	1	9	3.5	9.00	4.9	△ 34
3	네덜란드	17	3	8	6.5	12.50	9.4	△ 15
4	핀란드	26	2	2	19.0	1.25	10.1	△ 38
5	미국	4	6	4	14.0	23.00	10.2	▼ 4
6	영국	5	18	12	6.0	10.00	10.2	▼ 1
7	홍콩	3	13	27	4.5	10.00	11.5	△ 26
8	노르웨이	9	7	13	19.0	11.50	11.9	△ 20
9	덴마크	10	9	10	15.5	17.75	12.5	△ 26
10	뉴질랜드	6	10	24	21.5	6.25	13.6	△ 40
11	스웨덴	20	12	7	12.0	19.75	14.2	△ 11
12	일본	21	21	5	12.0	18.00	15.4	▼ 9
13	독일	28	17	6	9.5	18.75	15.9	▼ 9
14	아일랜드	13	15	21	19.0	11.50	15.9	△ 20
15	캐나다	7	19	22	16.0	20.50	16.9	▼ 5
16	대만	22	14	11	20.0	31.25	19.7	
17	호주	36	8	23	18.5	17.75	20.7	▼ 4
18	오스트리아	40	16	17	19.5	17.25	22.0	△ 9
19	벨기에	54	5	16	17.5	21.5	22.8	△ 5
20	프랑스	51	25	18	12.0	31.00	27.4	▼ 13
21	이스라엘	45	28	3	26.0	38.50	28.1	△ 10

22	말레이시아	19	36	20	35.5	34.50	29.0	△ 15
23	포르투갈	66	26	28	24.5	32.25	35.4	△ 13
24	체코	47	29	35	35.0	44.75	38.2	△ 13
25	대한민국	83	23	19	20.0	62.25	41.5	▼ 13
26	칠레	63	33	50	42.0	39.25	45.5	△ 15
27	스페인	92	30	37	17.5	61.25	47.6	▼ 13
28	중국	37	68	31	56.5	64.25	51.4	▼ 26
29	카자흐스탄	18	60	72	59.5	68.25	55.6	△ 26
30	폴란드	81	31	64	48.5	58.00	56.5	▼ 7
31	러시아	50	38	68	47.5	114.00	63.5	▼ 20
32	태국	67	56	57	51.0	88.00	63.8	▼ 7
33	이탈리아	126	45	32	31.5	87.75	64.5	▼ 24
34	헝가리	77	57	51	48.0	90.25	64.7	△ 22
35	남아프리카 공화국	107	83	38	59.0	42.75	66.0	▼ 3
36	그리스	116	43	77	35.0	67.00	67.6	△ 15
37	필리핀	82	63	48	79.0	78.00	70.0	△ 2
38	인도네시아	115	65	360	7305	70.25	70.8	▼ 22
39	터키	127	55	60	5805	77.75	75.7	▼ 22
40	콜롬비아	86	70	76	77.0	102.75	82.4	▼ 2
41	인도	103	90	42	100.5	81.50	83.4	▼ 35
42	멕시코	114	86	59	66.0	100.00	85.0	▼ 27
43	브라질	122	93	84	64.0	97.75	92.2	▼ 35
44	페루	64	82	116	88.5	113.25	92.8	△ 5
45	아르헨티나	139	39	93	78.0	125.75	95.0	▼ 24

세계 각국에서는 제4차 산업혁명시대에 대비하여 자국의 경쟁력을 끌어올리고, 미래 사회 핵심 기술인 IT 기술 소양을 기르기 위하여 공교육에 컴퓨팅 사고력(Computational Thinking, CT)을 기르기 위한 시도를 다양하게 진행 중이다. 실제로 〈표 4.23〉에서 우리나라보다 상위에 랭크된 국가들 중 싱가포르, 핀란드, 미국, 영국, 캐나다, 호주, 이스라엘 등에서는 이미 소프트웨어 교육을 실시하고 있다. 다음에서는 세계 여러 국가에서 현재 이루어지고 있는 소프트웨어 교육의 동향을 살펴보고, 우리나라 소프트웨어 교육에 주는 시사점에 대해 생각해보고자 한다.

1) 싱가포르

4차 산업혁명 대비 종합 2위이자 교육 시스템 9위인 싱가포르는 미래 세대에게 필요한 디지털 기술의 습득과 ICT 인재 양성을 목표로 하여 소프트웨어 교육을 진행하고 있다. 싱가포르의 소프트웨어 교육은 국가 교육과정, 병행교육과정, 방과후 수업, 지역사회 프로그램이 복합적으로 연계되어 진행된다. 싱가포르의 컴퓨터과학 교육 프로그램 운영 방식을 표로 나타내면 〈표 4.24〉와 같다(송기상, 소효정, 2017).

〈표 4.24〉 싱가포르의 컴퓨터과학 교육 프로그램 운영 방식(송기상, 소효정, 2017)

접근방식 접근방식	초등학교 초등학교	중등학교		고등학교 (Junior college)
		저학년 (1-2학년)	고학년 (3-4학년)	
강화 프로그램을 통한 대중 접근	IMDA Lab on Wheels			
	흥미 강화(enrichment) 코딩교육 프로그램			
	디지털 메이커 프로그램			
병행교육과정 (co-curriculum)을 통한 능력 개발	인포컴 클럽 프로그램(Infocomm Club)			
	국가 인포컴 대회			
		응용 학습 프로그램 (Applied Learning Programme)		
교육과정을 통한 능력 개발		- NT(Normal Technical, 직업교육) 학생 대상 컴퓨터 응용 과목	- NT 학생 대상 'N'Level 컴퓨터 응용 과목 - 'O'Level 컴퓨팅 과목(선택)	- 'A Level' 컴퓨팅 과목
학습 단계	기초	응용		심화

2) 핀란드

4차 산업혁명 대비 순위 종합 4위이자 교육 시스템 2위인 핀란드는 현재도 교육 선진국으로 꼽히며, 전 세계 국가들의 교육정책 롤모델 역할을 하고 있다. 핀란드에서는 20

16년에 새 교육과정을 도입하며 7가지의 역량 목표를 설정하였다. 역량 목표는 [그림 4.19] 와 같으며, ICT 역량도 하나의 목표로 설정되어 있다(송기상, 소효정, 2017). 이에 따라 핀란드의 2016 개정 교육과정에서는 학년군별로 소프트웨어 교육의 교수학습내용을 제시하였다. 1-2학년군에서는 일상생활 속의 다양한 문제를 해결하는 방법과 전략을 놀이에서 경험하는 CS Unplugged 활동을 통해 프로그래밍에 친숙해지도록 하였고, 3-6학년군에서는 교육용 프로그래밍 언어인 스크래치를 통해 소프트웨어 교육을 하도록 하였으며, 7-9학년군에서는 Khan Academy를 바탕으로 텍스트 기반의 프로그래밍 언어를 통한 교육을 편성하였다(배영권, 신승기, 2017).

[그림 4.19] 핀란드 2016 개정 교육과정의 역량 목표(송기상, 소효정, 2017)

3) 미국

4차 산업혁명 대비 순위 종합 5위이자 교육 시스템 4위인 미국의 경우, 연방 국가의 특성상 국가수준에서 제시하는 소프트웨어 교육과정은 존재하지 않는다. 다만 다양한 연방정부 차원에서 다양하게 이루어지는 컴퓨터과학 교육에 대한 기준을 마련하기 위해 CSTA(Computer Science Teachers Association, 컴퓨터교사협회)와 ISTE(International Society for Technology in Education, 국제교육기술학회)가 컴퓨팅 사고력 기반의 교수·학습모델을 제안하였으며, 이것은 우리나라를 비롯한 전 세계 각국의 소프트웨어 교육 정책 수립의 밑거름이 되었다. 〈표 4.25〉 은 CSTA와 ISTE가 제시한 컴퓨팅 사고력 기반 교수·학습모델의 단계를 나타낸 것이다.

〈표 4.25〉 컴퓨팅 사고력 기반 교수·학습모델(CSTA&ISTE, 2011)

단계	정의
자료 수집	적절한 정보를 수집하는 과정
자료 분석	자료의 이해, 패턴 인식, 결론 도출
자료 표현	그래프, 차트, 글, 그림 등 적절하게 자료 표현
문제 분해	문제를 작게 나누어 다룰 수 있는 크기로 만들기
추상화	문제의 핵심을 파악하여 복잡도를 낮추기
알고리즘과 절차	문제를 해결하거나 목표를 달성하기 위해 일련의 단계로 나열하기
자동화	컴퓨터나 기계에게 반복적이거나 지루한 작업을 수행하게 함
시뮬레이션	절차의 표현 또는 모델을 이용한 실험
병렬화	공동의 목표 달성을 위해 작업을 동시에 수행하는 자원 구성

CSTA는 또한 컴퓨터과학 기준 개발에 참고할 수 있도록 'K-12 컴퓨터과학 프레임워크'를 표준화된 커리큘럼으로 제시하였다. 이 지침은 학년군(K-2, 3-5, 6-8, 9-12)에 따른 영역(컴퓨팅 시스템, 네트워크와 인터넷, 자료와 분석, 알고리즘과 프로그래밍, 컴퓨팅의 영향)별 학습목표를 제시하고 있다.

Core Concepts	Core Practices
• Computing System • Networks and the Internet • Data and Analysis • Algorithms and Programming • Impacts of Computing	• Fostering an Inclusive Computing Culture • Collaborating Around Computing • Recognizing and Defining Computational Problems • Developing and Using Abstractions • Creating Computational Artifacts • Testing and Refining Computational Artifacts • Communicating About Computing

[그림 4.20] K-12 컴퓨터과학 프레임워크 (CSTA, 2016)

미국의 민간 기업들 또한 소프트웨어 교육과 연구에 긍정적 영향을 미치고 있다. 구글의 경우 Google for Education을 통해 컴퓨터 과학교육을 위한 학생이나 교사 교육 프로그램을 제공하며, 컴퓨팅 사고력 증진을 위한 수업 계획과 자료를 제공하고 있다. 또한 미국의 세계적 기업인 마이크로소프트, 페이스북, 아마존, 구글 등의 후원을 받아 운영되고 있는 code.org는 언플러그드 수업과 자료, 4-18세까지 적용할 수 있는 총 20시간 분량의 컴퓨터 과학 기초 활동 등을 제공하고 있다. 특히 컴퓨터 과학 기초 활동은 전 세계 어린이들의 인기를 얻고 있는 애니메이션이나 게임을 기반으로 게임을 하듯 문제를 해결할 수 있어 전 세계 여러 나라에서 애용되고 있다. 미국 민간기업의 소프트웨어 교육 프로그램은 [그림 4.21] 과 같다.

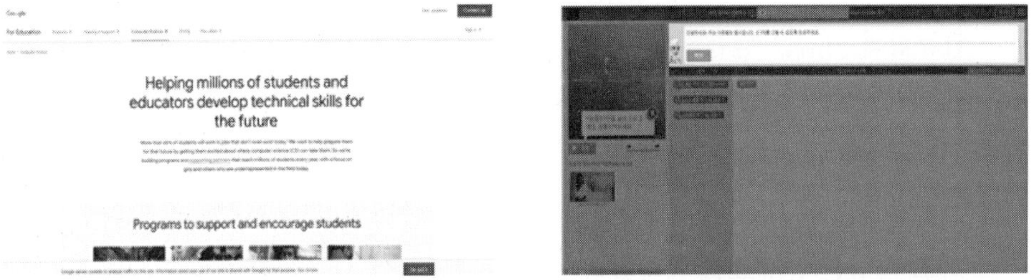

[그림 4.21] 미국 민간기업의 소프트웨어 교육 프로그램

4) 영국

4차 산업혁명 대비 순위 종합 6위이자 교육 시스템 12위인 영국은 컴퓨팅 교육에서 선도적인 역할을 하고 있는 국가로 컴퓨터 교육의 세계적 동향을 논할 때 빠짐없이 등장하는 나라이다. 영국은 시대적 흐름에 따라 교육과정의 컴퓨터 교육을 ICT 활용 중심에서 소프트웨어 교육으로 변화시켰다. 영국의 소프트웨어 교육은 '컴퓨팅(Computing)' 교과를 통해 이루어지고 있으며, 학년군으로 편성된 Key Stage를 기반으로 전 학년 학생들에게 프로그래밍을 포함한 컴퓨팅 전반의 교수학습 내용을 제시하고 있다. 이 중 Key Stage 1~3에 해당하는 1-9학년 학생들은 국가 교육과정으로 학습 내용이 제시되어 모든 학생이 컴퓨팅 교육을 받게 되어 있으며, Key Stage 4(10-11학년) 학생들에게는 컴퓨

터 과학이 선택 과목으로 제공되어 일반교육자격증(General Certificate of Education, GCSE)을 받을 자격을 갖추게 된다. 마지막으로 Key Stage 5(12–13학년) 학생들은 심화 단계 자격이 주어져 대학의 학부 과목을 수강할 수 있도록 교육과정이 구성되어 있다. 영국의 소프트웨어 교육과정의 목적은 다음과 같다(배영권, 신승기, 2017; 송기상, 소효정, 2017).

- 높은 수준의 컴퓨팅 교육을 통해 학생들이 컴퓨팅 사고력과 창의력을 기르고 세상을 이해하고 변화시킬 수 있게 한다.
- 컴퓨팅은 수학, 과학, 디자인, 기술과 관련을 맺고 있으며 자연과 인공의 체제에 대한 통찰력을 제공한다.
- 컴퓨팅의 핵심은 컴퓨터 과학이며, 정보와 이를 활용한 처리방법 및 디지털 시스템의 작동 방식을 이해하고 프로그래밍을 통해 관련 지식을 활용하는 방법을배운다.
- 컴퓨터 과학에 대한 지식과 이해를 토대로 학생들은 프로그램과 시스템을 구현하고 다양한 콘텐츠를 제작할 수 있는 능력을 기른다.
- 컴퓨팅을 통해 디지털 리터러시를 기를 수 있으며 학생들이 지식을 습득하고 자신을 표현하며 아이디어를 개발할 수 있도록 한다.

5) 일본

아시아 국가 중 일본은 우리나라와 비슷한 시기 소프트웨어 교육의 도입을 앞두고 있다. 초등학교에서는 소프트웨어 교육을 타 교과와 통합적으로 2020년부터 도입하게 되며, 중학교와 고등학교에서는 각각 2021년, 2022년에 소프트웨어 교육이 도입된다. 우리나라와 동일하게 컴퓨팅 사고력의 증진을 목표로 하며 소프트웨어 교육 도입에 대비하기 위해 우리나라와 유사하게 교사 훈련, 시범학교 운영, 민간단체와 협력한 프로그래밍 교육 등의 정책을 펼치고 있다(송기상, 소효정, 2017).

지금까지 세계 각국의 소프트웨어 교육 동향에 대해 살펴보았다. 시대의 흐름이 요구하는 만큼 세계 각국의 컴퓨팅 교육은 기존 기기 및 프로그램 등 ICT 활용 중심의 교육에서 컴퓨팅의 원리를 이해하고 컴퓨팅 사고력을 기르기 위한 교육으로 변해가고 있다. 우리나라 또한 이러한 변화에 대한 대비가 필요하며, 이에 소프트웨어 교육 도입을 위한 각종 정책을 시행하고 있다. 다음에서는 외국의 소프트웨어 교육 동향에 대한 분석을 바탕으로 우리나라의 소프트웨어 교육 동향에 대해 다룰 것이다.

〈읽을거리〉 **비버 챌린지(Bebras Challenges)**

비버 챌린지는 정보과학(Informatics) 교육과 컴퓨팅 사고력 증진을 위한 전 세계적인 챌린지이다. 2004년 리투아니아에서 처음 시작되었으며 2018년 기준 전 세계 45개국의 261만 여 명의 학생이 참여하는 큰 행사가 되었다. 우리나라의 경우 2017년부터 공식 회원국으로 참여하고 있으며 연1회 초, 중, 고등학교 지도 교사를 통해 학교 단위로 참가가 가능하다.

비버 챌린지 문항은 정보과학의 개념 및 원리와 연관되어 출제되지만 흥미로운 일상의 사례와 관련되어 컴퓨터 과학에 대한 특별한 사전 지식 없이도 누구나 논리적 분석 및 추론, 절차적 사고만으로도 해결이 가능하다. 이 문항들은 전 세계 60여 개 국의 정보 교육 전문가들이 공동 출제하며 5개 영역(알고리즘과 프로그래밍, 자료, 자료 구조와 표현, 컴퓨터 처리와 하드웨어, 상호작용, 시스템과 사회)의 문항을 포함한다(Bebras Korea, 2018).

비버 챌린지에 대한 정보와 예시 문항은 Bebras Korea 홈페이지(https://www.bebras.kr/)에서 얻을 수 있다.

2.3 우리나라의 소프트웨어 교육

시대적 흐름 속에서 정부는 소프트웨어가 혁신과 성장, 가치 창출의 중심이 되고 개인과 기업, 국가의 경쟁력을 좌우하는 사회인 '소프트웨어 중심 사회'를 표방하며 이의 실현을 위한 각종 정책을 제시하였다. 특히 코딩교육, 프로그래밍 교육, 컴퓨터 과학 교육 등 다양하게 불리며 전 세계적으로 제4차 산업혁명 시대 필수로 여겨지는 정보과학 교육을 교육부(2014a, 2014b)에서는 '소프트웨어 교육(Software Education)'으로 명명하고 소프트웨어 중심 사회 실현을 위해 초·중등 소프트웨어 교육 활성화 방안을 제시하였다. 우리나라 소프트웨어 교육의 전체적인 흐름을 2014년부터 도식화하면 [그림 4.22] 과 같다.

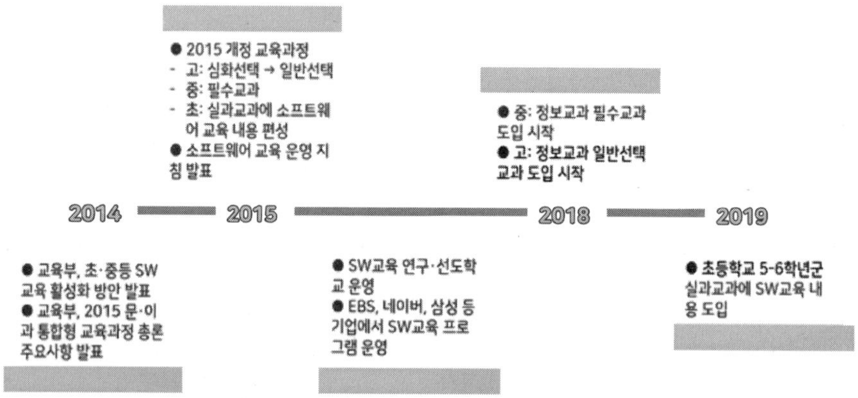

[그림 4.22] 우리나라 소프트웨어 교육의 흐름

2014년은 우리나라 소프트웨어 교육의 기틀이 마련된 해로, 관련 정책들의 큰 방향성이 제시되었다. 먼저 교육부(2014b)는 모든 학생에게 능력과 적성에 맞는 소프트웨어 학습의 기회를 제공하고, 산업체 수요와 고등교육을 고려하여 초·중등 소프트웨어 교육의 활성화 방안을 제시하였다. 주요 내용으로는 첫째, 소프트웨어 관련 교과내용을 개편하여 초등학교에서 소프트웨어 교육을, 중학교에서 정보교과를 필수적으로 이수하도록 하였다. 둘째, 학교급별 소프트웨어 교육의 모형을 제시하였다. 셋째, 소프트웨어 교육 활성화를 위한 지원체제를 구축하였다. 교육부(2014b)의 추진 방안을 도식화하여 나타내면 [그림 4.23] 과 같다.

교육과정 개편	• SW관련 교과내용 개편(초·중·고) • 창의적 체험활동용 SW교육 프로그램 및 교재 개발
학교급별 SW교육 모형 제시	• 초, 중, 고 학교급별로 교육목표, 교과내용, 창의적체험활동으로 나누어 SW교육의 모형 제시
SW교육 활성화를 위한 지원체제 구축	• SW교육 운영 지침 개발 및 보급 • 학교급별 SW 연구학교 지정 및 운영 • SW교육 전담교원 연수 지원
SW 영재교육기관 신설 및 개편	• 정보보호연재교육원 신설, 시·도 영재교육기관 개편
SW 마이스터고 신설	• SW 마이스터고 추가 지정

[그림 4.23] 초·중등 소프트웨어 교육 활성화 방안 (교육부, 2014b)

이러한 방향 제시를 바탕으로 같은 해 교육부(2014c)는 2015 문이과 통합형 교육과정 총론을 발표하였으며 소프트웨어 교육의 강화를 위해 초·중학교에서 소프트웨어 교육을 필수로 이수하도록 교육과정 편성의 방향을 제시하였다. 구체적으로 초등학교에서는 기존 실과 교과의 정보 관련 내용을 소프트웨어 기초 소양 교육 내용으로 개편하며 중학교에서는 기존 선택교과였던 정보교과를 과학/기술·가정/정보 교과군의 신설로 필수화하며, 고등학교에서는 심화선택이었던 정보교과를 일반선택 과목으로 전환하고 소프트웨어 중심으로 내용을 개편하기로 한 것이다.

또한 교과별 교육과정의 고시 이전에 생길 수 있는 소프트웨어 교육에 대한 혼란을 방지하기 위해 교육부(2014d)는 각급 학교에서 소프트웨어 교육에 대한 안내서로 활용할 수 있는 소프트웨어 교육지침을 제시하였다. 여기서 소프트웨어 교육을 통해 추구하는 교육 목표는 '컴퓨팅 사고력을 가진 창의·융합 인재'로 설정되었으며, 여기서 컴퓨팅 사고력은 '컴퓨팅의 기본적인 개념과 원리를 기반으로 문제를 효율적으로 해결할 수 있는 사고능력'으로 정의하였다. 이외에 여러 연구에서 정의한 컴퓨팅 사고력은 〈표 4.27〉 과 같다.

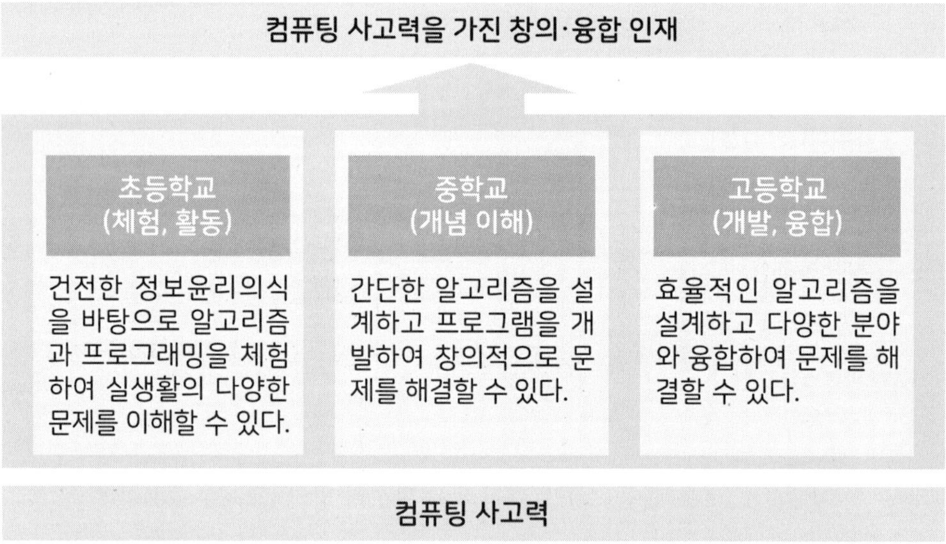

[그림 4.24] 소프트웨어 교육 운영지침에서 추구하는 인재상(교육부, 2014d)

〈표 4.27〉 컴퓨팅 사고력의 연구별 정의

연구	정의
Wing(2006)	컴퓨터 과학자의 사고방식
Wing(2008)	문제를 수립하고 해결책을 만들어 컴퓨팅 시스템을 통해 효과적으로 수행되도록 표현하게 하는 사고과정
ISTE&CSTA(2011)	다음과 같은 특성이 있는 문제 해결 과정 - 컴퓨터를 사용할 수 있도록 문제를 공식화 - 자료를 논리적으로 분석하고 구성 - 추상화를 통한 자료 표현 - 알고리즘적 사고를 통한 문제 해결의 자동화 - 효과적 목표 달성을 위한 가능한 해결책 확인, 분석, 실행 - 문제해결과정의 일반화 및 전이
이영준 (2014)	컴퓨팅 시스템의 역량을 활용하여 해결하고자 하는 문제를 효과적이고 효율적으로 해결할 수 있는 절차적 사고 능력
김진숙 (2015)	학생들의 일상생활에서 발생할 수 있는 문제들을 컴퓨팅의 기본적인 개념과 원리를 기반으로 문제를 효율적으로 해결할 수 있는 사고 능력

총론을 바탕으로 고시된 2015 개정 교육과정에서는 이전 교육과정에 비해 각 학교급별로 소프트웨어 교육 내용을 크게 강화하였다. 초등학교의 경우 실과 교과에서 관련 역량과 내용요소를 포함하여 정규 교과시간에 소프트웨어 교육을 17시간 이상 실시하도록 하였으며 중학교의 경우 2009 개정 교육과정에서 선택 교과에 속했던 정보교과를 필수 교과로 지정하며 2009 개정 교육과정에서의 과학/기술·가정군을 과학/기술·가정/정보군으로 변경하여 포함하였다. 고등학교의 경우 정보교과가 심화선택 교과에서 일반선택 교과로 전환되었으며 결과적으로 정보교과가 각 학교급에서 전체적으로 위상이 높아졌다. 2015 개정 교육과정 정보교과에서는 컴퓨팅 사고력 뿐 아니라 정보문화소양, 협력적 문제해결력의 세 가지 교과역량을 추구하고 있다. 세 가지 역량을 도식화하여 나타내면 [그림 4.25] 와 같다.

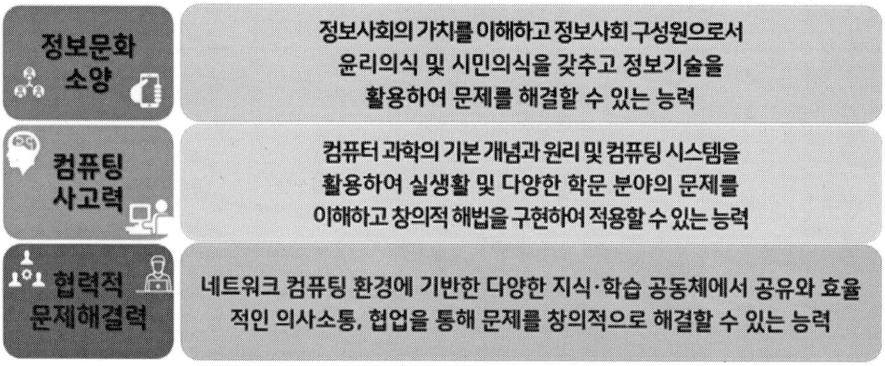

[그림 4.25] 정보교과를 통해 추구하는 역량(교육부, 2015)

2015 개정 교육과정의 고시 이후 교육부와 정보통신과학기술부에서는 소프트웨어 교육의 성공적 도입을 위하여 소프트웨어 교육 운영 연구학교와 선도학교를 선정 및 지원하였다. 2019년 현재까지 운영된 소프트웨어 교육 연구학교와 선도학교의 개수는 [그림 4.26] 과 같다.

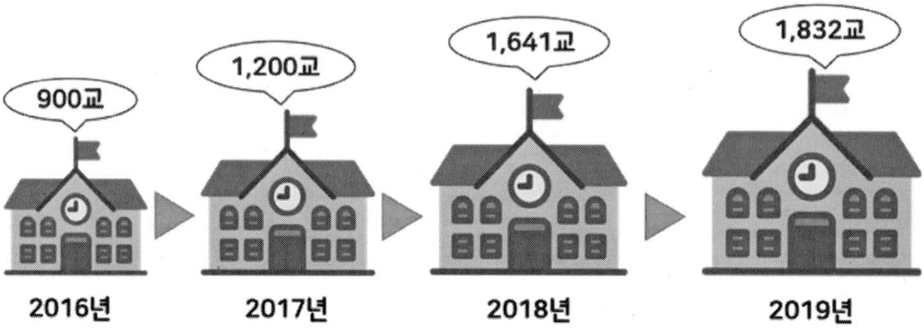

[그림 4.26] 소프트웨어 교육 연구·선도학교 현황

교육부는 교육과정 적용 시 혼란을 막기 위하여 관련된 교사 연수 및 교사 확보에도 다양한 노력을 기울였다. 이외에도 삼성, 네이버 등 대기업에서도 2015 개정 교육과정 도입 전 소프트웨어 교육의 확산과 교육문화의 정착을 위하여 관련 프로그램을 다수 운영하였다. 기업 등 민간단체에서 운영한 소프트웨어 교육 프로그램은 [그림 4.27] 과 같다.

소프트웨어야 놀자

(a) 네이버와 EBS가 참여한 〈소프트웨어야 놀자〉

SAMSUNG JUNIOR SOFTWARE ACADEMY

SAMSUNG JUNIOR SOFTWARE CUP

(b) 삼성전자가 운영한 주니어 소프트웨어 아카데미(좌)/창작대회(우)

[그림 4.27] 민간단체의 소프트웨어 교육 프로그램

소프트웨어 교육은 2018학년도에 중학교와 고등학교, 2019학년도에 초등학교 모든 곳에 도입이 되어 적용 중이다. 제4차 산업혁명 시대 필수 교육으로 꼽혀지는 만큼, 우리나라가 미래시대를 주도적으로 이끌어나갈 수 있도록 하는 데 소프트웨어 교육이 그 역할을 제대로 해내기를 바란다.

〈읽을거리〉 코딩 교육의 중요성

코딩(coding)이란 일반적으로 프로그래밍과 같은 개념으로 사용되며 문제 해결을 위해 만들어진 명령을 컴퓨터가 이해할 수 있는 언어로 입력하는 것을 말한다. 일상생활 속의 코딩 교육으로 실제 예를 하나 제시 해보면 우리 주변에 흔히 볼 수 있는 '김밥 만들기'를 들 수 있다. 한 가지 실제 문제 상황을 설정 해보면 "여러분이 직접 김밥을 만들어야 한다면 여러분은 어떻게 만드실 겁니까?"이다.

이러한 일상의 문제를 해결하기 위해 여기 일반인이 보통 김밥을 만드는 준비 단계와 만드는 순서와 차례를 소개하도록 한다. 우리가 보통 이런 문제에 부딪치면 제일 먼저 생각나는 것은 어떤 김밥 재료를 준비해야 한다는 것이다. 일반적인 김밥 재료에는 단무지, 오이, 당근, 우엉, 시금치, 햄, 맛살, 계란 등이 있고 밥과 김 그리고 대나무 김발 등이 역시 필요하다. 그리고 이러한 김밥 재료를 필요에 따라 데치고, 익히기도 하면서 요리하여 김밥 만들 때 직접 사용할 수 있게 해야 한다. 이처럼 코딩 교육에서 첫 번째로 중요한 사항은 김밥 만들기에서 김밥 재료를 준비하듯이 문제 해결에 필요한 요소와 변인들을 빠짐없이 점검하면서 필요시 사용할 수 있게 준비해 두어야 한다는 것이다.

문제의 해답을 구하기 위해서는 준비된 재료를 순서에 맞게 차례대로 투입하여 수행하여야 한다. 즉 김밥 재료가 완전히 준비된 후에는 본격적으로 김밥 만들기에 들어가야 한다. 먼저 대나무 김발 위에 김을 펼쳐 놓는다. 그리고 지은 밥을 전체 김 위에 얇게 해서 펼친다. 다음은 준비한 햄, 맛살, 단무지 등을 올려놓는다. 그리고 그 위에 당근, 우엉, 계란 등을 올린다. 그리고 대나무 김발을 이용하여 손에 적당한 힘을 주면서 김밥을 말고 먹기 알맞은 크기로 잘 자른다. 이렇게 하면 먹을 수 있는 한 줄의 김밥이 완성된다. 이렇게 한 번 완성된 것을 바탕으로 같은 방식으로 다섯 줄, 열 줄의 김밥들이 계속해서 완성될 수 있다.

컴퓨터는 원래 디지털의 속성에서 출발하여 전적으로 논리적인 방식으로 작동되는 도구이다. 컴퓨터적인 사고(思考)는 보통 추상화(抽象化)와 자동화(自動化)로 이루어진다. 김밥 만들기에서 나왔듯이 김밥 재료 준비 단계가 추상화에 해당되며 순서에 따라 김밥 한 줄, 열 줄씩 얼마든지 만들 수 있는 단계가 자동화 단계에 속한다.
이렇게 코딩 교육에서는 매우 체계적으로 명령을 내려서 순서와 차례에 따라 문제를 분석하는 능력이 요구된다. 자연히 이러한 과정을 통하여 학생들의 논리적인 창의력과 컴퓨터적인 사고력이 길러지게 될 것이다. 아울러 코딩은 인공지능을 가능하게 하는 모멘텀 역할을 할 수 있는 도구이기 때문에 코딩 교육의 중요성과 코딩의 가치는 더욱 강조되고 있는 현실이다.

– 이태욱(2018년 3월 23일), 충청일보 칼럼 〈코딩 교육의 중요성〉

3. 체험 활동

3.1 언플러그드 컴퓨팅(Unplugged Computing) 체험하기

1) 언플러그드 컴퓨팅 원리

언플러그드 컴퓨팅은 컴퓨터 과학의 개념을 컴퓨터 시스템을 사용하지 않고 활동을 통해 학습하도록 하는 정보교육의 교수·학습방법 중 하나이다. 언플러그드 컴퓨팅은 뉴질랜드의 Tim Bell 교수가 아들의 유치원 수업에서 컴퓨터 과학의 원리를 설명하기 위해 처음 시도한 방법이며, 그는 이 경험을 바탕으로 언플러그드 컴퓨팅의 원조격인 CS(Computer Science) 언플러그드를 개발하였다. CS 언플러그드는 홈페이지(https://www.csunplugged.org/en/)를 통해 활동 방법과 시연 영상, 출력할 수 있는 활동 자료 등을 제공하고 있다.

우리나라에서는 2015 개정 교육과정 중 초등 소프트웨어 교육과 관련해 교수·학습방법 및 유의사항에 언플러그드 컴퓨팅을 활용할 것을 권고하고 있다. 관련하여 언플러그드 컴퓨팅에 활용할 수 있는 각종 보드게임, 언플러그드 컴퓨팅 활동 관련 서적 등이 다수 출시되어 있다. 언플러그드 학습의 장점과 단점은 〈표 4.29〉와 같다.

〈표 4.29〉 언플러그드 학습의 장점과 단점(이태욱, 최현종, 2016)

장점	단점
- 게임과 체험활동을 통해 컴퓨터 과학의 개념을 재미있게 학습할 수 있다. - 학습자의 몰입으로 적극적인 참여를 끌어낼 수 있다. - 몸으로 체험하며 배우기 때문에 학습의 질이 높다. - 간단한 도구로 기초 개념을 소개할 수 있어 컴퓨터를 활용한 학습에 비해 비용이 적게 든다. - 교사와 학생이 같이 학습 자료를 만들고, 학습 활동 운영도 함께할 수 있다. - 정보과학을 친근하게 느끼고 인접 학문과의 연계를 알 수 있다. - 컴퓨터를 사용하지 않기 때문에 학습 장소에 구애를 받지 않는다.	- 사전에 계획을 치밀하게 세우지 않으면 학습 활동 운영에 많은 시간을 뺏기고 학습 진도도 늦어질 가능성이 있다. - 교사가 언플러그드 학습을 위한 자료 개발 및 수업 준비에 더 많은 시간과 노력을 들여야 한다.

2) 이미지 표현 언플러그드 컴퓨팅 체험 순서

여기서는 CS 언플러그드에서 제공하는 활동 중 컴퓨터의 이미지 표현 활동을 체험해 보고자 한다. 컴퓨터가 어떤 원리로 이미지를 표현하는지 다음 순서에 따라 체험해보자.

① 컴퓨터는 '픽셀'이라 불리는 작은 점들로 이루어져 있다. 흑백의 그림에서는 각픽셀이 검정색이나 흰색을 띄고 있다. 아래의 숫자 4를 확대하면 오른쪽과 같이 점의 집합임을 확인할 수 있다.

② 컴퓨터는 그림을 표현하기 위해서 어떤 픽셀이 검정이고 흰색인지를 아래와 같이 숫자로 저장해둔다. 컴퓨터가 그림을 표현하기 위해서 어떻게 숫자로 표현하는지를 알 수 있다.

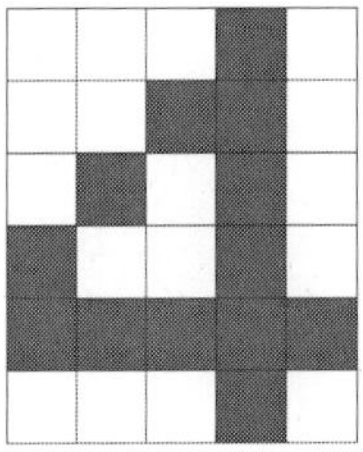

3 1 1
2 2 1
1 1 1 1 1
0 1 1 1 1
0 5
3 1 1

③ ②의 그림에서 픽셀의 색에 따라 숫자는 어떻게 표현되고 있는가?

④ 첫 번째 줄과 같이 흰색 픽셀 3칸, 검정 픽셀 1칸, 흰색 픽셀 1칸으로 구성된 줄은 3, 1, 1로 표현되었다.

⑤ 네 번째 줄과 같이 검정 픽셀 1칸, 흰색 픽셀 2칸, 검정 픽셀 1칸, 흰색 픽셀 1칸으로 구성된 줄은 0, 1, 2, 1, 1로 표현되었다.

⑥ 결론적으로 첫 번째 숫자는 흰색 픽셀의 숫자를 나타낸다. 검정색 픽셀로 시작하는 줄의 경우 숫자 0으로 시작한다.

⑦ 주어진 숫자를 보고 그에 알맞게 색칠하여 컴퓨터의 방식으로 그림을 표현해 보자.

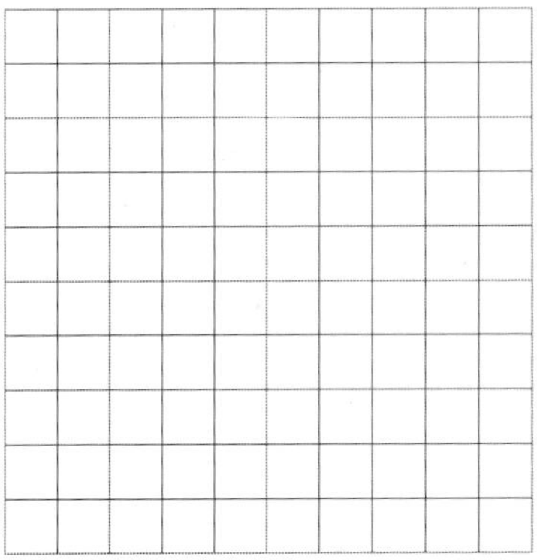

2 1 2 1 4
2 2 1 1 4
2 1 2 1 4
10
0 8 2
0 1 6 3
0 1 6 1 1 1
1 1 3 1 2 1
1 1 4 3 1
2 4 4

⑧ 어떤 그림이 완성되었는가? 아래 정답과 비교하여 적절하게 표현되었는지 확인한다.

2 1 2 1 4
2 2 1 1 4
2 1 2 1 4
10
0 8 2
0 1 6 3
0 1 6 1 1 1
1 1 3 1 2 1
1 1 4 3 1
2 4 4

⑨ 아래 빈 칸에 나만의 이미지를 표현하고, 각 줄에 맞는 숫자로 표현해보자.

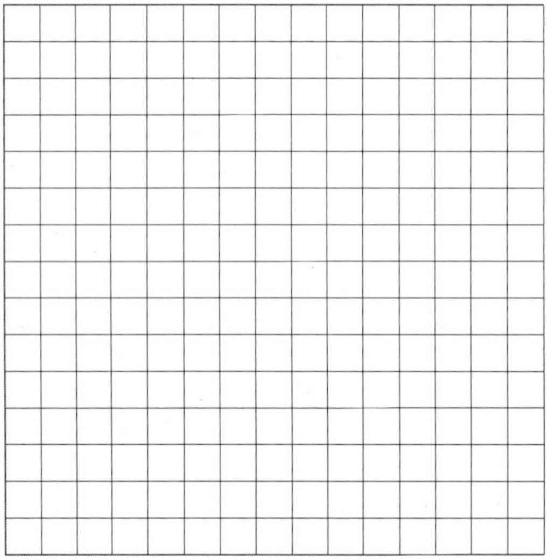

⑩ ⑨의 그림에서 파트너와 숫자만을 교환하여 파트너의 그림을 표현해보자. 그림을 완성하면 파트너의 그림과 비교해본 후, 잘못된 부분이 있는지를 찾아본다.

3) 알고리즘 언플러그드 컴퓨팅 체험 순서

여기서는 Code.org(2018)와 교육부, 한국학술정보원(2018)에서 제공하는 언플러그드 활동 중 알고리즘의 설계 및 표현, 디버깅 등의 개념을 익힐 수 있는 컵 쌓기 활동을 체험하고자 한다. 활동은 2인 1조로 진행되며 준비물로는 적을 수 있는 종이, 필기도구, 모둠별 컵 20개가 필요하다.

① 각 그룹은 종이에 10개의 컵으로 만들 수 있는 컵의 형태를 그린다. 예시는 아래 그림과 같다.

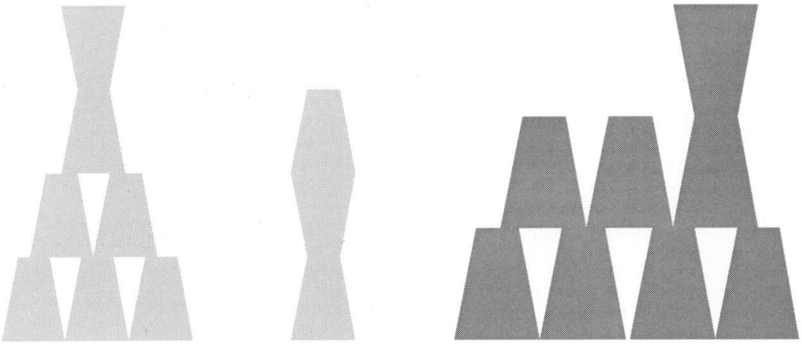

② 다른 그룹이 명령어를 보고 컵의 형태를 완성할 수 있도록 명령을 작성한다. 컵은 뒤집어서 시작하며 모든 컵은 첫 번째 놓은 컵의 위치를 기준으로 움직이기 시작한다. 예시는 아래 그림과 같다.

〈표 4.31〉 명령어 예시(Code.org, 2018)

명령어	의미
↑ / ↓	컵을 1개 높이만큼 위로/아래로 움직여라.
← / →	컵을 반 개 너비만큼 왼쪽/오른쪽으로 움직여라.
↙ / ↘	컵을 왼쪽/오른쪽으로 90도 회전해라.
◎	컵을 그 자리에 놓아라.

① ◎
② →→◎
③ →→→→◎
④ →→→→→→◎
⑤ ↑→◎
⑥ ↑↑→◎
⑦ ↑→→→◎
⑧ ↑↑→→→◎
⑨ ↑→→→→→◎
⑩ ↑↑→→→→→ ↘↘ ◎

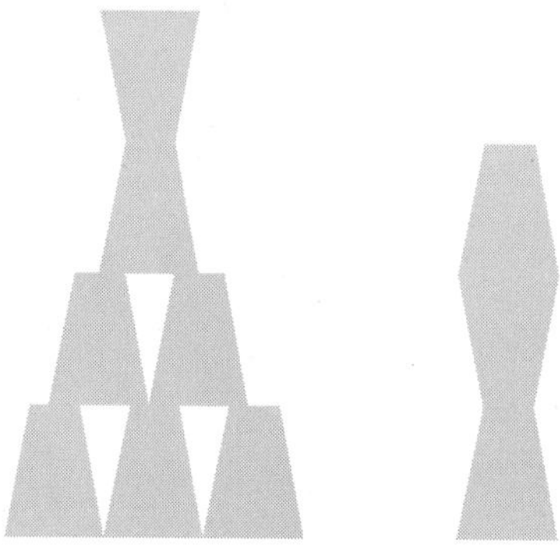

① ◎
② →→◎
③ →→→→◎
④ ↑→◎
⑤ ↑→→→◎
⑥ ↑↑→→◎
⑦ ↑↑↑→→ ↙↙ ◎
⑧ →→→→→→→→◎
⑨ →→→→→→→→ ↑↙↙ ◎
⑩ →→→→→→→→ ↑↑ ◎

③ 각자 활동지의 명령어 부분만 교환한다. 서로의 명령에 따라 컵을 쌓아보고, 완성 후 그림과 비교하여 정답여부를 확인한다.

3.2 피지컬 컴퓨팅(Physical Computing) 체험하기

1) 피지컬 컴퓨팅 원리

(가) 피지컬 컴퓨팅이란?

피지컬 컴퓨팅은 실세계에서 물리적 형태로 정보를 입력받아 처리한 결과를 물리적 형태로 출력하여 인간 또는 환경과 상호작용하는 컴퓨팅을 의미한다. 즉, 컴퓨터 프로그램과 현실세계가 상호작용할 수 있게 하는 것을 의미한다. 피지컬 컴퓨팅을 도식화하여 나타내면 [그림 4.28] 과 같다.

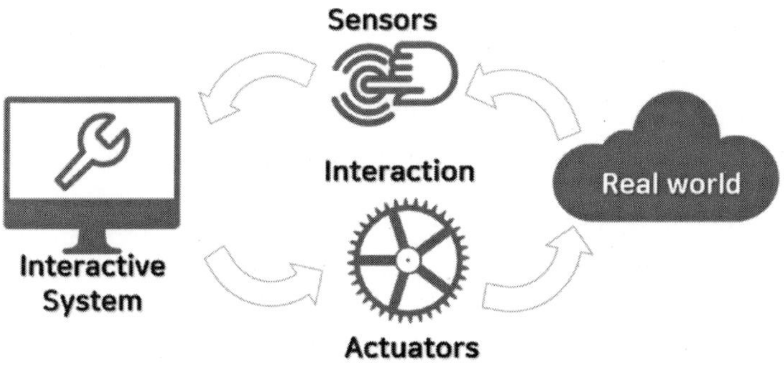

[그림 4.28] 피지컬 컴퓨팅

피지컬 컴퓨팅에서는 실세계와 대화식 시스템 간의 상호작용을 위해 다양한 센서와 엑츄에이터를 제어가 가능한 작은 컴퓨터인 마이크로컨트롤러(microcontroller)에 연결한다. 마이크로컨트롤러는 다시 컴퓨터와 연결하여 프로그래밍이 가능하며, 이를 통해 센서와 엑츄에이터를 제어할 수 있다. 이를 통해 컴퓨터 프로그램이 컴퓨터 안의 세계에서만 영향력을 행사하는 것이 아니라, 물리적인 실세계의 범위로까지 영향을 끼치게 된다. 실세계의 현상은 센서를 통해 컴퓨터 프로그램으로 수치화되어 활용되며, 컴퓨터 프로그램은 출력장치를 통해 현실 세계를 변화시킬 수 있다.

피지컬 컴퓨팅의 교육적 장점은 첫째로 구체적 학습이 가능하다는 것이다. 피지컬 컴퓨팅은 학습자들에게 다소 어렵고 추상적일 수 있는 컴퓨팅과 프로그래밍의 개념을 구체적인 현실세계 출력물을 통하여 구체적인 수준에서 이해할 수 있도록 한다. 둘째는 창의적 학습이 가능하다는 점이다. 피지컬 컴퓨팅은 사물 인터넷의 기반으로 현실 세계와의 상호작용이 가능하므로 실제 일상에서 처한 문제 상황에 대해 개념적인 해결책을 넘어 실제적인 해결방안도 마련할 수 있다. 따라서 피지컬 컴퓨팅은 학습자가 창의력을 발휘하고 발명가와 메이커(Maker)의 역할까지도 할 수 있게 한다. 셋째는 소프트웨어 교육에서 추구하는 협력적 학습을 가능하게 한다는 점이다. 피지컬 컴퓨팅의 특성상 현실적인 상황에 대한 학습이 가능하며 컴퓨팅시스템의 구현을 위한 역할을 나누어 협력적으로 문제를 해결할 수 있다. 결론적으로 피지컬 컴퓨팅은 소프트웨어 교육에서 추구하는 세 가지 역량인 정보문화소양, 컴퓨팅사고력, 협력적 문제해결력 모두에 효과적으로 활용될 수 있는 학습 방법이다.

우리 주변의 피지컬 컴퓨팅의 예로는 공기청정기, 자동차 전조등, 로봇 청소기 등이 있다. 공기청정기의 경우 주변의 미세먼지 수치를 감지하다가 일정 수치가 되면 자동으로 작동을 시작하거나 작동을 중지하도록 프로그래밍 되어 있다. 또한 자동차 전조등은 자동 모드로 설정해놓을 경우 주변 밝기에 따라 켜지거나 꺼지도록 프로그래밍 되어 있다. 로봇 청소기의 경우 청소 환경에 따라 청소 모드를 변경하고, 장애물을 피하거나 안 닦여진 곳이 없도록 하는 알고리즘을 기반으로 집안을 구석구석 청소하도록 프로그래밍 되어 있다.

피지컬 컴퓨팅은 2015 개정 교육과정에 소프트웨어 교육이 의무화되면서 정보 교육과정에 처음으로 도입된 개념이다. 교육과정 고시 이후 피지컬 컴퓨팅의 교육적 효과에 대한 연구가 다수 이루어졌는데, 그 결과 김혜진, 서정현, 김영식(2016)은 아두이노를 이용한 스크래치 프로그래밍 교육이 중학생 학습자의 창의적 문제해결력 향상에 긍정적 영향을 미침을 확인하였고, 강동완, 김승현, 김용민, 홍현미, 김종훈(2018)은 마이크로 비트를 활용한 소프트웨어 교육 프로그램이 초등학생 학습자의 프로그래밍 능력과 창의성 요소의 향상에 긍정적 영향을 미침을 확인하는 등 교육적 효과가 검증되기도 하였다.

(나) 피지컬 컴퓨팅 교구

피지컬 컴퓨팅 교구의 종류는 사용가능한 프로그래밍 언어의 종류에 따라 또는 센서와 엑츄에이터의 연결 형태 등에 따라 다양하게 분류할 수 있다. 〈표 4.32〉는 센서와 엑츄에이터의 연결 형태에 따른 피지컬 컴퓨팅 교구의 종류와 특징을 나타낸 것이며, 피지컬 컴퓨팅 교구의 모습은 [그림 4.19] 와 같다.

〈표 4.32〉 피지컬 컴퓨팅 교구의 종류와 특징

종류	의미	
보드형	아두이노	- 대표적 오픈소스 하드웨어로 다양한 프로젝트가 개발되어 있음 - 다양한 라이브러리를 통해 범용 언어로의 확장이 용이함
	아두이노 변형 (E-센서보드, 코두이노 등)	- 전자회로에 대한 특별한 지식 없이도 간단히 회로 구성 가능 - 기본적인 센서들을 내장하여 별도의 장치 연결 없이도 단독으로 피지컬 컴퓨팅이 가능함
	메이키-메이키	- 다양한 사물을 입력장치로 구현할 수 있음
모듈형	레고 위두, 마인드스톰	- 블록형 프로그래밍 언어로 센서와 엑츄에이터를 제어할 수 있음 - 레고 부품과 호환됨
로봇형	오조봇	- 4개의 색상으로 길을 그려 명령을 내리거나 블록형 프로그래밍 언어로 코딩이 가능함
	알버트	- 블록형 프로그래밍 언어, 스마트폰 또는 태블릿 어플리케이션, 카드 등으로 로봇을 제어할 수 있음
	햄스터로봇	- 센서, 모터, 엑츄에이터를 내장하고 있는 작은 크기의 미니 로봇

(a) 아두이노 (b) E-센서보드 (c) 메이키메이키

(d) 위두 (e) 마인드스톰 (f) 오조봇 (g) 알버트

[그림 4.29] 피지컬 컴퓨팅 교구

〈읽을거리〉 8살 소년이 만든 어린이용 스마트워치 O Watch

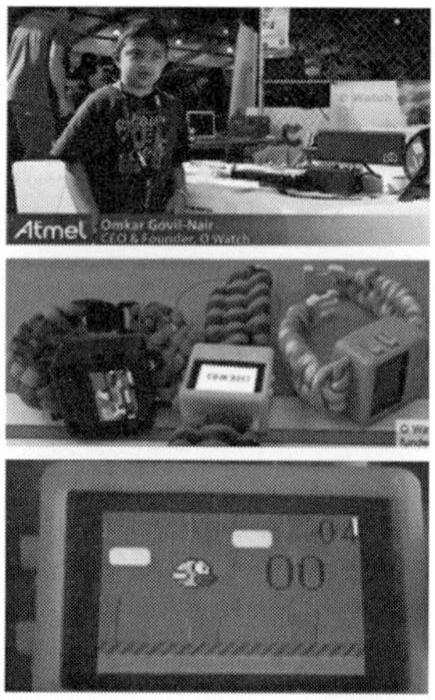

8살 어린이 옴카르(Omkar)는 어린이용 스마트워치 O Watch를 개발하였다.

O Watch는 피지컬 컴퓨팅 도구인 아두이노 제로를 기반으로 하고 있으며 케이스는 3D 프린터를 이용하여 출력하였다. 이 제품은 크라우드 펀딩 사이트 킥스타터(Kick Starter)를 통해 펀딩 목표를 달성하였으며 현재 공식 사이트(http://theowatch.com/)를 통해 두 종류의 키트(기본 키트 $85, 센서 키트 $109)를 판매하고 있다.

O Watch를 구매한 어린이들은 3D 프린터를 이용해 케이스를 변형하고 출력하며 3D 프린팅의 기초에 대해 이해할 수 있으며, 아두이노 제로를 프로그래밍하며 코딩을 학습할 수 있다. 또한 시곗줄을 만들며 끈을 이용한 공예를 체험할 수 있다. 이처럼 제4차 산업혁명시대 기술을 통해 어린이도 충분히 개발자가 될 수 있으며, 이러한 시대를 위한 교육을 메이커(Maker) 교육이라 한다.

2) 햄스터 로봇 살펴보기

여기서는 피지컬 컴퓨팅 교구 중 햄스터 로봇을 이용해 체험활동을 진행하고자 한다. 햄스터 로봇은 국내에서 생산된 큐브 형태의 미니로봇으로 10가지 형태의 센서와 2개의 LED, 2개의 DC모터가 달려있어 별도의 센서나 액츄에이터를 구입할 필요 없이 그 자체만으로도 다양하게 활용이 가능하다. 또한 블루투스 동글을 함께 제공하고 있어 USB 포트에 꽂는 것만으로도 쉽게 연결이 가능하며 연결선이 없기에 활동성도 높다. 기능에 비해 저렴한 가격과 다양한 자료의 제공으로 일선 학교에서 피지컬 컴퓨팅 교육을 위하여 많이 활용하고 있다. 현재 햄스터 로봇과 관련된 각종 파일과 교육 자료들은 햄스터스쿨(http://hamster.school/)을 통해 제공되고 있으며 햄스터 로봇 교육의 목적 내에서 자유롭게 활용이 가능하다.

햄스터 로봇은 피지컬 컴퓨팅 구현에 다양한 프로그래밍 언어 환경을 지원한다. 그래픽형 언어로는 스크래치와 엔트리, 스크립트 언어로는 플레이봇, 프로세싱, 파이썬, 자바스크립트, 고급 언어인 C, 자바를 통해 햄스터 로봇을 제어할 수 있다. 이 중 여기서는 엔트리를 기반으로 햄스터 로봇을 프로그래밍 하고자 한다. 엔트리는 명령어들이 블록 형태로 구성되어 명령어들을 짜 맞추며 프로그래밍을 간단하게 체험할 수 있으며 진입장벽이 높은 텍스트 기반 언어 대신 초·중등학교의 소프트웨어 교육에서 다수 이용 중인 교육용 프로그래밍 언어(Educational Programming Language, EPL)이다. 햄스터 로봇의 구조와 기능은 [그림 4.30], 햄스터 로봇과 엔트리를 연결하여 이용할 수 있는 센서와 액츄에이터는 [그림 4.31]과 같다.

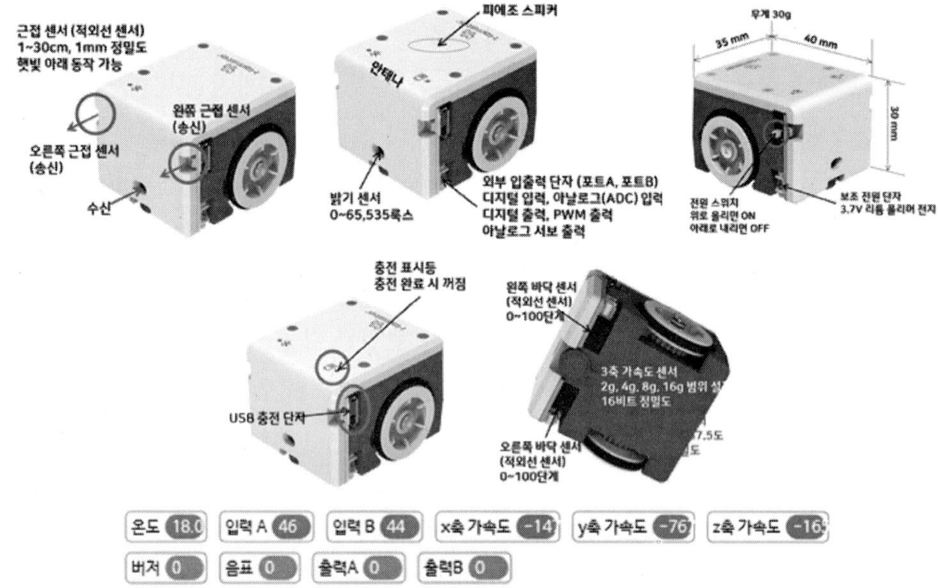

[그림 4.30] 햄스터 로봇의 구조와 기능

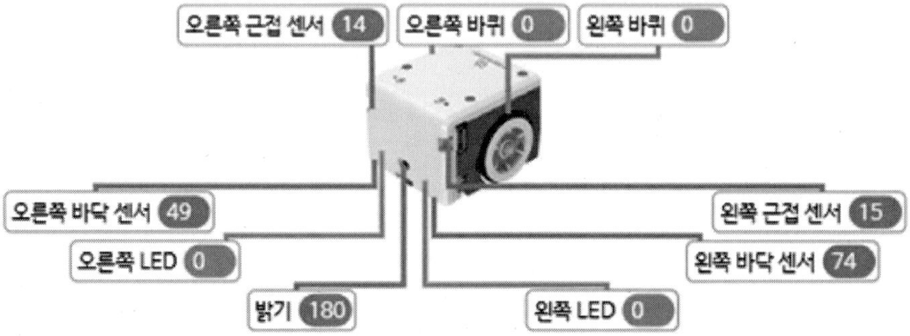

[그림 4.31] 햄스터 로봇과 엔트리를 연결하여 이용할 수 있는 센서와 엑츄에이터

3) 체험 준비하기

① 엔트리 홈페이지(https://playentry.org/)에 접속한다.

② [만들기]-[작품 만들기]를 클릭한다.

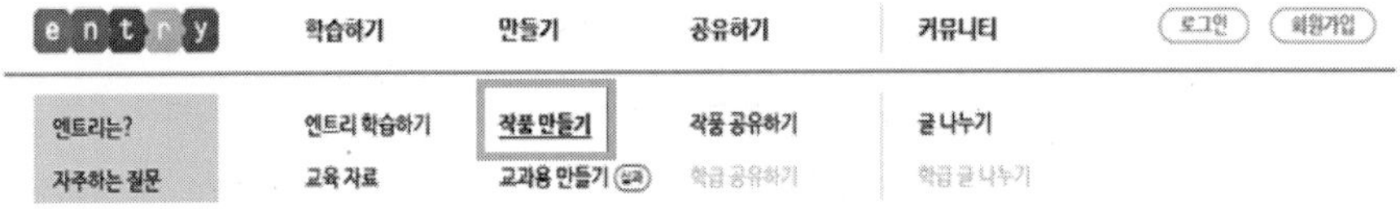

③ [하드웨어]-[연결 프로그램 다운로드]-하단 팝업 [실행]을 클릭한다.

④ 필요한 대로 설정하여 엔트리 연결 프로그램(엔트리 하드웨어)을 설치한다.

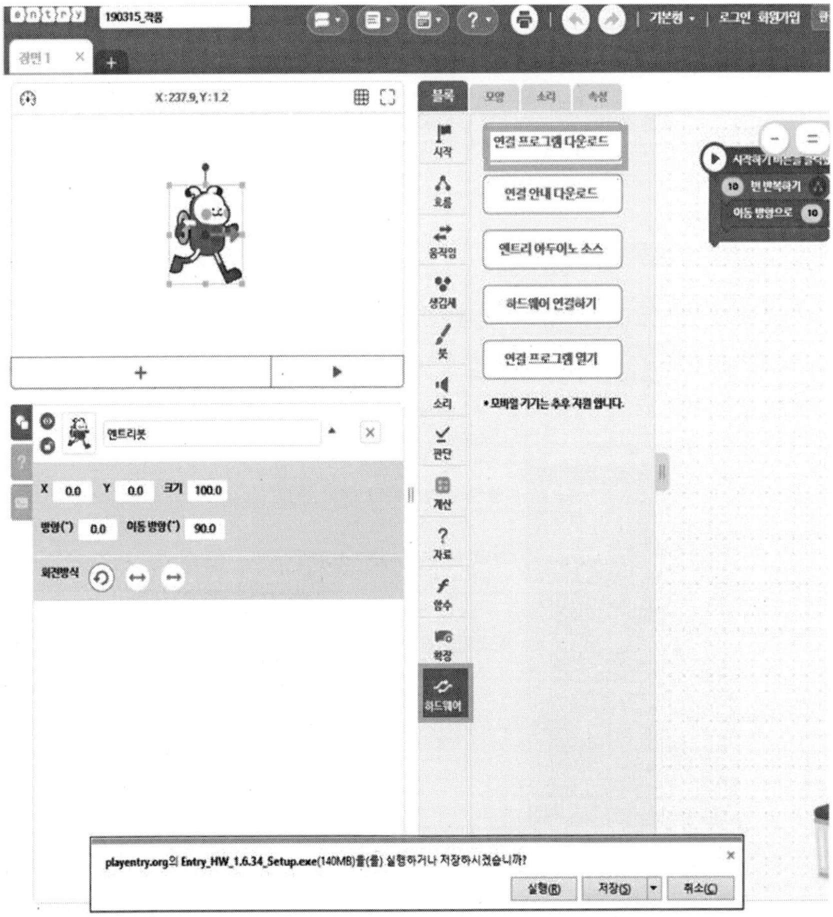

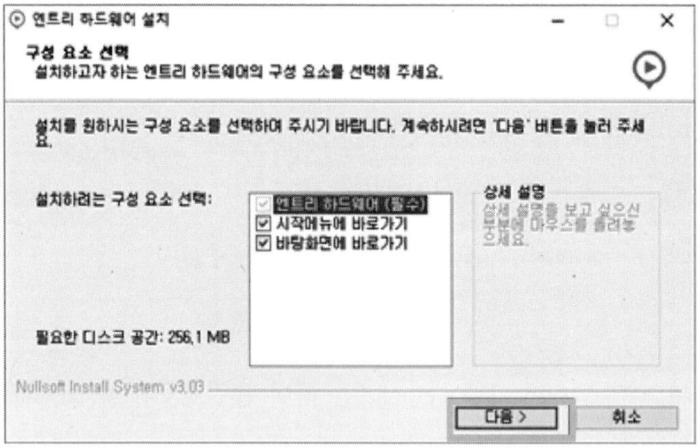
엔트리 하드웨어 설치
구성 요소 선택
설치하고자 하는 엔트리 하드웨어의 구성 요소를 선택해 주세요.
설치를 원하시는 구성 요소를 선택하여 주시기 바랍니다. 계속하시려면 '다음' 버튼을 눌러 주세요.
설치하려는 구성 요소 선택:
엔트리 하드웨어 (필수)
시작메뉴에 바로가기
바탕화면에 바로가기
상세 설명
필요한 디스크 공간: 256.1 MB
Nullsoft Install System v3.03
다음 >
취소

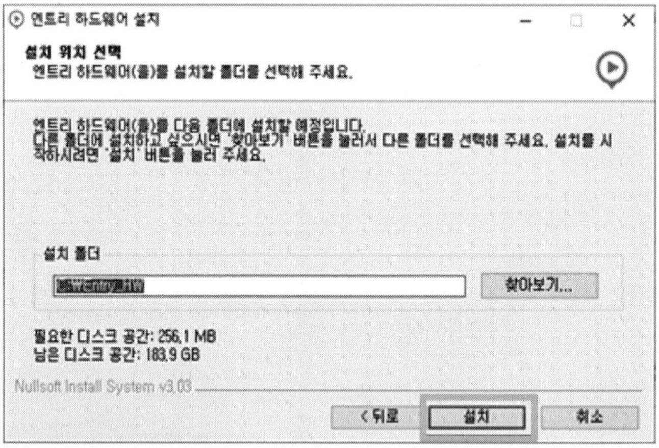
엔트리 하드웨어 설치
설치 위치 선택
엔트리 하드웨어(을)를 설치할 폴더를 선택해 주세요.
설치 폴더
찾아보기...
필요한 디스크 공간: 256.1 MB
남은 디스크 공간: 183.9 GB
Nullsoft Install System v3.03
< 뒤로
설치
취소

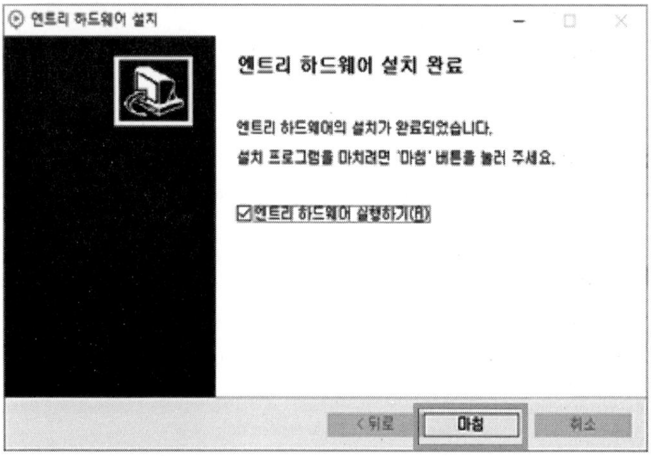
엔트리 하드웨어 설치
엔트리 하드웨어 설치 완료
엔트리 하드웨어의 설치가 완료되었습니다.
설치 프로그램을 마치려면 '마침' 버튼을 눌러 주세요.
엔트리 하드웨어 실행하기(R)
< 뒤로
마침
취소

⑤ 엔트리 하드웨어 실행 후 우 상단에서 '햄스터'검색 후 [햄스터]를 클릭한다.

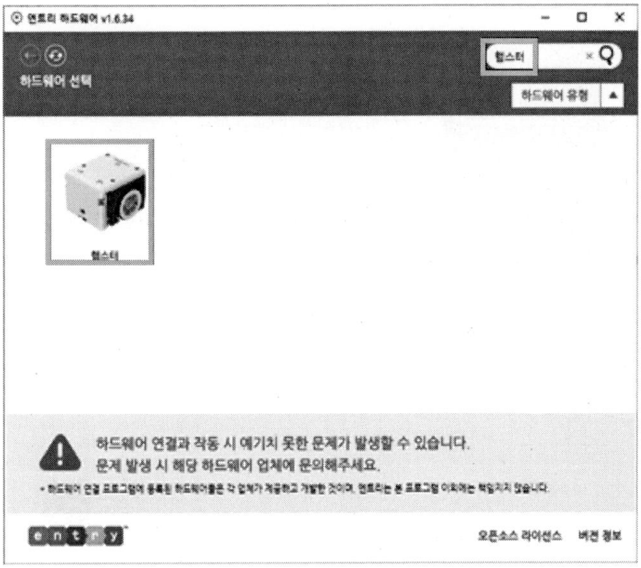

⑥ [드라이버 설치]를 클릭한다.

※ 엔트리 하드웨어 창은 햄스터 로봇 프로그래밍이 끝날 때까지 종료하지 않아야 함

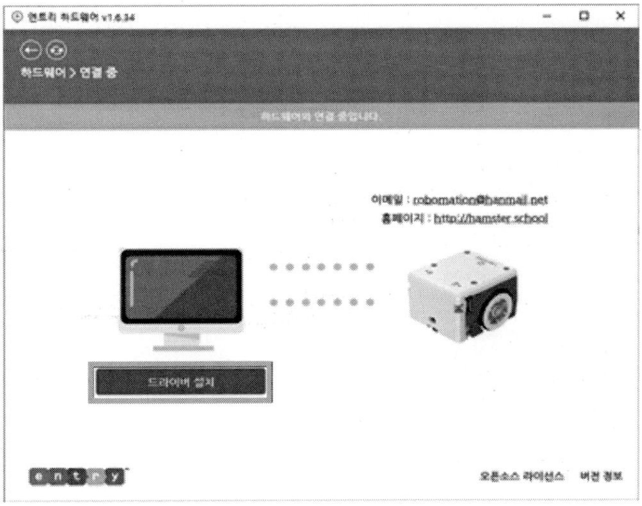

⑦ 햄스터를 엔트리와 연결하기 위한 드라이버를 설치한다.

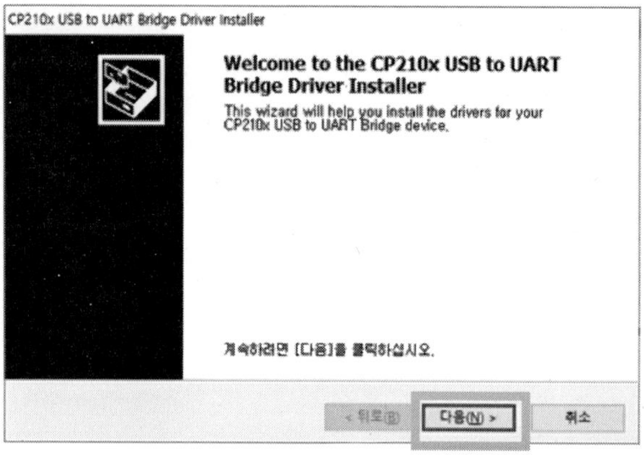

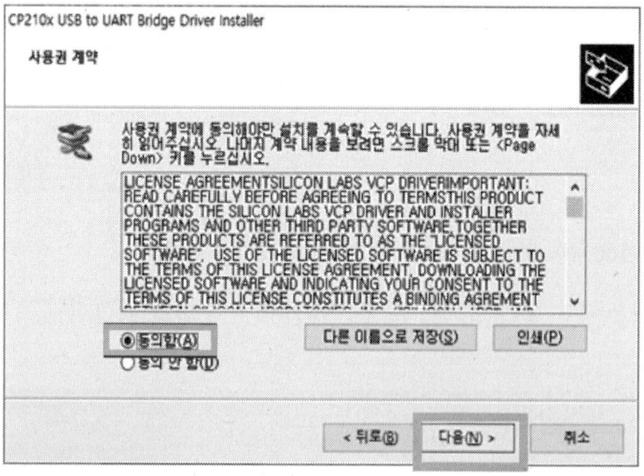

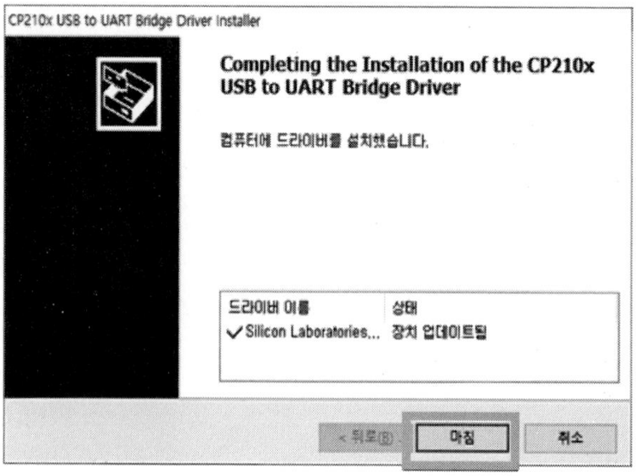

⑧ USB 동글을 PC의 USB 단자에 꽂고, 햄스터 로봇의 전원을 켠다.

⑨ 햄스터 로봇에서 버저음이 나고 햄스터 로봇과 USB 동글의 블루투스 연결 표시등이 파란색으로 계속 켜져 있거나 빠르게 깜빡이면 정상적으로 페어링이 완료된 것이다.

※ 단, 햄스터 로봇을 구입하여 처음 사용하는 경우는 페어링을 위하여 동글과 햄스터 로봇을 가까이(15cm 이내)했을 때 반응이 나타난다.

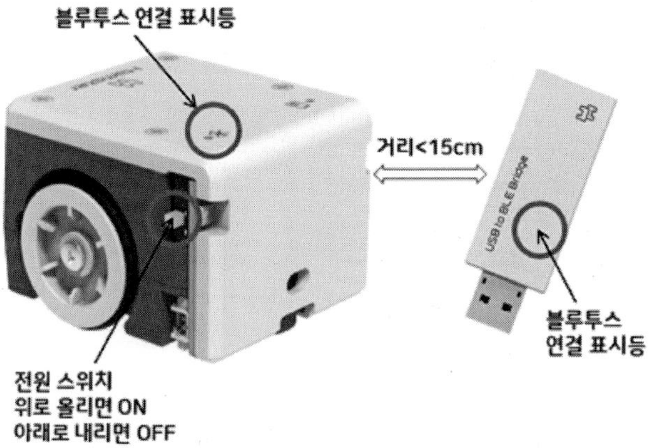

⑩ 페어링에 성공했을 경우, ⑥의 엔트리 하드웨어 창에 '연결 성공'이 표시된다.

※ 엔트리 하드웨어 창은 햄스터 로봇 프로그래밍이 끝날 때까지 종료하지 않아야 한다.

⑪ 엔트리 홈페이지에서 [작품 만들기]를 새로 고침하거나 다시 접속하였을 때 [하드웨어] 탭에 이전에 보이지 않았던 블록들이 표시되면 엔트리와 햄스터로봇을 이용한 프로그래밍의 준비가 끝난다.

⑫ 아래 버튼을 눌렀을 때 햄스터 로봇이 뜨고 값들이 상황에 따라 변화하는지 확인한다.

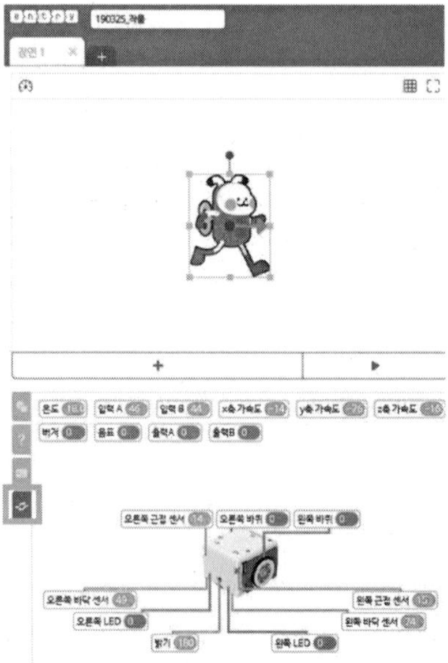

⑫ [시작하기 버튼을 클릭했을 때] 블록 아래에 하드웨어 블록과 다른 영역의 블록들을 조합하여 연결하고 작업영역 왼쪽의 [▶] 버튼을 클릭하여 명령대로 햄스터 로봇이 움직이는지 테스트 해본다.

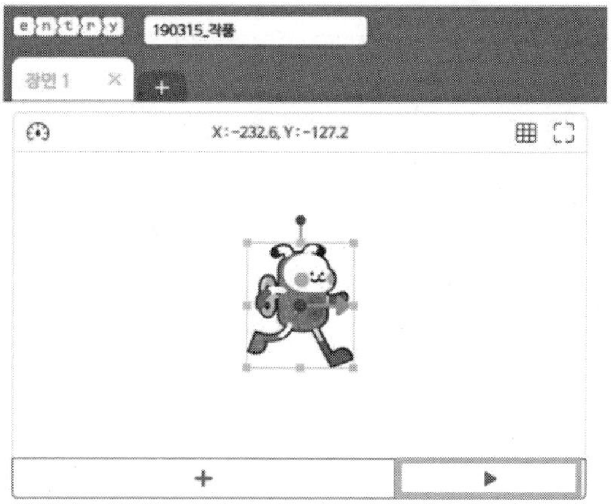

⑬ 햄스터 로봇을 제어할 수 있는 하드웨어 블록들에 대한 설명은 〈표 4.33〉와 같다.

〈표 4.33〉 햄스터 로봇 관련 하드웨어 블록과 기능(햄스터스쿨, 2017)

블록	기능
손 찾음?	근접 센서 앞에 손 또는 물체가 있으면 참
왼쪽 근접 센서 ▼	원하는 센서를 선택하여 값을 이용할 수 있음
말판 앞으로 한 칸 이동하기 말판 왼쪽 ▼ 으로 한 번 돌기	검정색 격자로 이루어진 말판을 기준으로 이동하거나 회전
앞으로 1 초 이동하기 뒤로 1 초 이동하기	지정한 시간동안 앞/뒤로 이동
왼쪽 ▼ 으로 1 초 돌기	지정한 시간동안 왼/오른쪽으로 회전
왼쪽 바퀴 10 오른쪽 바퀴 10 만큼 바꾸기 왼쪽 ▼ 바퀴 10 만큼 바꾸기	지정한 바퀴에 현재 속도(%) 기준으로 지정한 값을 더함. 결과가 양수일 경우 앞, 음수일 경우 뒤로 회전

블록	설명
왼쪽 바퀴 30 오른쪽 바퀴 30 (으)로 정하기 왼쪽▼ 바퀴 30 (으)로 정하기	지정한 바퀴에 지정한 값으로 속도(%)를 설정
검은색▼ 선을 왼쪽▼ 바닥 센서로 따라가기	검은/하얀색 선을 왼쪽/오른쪽/양쪽 센서로 따라 이동
선 따라가기 속도를 5▼ (으)로 정하기	선 따라가는 속도를 설정(1~8)
정지하기	양쪽 바퀴를 정지
왼쪽▼ LED를 빨간색▼ 으로 정하기	왼/오/양쪽 LED를 원하는 색으로 on
왼쪽▼ LED 끄기	왼/오/양쪽 LED off
삐 소리내기	버저 음(440Hz)을 짧게(0.2초) 냄
버저 음을 10 만큼 바꾸기	현재 버저 음 높이에 입력한 값을 더함
버저 음을 1000 (으)로 정하기	버저의 음 높이를 설정(0~167772.15Hz)
버저 끄기	버저 소리를 off
도▼ 4▼ 음을 0.5 박자 연주하기	설정한 옥타브의 음계를 입력한 박자만큼 소리 냄
0.25 박자 쉬기	입력한 박자만큼 쉼
선 따라가기 속도를 5▼ (으)로 정하기	현재 BPM(분당 박자 수)에 지정한 값을 더해 연주의 속도를 변경
연주 속도를 60 BPM으로 정하기	연주의 속도를 지정한 값으로 설정
포트 A▼ 를 아날로그 입력▼ 으로 정하기	외부 확장 포트의 입출력 모드를 설정(아날로그 입력/디지털 입력/서보 출력/PWM 출력/디지털 출력)
출력 A▼ 를 10 만큼 바꾸기	외부 확장 포트의 현재 출력값에 입력한 값을 더함
출력 A▼ 를 100 (으)로 정하기	외부 확장 포트의 출력값을 지정한 값으로 설정
집게 열기▼	외부 확장 포트를 통해 장착한 집게(gripper)를 열거나 닫음(햄스터용 집게를 장착하였을 때 사용 가능)
집게 끄기	햄스터 로봇이 열거나 닫는 상태를 유지하지 않도록 집게의 전원을 off

〈읽을거리〉 햄스터 로봇이 직진하지 않고 옆으로 휘어가요!

햄스터로봇에게 직진을 명령하였는데, 간혹 직진을 하지 않고 오른쪽이나 왼쪽으로 치우친 주행을 하는 경우가 있다. 이 경우 햄스터 스쿨에서 제공하는 프로그램으로 햄스터 로봇의 직진 보정을 수행한 후 작성한 프로그램을 작동시키면 훨씬 나은 결과가 보여질 것이다. 직진 보정 방법은 다음과 같다.

① 햄스터 스쿨 홈페이지(http://hamster.school/)의 [다운로드] 탭에서 자신의 컴퓨터 사양에 적합한 '로봇 코딩 소프트웨어'를 다운로드받는다.

② 내PC – 로컬 디스크(C:) – RobotCoding 폴더에서 RobotCoding.cmd를 실행한다.

③ 로봇 코딩 프로그램이 실행되면 '로봇 보정'을 클릭한다.

④ '출발'을 클릭하여 햄스터 로봇의 움직임을 확인한다.

⑤ 오른쪽(왼쪽)으로 휘어갈 경우 정지하고 〈나 〈〈()나 〉〉)버튼을 클릭하여 움직임을 보정한다.

⑥ '저장'을 클릭하여 변동 사항을 저장한다.

⑦ ④~⑥ 과정을 반복하여 직진 보정을 완료한다.

③

⑤ ④

⑥

4) 체험 순서

피지컬 컴퓨팅의 체험 순서는 컴퓨팅 사고력의 요소에 따르고자 하며 이에 김진숙(2015)의 CT요소 중심모델을 기반으로 하고자 한다. CT요소 중심모델은 문제해결학습을 바탕으로 컴퓨팅 사고력을 신장시키고자 제안된 모델이며, 분해(Decomposition), 패턴인식(Pattern Recognition), 추상화(Abstraction), 알고리즘(Algorithm), 경우에 따라 프로그래밍(Programming) 까지를 포함하여 DPAA(P)로 명명하였다. 단, 각각의 단계는 모듈식 모델로서 순서와 포함여부를 달리하여 이용할 수 있음을 전제로 하였다. 이에 따라 여기서는 패턴인식-분해-추상화-알고리즘-프로그래밍의 순서로 체험을 진행하고자 하며 이를 도식화하면 [그림 4.32] 와 같다

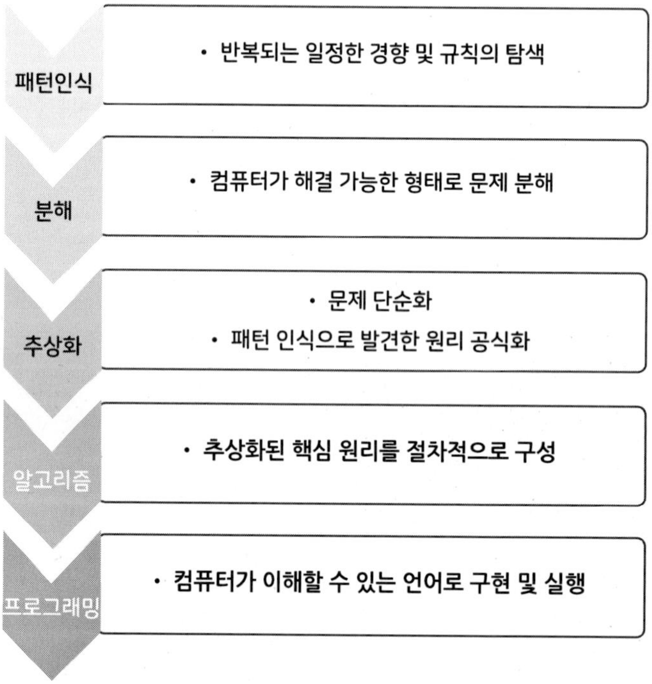

[그림 4.32] 피지컬 컴퓨팅의 체험 순서

피지컬 컴퓨팅의 체험을 위해 주어진 문제 상황은 다음과 같다.

> 대학생인 사차혁은 아침잠이 많아서 고민이다. 전공 수업을 신청하다 보니 매일 오전수업을 듣게 되었기 때문이다. 차혁이는 수업에 지각하지 않기 위해 매일 알람을 10분 간격으로 5개씩 맞춰두었지만, 모두 끄고 자다가 정신을 차려보면 이미 수업시간에 늦어버린 경우가 태반이었다. F학점이라는 위기에서 벗어나기 위해 차혁이를 어떻게 도와줄 수 있을까?

① 차혁이의 문제 상황에서 반복되는 패턴을 발견한다.

> - 울리는 알람을 계속 끈다.
> - 다시 잠들어 수업에 지각한다.

② 발견한 패턴을 바탕으로 컴퓨터를 통해 해결이 가능하도록 문제를 분해한다.

> - 알람을 쉽게 끌 수 없게 만든다.
> - 다시 잠들 수 없도록 지속적으로 괴롭게 만든다.

③ 해결 방법을 수립한다.

> - 날이 밝으면 알람이 울린다. → 밝기 센서, 피에조 스피커 이용
> - 알람을 쉽게 끌 수 없도록 알람이 도망가게 한다. → 바퀴 이용
> - 알람이 도망가다 벽에 부딪히지 않도록 한다. → 근접 센서 이용
> - 알람을 집어 들면 알람이 꺼진다. → 바닥 센서 이용

④ 해결방법을 구현하기 위해 절차화한다.

ⓐ 날이 밝으면 알람이 울린다.

ⓑ 알람을 집어 들면 알람이 꺼진다.

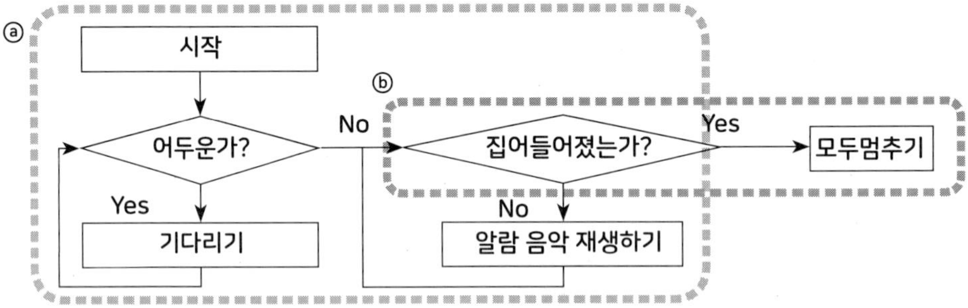

ⓒ 날이 밝으면 알람이 움직인다.

ⓓ 알람을 집어 들면 알람이 움직임을 멈춘다.

ⓔ 알람을 쉽게 끌 수 없도록 알람이 도망가게 한다.

ⓕ 알람이 도망가다 벽에 부딪히지 않도록 한다.

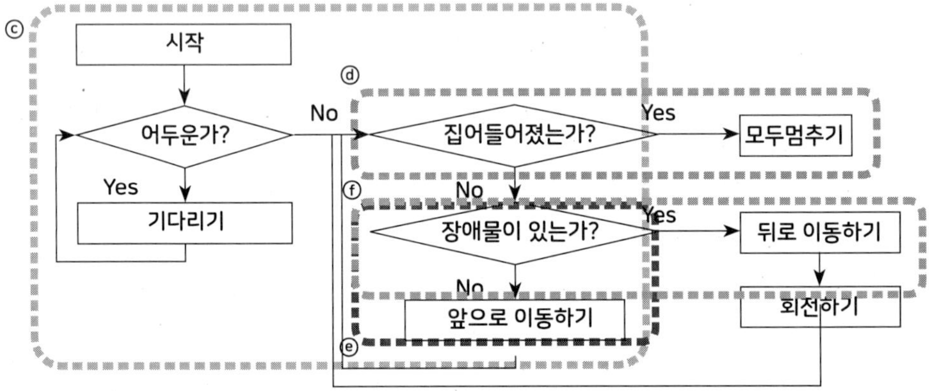

⑤ 엔트리로 구현하여 실행한다.

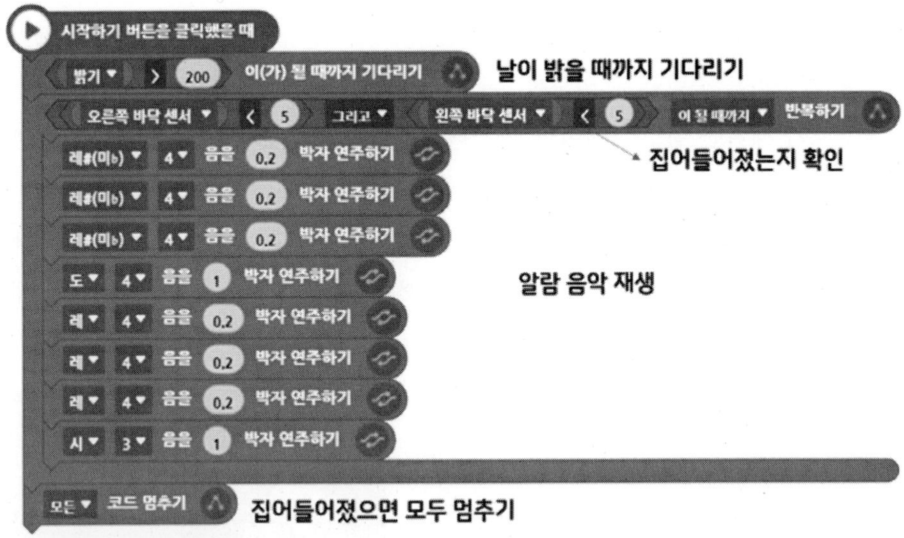

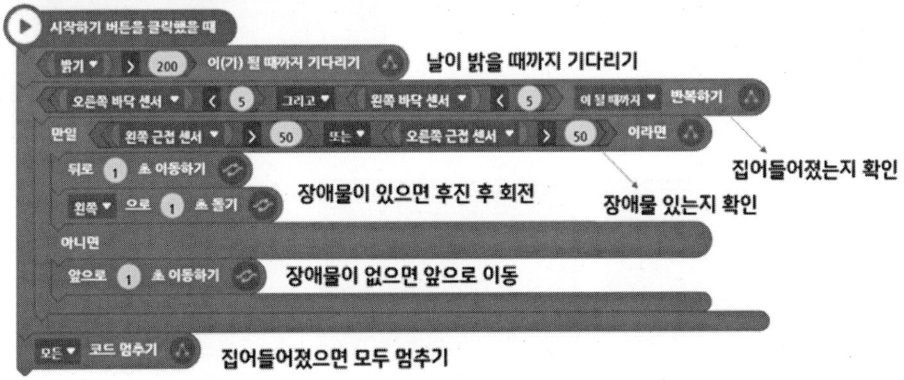

⑥ 설계한대로 잘 실행되는지 확인하고, 필요한 경우 명령어를 수정한다.

⑦ 이외에 일상에서 부딪치는 다양한 문제를 해결하기 위해 피지컬 컴퓨팅을 활용해본다.

〈읽을거리〉 3D 프린팅과 햄스터 로봇

햄스터스쿨 홈페이지(http://hamster.school/)에서는 3D 프린터를 이용해 햄스터 로봇 케이스를 출력할 수 있도록 '교육자료' 탭을 통해 stl 파일을 제공하고 있다. 등번호가 새겨진 햄스터 케이스, 햄스터 로봇 2개를 연결하여 손과 발을 사용하여 로봇축구가 가능하도록 디자인 된 2단 케이스, 컵을 옮길 수 있도록 집게가 달린 케이스 등이 제공되고 있으며 모두 현직 교사들이 디자인한 케이스이다. 제공된 케이스를 바탕으로 변형을 거치거나 추가, 또는 새로운 케이스를 만들어보는 것도 새로운 융합 활동의 한 형태가 될 수 있을 것이다.

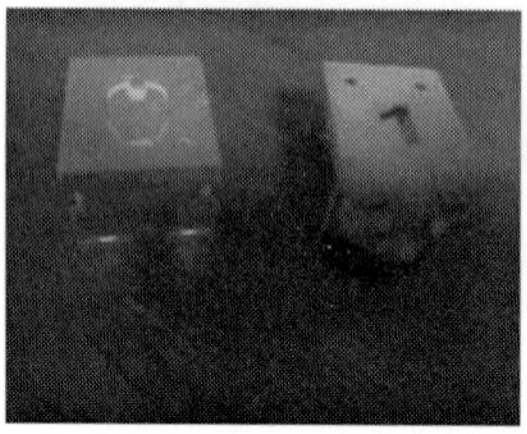

참고문헌

- 강동완, 김승현, 김용민, 홍현미, 김종훈(2018). 마이크로비트를 활용한 알고리즘 기반 SW교육이 초등학생 창의성에 미치는 효과. 정보교육학회 논문지 22(2). 285-295.
- 강원영(2013). 최근 클라우드 컴퓨팅 서비스 동향. 한국인터넷진흥원.
- 고바야시 아키히토, 이정아 역(2011) 알기 쉬운 증강현실. e비즈북스.
- 과학기술정보통신부(2018). 블록체인 전자투표로 신뢰성·투명성 확립. 글로벌과학기술정책정보서비스.
- 과학기술정보통신부(2018). 신뢰할 수 있는 4차 산업혁명을 구현하는 「블록체인 기술 발전 전략」.
- 교육부(2014a). 초·중등 SW교육 활성화 방안.
- 교육부(2014b). 「소프트웨어 중심사회 실현 전략 보고대회」 - 교육부 차관, 초·중등 SW교육 활성화 방안 논의.
- 교육부(2014c). 2015 문·이과 통합형 교육과정의 총론 주요사항 발표. 교육부 보도자료.
- 교육부(2014d). 소프트웨어 교육 운영 지침.
- 교육부(2015). 2015 개정 실과(기술·가정)/정보과 교육과정.
- 교육부(2017). 2017년 업무계획. 교육부.
- 교육부, 한국학술정보원(2018). 2018 학교로 찾아가는 소프트웨어(SW)교육 연수: 체험편.
- 국가평생교육진흥원(2016). 4차 산업혁명의 시대에서 묻는 교육의 미래.
- 국제미래학회, 한국교육학술정보원(2017). 제4차 산업혁명시대 대한민국 미래교육보고서. 광문각.
- 김두현(2016). 지능정보기술의 발달과 사회 변화. 한국정보화진흥원.
- 김민식(2014). IoT 기술 등장에 따른 기업 환경 변화와 경쟁 우위에 대한 고찰, 정보통신방송정책연구원.

- 김민식, 정원준(2014), 사물인터넷(IoT) 관련 가치사슬 및 시장 구성요소 현황, 정보통신방송 정책연구원.
- 김수엽(2015). 사물인터넷을 활용한 효율적 회전초밥 시스템 실증 연구. 숭실대학교 대학원 석사학위 논문.
- 김종현(2006). 영국 산업혁명의 재조명. 서울대학교출판문화원.
- 김진수(2012). STEAM 교육론. 양서원.
- 김진수, 김한별, 박상영, 이태욱, 김경래(2017). 융합교과목-4차산업혁명과 교육혁신-개발, 한국교원대 정책연구과제계획서.
- 김진태(2014). 지방전자정부 클라우드 추진 타당성 분석 연구. 한국교통대학교 산학협력단.
- 김진숙(2015). SW교육 교수학습 모델 개발 연구. 한국교육개발원.
- 김혜진, 서정현, 김영식(2016). 아두이노를 연계한 스크래치 프로그래밍 교육이 중학생의 창의적 문제해결력에 미치는 영향. 학습자중심교과교육연구 16(2). 707-724.
- 나무위키. https://namu.wiki/.
- 박은영(2017). 사례로 살펴보는 서비스 로봇의 동향과 전망. 정보통신산업진흥원.
- 방지웅(2015). 사물 인터넷을 위한 하이브리드 플랫폼 및 통신 기법 연구. 단국대학교 일반대학원 박사학위 논문.
- 배영권, 신승기(2017). 해외 소프트웨어 교육 정책 동향 분석. 한국교육학술정보원.
- 산업통상자원부, 한국로봇산업진흥원(2016). 2016년도 분야별 서비스용 로봇 활용 사례집.
- 삼성전자뉴스룸(2017). 스페셜리포트-블록체인, 당신이 미처 상상하지 못했던 '낯선 생태계'. 출처: https://news.samsung.com/kr/?p=341954
- 송기상, 소효정(2017). ICT4ED 2017 : 해외 소프트웨어 교육 동향 분석 및 시사점. 한국교육학술정보원.

- 오조봇. http://ozobot.kr/.
- 왕비안(20170. 사물인터넷(IoT) 환경에서 고령자를 위한 스마트 홈 인터페이스 디자인에 관한 연구. 국민대학교 테크노디자인 전문대학원 박사학위 논문.
- 이균성(2018.11.16.). 34만원 갤럭시와 81만원 아이폰의 차이. ZDNet Korea.
- 이기범(2018.8.11.). 애플, 스마트폰 시장 정체 속 '나 홀로 방긋'. Bloter.
- 이만재(2012). 빅데이터 어낼리틱스와 공공 데이터 활용. 정보과학회지, 30(6), 33-39.
- 이영준(2014). 초중등 단계 Computational Thinking 도입을 위한 기초연구. 한국과학창의재단.
- 이태욱(2018.3.23). 코딩교육의 중요성. 충청일보.
- 이태욱, 최현종(2016). 정보교과교육론(증보판). 한빛아카데미.
- 임서아(2019.3.5.). '삼성·애플·화웨이'...불 뿜는 스마트폰 제조사, 생존 키워드는. 아시아타임즈.
- 정보통신기획평가원(2019). ICT Brief | 2019-04.
- 정영식(2018). 초등 SW 교육의 현황과 사례 분석. 정보과학회지 36(11). 10-15.
- 정지선(2011). 新가치창출 엔진, 빅 데이터의 새로운 가능성과 대응 전략. 한국정보화진흥원.
- 최재경(2016). 빅데이터 분석의 국내외 활용 현황과 시사점. SK경영경제연구소.
- 카이스트(2017). KAIST휴보와 FX-2, 평창동계올림픽성화봉송. retrieved from: https://www.kaist.ac.kr/
- 케이티경제경영연구소(2014). 스마트 홈(홈IoT) 생태계6대 구성요소.
- 하시모토 스나오, 김용민/오수진 역(2012), AR Toolkit - 증강현실 프로그래밍 입문, 한티미디어.
- 한국정보화진흥원(2018.12.31.). 세계경제포럼(WEF), 4차 산업혁명에 따른 일자리의 미래(The Future of Jobs, 2018). NIA Special Report 2018-2019.
- 한국정보통신기술협회 정보통신용어사전. http://terms.tta.or.kr/.

- 햄스터스쿨(2017). http://hamster.school/ko/.
- 행정안전부(2018). 공공 빅데이터 우수사례집.
- 행정안전부, 한국정보화진흥원(2018). 내 삶을 바꾸는 공공 빅데이터!-빅데이터 사례집.
- 허완(2018.08.01.). 삼성 갤럭시와 애플 아이폰의 결정적 차이를 보여주는 숫자 : 55만원. 허프포스트코리아.
- Andrea Tinianow(2017). Delaware Blockchain Initiative : Transforming the Foundational Infrastructure of Corporate Finance. retrieved from : https://corpgov.law.harvard.edu/2017/03/16/delaware-blockchain-initiative-transforming-the-foundational-infrastructure-of-corporate-finance/.
- Bebras Korea(2018). 비버챌린지 I . 생능출판.
- Bebras Korea(2017). https://www.bebras.kr/.
- Bitcoin Exchange Guide News Team(2018). ChainScript Blockchain Degree Certificates For Students Spark Academic Interest. retrieved from: https://bitcoinexchangeguide.com.
- Code.org(2018). Computer Science Fundamentals(Curriculum Guide 2018-2019).
- CSTA. https://k12cs.org/.
- CSTA(2016). K-12 Computer Science Framework.
- CSTA&ISTE(2011). Computational Thinking Leadership Toolkit First Edition.
- CS Unplugged. https://www.csunplugged.org/.
- EPFL(2018). Cheetah-Cub - a compliant quadruped robot. retrieved from: https://biorob.epfl.ch/cheetah.

- Forbes(2018). The World's Billionaires. https://www.forbes.com/billionaires/list/#version:static.
- Gartner(2018). 5 Trends Emerge in the Gartner Hype Cycle for Emerging Technologies. retrieved from: https://www.gartner.com/smarterwithgartner/5-trends-emerge-in-gartner-hype-cycle-for-emerging-technologies-2018/.
- Google for Education. Computer Science. https://edu.google.com/computer-science/ ?modal_active=none.
- Illinois State University(2017). The Illinois Blockchain Initiative: Insights, Progress & Horizon Scanning. retrieved from: https://illinoisblockchain.tech/.
- IPR DAILY(2018). 2018年 全球区块链专利企业排行榜（TOP100）IPRdaily. retrieved from: http://www.iprdaily.cn/news_19746.html, 2018.8.30.
- K공학스쿨(2012). https://www.neweducation.co.kr/.
- O Watch(2015). https://theowatch.com/.
- Pixabay. https://pixabay.com/ko/
- PWC(2018). Blockchain is here. What's your next move?. retrieved from: https://www.pwc.com/jg/en/publications/blockchain-is-here-next-move.html.
- Schwab, Klaus(2016). The Fourth Industrial Revolution. World Economic Forum, Geneva, Switzerland.
- Team Counterpoint(2018). https://www.counterpointresearch.com/global-smartphone-share/.
- TED. https://www.ted.com.

- The Word Bank(2018). GDP (current US$). https://data.worldbank.org/indicator/ NY.GDP.MKTP.CD?year_high_desc=true.
- Thomson Reuters(2016), Blockchain technology: Is 2016 the year of the blockchain?」, https://blogs.thomsonreuters.com/answerson/blockchain-technology/.
- UBS(2016). Extreme Automation and Connectivity : The global, regional and investment implications of the Fourth Industrial Revolution. UBS White Paper for the World Economic Forum Annual Meeting 2016.
- Washington post(2011). Rise of the digital information age. retrieved from: http://www.washingtonpost.com/wp-dyn/content/graphic/2011/02/11/GR2011021100614.html?noredirect=on.
- World Economic Forum(2016). The Future of Jobs.
- World Economic Forum(2018). The Future of Jobs Report 2018.
- Wikipedia. https://www.wikipedia.org/
- Wing(2006). Computational Thinking. Communications of the ACM 49(3). 33-35.
- Wing(2008). Computational Thinking and Thinking about Computing. Philosophical Transactions of the Royal Society a, 366. 3717-3725.

연습문제

1. 지능정보기술의 최근 동향에 대해 토론해보세요.

2. 사물인터넷의 3가지 구성요소와 관계를 서술하세요.

3. 클라우드 컴퓨팅 서비스와 사례를 이야기 해보세요.

4. 빅데이터 개념을 설명하고, 우리 생활에 적용되는 분야에 대해 이야기 해보세요.

5. 우리 생활에 인공지능을 적용한 제품에 대해 이야기 해보세요.

6. 알파고의 원리를 적용한 인공지능 변호사 업무에 대해 설명해보세요.

7. 가상현실의 개념과 특징을 간략히 설명하세요.

8. 증강현실의 개념과 특징을 간략히 설명하세요.

9. 블록체인이란 무엇인가요?

10. 그룹별로 교육용 프로그래밍 언어를 적용한 사례에 대해 서술하세요.

11. 소프트웨어 교육의 중요성에 대해 토론해보세요.

찾아보기

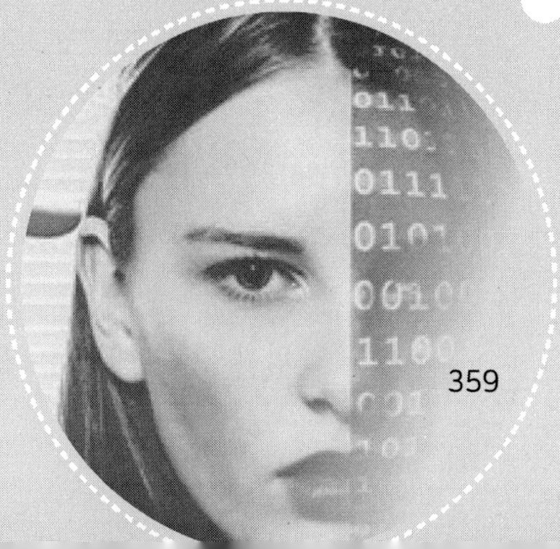

저자소개

김진수 _ 한국교원대학교 기술교육과 교수
jskim@knue.ac.kr

김한별 _ 한국교원대학교 교육학과 교수
hanbyul@knue.ac.kr

박상영 _ 한국교원대학교 일반사회교육과 교수
sypark@knue.ac.kr

이태욱 _ 한국교원대학교 컴퓨터교육과 교수
twlee@knue.ac.kr

4차산업혁명과 교육

2019년 7월 8일 1판 인쇄
2019년 7월 15일 1판 발행

저 자 • 김진수·김한별·박상영·이태욱
발행자 • 김응수
발행처 • 공감북스
주 소 • 02001 서울시 중랑구 중랑천로 256
전 화 • 02-971-9683
팩 스 • 02-972-9683
등 록 • 제 25100-2015-18호
등록일 • 2015년 7월 15일
e-mail • sympathybook@naver.com

ISBN 979-11-86898-42-0 (93560)
정 가 22,000원